本书受中国历史研究院学术出版经费资助

中国历史研究院
Chinese Academy of History
学术出版资助

苏秉琦往来书信集

第三册

刘　瑞　编著
郭大顺　苏恺之　审定

社会科学文献出版社
SOCIAL SCIENCES ACADEMIC PRESS (CHINA)

目　　录

北京史研究会

北京史研究会—苏秉琦（1984.1.20）

苏秉琦同志：

为了加强对古燕国历史文化的研究，促进学术交流，决定于一九八四年十月，邀集天津、河北、内蒙、辽宁、吉林、北京暨在京中央有关单位的专家学者，在北京举行燕文化学术讨论会。现将这次会议的有关事宜告知如下。

一、燕文化学术讨论会，拟从考古方面，就自夏家店下层文化至殷商时期，燕文化的范围、特点及其与周围地区文化的关系等问题，进行学术交流。

二、燕文化学术讨论会，拟从考古学、历史学、历史地理学和古文字学等方面，就殷商至秦统一前，燕史上的若干重大问题进行学术交流。

三、燕文化学术讨论会，拟重点就燕与蓟的关系、燕国都城的演变，特别是蓟城在燕史上的地位与历史作用等问题，进行学术交流。

这是首次燕文化学术讨论会。为了做好会议的准备，请于四月一日前将论文题目报来。以便决定参加会议的人数，做好会务安排。提交会议的论文，请打印150份，务于九月十五日前交大会筹备组。会后将编辑出版论文集。

此致

敬礼

北京史研究会（代章）
北京市社会科学研究所历史室
北京历史环境变迁学会
“燕文化学术讨论会”筹备组
一九八四年一月二十日

通讯地址：北京市社会科学研究所历史研究室“燕文化学术讨论会”筹备组

联系人：王玲

杨　群

杨群，工作于上海大学。

杨群—苏秉琦（1984.1.23）

苏先生：

您老好！

再过几天，即春节前夕，我就要结婚了。作为学生的一点心意，并顺便向您老拜年，今天我给您寄来了一斤喜糖，想来春节前您老能收到。

回沪一年多了，去年上半年，我与其他老师一起带八〇级同学去上海博物馆进行博物馆学实习。原计划还有考古发掘实习，但后来因市文化局领导与我校为一毕业生的问题闹矛盾，而被无理取消。对此，直到现在，我还觉得很可惜。而且从现在的一些迹象看，今后我们参加考古发掘的机会可能很少，这是很令我担忧的。

去年下半年，我给八〇、八一两级学生讲授“民族学基础”。我们学校要求教师能教两门以上的课，所以我就将民族学作为我的第二专业了。

今年我的工作安排是，上半年将《民族学基础》教材编写出来，下半年给八三级同学讲授“新石器考古”。

复旦大学历史系已决定筹办文博专业，今年招研究生班（8名），八五年正式招本科生。张鸣环老师说，想把我们教研室合并过去，但据说我校不放，复旦校部也不收。这事危及到我们专业的前途，弄得我们教研室人心惶惶，这事应该由教育部和文化部出面解决才好。

学生碌碌无为，真是愧对先生，请您老批评教诲。

恭祝您老

春节快乐　健康长寿！

学生　杨群

84. 元 . 23

杨群—苏秉琦（1984.11.10）

苏先生：

您老人家好！

最近我去广西南宁参加中国民族学会第三届年会，遇见了李仰松老师。他告诉我，上月十五日是您老人家的七十五大寿，从事考古工作五十周年纪念和您的论文集正式出版的大喜节日。学生听了，非常高兴，只是事前不知，未能及时向您祝贺，心中甚感不安，请您老原谅。今特来此函，权表学生之心意和迟到的祝贺，并祝您老人家身心永远健康快乐，福似东海，寿比南山，“不骞不崩”！

顺便向您汇报一下我今年的工作简况。今年上半年，根据系里的安排，我主要从事于《民族学基础》的编写工作；下半年，则讲授《新石器时代考古》。《民族学基础》教材至九月，已完成第一、二、三编的初稿，计约28万字，已寄林耀华和金天明两先生审阅。这三编，第一编是总论，主要内容是：什么是民族学？民族学研究的对象、范围和任务，以及与其它学科的关系；第二编是中国民族学概说；第三编是国外民族学主要流派概说。余下的第四编是民族志基本知识，争取明年上半年完成初稿。对此，请您老也给予赐教。

另外，您老曾亲自修改过的，并希望能发表的拙文《民族学与考古学》，已正式发表在《民族学研究》第七辑上。还有我爱人最近生了一个女孩。这两件事，都是与您老的热情帮助分不开的。您老德高望重，对我更是师恩如山，我是永远铭刻在心、感激不尽的！

"天边将满一轮月，世上还钟百岁人。"最后

谨祝

您老健康长寿！

学生

杨群

拜上

84.11.10

殷涤非

殷涤非（1920—1989），先后工作于皖南博物馆、安徽省博物馆筹备处、安徽省文物局文物工作队、安徽省文物考古研究所。

殷涤非—苏秉琦（1984.4.3）①

苏老：

别来未通函候，歉甚。81 年避暑山庄就教，诲我良深，且谆谆训以争取参加考古学会年会，说明安徽代表选拔理事不理想事为怪。我省文物行政领导也有所闻，今年年会嘱我前往郑州参加，一则可再面聆教益，二则可听取全国考古界对安徽的意见和期望，以便今后继续努力做好工作。

我来南大介绍安徽考古情况前（南京大学历史系函邀），名单已报北京考古学会秘书处，想已垂察。我已年逾花甲，匆匆无所闻，最近安徽省政府又公布吾省社会科学职称评选委员会委员，苦难称职，任重而无力承担。奈何？亦望师台教我。专此，

① 殷涤非先生在书信页眉写：“夏鼐付院长、两王、安所长等统此问好。”

致以

敬礼

殷涤非

83. 4. 3 于南京

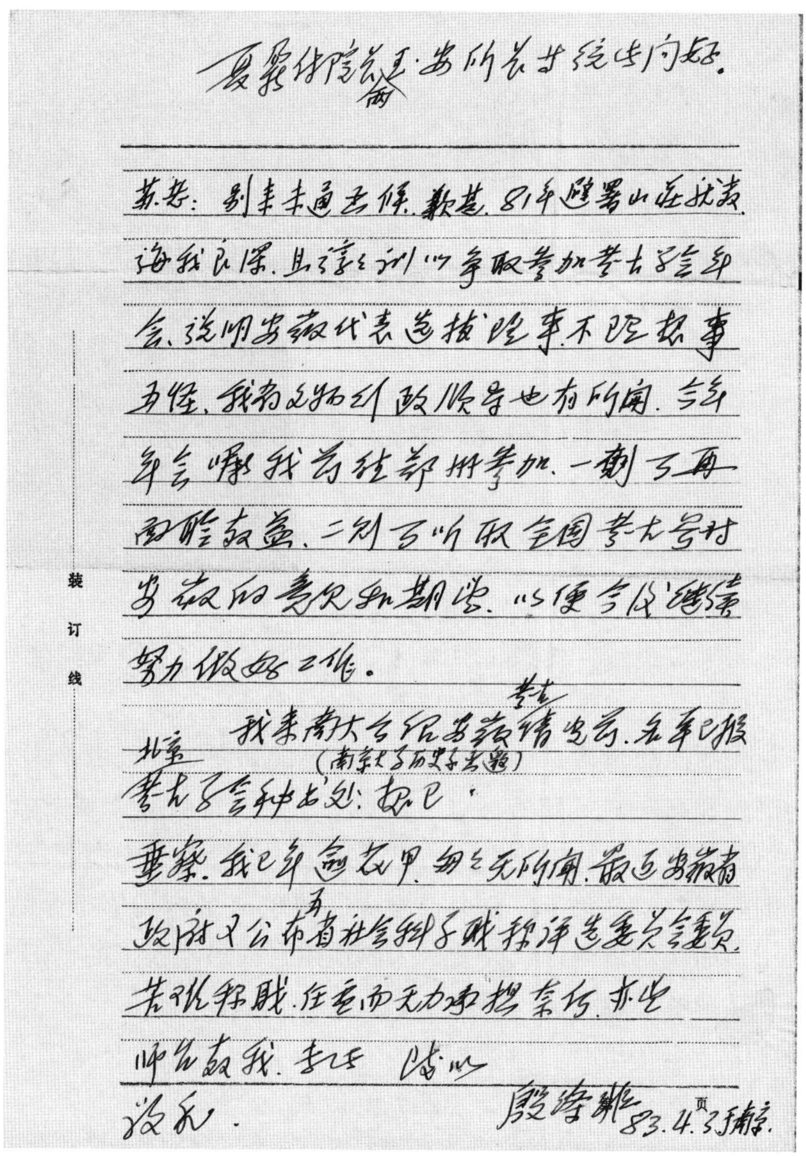

夏鼐院长、王、安两所长、苏先生问好。

苏老：别来未通书候，歉甚。81年避暑山庄执教，诲我良深，且谆谆训以争取参加考古学会年会，说明安徽代表过少，不足议事，我省文物行政领导也有所闻。今年年会嘱我省往郑州参加，一则可再面聆教益，二则可听取全国考古学对安徽的意见和期望，以便今后继续努力做好工作。

我来南大（南京大学历史系考古）会同安徽考古情况。在华已报北京考古学会和出版社：知已。

垂察。我已年逾花甲，幼之无所闻。最近安徽省政府又公布省社会科学成果评选委员会委员，苦难辞职，任重而无力承担奈何。亦望师长教我。专此 顺此

敬礼。

殷涤非 83. 4. 3 于南京

殷玮璋

殷玮璋（1936— ），工作于中国科学院考古研究所（1977 年改属中国社会科学院）。

殷玮璋—苏秉琦（1984.8.2）

苏先生：

您好！

小明来取报纸，知您与师母已平安回家，甚慰！今天给您打了半天电话，一直无人接，于是只得给您写这封信了。

首先要向您请假：这次内蒙之行我不能如愿了。理由是①这几天内高校和高中都要发榜，对两个孩子来说，都尚算严峻的考验。②我弟弟已决定参加专家组出访巴基斯坦一年，有关上海老母晚年生活的安置，需要弟弟来京时商定。③琉璃河工地买了一个院子，但二十多间房都需修理、改装，才能使用，如果贻误工期，下半年的大学实习等等都将成为泡影。上有老母，下有子女，加上工地的一摊都要我参预决断。想来想去，在这个当口前去赴会是不妥的，虽然失却这么一个难得的学习机会也是十分可惜的。

其次，我要禀告的是，您去承德这一期间收到了两份讣告。我先分嘱李仰松、张忠培同志以您的名义向陈庆华、于省吾送了花圈，并向家属表达慰问之意。

分别十余日，想说的话是那么多，只得留待您回来之后再说了。大百科的条目我已写出初稿，也等您回来再看了。在盛夏季节远行，请务必保重身体，并盼您早早回京！顺祝

安康！

玮璋 谨上

1984.8.2

贾兰坡

贾兰坡（1908—2001），先后工作于中国地质调查所新生代研究室、中国科学院古脊椎动物与古人类研究所，1980 年当选中国科学院学部委员。

苏秉琦—贾兰坡（1984.8.31）[①]

贾老：

8 月 19 日示悉。

所询“陈云路”，此人我一时想不起来。后来想起来，1934—1935 年在陕西考古工作期间，常有陈某人（似以“子怡”字行）在西京筹委会工作，来访旭老。我属晚辈，没有打过招呼。我想，大概即是所询的“陈云路”。记得他来访旭老时，经常谈得很久，很投契。旭老既为人和易，又重乡情故旧。这位陈老似也如旭老之健谈。

有一件事，旭老曾谈过，秦“阿房宫”之名，不是宫的正式名称，而是未完工期间的“俗名”，为甚叫“阿房”呢？现在关中

① 据陈万卿先生提供信影录文。

陕人称“那边”叫“Ubang”，即“阿房”之今音。正是当时人从咸阳指那边那个“宫”的意见。此说自是言之成理。旭老似说过，这是陈老的“高见”。

此外，有关长安一带考古，陈老似做过不少地面考察，有些线索旭老也很感兴趣。例如，我们 1951 年到沣河两岸调查，即是根据 1933 年旭老等曾调查过的材料线索。我估计，当年旭老也可能是先从陈老得悉一些情况的。

匆复，供参考。我一切如旧，身体还可以。7—8 月间去承德、呼市，近四十天。此致

问候！

弟　苏秉琦

1984. 8. 31

附：贾兰坡—陈万卿（1984. 9. 7）[①]

万卿同志：

关于陈云路先生事迹，我发出数信，只有苏秉琦先生来信谈到一些情况，其他人均不知晓。兹把苏先生的信复印寄上，供参考。

敬礼

贾兰坡　敬上

84 年 9 月 7 日

① 据陈万卿先生提供信影录文。陈万卿先生介绍，当时他为查找陈云路（子怡）先生的相关事迹与资料，给贾兰坡先生去信。贾兰坡先生虽不识陈云路先生，但依然高度重视而向多人去信询问，然仅有苏秉琦先生回信。因此在贾兰坡先生回信中，就把苏秉琦先生给他的书信，复印寄给了陈万卿先生。

汪遵国

汪遵国（1936—　），工作于南京博物院。

汪遵国—苏秉琦（1984.11.7）

尊敬的苏老师：

自从一九七九年四月西安会议后与老师阔别以来，转瞬已是五年半了，对老师一直是在惦念中。

上月底收到老师惠赠并亲自签名的《论述选集》精装本，使我非常高兴，谨向老师致以衷心的感谢！

这本《论述选集》是老师半个世纪以来为发展中国考古学取得的重要成果的结晶，值得我们认真学习。我一定很好阅读，借以提高自己的考古学理论水平。

记得五十年代在北大学习的时候，老师亲自给我们讲授秦汉考古，亲自指导我们掌握考古学的基本方法——划地层和摸陶片，并阅读了《斗鸡台》的发掘报告，使我们领略了考古学的基础知识。经过二十多年来的考古工作，回顾往事，更感到当年打好基础的重要性。

一九七七年以来，老师逐步完善、丰富了新石器时代文化区系类型的理论。在七七年十月的南京长江下游新石器时代文化的讨论会上、七九年四月的西安全国考古学会成立大会上，有幸当面听到老师的讲话；随后在《文物》杂志上读到老师论述石峡文化、全国区系类型划分以及地层学、类型学的论文；又听到一些同窗介绍老师在考古所和北大的讲课。这些，使我初步认识到：区系类型的理论对考古学有着普遍的指导意义。

西安会议之后的五年半，虽然一直没有机会见到老师，然而我们能够感到老师就在身边。老师对我国考古事业的关心给我们以鼓励；老师对考古学理论的阐述给我们以启迪。老师对考古界的不少同志给以直接的帮助，特别是老师这几年对我的直接帮助，使我们感到温暖，我对老师是非常感激的。

由于我从事的考古工作局限于一个省份，偏重于一个地区，所以这几年的工作，主要是以一个地区（长江三角洲、太湖地区）的新石器时代考古发掘为出发点，力图遵照老师的教导，做好具体的考古工作，主要成绩是写了几个简报以及有关良渚文化、玉殓葬的文章。现在还在整理草鞋山的资料，希望能写出合格的发掘报告来。为此，老师的《斗鸡台》和在老师指导下写出的《大汶口》《元君庙仰韶墓地》都是我学习、参考的范本。

最近，从吴汝祚、陈晶两同志处得知，老师认为太湖地区古代文化探讨的重点是良渚文化和后良渚文化，我认为确实切中要害。关于后良渚文化，有几位同行也撰文谈及，称之为“马桥文化”或“马桥类型”。但对于这方面的认识不深，因而重视也不够。听说老师可能光临嘉兴的太湖古代文化的学术讨论会，盼望老师能对此作进一步的阐述，一定会使苏浙沪的考古工作得到有力的推进。我想，太湖地区的考古工作，会因此而目的性更明确、更有计划，有关方面的协作会出现新的局面。

我记得今年是老师的七十五大寿。在此，衷心地祝愿老师健康长寿，为我国考古事业的发展作出更多的贡献！

敬祝

大安！

学生　遵国　上

1984. 11. 7

汪遵国—苏秉琦（1987.9.24）

尊敬的苏老师：

嘉兴相聚一别，转瞬快三年了，时在惦念中。虽然未能见面，时常读到老师的论著，得到老师的关心，就像老师一直在身边一样。从同窗学友处，知道老师身体很好，感到高兴。衷心祝愿老师健康长寿。

《东南文化》蒙老师关心支持，得以逐渐办得好些。老师的论著，为刊物增光生色。两次寄上该刊物五套，想必已收到。两篇论著的稿酬一经算好，当即寄上。稿费太低，只能说是表示心意了。这次老师请吴汝祚、蒋忠义带来的沈阳会议开幕词、闭幕词已定刊于明年第一期，大约明年春节时可出版。

明年十月是老师的八十大寿，期望老师的《考古学文集》能出个增订本，把八四年以后的论文选入，在这之前的《中国文明的起源》（1977 年 3 月）、《在中国考古学会第一次年会上的讲话》（1979 年 4 月 10 日）等也望能整理选收进去。我看到老师的论著有限，就我所知就可以增加到四十来篇。我寄《东南文化》时附了一个增选篇目，老师不知看了是否觉得合适？仍盼俞伟超、张忠培诸学兄出面主持这件事。如老师见到他们转达此意。我建议出精装版和压膜本两种，再增加几个有关红山文化和良渚文化的彩版，如选上江苏的，南京博物院是乐意提供彩版资料的。

最后，有两件小事想麻烦老师。一是文物出版社出了一本

《文物与考古论集》，有老师和不少考古界学者的文章，我想买一本压膜本；二是俞伟超的《先秦两汉考古论文集》，先后托吴汝祚和朱启新同志买，都没买到，听说只有文物局黄景略兄处还有几十本，不知老师能否请景略兄给我设法买一本，并请伟超兄在照片下签下大名，多多麻烦拜托老师！如办不成，也只好算了。如得得到，那就太高兴了。

就写这些吧！

祝

秋安！

学生　遵国　敬上

1987. 9. 24 于南京

附一：《福泉山第三次发掘的重要发现》（上海市文物保管委员会）一份。[①]

福泉山第三次发掘的重要发现

上海市文物保管委员会

上海市文物保管委员会自 1986 年 12 月 3 日至 1987 年 3 月 18 日（其间曾因天寒和春节暂停近一月）对青浦县福泉山遗址进行第三次发掘，开 5×10 坑位 16 个，面积 800 平方米。清理崧泽文化墓葬 1 座、良渚文化墓葬 15 座、楚墓 1 座、西汉墓 50 座、宋墓 1 座，出土玉、石、骨、陶瓷、铜、铁和琉璃器等遗物一千余件。

这次发掘，在以往发现良渚文化人工堆筑大土墩墓地的基础上，又有新的重大发现。

一、在各层良渚文化遗存中，都发现了成堆的大块红烧土堆积。这些红烧土块与墓葬有着密切的联系。例如 M136，上面是一条与墓向一致的红烧土块堆积，下面出现墓坑，墓底发现的人骨，

① 家藏书信中，于汪遵国先生本信后夹有福泉山汇报材料。在汪遵国先生信中未言此材料，推测应是苏秉琦先生整理书信时，将其他学者寄来的材料夹入了汪遵国先生书信之中。因尚难确定原信为哪位先生所写，故依苏先生整理意见，暂附于本信之后。

骨面灰黑，骨壁为灰白色，似经火烧。在坑底的西北侧，有另一堆呈角尺形堆积的红烧土块，中间有件大口缸形器。人骨周围有随葬的石斧、玉钺、玉锥形器、玉镯、玉管、玉珠和许多陶器。似乎在埋葬时，曾有火烧的仪式，然后再置放随葬品及红烧土块，墓坑填平后，后人又在上面堆置红烧块。又如 M94 和 M109 也在红烧土堆积层下，发现浅浅的墓坑。在坑南或坑的上面，还有一个长方形的堆积红烧土块的小坑。根据这些现象分析，这些从别处搬来，置于墓上或墓旁的红烧土块堆积，可能与良渚文化时期的祭祀方式有关。这一发现，对研究良渚文化人们的习俗，有重要意义。

二、发现了良渚文化墓葬多层叠压与打破关系，为研究良渚文化的分期，提供了确切的依据。这次发现的 15 座良渚墓，7 座有叠压关系。如 M101 叠压在 M132 之上，M132 又叠压在 M135 之上，M135 与 M139 以及 M94 与 M126 也有叠压关系，M139 还打破 M143。在良渚文化考古发掘中。墓葬叠压至今仍属罕见，对考古分期带来许多困难。这次不仅发现叠压的层次多，而且各墓葬都出土成批陶器，有具体资料可以对比，是良渚文化考古上的又一收获。

三、第一层发现了良渚文化的人殉墓葬，位于 T35 的 M139 是一座长方形的浅坑墓。墓内有两块以凹凸弧形木板合成的葬具，木质痕迹还十分清晰。揭开葬具上面的痕迹后，见到一具保存良好、仰身直肢、头南足北的人骨。经自然博物馆人类组鉴定，此人骨为男性，约 25 岁左右，口内含玛瑙琀一件，上下肢骨上置放石斧玉钺 12 件，在手臂上有玉镯，头前有玉锥形器，身上还有玉管和小饰片多粒。足后在葬具外，有成堆的随葬陶器，有些器表还有鲜艳的红、黄彩绘图案，极为精致。在这具人骨的足后，一些随葬陶器的上面，发现另一具也保存较好的屈肢葬人骨，人骨的姿态上下肢弯曲而分开，状似一人跪着倒下的样子。经鉴定此系女性，约 25 岁左右。这具屈肢人骨，既无墓坑、葬具，也无陶石器随葬品，但在头顶有玉环一件，面颊旁有玉饰片一粒，颈部有玉管 2 件，下肢骨旁有玛瑙管和玉管各一件，似为地位较低的女殉葬者。良渚文化是新石器时代晚期的文化遗存，现在发现了这一人殉资料，对于研究良渚文化的社会性质和我国古代文明的起源有重要意义。

附二：“《太湖流域史前文化若干问题》南京博物院汪遵国”一份。[①]

汪遵国—苏秉琦（1987.12.3）

尊敬的苏老师：

首先，祝愿老师健康长寿。天气转冷了，望注意寒暖，多多珍重！

我奉命担任领队，主持新沂花厅发掘。九月间开始忙这件事，十月份来工地，实际发掘时间一个半月，野外发掘在今天可以结束。我们拟于七日离开工地，十日自新沂回南京。

这次发掘，我院考古部共来十个人，算是规模较大的一次。这次发掘了一千五百平方米。在1953年发掘的南区挖240平方米，发现三个墓，属大汶口文化中早期（花厅期）。主要是在北区发掘，已发现二十二个墓，属大汶口文化中晚期，出背壶、鬶、高柄豆、尊等陶器，每墓皆随葬猪上颌骨一个至四五个，有小件玉器。已发现三座大墓，随葬上百件器物，且有较多玉器，并有琮、璧、环、镯等大件玉器，琮上有类似寺墩、福泉山良渚文化大墓玉器上的简化兽面纹。这一发现有新的意义。看来，值得作进一步发掘，考虑在明年上半年对这次发掘进行整理。特向老师先做一个简略的汇报。

《人民日报》11月28日登一花厅发掘报道，是新华社记者于11月14日来工地采访的，那时还没有发现大墓，只是就已发现的

---

① 该文为汪遵国先生油印用于参加1987年10月在浙江新昌“长江下游古文化研讨会”的学术论文，后发表于《历史教学问题》1988年第4期。

十三个墓中选取资料的。

我十月中旬曾去浙江参加先秦史学会召集的一个长江下游古文化研讨会，同牟永抗都在会上发了言，他是唱主角，我帮他敲敲边鼓。在杭州，看了反山、瑶山的玉器，很有收获。在浙江，还认识了文物出版社的童明康同志，年轻有为，印象很好。

九月间，从南京给老师寄上一封信，听说老师到东北去了，未知收到否？同时遵嘱寄上《东南文化》两期各三本，那是挂号寄出的，想必不会遗失的。

老师两篇大作的稿费，十月间寄上，共一百四十元。《东南文化》出版后，矛盾颇多，经费困难，刚出刊就濒临停刊危机。蒙老师和不少同志大力支持，才转危为安，得以出现新局面，但在稿酬方面偏低，我们想力争对老师的大作稍有优待，仍由于各种原因，未能如愿。老师两篇大作的稿酬，前一篇为一百元，后一篇为六十元。因为编辑部将两稿请人誊清付排，扣去了十多元。后一篇，几只“老鼠”希望得一本有此文的刊物，买了几本，故而，给老师寄去就只有一百四十元了。（附告：“老鼠”之一的上海自然博物馆黄象洪同志被我邀请来工地鉴定人兽骨，这几天都在这里和我们一起“受苦”。他特地要我在信上转达对苏老师的问候，祝愿您身体健康！）

老师在中国考古学会第六次年会上的开幕词与闭幕词，据我知道将刊于《东南文化》明年第一期上，同时刊出的有吴汝祚的一篇论高柄杯的考古论文。

老师1986年夏天与《人民日报》海外出版社记者关于《中华文明史的曙光》的谈话，影响很大，非常重要。希望老师做点修改补充，作为正式文章发表。《东南文化》是乐于发表的，如果进一步扩大影响，在《文物》上发表当然更好。这个谈话如能补充一段良渚文化的内容，我们在江浙沪从事考古的同志会特别高兴的。

明年十月，是老师的八十大寿。考古界都在准备祝贺。听童明康说，准备出版老师的《论文续集》，建议编印得好些，增加几个彩版，我想辽宁、浙江和江苏都是乐意提供彩色反转片供印刷之用的。老师在《文物天地》上同年青人讲的那篇话似可略修改作为《论文集》前面的序言，不知老师认为是否有道理？

就写这些吧！

祝愿

健康长寿

遵国 上

1987.12.3 新沂花厅

汪遵国—苏秉琦（1988.4.2）

尊敬的苏老师：

您好！

吴汝祚同志寄来的老师增改《华夏文明的新曙光》手稿已收到，非常高兴。《东南文化》编辑部十分感谢老师对刊物的大力支持。

老师在沈阳考古年会上的开幕致辞和闭幕词，已刊在《东南文化》今年第二期，在本月底可出。该期发有苏北万北、大伊山两遗址的发掘简报，是关于鲁南苏北新石器时代文化早期的，涉及青莲岗文化、北辛文化。去年下半年花厅发掘，我写了一个三千字的发掘纪要，简述发掘概况，也赶上在这期刊出。出版后是否给老师寄上五本？

春节过后，我在参加良渚文化玉器的选目制卡等工作。文物出版社由张囤生主持，拟在今年出版《良渚文化玉器》彩色摄影图录，由上海博物馆、浙江省文物考古研究所、南京博物院负责编辑，已确定由牟永抗撰写前言，选收一百六十至二百件精品。江苏省的工作，我们已初选六十二件。此外，我们再绘制一张分布图，编写一个大事记。这一工作要我们能在四月间完成。

最后，祝愿老师健康长寿！

汪遵国

1988 年 4 月 2 日

《人民中国》杂志也收到，谢谢老师！

汪遵国—苏秉琦（1988.4.9）

尊敬的苏先生：您好！

四月二日给您寄上一信，告诉您一些这边的情况。主要是：您沈阳会议上的讲话已刊于《东南文化》今年第二期，将于五月初出版；《华夏文明史的新曙光》一稿受到欢迎，我们极为高兴。

今年三月九日，院内庆祝了五十五周年院庆，并开始筹备一九九三年的六十大庆。决定出版一本纪念论文集，希望能有您的文章，文章内容由老师自己选定，如能涉及长江下游的古文化那就更好了。院内拟发信邀约，嘱我再给老师一信。

敬祝老师

健康长寿！

遵国　上

一九八八年四月九日

汪遵国—苏秉琦（1988.9.30）

尊敬的苏老师：

今年十月五日，按我国传统习惯，是老师的八十大寿，衷心祝福老师健康长寿！

同时另函寄上六寸照片十二张，这是老师的考古学实践的一个反映，请老师留作纪念。

我去年十月间向中国先秦史学会主持的长江下游古文化研讨会提供的在会上作发言的论文提纲，为会议主持者刊于《历史教学问题》今年第四期（七—八月号），寄上一本，请老师有便给以批评。

老师的重要论文《中华文明史的新曙光》拟刊《东南文化》第五期（九—十月号），我请黎忠义同志绘制了五张插图，由于印刷上耽搁，不能准时赶在九月间出版。一待印出，当立即给老师寄上。

考古学的黄金时代已经到来，老师作为中国现代考古学的见证人和奠基者，为它的出现披荆斩棘，作出了令我们后辈敬仰的贡献。祝愿老师带领我们跨进二十一世纪！

祝老师

万事如意！

学生

汪遵国　敬上

一九八八年九月三十日

汪遵国—苏秉琦（1988.10.25）

尊敬的苏老师：

老师九月二十七日手签《考古学文化论集》一集，已在十月十四日收到，非常感谢！

我在国庆节前，给老师寄上一封祝寿信，祝贺老师的八十大寿，不知是否能在老师寿辰那天——十月五日收到。同时挂号寄上的有关老师学术活动的一组十二张六寸照片和一本《历史教学问题》杂志（有学生一篇企望以老师的学术思想谈太湖流域史前考古的文章），看来邮寄速度慢，可能最近才能收到吧。

十月初邵望平来南京，听说老师在九月间身体不适，非常惦念。深望老师多多珍重，老师已是高龄，不宜过多劳累，求教老师的人很多，接待和说话不宜过多。我们衷心期望老师注重养生之道，能健康地跨进二十一世纪，对中国考古学界继续给以指导和推进。

去年十月和今年十月，我先后从童明康、邵望平处听到，老师有心就中国文明的起源和发展写一本书。我听后很高兴，希望老师能在近几年内完成。但老师已是高龄，不宜自己动手，只宜由老师主持，组织一个精干的志同道合的班子，按照老师的基本思路来写。不必写成大部头，只要写成雅俗共赏、图文并茂的十多万字的书即可。我想，俞伟超、张忠培、吴汝祚、邵望平、童明康都是合适的专家。我们在外省的学生们，都可提供必要的资料和需要的照片。望老师出面主持，与在京的师兄师妹们商定。

苏北花厅遗址的发掘资料，正在修复陶器和修整玉器。这次邵望平来，我们把修好的六七个墓的实物，和盘托出。邵看过陶器后，认为相当大汶口墓地的中晚期和西夏侯下层，且多南方特点。至于玉器，我认为与福泉山、寺墩良渚墓所出大致相同，即相当于良渚中期。具体情况可向邵望平询问。我们拟在今年底至明年初整理一较详细的发掘简报交《文物》杂志。

听说苏老师的著名论文《关于仰韶文化的若干问题》刊出时为编辑删去的“同历史传说的关系”一节已找到原稿。如方便的话，能否请老师便中复印一份给我，期望先读为快，很希望能早日发表。

最后，顺便告知老师：我本月十一日早晨推自行车过马路时遭急行汽车相撞，幸我快速后退三步，汽车也急刹车，因而车头把我的自行车抛向右方，我被甩向左方，左股着地。总算老天保佑，自行车是摔坏了，人却得免大难。这些日子去医院观察、电疗，虽然一直头脑昏涨，四肢酸痛，但却不造成脑震荡、骨折，算是大幸。因此，当我在本月十四日晚上拿到老师九月二十七日寄出的《考古学文化论集》时思绪万千，感触万端。看来老天爷知道我未完成手头的考古任务，要我在老师的手下做一名有出息的小兵吧。

就写这些吧。

祝

健康长寿！

遵国 上

1988.10.25

汪遵国—苏秉琦（1989.9.30）

尊敬的苏秉琦老师：

今年十月四日是您的八十大寿，向您致以最热烈的祝贺！祝您身体健康，精神愉快，百年长寿！

敬爱的老师！您是道德高尚、学识渊博的老一辈考古学家，是中国现代考古学的开拓者和奠基人。在五十五个春秋的漫长岁月里，您为中国考古学作出了卓越的贡献。在建国以前，您通过瓦鬲的研究和斗鸡台墓葬的整理，奠定了中国考古类型学的坚实基础。建国以来，您探索发展马克思主义考古学的途径，创立了考古学文化区系类型的学说，论述了中国文明起源的新理论，对具有中国特色的马克思主义考古学作出重大建树。

作为考古战线上的一名小兵，我原在老师的指导下战斗和耕耘，通过草鞋山的整理和即将开始的花厅的发掘，作出成绩，作为对老师大寿的庆贺。

愿中国考古学在老师的指导下，跨进二十一世纪！

学生 汪遵国敬上

1989.9.30

汪遵国—吴汝祚（1989.9.30）

汝祚兄：

十月四日是苏先生八十大寿。给他写了一封贺信，与您的信同时寄出，如苏先生不来考古所，烦您代为从传达室取出，转交给他。

前日已将您要的《东南文化》寄出，大概过几天您会收到。

为庆贺苏先生八十大寿，文物出版社出的书，烦兄代为关照，所费书款容后寄上。如是苏先生的著作或主编的论文集，烦请苏先生在扉页上签个名留念。书不必寄到工地，还是寄博物院可靠。

我十月五日去新沂花厅发掘，因为前年挖了一次，已经有数，大约十月底可见一两个大墓，届时再给苏先生和您做汇报。欢迎您届时能来工地指导。

草鞋山申请科学基金，不知结果如何？烦便中告知，若能如愿，一些事就好办些，明年加把劲，把这个报告搞好。

草鞋山报告搞定，花厅这次发掘过后，我希望离开南博，能到上海复旦文博学院去，换个环境，对我心绪和工作要有利些。盼兄通过苏先生或其他有关同志给以关照。因为十一月间谢、沈两位领导到复旦大学商办文博学院建设是极关重要的一次，复旦吴浩坤先生等告知上述情况，两头促进，校领导决心就大。能否调动，看来这也是最后一次机会了。

您近来工作忙吧？盼多注重身体，要休息和营养，还有必要的活动，多出来走动，祝您健康长寿！

祝您

全家都好！

遵国

1989. 9. 30

见到任式楠、邵望平、殷玮璋等同窗，请代问候！

汪遵国—苏秉琦（1990.2.18）

尊敬的苏先生：

春节前收到您签赠的《庆祝文集》和《文化论集》，非常高兴，这是最珍贵的纪念品。我春节期间分别从中选读了一些篇目，深受教益，启迪很多。

老师已是高寿，望多加保重，祝愿健康长寿！中国考古界有老师的指导和掌舵，呈现五彩缤纷、金光灿烂的兴旺景象。我们深信前景更加辉煌。

我参加发掘的花厅已取得重要发现，证明老师所阐明的理论的正确，并提供了新的例证。现已引起院领导的重视，拟在今年组织大部队进行大发掘。

由于老师的关心和支持，草鞋山整理获得社科基金，有了钱，好办事，我今年在院内忙整理，这样，没有特殊情况，年内可望大功告成。

为了今后更好地工作，我很想换一个工作环境，所以希望离开南京博物院，到复旦大学文博学院去。前蒙老师给以帮助，非常感谢。我们一家为此与文博学院多方联系，一则文博学院系国家文物局与复旦大学合办，二则人员进上海比较卡得紧，他们表示，谢辰生局长顾问如能给复旦大学副校长兼文博学院院长庄锡昌教授写信推荐就能起决定作用。为此，特向老师禀告，不知是否有可能求得到谢老的帮助。如能再次得到老师和谢老的大力帮助，感激万分。

南方天气转暖，即将春花烂漫。同窗邵望平、任式楠等拟来江南，到杭州、上海、南京等地看看，探讨文明起源、古城古国大课题。我很希望老师能出来走走，大家都会是兴高采烈，欢欣鼓舞的！

祝

健康长寿！

遵国　敬上

1990年2月18日

汪遵国—苏秉琦（1993.2.24）

尊敬的苏先生：

我十六日离北京后已回到南京，并陪一批研究玉器的台湾客人到苏、常去了两天。

这次北京之行，见到老师身体健康，精力充沛，非常愉快。聆听老师对考古学的展望，得到不少教益。

关于老师的访谈录，《东南文化》今年第一期刊出。我把老师的意见已告诉贺云翱同志，他表示尊重。访谈录的记者以邵望平和我同时署名。

现刊印在即，盼望老师能寄一张近期照片来，如寄来底片，印放后当即挂号寄回。

《苏州草鞋山》题签，望老师在方便时执管书就，此事年内完成即可，不急于用。

最后，祝老师健康长寿！

遵国敬上

一九九三年三月二十四日

汪遵国—苏秉琦（1993.12.26）

尊敬的苏老：

在一九九四年光临之际，祝老师健康长寿！

这一年是老师从事考古六十周年，是特别有意义的一年。

老师这六十年，在考古领域辛勤耕耘，在类型学、区系类型理论、文明起源研究、重建中国史前史体系作出了卓越的贡献，光照中国考古史，影响深远。

听说日本准备出版老师的考古文集，值得庆贺，望能在这新的一年中出书。

有一希望：能将一九八四年以后发表的重要论著增补进去。一九八四年以前，有一些论文，如第一次考古年会上的讲话，能选进去；还有一些论文，如《仰韶文化若干问题》的最后一节、南京会议上的开幕词也能增补上。

前些日子，得到我院院庆六十周年论文集，特给老师寄上。想必也收到了吧。

就写这些吧。

敬祝

节日愉快！

学生

汪遵国敬上

一九九三．十二．二十六

汪遵国—苏秉琦（1994.9.18）

敬爱的老师苏先生：

在这老师八十五岁大寿和从事考古六十周年的大喜日子来临之际，谨致以亲切的热烈的祝贺！

祝您老人家健康愉快，万事如意，寿比南山，福如东海！

老师为中国考古学的发展，作出了一系列开创性的理论贡献。考古类型学的奠基，区系类型理论的创立，中国文明起源的探索，重建古史的梳理，在考古史上树立起一座座丰碑，成为文明的指路明灯。

老师为中国考古学的发展，培养了一批批的学生，教育了整整一代的接班人。五十年代的四期培训班，整三十年主持北京大学考古专业，新时期中走南闯北、奔东走西的各种场合的教学和指导，使中国考古学界形成雄厚的专业力量，成为跨世纪的铁流。

在老师的带领下，中国考古学界正在阔步前进，面向新世纪，迎接2000年的到来！

学生　汪遵国　敬上

1994年9月18日晨四时

汪遵国—苏秉琦（1994.10.30）

敬爱的老师苏先生：

收到老师寄来亲自题字的著作，欣喜万分，在表示感谢的同时，一定认真学习。

中国古代大诗人屈原在《离骚》中说："路漫漫其修远兮，吾将其上下探索。"老师六十年的探索，搞清了中国古代史的真面目。

毛泽东在《贺新郎·读史》中称："五帝三皇神圣事，骗了无涯过客。有多少风流人物？"老师的理论创造，揭示了一部真正的史前史，理清了中国文明的渊源。

希望《中国通史》史前卷能早日问世。

衷心祝愿敬爱的老师健康长寿！

学生　汪遵国　敬上

一九九四年十月三十日

夜十二时

汪遵国—苏秉琦（1995.1.4）[①]

敬爱的苏先生：

您好！年前寄上一信，向老师祝贺新年，想已收到。随后我到常州寺墩去了几天，帮助车广锦同志清理刚出土的五号墓，位于三号墓之东三米左右，出土了璧、琮、钺、带钩等大件玉器六件，另有珠、管、坠等小件玉饰，随葬陶器有丁字足鼎、竹节把豆、双鼻壶等近十件，头部右上方有一盗坑，大概挖走一些大型玉器，坑内有几件残玉璧。由此可知，墓一、墓四、墓三、墓五，东西成一排。《文化报》一月六日有一报道，唯其中第二段比较实在。这两天，小车自工地回院，知五号墓之东发掘系一片池塘遗迹，现正向南开方，目的是弄清有无南列一排大墓。严文明同志元旦前曾到工地考察。

这次写信，有两件事想麻烦老师。一是《中国通史》第二卷欣闻年前出版，久已盼望，但南京书店只有第三卷，托上海、北京亲友也未买到，所以想麻烦老师是否有可能帮我买一本，如能买到还希望老师能签字留念。二是《东南文化》想特请老师写一篇关于良渚文化的文章，老师有过不少论述，很希望能集中就一些重要问题，如“土筑金字塔”“玉器时代”来龙去脉，是否跨进文明门槛这些方面，都能论述，但字数不限。不知老师能否同意？

顺此祝老师全家春节愉快！

遵国　敬上

一九九五年一月4日

① 苏秉琦先生在信页眉写：“95.1.4。”

汪遵国—苏秉琦（1995.2.24）[①]

尊敬的苏先生：

您好！

收到您寄赠的《中国通史》第二卷后浏览了一遍，某些同江浙有关的章节较认真地看了。这是以考古资料写史前史的第一部理论性的通史专著，对我整理认识太湖史前实物资料很大帮助。谨向您老人家和张忠培、严文明两位大师兄表示感谢！

江苏这几年考古工作有新的成果。高邮龙虬庄发掘搞清了江淮之间过去青莲岗遗址所在的一个文化区，发现七千年前至五千多年前，栽培水稻人工选种优化的实例。常州寺墩发现五号墓，与以前发掘联系，弄清了一排自西到东一批玉殓葬墓葬在人工堆筑的墓地里，为您老人家所说"土筑金字塔"又提供了一个典型实例。前者已通过新闻发布会于二十一日各报报道，后者正在由发掘者为《中国文物报》写报道。张敏、车广锦两位领队，很希望您老人家方便时为他们今后出专著书写一个题签，前已请邵望平同窗转请，期望春暖花开，老师精神好时能为他们提笔。如有困难，也不会为难老师，他们也能理解的。

苏先生的两本论文集，内容丰富，值得我们反复阅读，从中认识考古学的真谛和中国文明发展史的规律。很希望日本出文选时翻译得好，其中主要的几篇如果有人能协助老师增补几段就更完美了（例如区系类型问题、1979 年西安会议讲话等）。

明年是良渚文化发现六十周年，很希望苏先生能集中作一次论述，把过去所说的"土筑金字塔"、"良渚文化——玉器时代"、"饕餮纹的滥觞"诸看法作一点阐发，我认为是极有意义的。因为

---

① 苏秉琦先生在书信首页页眉写："遵国信（95 年）""95. 2. 24"。

邵望平手头事多，所以我就请吴汝祚兄帮忙，负责给老师记录、整理。此文拟在今年第四期先发，按中国传统纪念良渚文化六十年，收入明年出版《良渚文化选集》作为头一篇。

很希望苏先生能同意邵望平等撰写的你老人家的传记能在《东南文化》先发表，也准备发在第四期，以后听取意见再作点修改补充，然后出一本书。我想，这样做是很有意义的，速度也快一些，恳请老师能同意寄来。同时，我们还想发一组照片，包括几张彩色照、文中插入一些黑白照。我这边有一些可选用，但希望老师能否提供建国前发掘或整理斗鸡台、在北大或吉大讲区系类型理论、在某次考古年会上讲话、在某考古现场考察这些方面的各有一两张。如老师能同意，是否可请邵望平挂号寄来。我现在担任《东南文化》副主编，能起一点作用，我一定会尽力搞得完美些。恳切期望得到您老人家的赞同。老师有什么要求，我一定认真照办。

写得太多了，让老师劳神费心了。就写到这里吧。最后，祝老师一切都好！春天到了，多多珍重身体，健康愉快第一！

恭祝

春祺！

学生

遵国敬上

一九九五年二月二十四日

汪遵国—苏秉琦（1995.3.20）[①]

尊敬的苏先生：

您好！

自我担任《东南文化》副主编以来，很想搞出一些成绩来。今

① 苏秉琦先生在书信首页页眉写：“95.3.20。”

年第二期上发一篇费国平写的余杭良渚文化遗址群的考察报告，我作了认真修改，补充了有关您老人家的一些论述。第三期出抗日战争胜利五十周年专刊，精心组织了一组文章和安排了一组历史照片。第四期专门安排有关您老人家的一个庆祝八十六寿辰的专辑。作为重头，明年编辑出版一本《良渚文化文集》，以纪念良渚文化发现六十周年。

《良渚文化文集》拟分三编：甲编刊草鞋山良渚文化墓葬、赵陵、寺墩、花厅诸发掘报告；乙编刊论文，院内已有六篇，院外已普遍发函征稿；附编有文献资料、玉器鉴定报告等。

第四期的专辑拟刊四个内容：一、您老人家专论良渚文化的论文，您老人家的两个文集散见不少有关良渚文化的论述，但缺少一篇集中的专门论述，故甚望有这样的文章；二、您的传记，中国有不少名人传记，但科学家的甚少，故希望邵望平写的能尽快先发表，以后再补充出书；三、您的年谱，借以了解您老人家的学术道路和中国考古学的发展简史（我看到著名红学家冯其庸为百岁老人朱屺嶦在九十三岁时编的年谱就觉得学术价值很高），现已请郭大顺、吴汝祚两位在搞，郭为主，吴侧重六十年代前作补充；四、有一篇关于阅读您的两本论文集的读书笔记，类似胡乔木、逢先知等论述毛泽东思想、邓小平理论的文章，专门论述苏秉琦考古学体系。我因苦于草鞋山的整理撰写无法分身，故约请我院车广锦同志写，他表示愿意试着做，现正在精读您老人家的著作集，如感到困难则集中于《龙的传人》文集。

很希望您老人家为了考古界走向二十一世纪，为了科学事业的发展，能给以最大的支持。

您老人家论良渚文化的论文，拟先在《东南文化》第四期发表，然后再收入《良渚文化文集》作为首篇。

邵望平写的《苏秉琦传》盼能尽快挂号寄来，如有修改不必誊清，由我设法组织清写。

为了使第四期能在今年十月出版，所有稿件要在七月份交印刷厂；第三期我们现已付印了。编辑部已开过会，集体讨论作出决定，保证要把第三、第四两期办好。

最后，深望老师多多保重身体，衷心祝愿老师健康长寿！

学生　遵国敬上

1995. 3. 20

汪遵国—吴汝祚（1995.3.25）

请向苏先生就良渚文化提十个问题

1. 根据先生创立的区系类型理论，良渚文化在中国史前诸考古学文化中处于何种重要地位？

2. 目前对良渚文化分期有二期、三期、四期诸种意见，先生认为分几期为合适？

3. 良渚文化玉器发现在太湖地区为多，苏北（花厅）、江西、安徽也有，甚至广东（石峡等）、陕北也有发现，这一现象如何认识？是否可分为中心、边缘、远方三个层次？良渚文化分布范围是否要分区？

4. 先生从玉文化的角度，认为良渚文化和长江中、上游的关系比较复杂，又说过在山西、内蒙中南部见到导源于良渚文化的影响，这两方面能否先生进一步作点说明？

5. 太湖地区发现良渚文化祭坛墓地已有不少，最为典型的有赵陵山和张陵山（早期）、瑶山和反山（中期）、寺墩和福泉山（晚期），先生曾形象地称之为“土筑金字塔”，对这一重要现象能否请先生多谈点意见？

6. 张陵山玉琮上的兽面纹，反山琮王上的神徽，先生认为是饕餮纹的起源，对神像的辨认现在众说纷纭，对其含义也有图腾崇拜、巫术崇拜、生殖崇拜等说法，先生的意见如何？先生认为玉文化和宗教信仰两者的关系如何？

7. 先生曾称“良渚文化是玉器时代”，又认为“中国史前史不必另划出一个玉器时代”，这两者不一定不一致吧？您认为玉的社

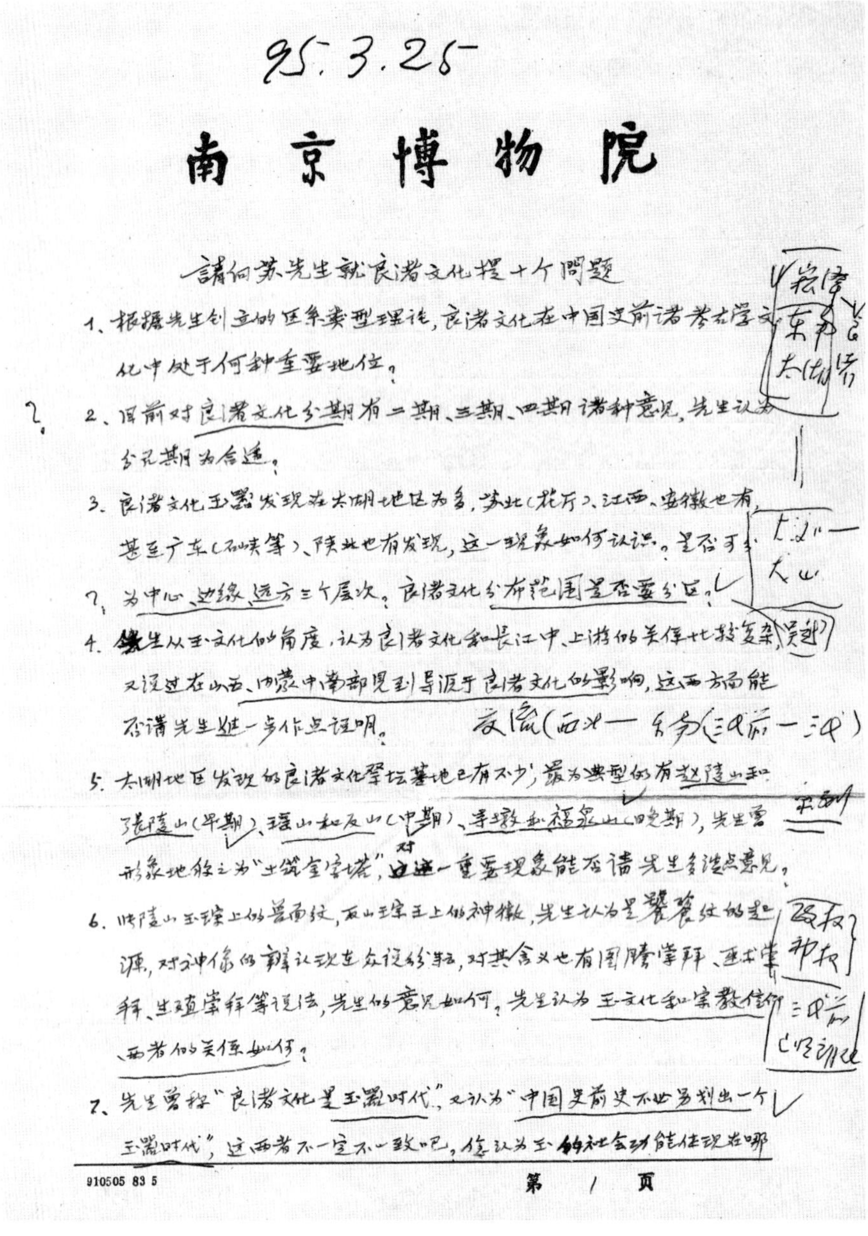
95.3.25

南京博物院

请问苏先生就良渚文化提十个问题

1、根据先生创立的区系类型理论，良渚文化在中国史前诸考古学文化中处于何种重要地位。

2、目前对良渚文化分期有二期、三期、四期诸种意见，先生认为分几期为合适。

3、良渚文化玉器发现在太湖地区为多，苏北（花厅）、江西、安徽也有，甚至广东（石峡等）、陕北也有发现，这一现象如何认识。是否可以中心、边缘、远方三个层次。良渚文化分布范围是否要分区。

4、先生从玉文化的角度，认为良渚文化和长江中、上游的关系比较复杂，又说过在山西、内蒙中南部见到导源于良渚文化的影响，这两方面能否请先生进一步作点证明。

5、太湖地区发现的良渚文化祭坛墓地已有不少，最为典型的有赵陵山和张陵山（早期）、瑶山和反山（中期）、寺墩和福泉山（晚期），先生曾形象地称之为"土筑金字塔"，对这一重要现象能否请先生多谈点意见。

6、张陵山玉琮上的兽面纹，反山玉琮王上的神徽，先生认为是饕餮纹的起源，对神像的辨认现在众说纷纭，对其含义也有图腾崇拜、巫术崇拜、生殖崇拜等说法，先生的意见如何。先生认为玉文化和宗教信仰两者的关系如何？

7、先生曾称"良渚文化是玉器时代"，又认为"中国史前史不必另划出一个玉器时代"，这两者不一定不一致吧。您认为玉的社会功能体现在哪

910505 83 5　　第 1 页

会功能体现在哪些方面？玉是怎样成为王权的象征物？后来又如何转化的？玉在宗教革命中起何作用？

8. 1990 年在上海市良渚文化学术讨论会上，对良渚文化是否

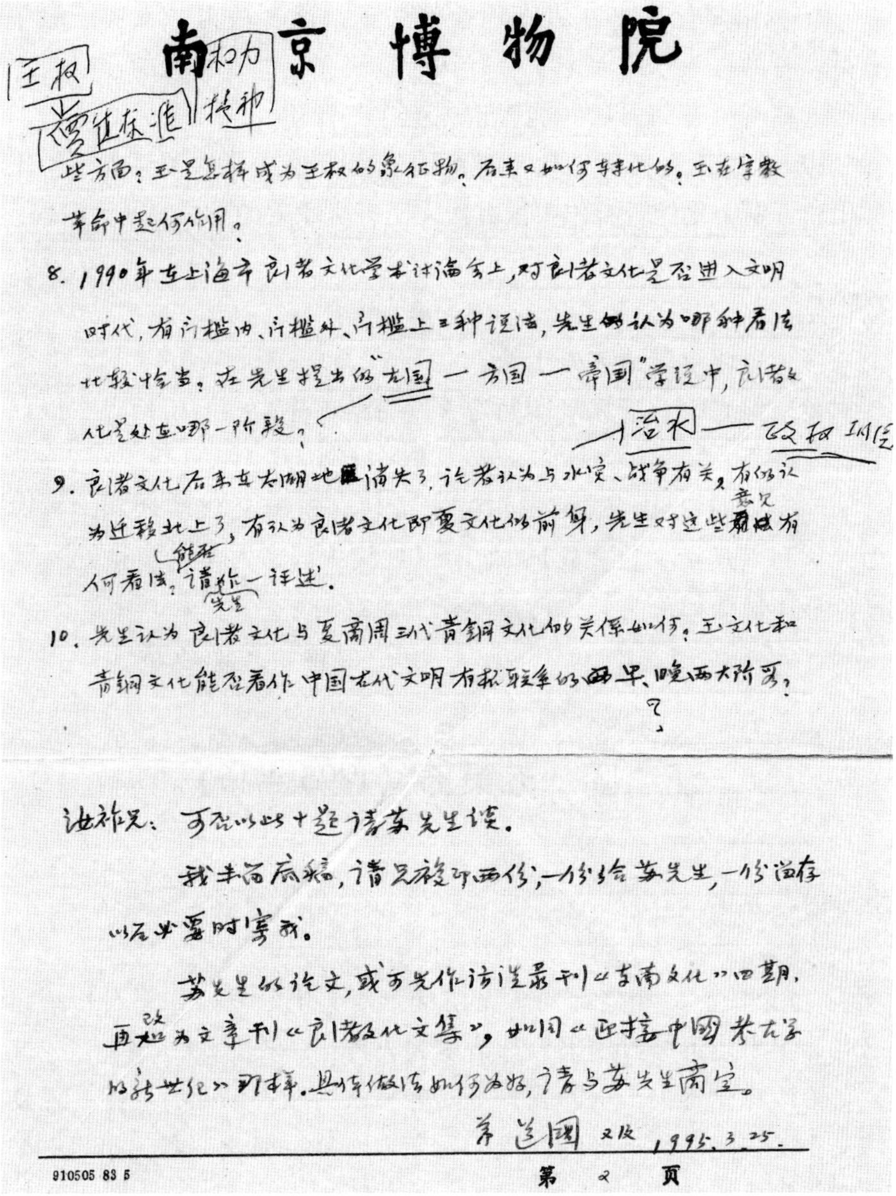
南京博物院

王权　神权

些方面？玉是怎样成为王权的象征物，后来又如何世俗化的？玉在宗教革命中起何作用？

8. 1990年在上海市良渚文化学术讨论会上，对良渚文化是否进入文明时代，有门槛内、门槛外、门槛上三种说法，先生认为哪种看法比较恰当？在先生提出的“古国—方国—帝国”学说中，良渚文化是处在哪一阶段？

治水——政权

9. 良渚文化后来在太湖地区消失了，论者认为与水灾、战争有关，有的认为迁移北上了，有认为良渚文化即夏文化的前身，先生对这些意见有何看法？请先生作一评述。

10. 先生认为良渚文化与夏商周三代青铜文化的关系如何？玉文化和青铜文化能否看作中国古代文明有机联系的早、晚两大阶段？

汝祚兄：可否以此十题请苏先生谈。

我未留底稿，请兄复印两份，一份给苏先生，一份留存以后必要时寄我。

苏先生的论文，或可先作访谈录刊《东南文化》四期，再改为文章刊《良渚文化文集》，如同《迎接中国考古学的新世纪》那样。具体做法如何为好，请与苏先生商定。

汪遵国　又及　1995.3.25.

910505 83 5　　第 2 页

进入文明时代，有门槛内、门槛外、门槛上三种说法，先生认为哪种看法比较恰当？在先生提出的“古国—方国—帝国”学说中，良渚文化是处在哪一阶段？

9. 良渚文化后来在太湖地区消失了，论者认为与水灾、战争有关，有的认为迁移北上了，有认为良渚文化即夏文化的前身，先生对这些意见有何看法？能否请先生作一评述。

10. 先生认为良渚文化与夏商周三代青铜文化的关系如何？玉文化和青铜文化能否看作中国古代文明有机联系的早、晚两大阶段？

汝祚兄：

可否以此十题请苏先生谈。

我未留底稿，请兄复印两份，一份给苏先生，一份留存，以后必要时寄我。

苏先生的论文，或可先作访谈录刊《东南文化》四期，再改为文章刊《良渚文化文集》，如同《迎接中国考古学的新世纪》那样。具体做法如何为好，请与苏先生商定。

弟　遵国　又及 1995. 3. 25

汪遵国—苏秉琦（1995.4.16）

尊敬的苏先生：

您好！

《苏秉琦传》望老师同意先在《东南文化》发，如系自传请题书名，将来还可修改出书，如诸多名人传记一样。

给汝祚兄寄去十个问题，不知老师认为能否以此为据逐一就良渚文化发表意见。请老师同汝祚兄商定，每星期谈一题，如此三个月就能完成了。

我一位台湾学生，原美国匹兹堡大学博士生，写论良渚玉器有交往，要我搞一本《龙的传人》文集，请您老签名。书南京买不到，求了辽宁、北京、上海，也未买到。能否烦苏先生搞一本，签名寄来，书及邮资我再寄上。台湾学生叫黄翠梅小姐，邵望平也认识。如有可能，烦交吴汝祚代为寄来，多多拜托！

祝

健康长寿！

遵国　草上

1995.4.16

汪遵国—苏秉琦（1995.5.16）

尊敬的苏先生：

您好！

上月十六日出差之前，匆匆寄上一信，想必已收到。写得潦草，很对不起，请老师原谅！

现《东南文化》第二期已出版，现由编辑部寄上一本，另又请吴汝祚兄交给您一本，请批评指正。

第二期的《良渚文化遗址群》一稿，是浙江余杭一位同志写的，在《前言》和《结语》中加上了一些老师的意见，不知妥否？

第三期是纪念抗日战争胜利五十周年专刊，在二期之后发一要目，我们力争搞得充实些，美观些。最近《东南文化》被评为江苏省十佳刊物之一，我们很高兴，并决心办得更好。

第四期的主要内容是以老师您的一组文章为重心，在第三期上发一要目介绍，故很希望近期能落实。现写在下面，望老师确认后告诉汝祚兄，请他即给我一信。

老师关于良渚文化的文章，可否先以特约记者吴汝祚名义，题目为《关于良渚文化的十个问题——中国考古学会理事长苏秉琦教授访谈录，纪念良渚文化发现六十周年》。然后，在收入《良渚文化文集》中时改为论文，题目用《良渚文化论纲》。老师以为如何？我们认为老师有关中国史前考古的一系列论文中，有这么一篇专论良渚文化的文章，是有理论价值和指导意义的。

关于《苏秉琦传》，我还没有弄清是邵望平记录的自传，还是邵执笔写的传记。如是自传，请先生告知题目。如是传记，是否邵一人执笔写的。我看过达尔文的自传，还有斯诺记录的《毛泽东自传》（1936 年以前），都是很精彩的。老师“六十年圆一梦”的科学探索历程，是辉煌璀璨的。先在《东南文化》上发初稿，然后再充实修改，以后是可以出书的。如是邵望平写，以后更可以充实扩展。说心里话，我是很羡慕邵能写老师的传记，我是有雄心而无条件。我看了新出的《金庸传》《曾宪梓传》，老师的传记绝不会较那些逊色，而更有独特的价值——一位考古学大师辛勤进行科学攀登的成功之途、胜利之路。

关于苏秉琦年谱，看似简单，实不容易。因为年谱是具体的，老师活动范围大、年代长、内容多，我很担心，不能赶上时间。邵在忙她的紧迫任务《海岱文化与齐鲁文明》，近期要交稿。她有时间吗？所以我是要汝祚兄忙 1976 年之前，大顺忙 1976 年之后。先搞出初稿来。发表后再广泛征求，补充条目，以后出书。——此事还望老师亲自过问，提供素材。例如老师抗日战争时期的活动；又如，苏联五十年代评《斗鸡台》的论文和日文版《斗鸡台》的出版时间、书店等内容。

关于车广锦的读书笔记，我在全力促他加油。他已定下题目：《科学殚思录——贺苏秉琦教授“六十年圆一梦”》。不知老师以为可否？

由于同时要发一组有关老师学术活动的照片（彩色的和黑白的），盼能尽快寄一些照片来。希望能有：三十年代陕西发掘的，抗战期间整理斗鸡台和瓦鬲的，在北大讲课的，在西安考古年会上作学术讲演的，还有获摄影奖的《五千年见面》等。能否在五月间给寄一些来？

从大顺处获悉，香港正在编辑出版《苏秉琦考古学文选》，深望老师能对《关于区系类型》和《地层学与类型学》两文作一点内容补充和文字修改，使之更为完美。同时，希望《良渚文化论纲》能赶上时间，编入文选之中。

就写这些吧。期望老师让汝祚兄即来一信告知老师的意见。

祝老师全家愉快！

学生　遵国　敬上

1995. 5. 16

汪遵国—苏秉琦（1995.5.18）

尊敬的苏先生：

前天寄上一信，同时寄出《东南文化》第二期。

今又有一事麻烦您老人家：《东南文化》第三期是纪念抗日战争胜利五十周年专辑，拟发罗宗真《抗日战争期间中国文博考古事业的发展》。我想为全面反映当时的情况，想增加有关北平研究院、徐旭生先生以及老师整理斗鸡台和研究瓦鬲的内容，略能提供一些具体的材料。请老师告吴汝祚，烦他写出素材寄我即可。

又，苏秉琦年谱的1976年以前，不知现在是邵望平在搞还是吴汝祚在搞。亦望有抗日战争期间较具体的若干条目，我想最好有十来条。还希望有两条：一条是苏先生哪一年读郭老的《中国古代社会研究》，对老师有什么影响；另一条是苏先生哪一年读藤固译蒙特留斯的《考古方法论》，对老师有什么作用。不知我这看法是否妥当？

很希望本月内老师能告知良渚文化文、苏秉琦传、年谱三者的题目、作者，作为三期上发四期要目用。亦望能寄一些照片，以便先行编排。

祝全家愉快！

遵国　敬上

1995. 5. 18

汪遵国—苏秉琦（1995.6.2）

尊敬的苏先生：

您好！

《东南文化》第四期编辑已进入紧张阶段，拟七月初送印刷厂排印。

不知您对《良渚文化十个问题》是以论文，还是以访谈录的形式出现？此文六月底有无可能完成？

《苏秉琦传》是邵望平帮助记录的自传还是她整理撰写的？听说苏先生还要推敲修改。我意这次刊出作为初稿，以后再修改补充，专门出书。学术界、文化界对苏先生的传记肯定是极其欢迎的，因为这通过一位学者六十余年的奋斗反映了中国考古学的发展史，反映了中国文明史的认识过程，是有魅力的。此稿有无可能在六月底寄出？

《苏秉琦年谱》，我已写信催大顺同志六月底完成下半部（1976 年以后），上半部不知现在是汝祚兄搞，还是邵子搞。我已照汝祚来信所说苏先生的意见，给邵去信，请她出力，她未回信，但她之前给我两信谈及手头任务重、记忆力衰退、脑子不听使唤、对苏先生反映在两部文集中的思想理解不透等苦恼，故我不知上半段是否落实。此事期望力争实现，万一有困难，只得以后再说。不知我的想法是否合适？

我还在忙《苏州草鞋山》的整理，主观上希望能以一个实例反映苏先生在两部文集中的思想，即太湖地区史前史的面貌。很担心自己的能力。期望苏先生能便中题签，为此书增添光彩。

从大顺同志处获悉香港、日本都拟出版《苏秉琦考古文选》，很希望编辑装帧能比现有两部文集更完美些。我将《太湖流域考古问题》复印给他，补上一处错漏的地方；南京会议讲话全文也复印寄给他。用意是希这两文完美些。不知是否合苏先生的意？同时，我很希望苏先生的两篇重要著作《地层学和类型学》和《区系类型问题》，苏先生能作一点补充使之更加完美，因为此两文属苏先生的一批代表作之例。

说到这里吧。祝苏先生健康长寿！祝全家愉快！

并颂

吉祥如意！

遵国　敬上

1995.6.2. 端午节

《良渚文化十个问题》我认为如来得及，能收入香港版《苏秉琦考古文选》。苏先生来稿我收到后，我一定立即复印寄大顺同志。苏先生认为这样做可否？（如苏先生处直接复印由汝祚兄寄大顺同志，当然也一样，由苏先生定。）

苏先生的各种意见请吴汝祚兄告我即可。如邵子有可能，请她告我也可以。

遵国又及 6.2

汪遵国—吴汝祚（1995.6.2）①

汝祚兄：

您好！

上月十六日寄上一信，同时寄出《东南文化》第二期，想必已收到。

月底前为第三期定稿。此期是抗日战争胜利五十周年专刊，我组一文，又自己补一文章，是关于一首毛主席在抗日战争时期的五律诗的考释文章。此期8月中出版。

为第四期出版事，有些事要麻烦您帮我问一下苏先生，给我一

① 苏秉琦先生在书信首页下写“读过，94.6.18（苏）”，在第二页下写“15日发出（18日看过），琦”。

信，以便我心中有个数。

第一，关于良渚文化十个问题，有无可能在六月底完稿？我意，苏先生的论述不求详细具体，只求点到就是，有的问题也不用有结论，提出努力方向即可。二三千字，四五千字皆可。这件事，给您添了不少工作量，非常感谢。

第二，《苏秉琦传》能否在六月底前寄出？我还未弄清，此是邵望平帮助整理的苏先生的自传，还是邵望平写的？请转告苏先生，目前可作初稿在《东南文化》四期上先发，以后再加工补充出书。因此，有些地方今后还可以再修改，现在刊出时可加上初稿字样，或作一说明。同时，亦望即寄几张照片来。彩色、黑白皆可。

第三，《苏秉琦年谱》，因较具体，还是有一定难度的。我已给郭大顺去信，下半段（1976 年后）望他六月底①寄来；上半段，不知现在您和邵望平谁在搞？我遵照您两次来信，给邵望平信，希她能出力，但未见回音。听说她手头有急任务，时间紧，不知有无可能？所以，我以为你能搞一点就有把握些。此稿可晚至7 月中寄来②。再晚就来不及赶上第四期了。

最近，收到北京寄来的两本《华人・龙的传人・中国人》文集，不知是否是苏先生给我寄来的？因为上面的字，不是您或邵望平写的，或是我提到台湾学生事因而苏先生寄来③。望便中了解一下。

江苏最近考古颇忙。寺墩、赵陵都在工作。苏州大真山和徐州楚王墓都出了一些重要文物。我还是在忙整理，间或为编辑事分心。

您近来身体如何？希多保重。您写的文章很多，望注意休息，不要太劳累。祝愿您健康长寿！

祝

---

① 苏秉琦先生在信侧写：“年谱 1996 年后半大顺。”

② 苏秉琦先生在信侧写：“年谱，7 月中要。”

③ 苏秉琦先生在信侧写：“晋祥寄的。”

吉祥如意！

遵国 上

1995. 6. 2 端午节

又，二期费国平文前言和结语的提法，您以为合适否？盼告您的意见。此文拟作修改补充后，再收入《良渚文化文集》。

汪遵国—苏秉琦（1995.6.22）

尊敬的苏先生：

您好！

前寄上的信和《东南文化》第二期，想必都收到。

《东南文化》第三期抗日战争胜利五十周年专刊，有南博珍藏文物、抗战八年文博战线情况、摄影家吴印威、爱国将领戴安澜等文章。一校已于二十日完成，月底是二校，要发第四期要目。现将有关目录附上，请苏先生定。

从邵望平处，知《苏秉琦传》是先生自传，她是记录，先生一直在修改。自传更为珍贵，要有一个醒目的总题目，我以为可定名为《圆梦之路——苏秉琦自传》。取先生所说“六十年圆一梦”之意，不知合意否？

不知《苏秉琦自传》和《良渚文化十个问题》何时可挂号寄出？我以为自传可先作为初稿发，以后再加补充修改出书。论良渚文化不求详细，只要点到就行，有的问题指点研究方向、努力目标就行，有两三千字就可以了。不知先生以为如何？

盼告汝祚兄来一信，以便心中有数，安排四期编辑出版事项。

敬祝

康安！

遵国

1995. 6. 22

汪遵国—苏秉琦（1995.6.24）

尊敬的苏先生：

您好！

《东南文化》第四期，七月中旬就要发排，恳切期望《苏秉琦自传》能惠寄给我们，《良渚文化十个问题》也希望能赶上这一期。

关于苏先生的自传，我以为先刊出，然后再补充修改出书。因为精益求精总是没有止境的。马克思《资本论》第一卷法文版就较德文版更完美，毛泽东的雄文出选集时作了修改不同于初发表时，法捷耶夫的《青年近卫军》和肖洛霍夫的《静静的顿河》最后定本同初版有很大的不同。金庸的全部武侠小说经十年修改后不同于在香港报刊上连载时。我举这些例子的意思，想说服老师立即在《东南文化》上发，暂且作为初稿，争取时间，引起社会重视，这不光是宣传老师的成果，更重要的是宣传考古学的光荣使命。因为《东南文化》十月间就可出版。然后再补充修改，再出版社出书。苏先生是考古学泰斗，一代学者，撰写的传记到处会受欢迎，自传肯定尤足珍贵。再有一层，许多著名传记出书时，都已事先在报刊杂志上发表或连载，例如冷夏著《文坛侠圣金庸传》，夏萍著《李嘉诚传》和《曾宪梓传》，就是最近的实例。如果苏先生认为还有一定要作点改动的，目前邵望平忙于赶写书，她可能有较大困难，可否寄来手稿时注明，由我先暂时修饰一下？等到出书时自可由邵望平再加润色统一笔调、风格。

至于关于良渚文化的十个问题，我意目前不用详细论述，只用简要答复，可以是提纲式的，有的问题也不求结论，甚至可以回避不答。故每一题，一二百字即可。我读过马克思的《关于费尔巴哈的提纲》，列宁的《关于辩证法问题》《辩证法的要素》，虽然文字不多，然而内容深刻。即令类似斯大林、毛泽东、爱因斯坦、罗素的一些答记者问，回答只有十几个字或几个字，也是有价值的。我的意思是希望老师对《东南文化》就良渚文化所提十个问题只要简单回答，请汝祚兄记下来即可。如涉及某些实例，只要点到，由我们查找资料补足，再请老师过目修改。不知老师以为如何？

《东南文化》六月间已被江苏省评为十佳刊物之一，同时获封面设计奖、印刷质量奖，在全部近三百家刊物中，同时得此三奖的只有两个杂志。因此，我们有信心在刊出苏先生这一组文章时，保证达到优秀质量，力争能同苏先生的光辉人格、灿烂成果相称。

听汝祚兄说，苏先生还忙于香港商务出版文集事。大顺同志告诉我，这是一个文选，从两本选集中选五六十篇文章。我曾向大顺提出过一些建议，保证图文并茂，印刷精良，装帧美观。具体各项事，可由郭大顺操劳，我也乐意出力。至于苏先生您老人家已是高龄，是否把把关，抓选目，提要求即可，似不必在校对等事上花费精力，我的这些看法如有不妥，请老师原谅。

就写这些吧。期望得到老师的关心、帮助，则是《东南文化》的最大愿望，也是感到荣幸。

敬祝

健康长寿！

学生　遵国　敬上

1995. 6. 24 半山园畔

汪遵国—苏秉琦（1995.6.30）

尊敬的苏先生：

您好！

前发数信，想必已收到。

《东南文化》亟盼能得到您的文章和传记。我们迫切希望能赶时间，在今年第四期刊出，最有意义。毛主席云：“多少事，从来急。一万年太久，只争朝夕！”还是有道理的。

您的传记，目前不必修改了。先发表初稿，然后再补充修改。我们可以印两份校样稿寄上，供修改用。我前信举了不少例子：马克思的《资本论》第一卷、毛主席的文章、法捷耶夫的《青年近卫军》和肖洛霍夫的《静静的顿河》、金庸的全部武侠小说，都经过发表初稿的阶段。我希望以这些例子说服苏先生，能争取时间先发表初稿。这不只是为了宣传苏先生的功绩，更重要的是宣传考古学的伟大使命和光荣业绩。不知苏先生能否理解晚辈们的心情?!

关于良渚文化的十个问题，也用不到先生做详细分析，只需做简要回答，有些问题只需指出方向，甚至可以避而不答。故每一问作答多可几百字，少可几十字，也可先在《东南文化》上发一发，以便再作充实，敷演成文，未为晚矣！

就写这些。等候回音，敬祝

健康长寿！

学生　遵国　敬上

1995. 6. 30

汪遵国—苏秉琦（1995.7.6）

书信未见。家藏南京博物院《东南文化》杂志编辑部信封一枚，署“汪缄”“1995. 7. 6”，南京邮戳 1995. 7. 9，北京邮戳 1995. 7. 12。

汪遵国—苏秉琦（1995.9.30）

尊敬的苏先生：

当您八十六岁生日——十月四日——到来之际，衷心祝贺您健康长寿！祝愿您老人家吉星高照，万事如意，寿比南山，福如东海！

您应商务印书馆香港有限公司邀请，即将由郭大顺同志等陪同，赴香港主持《中国文明大系》综合画册《东北文化》《草原文化》《齐鲁文化》三书首发仪式，祝您老人家一路顺风，旅程愉快！

香港商务印书馆即将出版的《苏秉琦考古学文集》，是一部中国考古学的巨著，它是您六十年征程的光辉记录，也是您倾注精力和智慧为建立有中国特色的考古学体系的结晶，必将产生广泛而深远的影响，为中国考古学带来世界性的荣誉，引导我们走向二十一世纪！

《东南文化》第四期为庆贺您老人家八十六华诞而刊发的您的自传《圆梦之路》和《大事年谱》以及一组照片，表明了我们的心意。该刊于十一月出版发行，现附上二校样稿以志纪念。当您从香港凯旋归来时，装帧精美的《东南文化》第四期即可奉献到您老人家手上！

恭祝吉祥如意！

学生　汪遵国敬上

一九九五年九月三十日

东南文化杂志社—苏秉琦（1995.10.4）

尊敬的苏秉琦先生：

今天适逢先生 86 华诞，我们遥祝先生生日快乐，健康长寿！

为了祝贺先生的学术成就，我刊今年第四期发表先生《圆梦之路》及《大事年谱》两稿。先生曾在接到校样后来电，要求我刊不予发表，鉴于我刊排版已定，还支付人民币 3 万元，若再改版，我刊将难以承受，且出版时间亦会延误，造成刊物信誉损失。

先生大作乃科学性与资料结合的上乘佳作，我刊认为无甚不当。如有修改之处，请先生三日内速将修改意见反馈我刊。我刊恳切希望能得到先生全力支持。

如若先生坚持撤回文稿，望考虑何以承受经济损失之情。

即颂

撰安！

东南文化杂志社

1995.10.4日

汪遵国—苏秉琦（1995.12.14）

尊敬的苏先生：

您好！

寄上《圆梦之路》中间四节校样稿，请审阅。今年《东南文化》第四期，刊出前四节、年谱和彩照五幅，完全是老师您关照和大顺、望平等同志支持的结果，总算表达了我们祝贺老师八十六岁寿诞的愿望。趁寄上校样之便，除已寄该期五本外，今再附上一本。

通过这次整理《圆梦之路》，深感力不从心，还要深入学习老师的两本文集和自传录音稿，仔细琢磨，吃透精神，故而我就想到在《东南文化》上先发表前八节交代得过去。后面这四节再花些功夫，才能整理好。这已发八节，我以为也只是初稿，望听取意见后，再加修改补充。例如，整理斗鸡台、仰韶文化研究两节，至关重要，还需增加内容、阐述完美，使达到包含丰富、雅俗共赏，需花大力气。不知老师有何意见？

老师何时赴深圳访问？仍由大顺同志陪同前往吗？祝愿这一个月过得愉快！很希望商务版《苏秉琦考古文集》能编得完美理想，

文图并茂，装潢精致。我乐意随时为此书出版给大顺同志的编选提供协助。

很希望老师能写出专论良渚文化的著作。不知由大顺同志协助在深圳加以记录整理是否可行？我觉得有这么一篇文章，可为商务版文集锦上添花。此外，亦为纪念良渚文化发现六十周年，我感觉良渚文化还是史前史中重要的一环，很值得纪念一下。与仰韶、龙山、红山相比，似乎是各有千秋，各具特色，各自有其自身的价值。说的不妥，请老师批评指正。

最后，祝老师健康长寿！

并愿

深圳之行美满愉快！

遵国　敬上

1995. 12. 14 南京

汪遵国—苏秉琦、郭大顺（1996.2.16）

尊敬的苏先生：

亲爱的大顺兄：

您们好！

我从余杭市王云路同志处，知道您们在深圳的住址和电话，但六号上午给您们去电话时，知您们已离开招待所到广州去了。前天打电话时是苏师母接的，知你们年初二才到北京呢。

《东南文化》第一期已出版并寄上。我现在忙于编纪念良渚文化六十周年的文集，定名为《东方文明之光》。拟发表赵陵山、花厅、陆庄及寺墩新发现等考古资料，收到海内外论文近三十篇，定于三月初发稿。很希望你们的文章能在春节后寄来，我期待二月底能收到。盼大顺兄能将苏先生关于良渚文化十个问题的意见整理成文，请苏先生过目敲定。大顺兄的论文亦必独具一格。你们的文章是这一文集迫切需要的，必能为论文集增添光彩。

我在南京接待了楼宇栋兄，知苏先生这次深圳之行极隆重，听说春节后仍将去香港。由大顺兄陪同，在业务、生活两方面皆多方便。不知《苏秉琦考古学文集》《瓦鬲的研究》诸书的编辑出版进展如何？拟定于何时出版发行？如需我们这边出力效劳的事，请大顺兄来信或来电话（打我家中电话），我定当全力以赴。我这次由于诸方面的推动，院长不得不推荐，已于年前全票通过上研究员，尚待省职改办批准。我今年四月即退休，估计情况同某兄一样，一边宣布上正高一边退休。退休后比较机动了。

值此春节期间，祝苏先生健康长寿，全家幸福！祝大顺兄身体健康，全家愉快！恭祝

吉星高照、万事如意！

遵国　敬上

1996. 2. 16

钟华南*

钟华南（1937— ），先后工作于山东省第二轻工业局、第一轻工业局科研所、山东省博物馆。

山东省文化厅—苏秉琦（1984.12.12）

秉琦先生：

我省博物馆钟华南同志承担的山东龙山文化蛋壳黑陶烧制工艺研究项目，已具备召开评审会条件，希您给予指导，会址地点拟在兖州宾馆。评审会开法及有关材料，派钟华南同志当面汇报，如能写个意见书，不胜感激。

此致

敬礼

山东省文化厅

1984. 12. 12

---

* 钟华南先生指出：在个人的专业成长过程中，苏秉琦先生从专业突破方向、理念引领、资料提供甚至考察对接等方面，均事无巨细予以指导。苏秉琦先生奖掖后学、提携晚进的殷殷之情，就浸润于一封封书信之中。

苏秉琦—山东省文化厅（1984.12.16）①

《意见书——对山东省博物馆钟华南同志这项工作的初步成果的几点初步意见》

"实验考古学"是当代考古学一个重要分支。这一分支学科对于中国考古学的发展，具有重要意义，前景广阔。

山东"大汶口—龙山文化"的黑陶，可能是中国原始文化中产生的几大陶系中工艺水平最高、影响最大的一个。因此，对它应用实验手段取得突破性成果，具有典型意义；对于我国实验考古学的发展，将会起到推动作用。

钟华南同志的实验，选择了"大汶口—龙山文化"黑陶中的杯类做课题，颇有见识。因为，杯类在"大汶口—龙山文化"中，既有典型性，在黑陶工艺上也有代表性。

他所选择的实验标本，大体上包括了这类器物。从它的原始阶段，到它的最高阶段。这样，他就有可能到对这一制陶工艺发展过程中关键性的变化——包括"成型"和"烧制"两个重要方面，取得科学的认识。

他这项实验的全部工作与研究成果，最为重要的一点，是发现并论证了"成型"工艺中的镟削工具（刀）加"刀架"，在"烧制"工艺中应用"匣钵"，是整个黑陶工艺最后阶段的发明创造。

这一发现在考古学上的重要意义。

一、我们所谓的"大汶口—龙山文化"的最后阶段，仅仅从制陶工艺的专业化水平，也可论证当时社会分工所达到的水平，以及这种分工会给社会发展带来的影响。

---

① 原件为打印稿，据钟华南先生提供信影录文。意见书并收入《苏秉琦文集》2，文物出版社，2009，第357页。

二、为我们对“大汶口—龙山文化”的定性、定量问题，提供了一项重要依据。

必须指出，这是对我国原始文化制陶工艺实验考古的一个突破性成果。从实验考古学的发展来看，这仅仅是一个开端都是值得我们特别珍视的起点，理应给以恰当的评价。

以上意见，仅供与会同志们参考。不当之处，请指正为感。

苏秉琦

一九八四年十二月十六日于北京

附：评审小组成员名单一份①

评审小组名单

俞伟超	教授	北京大学
张忠培	教授	吉林大学
严文明	教授	北京大学
吴汝祚	副研究员	中国社科院考古所
蔡凤书	教研室主任	山东大学
叶学明		山西省考古所
孔哲生	局长	河北省文物局
黄景略	处长	文化部文物局
逄振镐	助研	山东省社科院
刘谷	局长	山东省文物局
杨子范	馆长	山东省博物馆
张学海	所长	山东省考古所
郑笑梅		山东省考古所
孔繁强	副处长	山东省文化厅
周昌夫	副馆长	山东省博物馆
刘凤竹		山东省文化厅

① 据钟华南先生提供名单照片录文。原件在人名后均有相关专家领导的手写签名。

许兴文　局　　长　　兖州县文化局
牛立端　副 局 长　　兖州县文化局
苏庆恭　主　　任　　济宁市文物处

苏秉琦—钟华南（1985.10.28）①

华南同志：

你好！

关于你的《大汶口—龙山文化黑陶杯制作技术实验报告》的编写，我已和吴汝祚同志并通过他和潍坊市博物馆的杜在忠同志联系好了。

关于需要画图、照相烦潍坊博物馆同志协助。请你计划好，需要件数、具体要求，然后带着标本材料（指你试作品）（工具、半制品等）去潍坊。行前先给杜在忠写信，等回信再去。因老杜有行政职务，有时抽不出身。至于老吴，他去山东时会找你面谈。专此

敬礼！

苏秉琦
1985.10.28

钟华南—苏秉琦（1986.2.18）②

苏秉琦先生：

您好！自北京返济后即到昌乐为北大学生讲一天课，反映尚

① 据钟华南先生提供信影录文。

② 苏秉琦先生在书信尾页下部写："22/2/86 收到。"

好。在烟台、长岛看了白石村一期诸器物甚有收获。春节前又在山东考古所讲了一次课，反映也算可以。

因您对胶东的陶器很有兴趣，因此首先向您汇报一下我对胶东陶器的印象：胶东的陶器始终是富有地方特色的。这说明一种生产工艺由一地传播到另一地后，这种生产工艺并不能百分之百符合当地的情况，必须进行某些变动才能成为当地有用的工艺。而在器形方面也得进行某些变动，才能符合实际需要。胶东的制陶工艺自始至终是由北辛—龙山一次次传播过去的，同一种工艺水平的陶器其出现时间也都稍晚于北辛—龙山。但这里的陶器在任何时期里都有它的特色。这除说明当地的制陶条件与生活情况与北辛—龙山有所不同外，也说明传播过去的工艺每次都得到应有的改革。

我准备三月中旬到兖州、滕县、南京、浙江、湖北、河南了解一下北辛—龙山文化有关的情况，在出发前热切盼望得到您的指导。大概五月中旬就可以拿出《北辛制陶工艺的实验考古》的初稿，那时候再到北京向您详细汇报工作情况。

由于您花费了许多心血，我和杨子范馆长的关系已很密切，他下决心支持实验工作，每次出差都是他亲自写信把我介绍去的，而且准备今年拨给足够的研究经费，在年前还出面交涉“奖金”问题。现在工作甚为顺利，请您放心。

杨子范馆长近日身体欠佳，可望不久即可痊愈，现在开始主持工作。昨天他知道我给您写信，叫我代他向您问好。

通过讲课了解到，考古界对于成型法的出现程序，成型法是代表一种生产工艺、生产水平，成型法的成型规律、器形变化不只是选型上的变化诸说深感兴趣。但是这些说法如果脱离考古上的标型学与地层学是要处处碰壁的，而与标型学和地层学相结合则是前途无量的。我很想读到这些书，请您帮助介绍一些。

敬祝您

身体健康，万事如意。

钟华南

1986. 2. 18

苏秉琦—钟华南（1986.2.27）[①]

华南同志：

你好！来示敬悉。承告子范同志近况，殊堪欣慰。烦代向子范同志致意。

信中所谈几点，简答如下。

你对山东省从陶器角度认识到山东的“北辛—龙山”自成一系，而胶东地区又自有特色，这虽是我们多年来的想法，但你自己的认识毕竟是更深入了一步。我希望我们能抓住这一点，从“实验考古”角度继续一个课题一个课题地搞下去，必会得到新的突破。子范的支持，非常可贵。

你计划各地走一趟，有好处。但我意，你需要明确的一点是：山东半岛在我国古文化中的相对独立性必须强调，时刻不忘。而其他各地与山东关系，可用下列公式理解——“各地⇆山东”互相作用。所以，对其他各地自具特点，不是一下子能理解的。从你们今后工作着想，虽可以涉及整个古代制陶术发展基本阶段，但不可以设想我国各地区古文化制陶工艺可以一揽子全面地解决。那样，就没边了。科研大忌是“不专”，望注意。但这又和考虑具体问题时需要多方对比是另一码事。

你想看些此类参考书（类型学、层位学、年代学等），考古所的《考古工作手册》、日本人编的《考古学通论》（商务）、《先史考古学方法论》（商务），新出易漫白《考古学通论》（湖南）都可参考。我书中的有关论文，如《关于仰韶文化的若干问题》《姜

① 据钟华南先生提供信影录文。

寨遗址发掘的意义》，张忠培《元君庙仰韶墓地》都从实际工作着眼，实质上又是方法论。

现在已从考古所调到历史所的王序同志，从云南少数民族地区调查收集从最接近原始手制陶逐步发展到近代制陶工艺的几个大阶段的实验资料及操作工艺，是颇有价值的一项工作。他似乎一直没写成完整作品。以后有机会可以约他合作，或是找个什么其他机会一起研究些课题（他现在正式工作是帮沈从文研究古代服饰）。辽西地区或北方地区古文化中制陶工艺自成序列而且区系复杂，倒也是一项好课题。实验考古大有用武之地。古史燕齐关系密切，联成一片，有其方便的一面。以后有机会可以了解一些。专复

敬礼！

苏秉琦

1986.2.27

苏秉琦—？（1986.8.23）[①]

钟华南同志在山东省博物馆从事实验考古“陶器科学实验”工作多年，成绩显著，已完成课题两项：

（一）大汶口—龙山文化陶杯等

（二）北辛文化陶器工艺

两文已收入《中国考古学文化论文集》第二、三两册（俞伟超、严文明分别负责集稿）。

为扩大视野，到你们那里参观有关标本。请你们惠予接待，介绍有关单位或直接负责同志给予协助、方便，为荷。

专此，问

好！

① 据钟华南先生提供信影录文。从内容看，应是苏秉琦先生为钟华南先生外出考察而写的“通用”介绍信。

苏秉琦

1986 年 8 月 23 日北京

苏秉琦—钟华南（1986.10.28）①

华南同志：

你好！

接到你 9 月 25 日托人带给我的信，当即面交郭大顺同志，请他注意此事。我想他是会认真对待此事的。最近俞伟超同志已就任中国历史博物馆副馆长职，主持业务工作。其中一项是整顿和发展历博的技术部，他单位有些修复、复制技术较高人才，他已派人去研究女神庙塑像保护办法。当然，你的建议他们会注意的。

又接 10 月 25 日信，一切尽悉。此次你去广东、福建、江西、湖北、湖南。我建议你到江西看万年仙人洞下层—上层标本，要注意的是，它是江南印纹陶最早的“萌发”时代唯一地点；再，江西鹰潭挖过一处相当几何印纹陶较早期“陶窑”址，标本是大量的。我估计，它代表这项工艺技术的成熟阶段的一种典型，也是迄今所知，可能是这项工艺发展中心地带之一。此事，你到那里时找李家和、彭适凡、李科友几位都可以。李家和可能给你提供更多田野工作中见到的一些有用参考资料。

到湖南，他那里澧水澧县遗址的年代较早，最早的文化层中那种细刻印纹（签点）等技术可能是那里原始制陶成型工艺特色，值得注意。

宜昌三峡工地（到宜昌博物馆联系）文化部文物局组织的发掘工地，原由俞伟超、吴汝祚等几人负责，现在文物局的王军等在那里。长江中两处遗址都有较早文化层，初步认为属“前大溪文

① 据苏秉琦先生家藏书信复印件录文。

化”遗物，对了解后来的大溪、屈家岭文化陶器工艺会有参考价值。

到福建，平潭遗址—沿闽江到崇安古城一线陶制工艺有自己特色。王振镛（博物馆）（馆长陈存洗）同志可给你介绍情况。“闽越”古文化前身，可能自成一系。

以上意见，供参考，专此，问

旅途安好！

苏秉琦

1986.10.28

钟华南—苏秉琦（1986.11.25）①

苏秉琦先生：

您好！我返济后即向杨馆长汇报了沈阳会议的情况和您要召开环渤海讨论会一事。他得到极大鼓舞，心情异常激动。除了热烈庆贺会议的胜利外，尚且决心把明年的会开得更好了。近日他精神焕发，见面时他告诉我，张学海已到他那里去研究会议筹备工作。省考古所拿出两万元，看来一切进行得比较顺利，请您放心。春节过后杨馆长准备进京拜会您，并汇报会议筹备情况。

我准备按计划于本月底到广东、福建、江西、湖南、湖北诸地。此行目的是找明年做大汶口、龙山课题的参照和辅助材料；另一方面是了解这些地方的陶器是出自哪几家或哪一家。我热切盼望得到您的指导，指出这次出差该抓什么和怎样抓以及到哪些地方（遗址）去抓。就是三言两语也是我前进路的若干航标！我怕在济南接不到您的信，失去这次指导机会。劳驾您把信寄到广东省博物馆，我一定在这一站待到接到您的信再去的。

---

① 苏秉琦先生在信后写：“10月28日复。”

沈阳会议在您身旁，确实得到许多教益。原先拜读您的论文集时，您挥洒的“治学”二字本已很深刻，如今更形象化了。目前我虽只能用“描红”的方法来描，也不知道什么时候才能离开本本写一写。但一种无形的力量却使我一笔一笔地描下去，您说奇怪不奇怪。

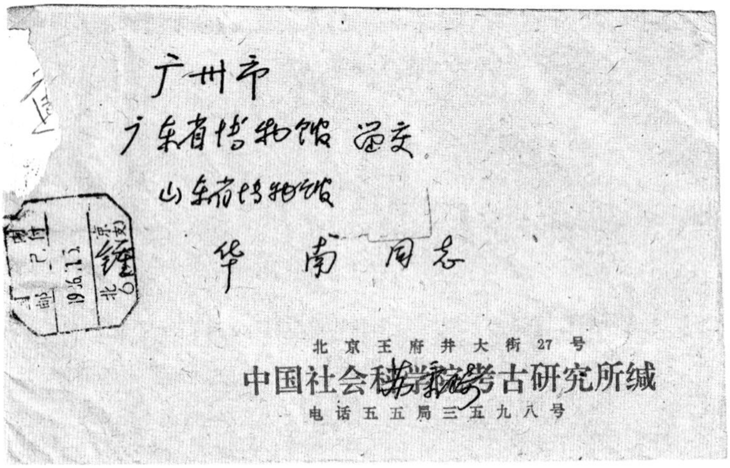

苏秉琦先生致钟华南先生书信信封

我真想不到会上碰到用英文“陶轮”二字来吓唬我的。如果“陶鬶”“鬲”“盉”等等也得在旁边注上外文才算数时才算中国考古研究的奇观。这“陶轮”旁边注上英语也就不足为奇了。因为我国自解放以后才真正重视考古研究工作，把陶器成型在陶轮上的成型粗略地分为慢轮、慢轮修整、快轮，本是不甚科学，但在考古研究中已发挥了很大的作用。我们可以用补充的方法使人们认识到在陶轮上成型的若干成型法，并指出这些成型法在陶轮转速方面的界限和他们应有的特征，我想考古界是可以接受的。而且对于考古研究有益而无害，是更有益于弄清文化与文化之间的关系。如果像目前一样，到处有龙山文化，的确也叫人哭笑不得。而一谈起陶器的成型方法除了“手制”就是“轮制”，的确也说不过去了。如果我们谈到这些就是否定“解放以来的考古工作”，这时候还拿出这样的“大棒子”的确也太可笑了。

我记得很清楚，在新乐遗址博物馆时，我一时说到他们那里的陶器是轮制的，有个考古发掘的青年队长问您："苏先生，您以前是怎么教的?"您只有短短几个字"现在是八十年代了嘛!"青年低下了头，我暗暗地落下了泪，心里感激我的好导师。这与用英文来吓唬人是多么鲜明的对比啊！可能这就是"治学"态度之不同吧！

我跑完南方几省，一定到北京向您汇报，我想这次出发是可以得到收获的。

祝您

身体健康，一切如意。

钟华南

1986.11.25

钟华南—苏秉琦（1986.12.16）[①]

苏先生：

您好！我已到广东、福建、江西、湖北诸地跑了一趟。特别是在江西，因有彭馆长的帮助，翻箱倒柜，看了不少东西，收获很大。这次出差得出这样的印象：①福建、广东的印纹陶来自长江中下游；②仙人洞的陶器是代表我国距今九千年时工艺水平的陶器。长江、黄河中下游应该有大量类似仙人洞的陶器尚待发掘。这些印象是否正确，请您给予指正。

自从有您的关怀、指导和帮助，我醉心于"实验考古"，虽然困难重重，灾难百出，但仍勇往直前。即使是湖北美术院已发商调函的今天，还在搞实验，而且已与美院商定好，到湖北"实验考古"仍不中断。您是知道的，我是决心踏出中国实验考古之路的，

① 苏秉琦先生在信最后一页下写："21/12/86，写出鉴定出。"

可惜我的境遇始终不佳。

这次职称要评比，在此之前我已贬到所谓技术部去了，不属研究人员。两篇文章未一出版，蛋壳黑陶又属前朝功绩，如果您翻一翻文博职称评比条文，我能占哪一项呢?！有谁能承认我是用几门知识去“实验考古”的呢?！在这关键时刻，我希望得到您的帮助，或给我工作评价，或只就我两篇文章说几句话，至于实验考古，我想是不必说了——因为没有人认这个账。如果您认为这不是开后门，而是支持新生事物，切望给我写上几句，近日寄给我。

实验考古，确实是不能空口说白话；文章只能说个道理，照片只是局部反映。为了实现理想，我已向国外的亲戚求援，要求摄录像设备。这次在广东会见了叔伯兄弟，他虽是在美国卖豆腐，可是一口答应，明年可能就给我带来。我准备用两三年功夫，搞完我国新石器时代的制陶工艺的实验考古。到时候我是会做完一个课题到北京向您汇报一次的。相信您会更加高兴，也会给我更多的指导。

目前大汶口、龙山文化的制陶工艺的实验考古正在进行，因涉及某些艺术源流与工艺传播的问题，需要阅读大量资料，向许多人请教，故进行得比较缓慢。看来我国距今六千至四千年，文化的传播是高速度的，并不是鸡犬之声不相闻，老死不相往来，所以难度相当大。但相信我是不会辜负您的祈望的，是会在您有生之年做出成绩来的，就是我要先死也得留下几篇像样的东西，和一点录像资料啊！因为好久不见，确实很想念您，又是边喝着酒边写信，自然有许多话是不能登大堂的，请您宽恕我吧！

杨馆长近日身体甚好，只是未能彻底遗弃悬念坐下来写东西。相信您是能理解的，也会诱导他振作精神，找出一条路子，让他成为真正的男子汉，真正无愧于您的学生的。而事实上，他也想这么做的，所以我希望您在百忙之中给他写点信，这起码是救人一命。切切。

在争权争利的今日，在不甚懂文明的中国（其实外国更不文明)，要为祖国献身虽甚难，但我深信是能做得到，而且完全做得到的。因为有许多人是受党的教育的啊！

此致

敬礼、敬礼。祝您

健康，健康

未授衔的学生　钟华南

86.12.16

苏秉琦—？（1986.12.20）①

对钟华南同志两篇实验考古论文鉴定意见

［实验考古］是考古学的一个分支，具有重要学术意义与广阔发展前景。三十年代王振铎教授对我国东汉时期“司南”（原始指南针）的科学复原实验，是这个领域做出突出成绩的一人。

钟华南同志多年从事我国古代制陶工艺实验（科学复原）取得成绩比较突出。他的两项重要工作成果已写成论文，收入我主编的《中国考古学文化论文集》（1986、1987年度）交文物出版社出版付印（责任编辑：童明康）。

他的《大汶口—龙山文化黑陶高柄杯烧制工艺模拟实验》一文，是以该文化系列制陶工艺中一种最典型、最后阶段、最高水平的黑陶高柄杯实物标本的模拟实验为突破口，并追溯其前期诸阶段工艺（包括原材制备、成型与烧制等工艺）的模拟实验，从一个侧面对“大汶口—龙山文化”研究提出重要参考依据。

他的《北辛文化制陶工艺的实验考古》是以距今七千年前，经过学者初步论证属于“大汶口文化”直接前身（或其一支）制陶工艺的“起步点”为突破口，经过科学的模拟实验，论证它的

① 据钟华南先生提供信影录文。

工艺实际水平。从理论与实践结合上，提出大辛文化业已出现原始阶段“陶轮”的论点。随后，他又对同时期几处不同文化区系陶器标本进行了初步对比分析、研究，得出它们相互之间既有大致同步的发展的一面，又互有长短的认识。

以上两项成果是他经过长期实验研究的结晶，具有开拓性意义，说明他业已具备进一步向上攀登、向下深入的条件。

他的整个工作成绩是扎实的、创造性的，对中国考古学发展做出了贡献。对于他的技术职称、职务评定或聘任，我建议予以特别考虑。

苏秉琦
中国社科院考古研究所研究员
中国考古学会理事长
一九八六年十二月廿日

钟华南—苏秉琦（1987.6.24）

苏秉琦先生：

您好！很久很久没见到您，确实太想念您了。

现在我正着手《大汶口—龙山文化制陶工艺的实验考古》。这课题，说来也怪，我的思路老是违反常规，使我自己也害怕起来，所以我祈望得到您的指导，以免走上歧途。现在碰到的棘手问题是：

①所有资料都是这样写的：旧石器时代、新石器时代、青铜器时代、铁器时代。大概是用石器、铜器、铁器的产生和发展为依据，来反映一个时代的生产力和生产水平的发展情况。尽管石器在铜器、铁器时代依然向前发展，但在论以上两个时代的生产力和生产水平时，人们就不把它作为主要依据了。可以说，这是常规，也是惯例。不过在我看来，将原始社会分为旧石器时代和新石器时

代，恰恰是违背了这一惯例。人们在论述新石器时代的生产力和生产水平时，主要还是以陶器作为反映该时代的生产力和生产水平的依据，石器的位置也和在论述铁器时代时说一说铜器不相上下。实际上石器在新石器时代的地位相当于铜器时代的陶器而已，它并不能代表这个时代的生产力与生产水平，为什么我们不能把新石器时代叫作“陶器时代”呢？是否还有其他许多道理请您指点指点。或只是因为它已形成所谓“公理”的东西，就是有理也就按照惯例说，只要心里明白该怎么办还是怎么办，不必要去更正它算了。

②从陶器生产工艺上来说，它是采用扩散的形式向外传播的。以大汶口文化的制陶工艺来说，它不仅有早晚时间不同的扩散点（遗址），在同一时间内的也有许多扩散点（遗址）。由于考古发掘首先是在大汶口，所以我们将这些扩散点（遗址）里的陶器都称为大汶口文化的陶器。倘若是在野店或王因先发掘的，我们同样是可以叫作野店或王因文化了。同样道理，如果在大汶口文化制陶工艺的扩散面之内，首先发掘的是白石村而不是北辛，我想没有什么理由不把北辛的陶器称为白石村的东西了，而陶器是由鲁西南传向渤海湾的说法也不能成立。反之，要把北辛—龙山文化称为白石村—龙山文化了。而又可能出现这样的观点：大汶口文化是由渤海湾传到鲁西南的。

实际上，在我国的考古研究中，已经多次吃了这样的亏。由于仰韶文化发现得早，大家都以为中国的文明出自仰韶。结果发现了河姆渡，又发现了江西仙人洞。就是发现了裴李岗，也弄得大家不知道怎么说才好。幸亏目前白石村和北辛与大汶口文化中间尚缺欠环节，如果谁家先找到圜底器和平底器参半的遗址，那么即使是错误的结论，也可以变成“真理”。人们更可以毫无顾忌地说，这支文化是由这边传过去的或由那边传过来的。不过这种“真理”或“公理”最怕乃是正好在相反的方向出现更早的遗址。

按照陶器生产工艺的扩散形式来说，白石村和北辛只不过是距今七千多年到距今六千多年的两个扩散点，像它们这样的扩散点并不止是两个，应当有若干个或更多一些。虽然他们的分布范围和数量是要比大汶口文化的分布范围小，数量也少得多，但无论是在鲁西南或渤海湾并不只是各一个，而且有若干还分布在中间地带。目前我们所看到的情况可以画下面的图式表示：

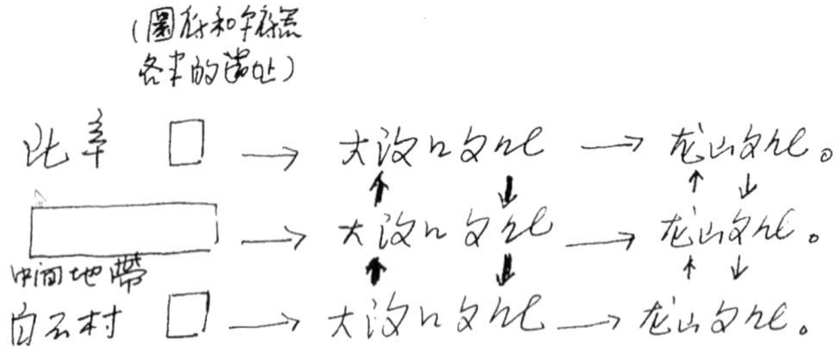

在资料不全的情况下来说白石村文化（或环渤海的东西）是由北辛传过去的，是可能会蹈将仰韶文化作为中国文明唯一发源地的覆辙的。不过根据我新近的调查，我国的几支文化，在一支文化的任一个文化里，凡是时间相同或时间相近的遗址，例如大汶口文化的遗址，遗址之间的关系总是下图：

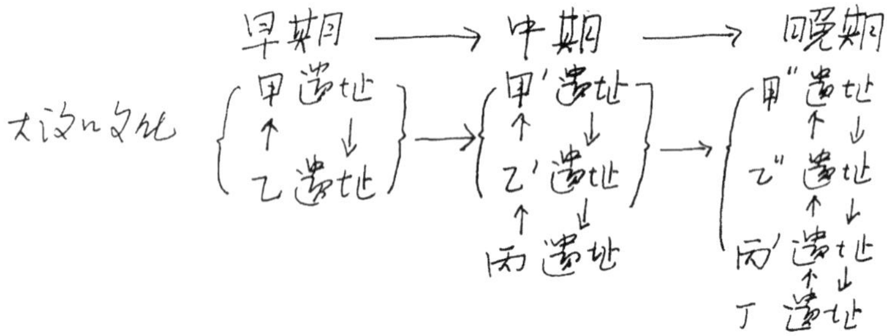

无论早、中、晚的每一期，遗址之间的工艺水平都不相上下。中期遗址的工艺是由早期一批遗址的工艺发展过来的，晚期遗址的工艺又是由中期一批遗址的工艺发展过来的，虽然地层上可以出现这样的现象：甲→甲′或甲′→甲″。但是如果加以对照即可发现：甲的工艺水平和乙不相上下，甲′和乙′、丙的工艺也不相上下，甲″和乙″、丙′、丁的工艺水平还是不相上下。这种情况进一步说明陶器的烧制工艺是以扩散的形式向外传播的。所以在同一个陶系中，凡是时间相同或时间接近的遗址，它们的工艺水平都不相上下。在提到大汶口文化制陶工艺的基础时，我把北辛和白石村当作这个陶系较早的两个扩散点来看待，并把它们的关系变成下图，请您鉴定一下：

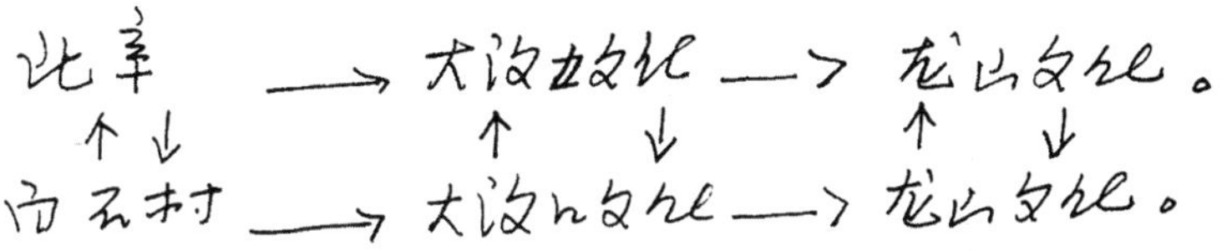

这样既说明它们同属于一个陶系，在这个陶系的发展中，在各个时期都采用同一生产工艺处于同一生产水平。前者和后者有继承关系、上下有密切的联系。而因各在一方，生产、生活方式和制陶条件有较大的差异，所以在各自的范围内自成体系。自始至终都各有各的特色。从调查的情况来看，在一个陶系里自成体系可以有差异和变异两种情况，白石村和北辛的情况只属于差异，倘若有朝一日江苏、安徽的东西发掘出来并自成体系，就可以算是变异了。过去我以为一个陶系只是一支文化，它的发展是甲→甲′→甲″→甲‴→……，而实际上它却是像下图：

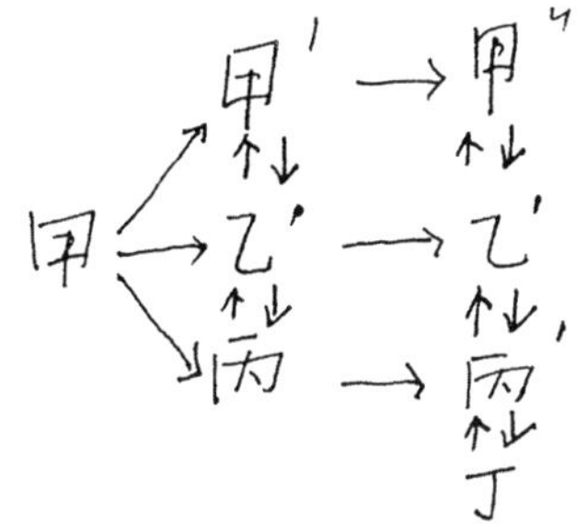

所以在距今七八千年的两个大陶系里，目前可以看到的就是

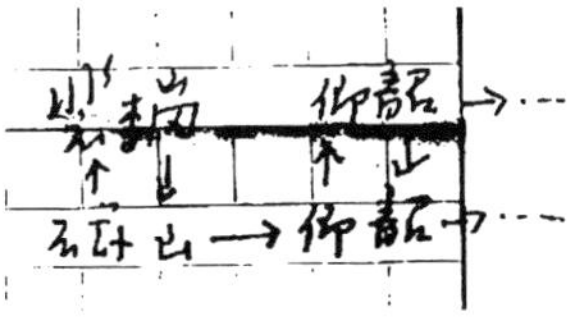
和
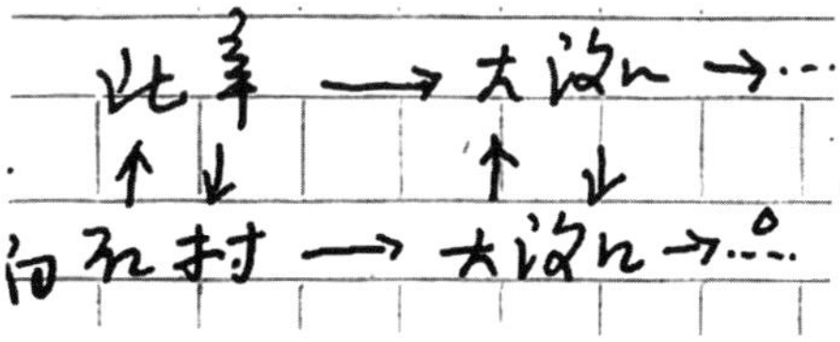

。

在一个陶系里，目前来说，因为甲″、乙′、丙′、丁的工艺水平

不相上下，所以难以弄清楚谁是正宗的，只有待到甲出土后而地层上恰巧又是甲′→甲″时才能确定甲″是正宗。所以，上面所说的差异、变异，只不过将陶系里的一支文化当作正宗体系来看待，以便于比较分析罢了。上述看法是否有问题，请您指导。

我到武汉的事，由于商调函被文化厅压下，如今只能作罢。职称评副研究馆员一级五个名额，只有两个恰如其分，如今名落孙山，一切被否定，的确叫人心酸。不过值得高兴的是有消息说明，有人组织人马来和我“商榷商榷”，想在我的文章出来时把我一棍打死。如果没有受到挫折，我的胆子的确很小。如今处于困境，看来非在实验考古杀出一条路子来不可了。请您相信我会加倍在这方面下功夫的，并祈望得到您的帮助和指导。

因实验进入紧张阶段，余者七月底到北京再将情况向您汇报。杨馆长近日算很好，勿念。

盼复

祝您

万事如意，身体健康

敬礼

学生　钟华南

1987. 6. 24

钟华南—苏秉琦（1987.12.25）①

苏秉琦先生：

您好！好久没有见面，确很想念。

我的职称问题，几经周折，总算解决。研究工作，一如既往，进展顺利。虽然《北辛文化制陶工艺实验考古》一文，尚压在评

① 苏秉琦先生在信首页页眉处写：“30/1/88 复。”

委会未能送到北京，山东大学刘敦愿先生已就我送到第六届考古年会的半篇文章的章节提出不同意见，并已一再转载，但郑笑梅先生也说可以不理它。说实在的，我并未有精力搞这类商榷，更不想得罪任何人，所以到今仍在写着《大汶口—龙山文化制陶工艺的实验考古》（大概明年年底才能交稿）。

近日我到杨子范馆长处，他的确捡了一条命，身体甚健康，真叫人高兴。

余者，年后我再到北京向您详细汇报。

祝您

身体健康，万事如意。

钟华南　敬呈

1987.12.25

苏秉琦—钟华南（1988.1.30）[①]

华南同志：

你好！年前25日手书敬悉。许久没有给你写信，个中原因，你明白。现在职称问题终于有了着落，我也放心了。但愿工作一如既往，坚持干下去。

《北辛文化制陶工艺实验考古》稿望早日寄京，评委会如需要，复印一份不也可以吗？请酌办！

你提到刘敦愿先生有不同意见，我赞成郑笑梅同志意见，听之任之可也。近期我倒有些新的看法，也许是不谋而合，也许是受你启发。我在观察敖汉旗兴隆洼陶器标本中发现，兴隆洼文化制陶自成一系。它的掐印纹总的发展过程用一句话概括即：从头至尾是一个完整过程，篦纹陶从无到有（原始型），年代是距今7—8千年间。在此全过程中揭露一个秘密，即伴随着篦纹出现，也即陶轮的出现。

① 据钟华南先生提供信影录文。

其证据是——筒形罐从口部到器体的轮弦纹，确是只有通过有转轴、转体的陶轮才有可能实现的，头尾衔接处痕迹清楚。这种弦纹，实际上使用的工具也就是篦形或有齿工具。像此情形，如能将篦形加工工具的产生过程与篦纹的原型的发现，从头到尾，通过实验再现出来，岂不很好？这样陶轮的使用也就有一个完整过程了。

至于"轮"本身出现的时间，约当以"纺轮"为最早。这在裴李岗文化中业已证明，而陶轮不过是它的应用范围的扩大而已。你意如何？

余再谈。祝

工作顺利！

苏秉琦

1988. 1. 30

苏秉琦—钟华南（1988.11.20）①

华南同志：

你好！这本书写上字没发。因为有很多话想说，信没写好就搁下了，没料到子范同志逝世的消息传来，原拟给他的一节只好抽出来。上次你来京，不知什么原因，当我让小童去找你，你已走了，深感遗憾！

俞伟超编的一本，早交出版社已下厂，几时能出没把握。严文明编的一本还未编完，赶巧，事积到一整，忙不过来。出书周期长是通病，但来年可望转好，请谅解！近况如何？勿念！

张朋川随甘肃省博物馆"丝绸之路文物展"来京多日，我再一次看过"天水大地湾"一期标本，带彩，极规整，七千年前，他书中论证有陶轮。十月间江西李家和、杨巨源带来鹰潭印纹陶资

---

① 据钟华南先生提供信影录文。

料，江南、江西陶器烧制技术可能发展较早、较先进，值得注意。此致。祝
好！

苏秉琦

1988. 11. 20 日

苏秉琦—钟华南（1988.12.20）①

华南同志如晤：

你好！兹介绍北京科影制片厂编导鲁明同志面谈协作拍摄科普片事宜。

拟题——“北辛—大汶口—龙山文化制陶工艺（科普片）”（系列）。

依据——近年你们的实践与理论成果，又一种表现形式、辅助手段。我意可考虑先拍“龙山”，后“北辛”，最后“大汶口”。

这一构思是在去、今两年间拍摄《中国文明曙光》系列片四种基础上，为进一步扩大选题，配合全国考古发掘形势，客观条件业已成熟的任务为出发点的。此种形式的优越性是可以“超前”，对开展工作能起推动作用。一、它既可以把现在能讲清楚的那一部分用最生动的形式发布出去；二、对暂时没大把握的部分省略不谈；三、有了这一步，对下一步工作（论文、展览……）有利，犹如工厂新产品，广告先行。请斟酌为荷！
敬礼！

苏秉琦

1988. 12. 20

① 据钟华南先生提供信影录文。

钟华南—苏秉琦（1989.1.31）

苏先生：

您好！您请鲁明先生到济南拍片子，真叫我不知道说什么感激您的话才好。

鲁导演到济南就拼命工作，不到十天就编出剧本，并拜访了张学海所长，在馆里作了工作汇报，得到刘谷局长、郑笑梅先生以及馆领导的支持，真叫我高兴。我和鲁导演相处甚好，只是让他受许多委屈，他在这里住的是小旅馆六楼，天天没吃没喝的，还得爬楼梯。就是在返京时也由于单位上没本事，只能由我的朋友带上火车。幸亏他特别厚道，又看在您的面上，从不计较这些，但我始终感到很对不起他。

片子的内容的确只是很简略地介绍一下北辛、大汶口、龙山文化的制陶工艺，因为涉及三千五百年的东西，又要有连续性、科学性，自然在趣味性方面受限制，所以趣味性只能够在某些动作上下功夫搞些小情趣，这方面鲁明先生是我的最好老师。我准备在制片厂确定拍片后，立即到北京，再将某些有关的资料提供给他（包括我工作中的一些有趣的体会）。因为手制和轮制之争最激烈，所以，轮制一出现就要有从立体几何的定律、轮制陶器特征来封闭一切违背事实的言词。鲁明先生是很有决心拍好这个片子，我也决心以最大的努力来完成这一工作，相信是可以拍成功的。

用祭祀、饮宴来排出龙山文化的陶器的确太高明。事实上一些觚形杯底有漏孔，蛋壳黑陶杯那样脆弱并不是日用器物。豆虽可以说是餐具，但在盘形、碗形豆中，至今尚未出现有食物遗迹。这些都可以说是这支文化的特有祭具，在镜头中一定要特意突出这个“祭”字。至于怎样祭法，我们就不管它了，您说行吗？

我在王世民先生那里拿了中国考古会员登记表，他说填好交给他就可以了。我到济南后请了朱活先生当我的介绍人，并盖了公章，寄给王世民先生了。

我在济南确实很想念您，我的女孩子钟红军去年夏天本来考山东大学考古专业，没排上号，现在到曲阜师范大学历史系。她也特别崇拜您，有机会我也要带她到北京拜见您的。至于我的妻子，虽然不是这一行，可是日常也常常问苏先生长苏先生短的。如今我恨不得鲁明先生的剧本马上通过，我到北京再拜见您。

祝您和全家

身体健康、万事如意、新春快乐。

钟华南敬上

89.1.31

钟华南—苏秉琦（1989.9.1）[①]

苏先生：

您好！《揭开古文明之谜》现已进行后期的摄制工作。拍这部片鲁明导演很是卖力，我们馆长和张学海馆长大力支持。又有陶瓷厂的赞助，天时、地利、人和样样齐，进行得特别顺利。这部片现在看到的是能够系统地介绍北辛—大汶口—龙山文化延续三千多年的制陶工艺，也有许多动人的镜头。例如，把陶鬶作为三足器中工艺水平最高的器物来表现，把被人们所忽视的大汶口彩陶摆到它应有的地位上，同复原的大汶口陶窑和动画结合，通过大汶口陶窑的烧成情况来介绍这三个文化陶器的烧成方法等等。确很有特色，也比以前的文物片好！这是值得高兴的。自然也有不足之处，例如，不够细腻（原因：一是研究不够深入，二是光顾抢时间）；二是色彩比较单调（这是条件限制）；三是整个片子比较“平”（这是题

① 苏秉琦先生在第三页页眉写“工艺设计”4字。

材限制）。我想鲁导演是可以通过后期摄制工作来消除这些弱点的。例如“平”的问题是可以在音乐方面给予弥补，片子是会更为生动，更叫人喜欢的。

我的确很想念您，现在还在找个机会到北京，大概不久就可以去拜望您，到时候我一定会把“北辛—大汶口—龙山文化制陶工艺的实验考古展览”的内容作为汇报材料，相信您是会高兴的。

依我的情况看来，在您的指导和帮助下是可以完成三桩事：拍一部电影，办一个展览和出一本书的。我是这样想，如果现在电影上去掉“技术指导”的衔头，换成“根据《北辛、大汶口、龙山文化制陶工艺的实验考古》改编”对于以后办展览、出书更有意义。因为我们所需的并不是什么衔头，而是要使实验考古得到社会的重视并得以发展。也可能这一想法有毛病，或是其他的问题，鲁导演婉言谢绝了。我想如果这样做有利，您是可以给鲁导演做工作的。

另者，张学海所长很想拍《齐鲁文化》，知道您特别重视，更高兴。他说：“苏先生是我的老师，在写剧本之前，我一定要到北京先了解他的设想，只有得到他的指导，这个片子才能拍得好。”并表示要竭尽全力来拍好片子。

祝您

身体健康，精神愉快

钟华南　敬上

89.9.1

钟华南—苏秉琦（3.24）

苏先生：

您好！年前收到您的来信，高兴极了。从评委会取出稿子后，本应立即上京送稿，只是文字中有裴李岗—仰韶文化等四支文化的提出，恐一旦在“文化”上争议起来难以招架，得改成裴李岗—

仰韶文化陶器发展谱系等四个陶器发展谱系，同时有些环节扣得不紧，有些细节得充实，还有些东西得砍去，因而改动一番。本来明天就可誊完稿也买了明晚的车票，谁知今日一早接馆里通知：有要事研究，须缓行，并确定正月十五之前放行。真让您久等了。我是很想念您的，去年一年没能到北京几乎把我憋死了，这次到北京我一定要多住几天，从您那里得到更多的教益。

敬祝您

身体健康

学生　钟华南　呈

3. 24

钟华南—苏秉琦（10.5）

苏先生：

您好！我真没想到没有做出《古代铸铜工艺》的研究计划来就掉到"铜锈"研究的泥沼里，也不知哪来的福气，每走一步都有所发现，也有所创造。本想在 5 月份搞出个"铜锈画展"来，就从"铜锈"中跳出来。谁知还不到 5 月份，就不满足原先取得的成绩，非想在全国打了个响炮才告终。说句老实话，"铜锈"研究是要比制陶工艺研究更有魅力。这一研究对于将来做《古代铸铜工艺》是很有好处，只是这样做是不符合学术研究的要求，因为它的最终目的在于开发新工艺、搞新产品。

这段时间我有机会接触一些铜矿。值得一提的是硫铜矿，它很美丽，有的地方叫作孔雀石。这种矿物用火一点就着，燃烧时冒出大量浓烈硫臭味的白烟，发出彩色的光焰。原先我以为铜矿只有在高温的情况下才能炼出铜来，其实这种矿物燃烧后剩下来就是铜。看来人们发现铜矿要比我们预计的要早。在新石器时代还可能利用这种矿物燃烧发出的"烟"来祛除居室里的昆虫，利用它燃烧时发出富于神秘感的烟和色光，使祭祀更严肃更壮丽。使“巫”的言辞更动人心弦。

在拍《揭开古文明之谜》时，北辛、大汶口、龙山文化的典型陶器都拍了，由于篇幅关系都已砍去。代表北辛文化的陶器，不是圜底钵。成型圜底钵的陶轮上单模模印成型，在此之前早已出现。这时的圜底钵在原料制备方法上虽与先前大为不同，但采用的是先前的成型方法，所以不能代表这时的工艺水平。代表北辛文化早期、中期的典型器物应是折腹鼎（陶轮上双模模印成型）、釜形鼎（陶轮上单模与泥条盘筑结合成型），晚期的典型器物应是小平底矮腹壁的钵、碗、盘、盆。代表大汶口文化早期是轮盘上泥条盘筑成型的平底鼎和小平底鼎，中、晚期应是拉坯成型的鬶和注浆成型的竹节觚形杯。龙山文化的典型器物是盆形鼎和蛋壳黑陶（拉坯与车制结合成型）。本来是出现一种成型方法就拿出一件典型器物来，大家一看就明白，如今只能放录像时补充补充了。

尽管这段时间“铜版画”愈搞愈有成绩，但我的心境却愈来愈恶劣，自觉愈来愈像个只能要媳妇不能要娘的角色了。《制陶工艺实验考古》的写作提纲早已写好，可是给拖住不能上北京向您汇报，而且要写这本书有许多地方还特别要得到您的指导才能写，更使我难受的是，这样长的时间没法见到您。为了摆脱困境，近日已安排好时间，不再准备搞画展（反正画出来的东西都挂在大宾馆里，不用强求人家出来承认），把今后 2/3 的时间放在制陶、铸铜工艺的研究上，把 1/3 的时间放在“铜锈画”上。在这个月底之前一定上北京拜望您，并汇报《制陶工艺》的写作提纲，和《古铜实验考古》的研究计划。

祝您

身体健康，万事如意

钟华南　上

10 月 5 日

钟华南—苏秉琦（12.21）

苏先生：

您好！寄来的照片很好，请您代我谢谢摄影师。我准备明年开春就以“益友良师”为题塑造您的胸像。我不想把塑像搞成威风凛凛的英雄，也不想把它搞成救世主式的大人物，而是表现一位在考古学上有丰功伟绩、胸怀宽阔、平易近人、值得一切人尊敬和热爱的益友良师。只是让人在塑像前感受到您的爱，感受到您的关怀，感受到您的祈望而更加热爱自己的事业，好好做人而已。所以塑像的表情和我在您家里拍的这张照片很接近，身上穿的不是标榜吃洋饭的西装，也不是官员的标志——中山服，而是在田野、讲坛、办公室、家里穿着的衬衫。

我的壁画已全部搞完，书也写出三分之一来了，本来想搞个画展，但因为博物馆所剩的场地太小，只能待到明年再说了。考古所张学海所长近日在筹办考古所十周年展览，大概是在元旦展出。

本来在北京时我请您写几个大字搞一块铜板，近日我试验一下，小字做出来也特别好看（1、2 公分见方的字），请您有空时写一写，写几个字抒发抒发感情，挂在家里看一看，其乐也是无穷的。待写出时请给我寄来，我马上就做。

祝您

精神愉快，万事如意。

钟华南敬上

12. 21

北京大学文物爱好者协会

苏秉琦—北京大学文物爱好者协会（1984.12.14）①

北京大学文物爱好者协会成立大会致词

1984.12.14

同学们：

你们好！

北京大学文物爱好者协会成立了。

这是自1952年创建考古专业以来一件新事、大事。今天我能参加这个成立大会，感到由衷的高兴。

大家知道，和它同类性质的团体，旧北京大学有过，旧燕京大学有过。今天成立的文物爱好者协会自有它新的、更为重要的意义。

新在哪里，重要性又在哪里呢？

中国考古学这门学科今天正在跨入一个崭新的历史时期。这就

---

① 据苏秉琦先生家藏复印件录文。该贺信先发表于《江汉考古》1985年第3期；后收入《华人·龙的传人·中国人——考古寻根记》，辽宁大学出版社，1994，第173页；再收入《苏秉琦文集》2，文物出版社，2009，第356页。

是自新中国建国以来，由全国考古工作者，经过长时期的实践与探索，为了寻求建立一个以马克思主义为指导的、是有中国特色的考古学的方法道路，已经初具轮廓。新的历史时期，大发展的时期已经开始，新的广大领域正有待开始，这就是我们面对的现实。这是新的第一个方面。第二个方面呢？

新一代中国考古工作者已进入阵地了。前天（12 日）找我来谈的两位同学——陈彦堂、樊力，二年级，18、20 岁，可以作为这一代人的代表。年青是重要的一条，但还不够。对于我们目前这个时期的认识，我看，是更为重要的一条。

我们目前这个时期的考古学主要特点是什么呢？我看，有两点。

一、是它同各门学科（包括自然科学和社会科学）的互相渗透。听说赞助参加“协会”的同学已有十四个系。

二、是它要面向社会。就是面向人民群众，面向未来。我相信通过它，今后的活动和工作将会证明这一点。

我们这个团体的名称叫做“文物爱好者协会”就充分说明了这些。它的重要意义也就不言而喻了。

同学们为这个良好的开端立了功。新生事物是最富有生命力的。敬祝它健康发展，做出自己的贡献。谢谢！

北京大学文物爱好者协会
—苏秉琦（1988.10.4）

尊敬的苏先生：

您好！

暑假返校，惊闻先生偶染微恙，全体会员无不关切，亟盼先生早日恢复健康，以复聆您的教诲。想协会成立之初，您亲临北大，给我们以教诲和鼓励，可惜我们有负您的厚望，甚感惭愧，乞请见恕。

这学期，我们想和国家文物局及北大团委于10月19日—23日共同举办文物保护周，活动包括：在王府井咨询、办展览和系列讲座，放录像以宣传《文物保护法》，增强文物考古在社会上的影响。预订于10月15日下午在北大举办开幕式，并座谈文物保护及其宣传，我们殷切盼望您能出席，并给我们以教诲，请您考虑，如果方便的话，通知我们一下，我们到时去接您。

另外，下一期会刊，准备办一个系列专访《考古学家谈考古》，我们想请您谈一下考古学目前所取得的研究成果，以后的发展方向、重要课题，以及中国考古学在世界考古学中的地位等问题。恕我们直言，由于经商思想的冲击，青年学生中间踏踏实实干考古、做学问的人，已不是太多，许多人对考古的重要性及考古学的发展前景知之甚少，恳请您能在百忙中抽点余暇，接待我们，给我们以指引，给我们以力量。

我们本想前去拜谒您，向您汇报一下工作，聆听您的指示，并将迟发的聘书亲自送交于您。但由于一些其它原因，不敢冒昧前往探望，只得修书向您致意。

此致

恭祝您永远健康、长寿。

敬礼！

北京大学文物爱好者协会　敬上

八八年十月四日

另：若有信，请寄考古系八五级蒋迎春

邮政编码：100781　请谅

苏秉琦—北京大学文物爱好者协会 (1988.11.27)[①]

文物爱好者协会全体同学、朋友们：你们好！

10月4日信收到。感谢你们的盛情邀请，愿在我共同方便的时候到我家来面谈，你们的一系列活动，我已从报上注意到了，我感到由衷的高兴，80年代青年考古学家，果真出手不凡！

为了给我们的谈话做准备，特把《文物天地》的文章复印一份给你们参考。希望你们通过它能在思想上有个概括的理解，再提出当前最关重要的问题是什么，这对我也有好处，因为了解人是首要的。此复，祝同学们
学习进步！

苏秉琦

1988.11.27

［编者注］苏秉琦先生家藏有“祝贺北京大学文物爱好者协会成立五周年”便条：

五年前，由考古专业最年轻的八位同学倡议成立的这个组织，得到广大同学

五年前八位刚刚踏进考古学专业大门的青年人倡议下，一个跨越学科门槛的“文物爱好者协会”诞生了。

上千人参加的大会，曾使我深刻感受到……给学科带来的活力。

我常常想，如果不用现用“文物爱好者”而用“考古爱好者”会有这样的盛况吗？

---

① 据苏秉琦先生家藏信稿录文。

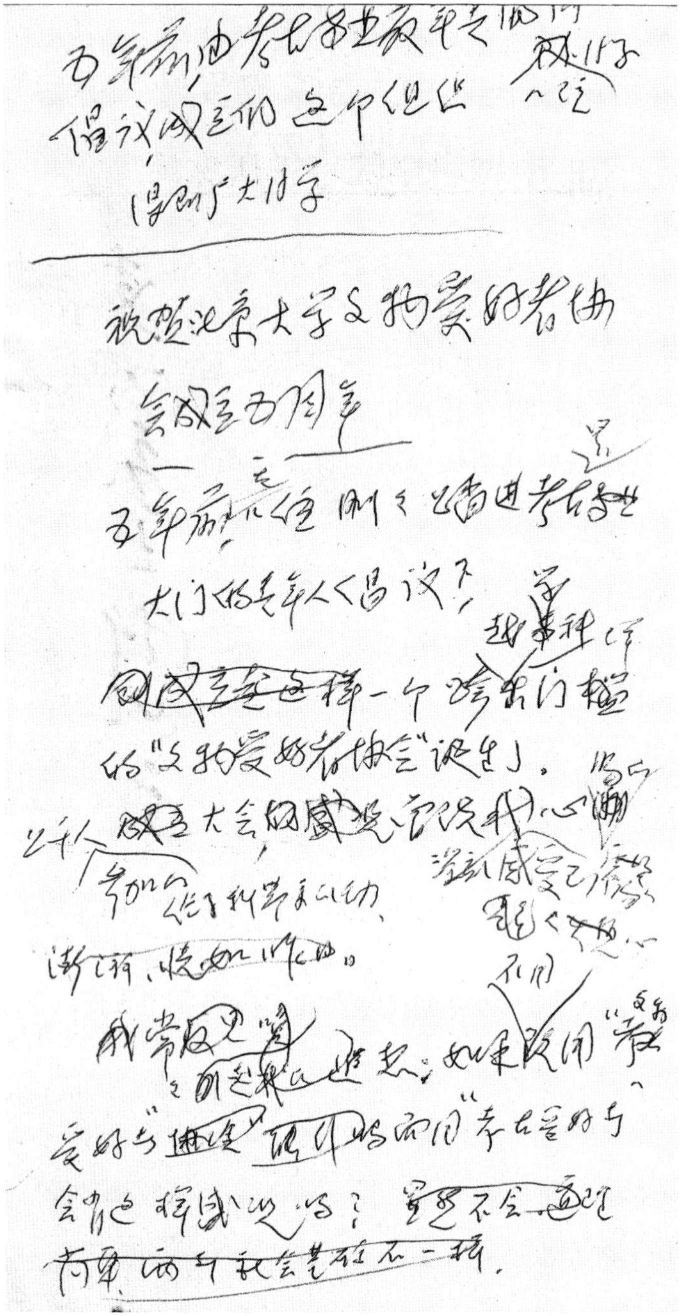

祝贺北京大学文物爱好者协会成立五周年

五年前，几位刚刚跨进考古系大门的青年人倡议[illegible]一个[illegible]的"文物爱好者协会"。[illegible]

湖北人民出版社历史室

祁国钧—苏秉琦（1984.12.21）

苏老：

我室打算编辑一部《当代著名历史学家书信日记选》，从当前我国乃至世界闻名的中国历史学家之日记书信中选粹，以汇成大著，让后辈了解前辈的治学道路、前辈们治学所付出的艰辛代价，学习前辈的治学方法。您是我国考古学界的权威、专家，是老一辈的考古学家。所以想请您谈谈自己的经历、经验，谈谈您对考古学中某个问题的看法，是如何进行研究的。以哪些方面为突破口，需要运用哪些学科的知识。比如您是器物类型学的专家，对此可否详谈，如何选取典型器，怎样进行排比研究，有何意义？等等。

可以用写信的方式，因为这样自由些，可随您之所想而书。字数由您控制，但不宜过长，几千至上万字吧。您看行否？但总的一句，内容、字数由您掌握。上列所述仅供参考。盼复

专此　敬颂

冬祺！

晚辈：祁国钧 上

1984. 12. 21

陶正刚

陶正刚（1935— ），先后工作于中国科学院考古研究所、山西省文管会侯马工作站、山西省考古研究所。

陶正刚—苏秉琦（1984.12.23）[①]

苏先生：

你好！两次来信我都已见到，并且复印数份，转发给有关同志阅读，领会老师的教导。现在把一些情况向您汇报一下。

第一，原平养鱼池情况，我于12日—17日到忻州、原平地区考察。在原平南，忻口附近的北云中河在“六五”、“七五”计划中准备挖养鱼池3000亩，目前已完成400余亩，它大部分都在河床里面，且挖深1米有余。但也不容疏忽，在其南面忻口至阎庄刘庄村附近高坡上，近3—5年内已经出土有三批青铜器，时代春秋晚期，最近一批似浑源李峪、54年唐山燕国铜器，器形有高柄豆、簋形器等。所以我们今后还得多去照看。

第二，顺便把滹沱河流域调查材料看了一遍（注，这是忻州

---

① 原信未署年。张亚平—苏秉琦（1985.1.28）信中提到“去年十二月份，陶正刚同志为原平养鱼池的事，专门到我们地区跑了一趟”，据此信当写于1984年。

地区 84 年工作成果)。还重点去了几个遗址，实地看了一下。印象是：滹沱河流域，遗址很单纯，主要是龙山晚期遗存，约占 70%—80%，出土器物和河北蔚县夏商遗址陶片接近（84 年 1 期《文物与考古》，孔哲生文)。最突出是实足根的三足瓮，器物上大部分都有鸡冠状耳，直口鬲，鬲裆很多是分裆合成，中间还加宽条泥加固，也有二里岗式的鬲足。大喇叭形把的豆，把上都有圆孔。以整齐的细绳纹为主，绳纹大部分都到口缘上。篮纹少，有，也是以大、宽条篮纹为主。石器以打制、磨刃的有肩石斧、石刀等为主。少见整个磨制石器。且这批遗址大部分在滹沱河南岸。保存较好。由于太仓促，不能把照片、图给您，今后有机会时，把采集标本送您过目。

第二①，灵石旌介墓随葬的陶鬲，是我记错了，现在给送上两张照片。请审阅。

第三，不知克林是否已经把您的讲话录音带送上没有。如果还没有，请来信告知，我再去办理。

第四，我个人很赞成先生的意思，把曲村办成“十方院”，供各路“诸侯”都来研究，写报告。但□□的意见如何，不好说了。我们争取。

余言后谈，请老师多指导。

此致

敬礼

陶正刚　上

12. 23

① 原件如此，下同。

陶正刚—苏秉琦（1985.11.15）[①]

苏先生：

您好！今有我所汽车到北京办事，特请他们给您捎去滹沱河流域原平县唐昌遗址、峙峪遗址、定襄县白村、汤头和支流同川（河）呼家崖遗址等五处采集陶片标本。供您研究。随信附去一张1/250000的遗址位置草图。

这是我去年到原平去了解养鱼池问题（胡德平反映情况）时，就近跑了几个遗址。情况大致是：

1. 唐昌遗址：位于滹沱河、京原公路西侧，村南河谷台地上，面积约南北100×东西60米左右，文化层在2米左右，最好地段在3米左右。周围受到破坏，西南部有砖窑。目前见到有灰坑和灰层。陶片以龙山晚期为主，有高圈足柄镂空陶豆、三足瓮等。这种陶豆在山西南部不见。石器是打制，仅在刃部研磨。

2. 峙峪：位于滹沱河东侧，半山坡地。面积是100×80米，文化层有少量灰坑，主要是地层。出土物中有许多仰韶彩陶片，是方格纹，和山西北部情况近，也有少量龙山时期陶片。

3. 白村遗址：在滹沱河北岸，半山坡地段，南半部破坏多一些，北部保存良好，面积也是50×80米。从目前看南半部堆积厚，北部薄，陶片不很多，石器是打制磨刃。以龙山晚期为主，陶器主要是三足瓮。

4. 汤头遗址：滹沱河北岸，半山坡地段，遗址面积大，出土

---

① 原信未署年。据信中提到去原平调查养鱼池内容，并参照张亚平—苏秉琦（1985.1.28）信中提到“去年十二月份，陶正刚同志为原平养鱼池的事，专门到我们地区跑了一趟”，信当写于1985年。

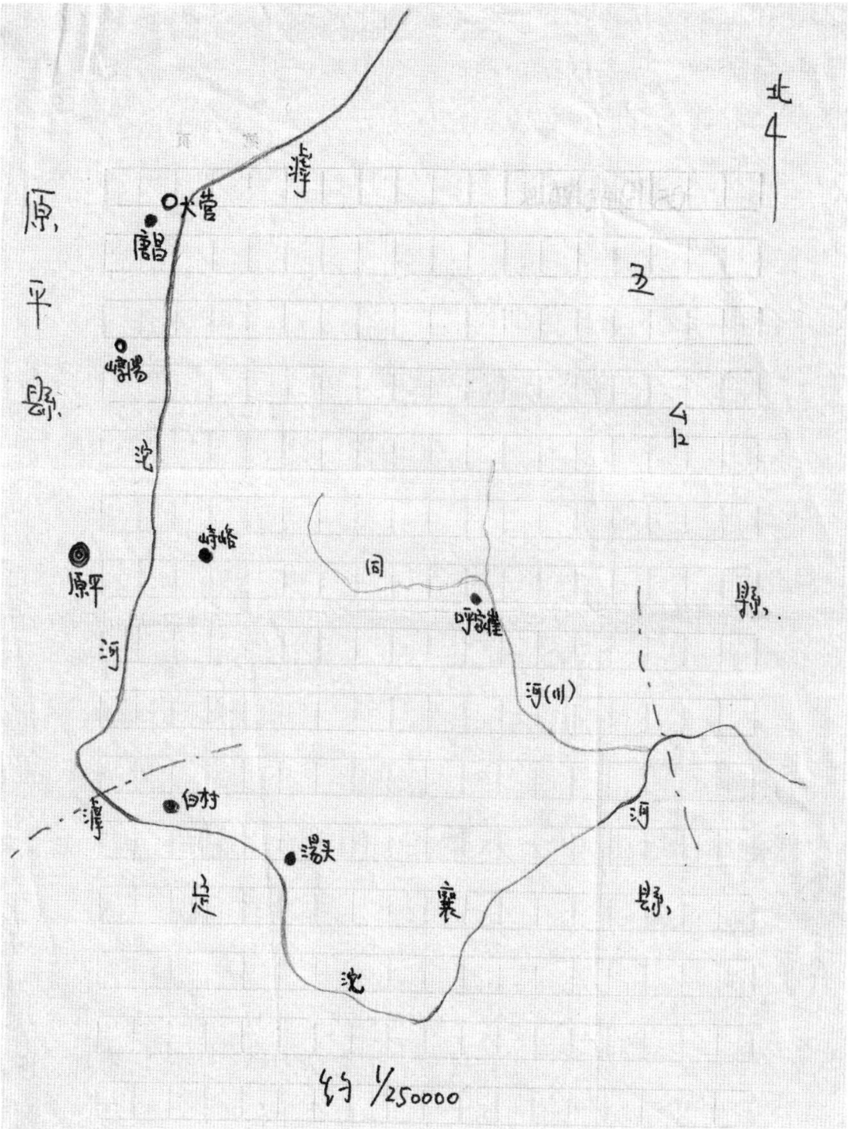

陶片多。以三足瓮为主，地头上经常有成堆陶片，破坏不甚严重。龙山晚期为主。

5. 呼家崖：遗址面积一般，在同河附近，有灰坑和灰层，以龙山晚期为主。保存也不太好。

总的印象是：①这滹沱河流域，有一大批遗址出三足瓮，足是实心，不同于黄河沿岸以空心三足为主的情况；②器形花纹都和太原地区有差别，更不同于山西南部，但有近似河北西部地区蔚县等情况；③石器以打制，很粗糙，仅磨刃部，已经有犁等器形；④大部分是龙山晚期，也有少量早商的东西，除峙峪外，都应在夏时期前后。

苏先生，请原谅！我对这地区的陶片很不熟悉，去的又少，可能说的很多是不对的，请批评。

计划明年同忻州地区合作，在唐昌或代县东段景遗址做些发掘。为北、南两者之间的接交地点做些工作。吉林大学来，我们也想争取的。

此致

敬礼

祝你身体健康长寿！

学生　陶正刚　上

11.15

陶正刚—苏秉琦（1986.1.6）[①]

苏老师：

山西省考古学会在大家的关心和帮助下，总算是成立了，并且开了两次常务理事会，研究今后工作任务。主要是团结全省文物考古工作同人，研究夏文化、晋文化和北朝文化。争取今年秋季，为侯马晋国遗址开展工作卅周年搞纪念活动，召开晋文化研究会，计划在侯马或临汾开会。

大会期间，我们专门派了叶学明同志去北京接您来山西太原，也给

---

① 原信未署年。信封邮票、邮戳不存。据《山西省考古学会论文集》（1992 年），山西省考古学会成立于 1985 年 12 月，信当写于 1986 年。

您和贾兰坡二老安排了最好的住房，全体与会者都准备聆听你的讲话，省委领导也都作了安排，要好好招呼你的起居。后来接到了您长电，在大会上宣读后，与会同志都很惋惜，埋怨我们没有做好工作。我和克林二人只能写信向您致意，表示歉意，没有安排好，请老师原谅。

今年秋天如果能准备成功，召开晋文化研究会，到时候我们亲自去迎接。

山西省考古学会由张颔同志任理事长，王建、王克林任副理事长，让我任秘书长。任务重，我等只能努力，争取把工作做好，力争省内外共同团结、共同努力，把山西考古工作做得好些。在某些重大课题上，在老师们的指导下，省内外共同协作，解决得好些，添砖增瓦。

祝老师身体健康，新春快乐。

学生

陶正刚　草上

元月六日

陶正刚—苏秉琦（1986.5.26）

苏先生：您好！

北京别后，在长治市停了几天，刚回到太原。把灵石旌介墓材料翻阅，摘抄了些材料。现寄上两座墓器物登记表，有族徽和文字的器物登记表，供您研究。

关于滹沱河流域发掘事项，我按照您的意见，和景略同志商量了。景略意见：由我和忻州合作搞，这样在质量上争取好些。发掘经费先由我所存的中央经费中垫付，下半年补上。回来后，和□□商量后，□□意见，工作太忙，以后再说罢！所以有些卡壳。忻州同志很积极，我有些难办。

这次在晋东南长子县西旺村旁（原先出过多批周代铜器）的西南

第　　页

一号墓出土器物统计表

类别	器名	数量
铜器	鼎	2件
	斝	1件
	簋	1件
	尊	1件
	罍	1件
	卣	2件
	觚	4件
	爵	10件
	觯	1件
	矛	6件
	戈	2件（戵1件）
	镞	4件
	兽首管状器	1件
	弓形器	2件
	铃	3件
玉器	鱼	1件
	管	3件
	璜	1件
	鸟	1件
骨器	管	1件
石器	~~[illegible]~~ 镰	1件
木器	鼓（鼍鼓）	1件
陶器	鬲	1件

铜器	[illegible]件
玉器	6件
骨器	1件
石器	1件
木器	1件
陶器	1件
合计	51件

15×18=270　　1.42.85.7　　山西省考古研究所

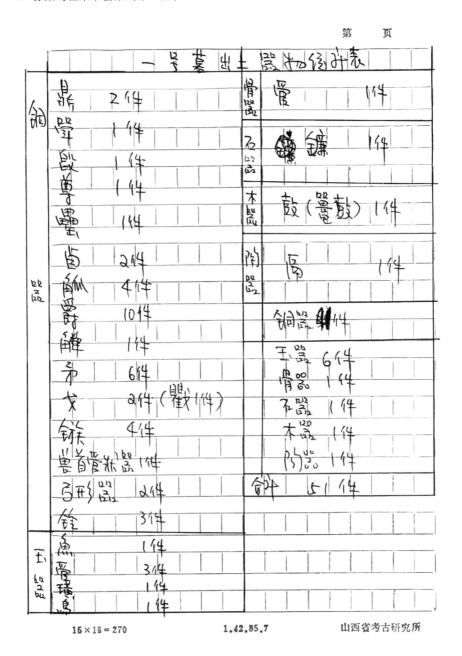

呈村发现古城址和大片文化遗址，古城址每边仅有90—100米长，中间有大片硬面和文化层，遗址面积在20万平方米左右。暴露处最厚在1.5米左右。遗物也很丰富的，主要是西周和战国（少量）陶片。今

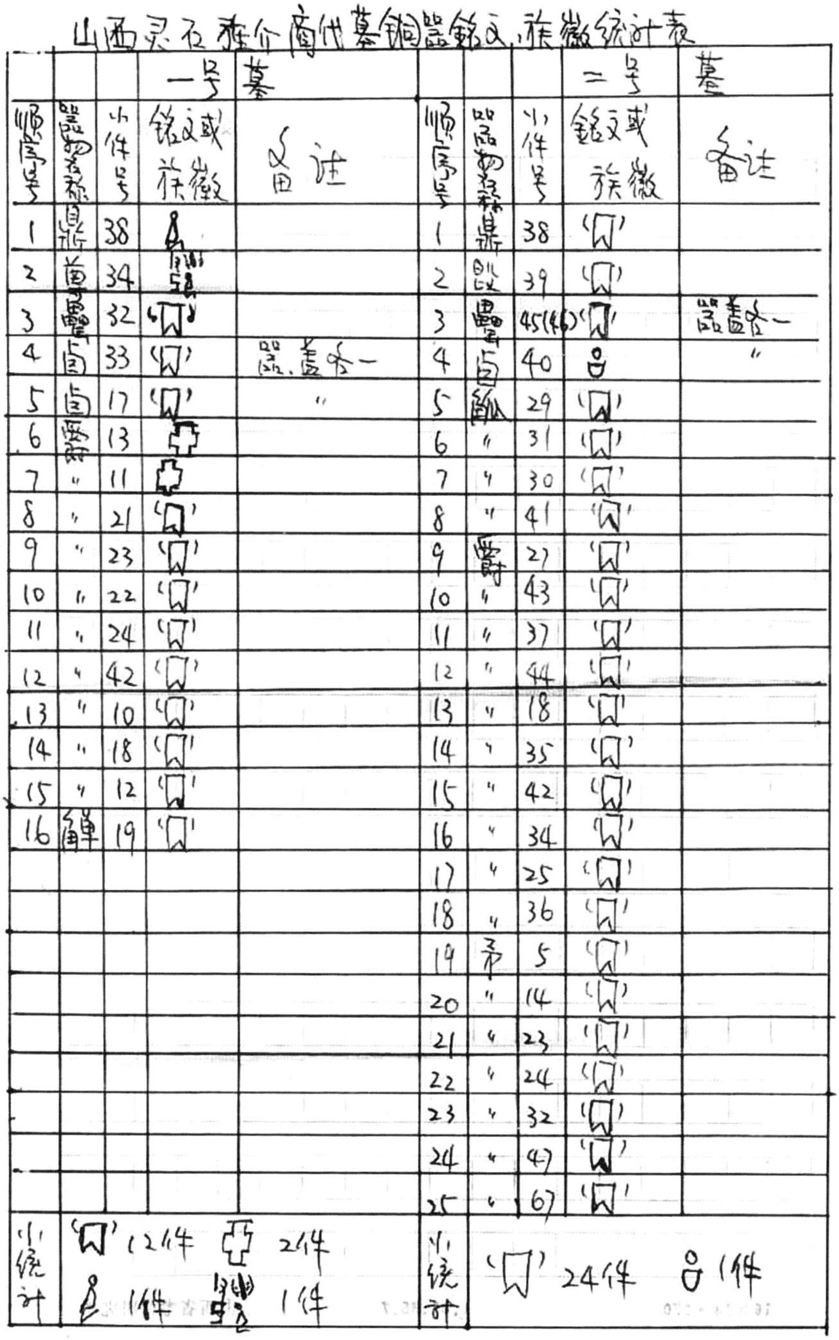

山西灵石旌介商代墓铜器铭文、族徽统计表

一号墓					二号墓				
顺序号	器物名称	小件号	铭文或族徽	备注	顺序号	器物名称	小件号	铭文或族徽	备注
1	鼎	38	[illegible]		1	鼎	38	[illegible]	
2	簋	34	[illegible]		2	簋	39	[illegible]	
3	罍	32	[illegible]		3	罍	45(46)	[illegible]	器盖各一
4	卣	33	[illegible]	器、盖各一	4	卣	40	[illegible]	〃
5	卣	17	[illegible]	〃	5	觚	29	[illegible]	
6	爵	13	[illegible]		6	〃	31	[illegible]	
7	〃	11	[illegible]		7	〃	30	[illegible]	
8	〃	21	[illegible]		8	〃	41	[illegible]	
9	〃	23	[illegible]		9	爵	27	[illegible]	
10	〃	22	[illegible]		10	〃	43	[illegible]	
11	〃	24	[illegible]		11	〃	37	[illegible]	
12	〃	42	[illegible]		12	〃	44	[illegible]	
13	〃	10	[illegible]		13	〃	18	[illegible]	
14	〃	18	[illegible]		14	〃	35	[illegible]	
15	〃	12	[illegible]		15	〃	42	[illegible]	
16	觶	19	[illegible]		16	〃	34	[illegible]	
					17	〃	25	[illegible]	
					18	〃	36	[illegible]	
					19	矛	5	[illegible]	
					20	〃	14	[illegible]	
					21	〃	23	[illegible]	
					22	〃	24	[illegible]	
					23	〃	32	[illegible]	
					24	〃	47	[illegible]	
					25	〃	67	[illegible]	
小统计	[illegible] 12件　[illegible] 2件　[illegible] 1件　[illegible] 1件				小统计	[illegible] 24件　[illegible] 1件			

年准备先发掘一、二条2×5的探沟，进一步了解陶片的规律，然后再做古城址。此项工作今年初已经向中央审报批准了发掘执照。

余言后谈。敬祝

身体健康

陶正刚　谨上

86. 5. 26

陶正刚—苏秉琦（1988.7.13）①

苏先生：

您好！

忻州地区滹沱河流域的考古研究工作，在您的指导下，我们和忻州地区文管处同志合作，又在过去普查的基础上，做了重点遗址的复查工作，今年上半年又在中游原平县唐昌遗址做了点试掘工作。为了很好地造就培养年轻同志，我让他们编写调查报告和唐昌遗址试掘简报的初步整理，文字稿已初具规模。今让我所侯毅同志、忻州文管处贾志强同志去京，向您汇报工作情况，聆听您的指导意见。为了调查报告的完整，希望把过去送给您研究的滹沱河流域部分遗址的调查资料捎回来。

我们计划在滹沱河流域逐年工作，在上、中、下游多做一些试掘，同吉大考古系同工异曲，共同摸清这一地区的古文化遗址情况。

详细情况由侯、贾二同志向您汇报。

不妥之处，请批评，为盼！

---

①　原信未署年。据侯毅《原平县唐昌遗址试掘简报》（《文物季刊》1989年2期），唐昌遗址试掘于1988年5—6月，信当写于1988年。

苏秉琦先生在信首页页眉写：

五台县阳白村西二里墩台梁

忻州市游邀村（龙山）$1500m^2$　卜工，8月开工。

五台县阳白村西二里坡台地

忻州市、游邀村，1500㎡ 1.2，8月初2，

（龙山）

苏先生：

您好！

忻州地区滹沱河流域的考古研究工作，在您的指导下，我们和忻州地区文管处同志合作，又在过去普查的基础上，做了重点遗址的复查工作，今年上半年又在中游原平县唐昌遗址做了试掘工作。为了很好地造就培养年轻同志，我让他们编写了调查报告和唐昌遗址试掘前段的初步

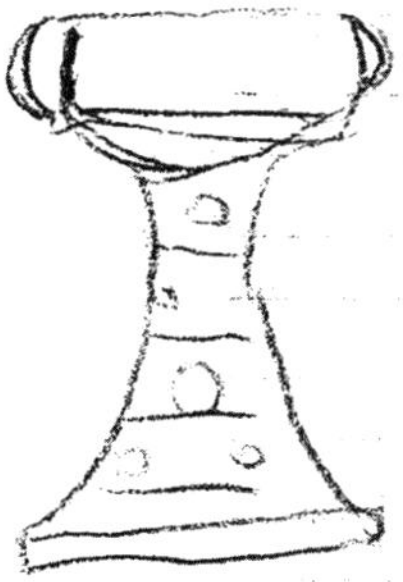

祝您

长寿！

学生

陶正刚　敬上

7.13

陶正刚—苏秉琦（1996.9.26）①

苏先生：

我数次来京到您府上拜访，都未能如愿。我们编写的《太原晋国赵卿墓》即将付印。去年曾征得您的同意，帮助写该书的书名，不知是否已经写妥。今日楼宇栋同志说，希望您能横的、竖的各写上三、四条，编辑时可以挑最好的用上。请先生百忙中办理一下。十月份我还要来京，再来拜访。祝先生身体健康。

万事如意！

学生　陶正刚　叩上

九月廿六日下午

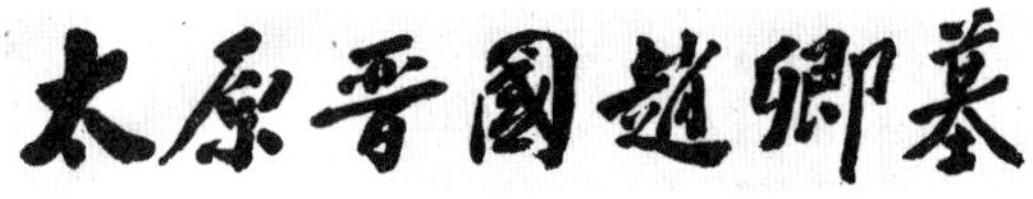

---

① 原信未署年。信中所提《太原晋国赵卿墓》出版于 1996 年 12 月，信当写于此前，暂定于 1996 年。

李江浙

李江浙—苏秉琦（1985.1.1）

尊敬的苏先生：

藻涧堂别后，时时挂怀。值此元旦之时，请接受我诚挚的问候和良好的祝愿。

近查“秦”字从舂省从双禾，甲文金文均如此作，疑其形成甚早。考古发现多有石磨棒和石磨盘，不知可否把棒视为后世之“杵”，盘是否可以视为后世之“臼”？如若可以，目前发现的此种谷物加工工具以何处为最早，发表于何种书刊？对此，先生如能在有闲时告之，将深以为幸。祝

身体健康！

后学　李江浙

1985．元旦上

附：

秦，“从禾舂省”的说法，是东汉人讲的。其后，有人同意并发挥了这种说法；也有持不同意见的，如林义光《文源》中所讲的影响较大。

甲骨文中的秦，不作为方国、专用地名解释。可参见李孝定《甲骨文集释》。

金文中，西周初年的“鼎”，其中有“饮秦饮”，谭戒甫以为秦字当为臻字，“臻饮”，即古代“饮至”之礼。或以为“秦饮”之秦，应据《说文》“秦，禾名”。解释“秦饮”乃是一种酒名。

秦用为专用词，指地名、国名号，始见于西周中期的铜器中。如《师酉殷》中的“秦夷”等等。至《秦公簋》有“保氒秦”句，乃确指秦邦，已进入春秋时代了。

当然，文献中讲到秦的历史，那是很悠久的，但已超出文学家的范围了。

朱非素

朱非素（1936—2015），先后工作于广东省博物馆文物工作队、广东省文物考古研究所。

朱非素—苏秉琦（1985.1.7）

苏先生：

谢谢你赠送的《选集》!

去年十二月下旬，我去了珠海市淇澳岛，位于珠江口金星门港的东北，岛上一处海湾的沙丘上，保存了文化层堆积较厚的新石器时代晚期遗址，计划今年去试掘几个探方。最叫人费解的是，没有发现陶纺轮和石镞。我主观推测，和海岛的自然条件、地理环境有关。至今海湾里还有鱼虾可供渔民捕捞，四千多年前，鱼类、贝类的产量更丰富了，看来当时的古人获取食物是容易的。

新发现的翁源县文峡文化遗址，已打算今年三、四月份去试掘几个探方，然后再考虑正式发掘的事。

后天我出发到五华县华城，考古队正在挖秦汉遗址，可能会有新的突破。

饶平浮滨类型文化遗存是今后几年计划内进一步调查和发掘的

项目。粤东这一段文化遗存，我想在珠江三角洲上的遗址和沙丘遗址中搜索下去，肯定有，但不完全一样。

我个人打算在身体健康的条件下，多跑几年野外，勉励自己做个不愧于北大考古专业毕业的学生。

祝

健康长寿

学生　朱非素　谨上

1985. 1. 7

朱非素—苏秉琦（1992.1.22）

苏先生：

新年好！

谢谢您为珠江三角洲古文化学术讨论会写来的贺信。

讨论会已顺利召开，我是第一次主持这样的讨论会，没有经验，信心不足，多亏张忠培、严文明、郑笑梅、张学海几位学长和同事的帮忙，大家还算满意。

我的想法，今后几年仍抓住珠江三角洲和粤北地区。今年春，李岩计划到清远、英德一带调查，摸一下两区接触地带的文化内涵。珠江三角洲部分距今四千二百至四千八百年之间，仍是一个缺环，得多做些工作。待这两大片文化序列，内涵比较清楚后，再向东、西两侧扩展。不知这一想法是否恰当，请先生赐教。

寄给先生五本近几年编辑出版的书，请赐正。

祝

新春快乐

身体健康！

学生　朱非素

1992. 1. 22

纪仲庆

纪仲庆（1929—　），先后工作于中国科学院考古研究所、南京博物院。

纪仲庆—苏秉琦（1985.2.2）[①]

苏先生：

上个月在福州开会时，本应面谒，聆听教诲，不料忽接电报，匆匆返宁未及面辞，实于心不安，请宽恕学生无礼之罪。

去夏我省考古学会理事会改选，我忝任了秘书长之职，凭空又增加了许多事务性工作，烦恼也没有用，只好勉为其难吧！

我们学会和省博物馆学会合办的《文博通讯》以前一直是内部发行，质量一直上不去，今年我们打算努力改变现状加强编辑力量，积极组织稿源，并从今年起将刊名改为《文博与民俗》，并改为公开发行的刊物（由江苏古籍出版社出版）。

目前最关键的问题，一定要保证刊物的质量，因此这就需要省

---

① 原信未署年。苏秉琦—陈晶（1985. 2. 12）信中言纪仲庆先生与苏秉琦先生联系嘉兴会议发言发表事，又《东南文化》1985 年第 1 期《发刊词》言其前身是 1978 年创办的《文博通讯》，与本信内容相合，信当写于 1985 年。

内外考古界专家学者的大力支持。苏先生为我国考古界老前辈，桃李满天下，如蒙先生向各方面打个招呼，烦请大家不吝为本刊赐稿，则不胜感激之至。

听汪遵国同志讲，先生在嘉兴时，曾对我们这一地区的考古工作有过重要的讲话，我们恳切地请求先生在百忙之中将这些讲话整理成文，交本刊《创刊号》发表，先生的讲话对我省的考古工作有重要的指导意义，敬祈先生俯允。

专此，敬请

福安

仲庆　敬上

2. 2

遵国、厚本嘱代笔问安。

纪仲庆、汪遵国—苏秉琦（1986.5.17）[①]

苏先生：

去年底在北京拜谒后，不觉又是半年了。未知先生近来身体如何，炎夏将临，希先生多加保重。

我省几个学会主办的《东南文化》，今年打算出两辑。先生对东南地区远古文化研究有素，如蒙惠赐稿件，定能为本刊生色增光。

近来我们几个同志找出了您在1977年长江下游新石器时代文化讨论会上两次讲话的记录。我们觉得这两次讲话，对考古界特别是东南地区新石器时代考古方面仍具有现实的指导意义。尽管

① 原信未署年。信中所言《东南文化》出两辑且刊登苏秉琦先生的讲话，见1986年第1期苏秉琦先生《在长江下游新石器时代文化学术讨论会上的讲话（一九七七年十月）》，信当写于1986年。

《文物》上已发表了您在这次会议上第二次讲话的提纲，但也正因为它是提纲，所以在不少地方还令人觉得语焉不详。因此我们不揣冒昧，打算将您两次讲话的全文在《东南文化》上发表。未知先生意下如何？

讲话稿是根据我们和陈晶、冯普仁等同志的记录整理出来的。估计还可能有遗漏和错误，现谨将整理稿寄上，敬请审阅并请尽快将修改好的稿件寄还我们，以便能及时发稿。

又：开幕式上讲话的标题，是从您的讲话中抽出来的，不知是否妥当，亦请您审定。

专此，敬请

福安

纪仲庆

汪遵国 同上

5.17

纪仲庆—苏秉琦（1987.5.19）①

苏先生：

来信收到了，您询及的周晓陆编集的《考古印集》，我原来不知道，收到信后才向他了解了一些情况。周是1982年南京大学考古专业毕业生，现任我院保管部副主任，是我院提拔的唯一的年青干部，有一定的工作能力，喜爱篆刻。他觉得把多年来考古出土的印章，尽量齐全的汇编成册将是一件很有意义的工作，所以这两年来就着手《考古印集》的资料搜集和分类编纂工作。这本书大概有三个方面的内容：①印谱，②著录，③论文。论文这一部分将阐述他对出土印章的历史价值及篆刻艺术等方面的看法。

---

① 原信未署年。苏秉琦先生在书信上写“1/Ⅵ/87阅”，据此信写于1987年。

这本书依目前看大约还需一年以上时间才能完稿。至于请您写序言之事，还是请您自己斟酌。我个人觉得在未看到文稿之前要写序言确有一定困难，我看是否可以在周完稿并请您审阅之后，再由您决定，您看如何？

近来我已被临时抽调到省文化厅职称改革办公室工作，院里考古部的事全委托邹厚本等同志承担了。

先生近来身体安康否？时刻在念中。现在夏日已临，还望多加保重。

专此，敬颂

大安

仲庆　敬上

5. 19

刘文光

刘文光—苏秉琦（1985.4.2）

苏先生：

阖家好，首先表示歉意，因为我未及时回信，应及早回信及拜年，心里这么想，而未能做到，请先生谅之。

当我接到先生的信及照片时，顿时消去愁云，心境开朗，使我顿时想起我们在榕期间的相处，并跟先生学习到了不少知识，特别是先生那种平易近人，对事物的谈吐，有独特的见识，言论感受是很深的，听来亲切记忆犹新。在您走后，我到单位就一直为住房奔波，终于搬进了新房，这是一生来第一次，也是最后一次吧。住上了新房，这期间使我懂得了人生要“生存”就必须“斗争”，否则不存在生活，这就是人生。最后望您得保重贵体，定期检查服药。以后有幸的话，将去府上打扰。

顺祝安好

您的学生

刘文光　敬上

85. 4. 2

国家文物局

苏秉琦—文物处（1985.4.14）[①]

文物局文物处

黄景略处长暨各位同志：

山东省寿光县文化局局长李学森同志来京汇报他县文物考古工作近年成果及今后设想。他们的工作成绩显著，地下宝藏也是山东重点县之一。七八年我去看过，印象很深。请接待。如认为有必要时须要找其他领导汇报，希斟酌办理。谢谢！

敬礼

苏秉琦　一九八五、四、十四日

国家文物局—苏秉琦（1991.7.2）[②]

通知

苏秉琦委员：

兹定于七月八日—九日，在北京中纪委招待所（地安门东大

---

① 据贾效孔《寿光考古与文物》（中国文史出版社，2012）图版录入。

② 据家藏通知复印件录文。

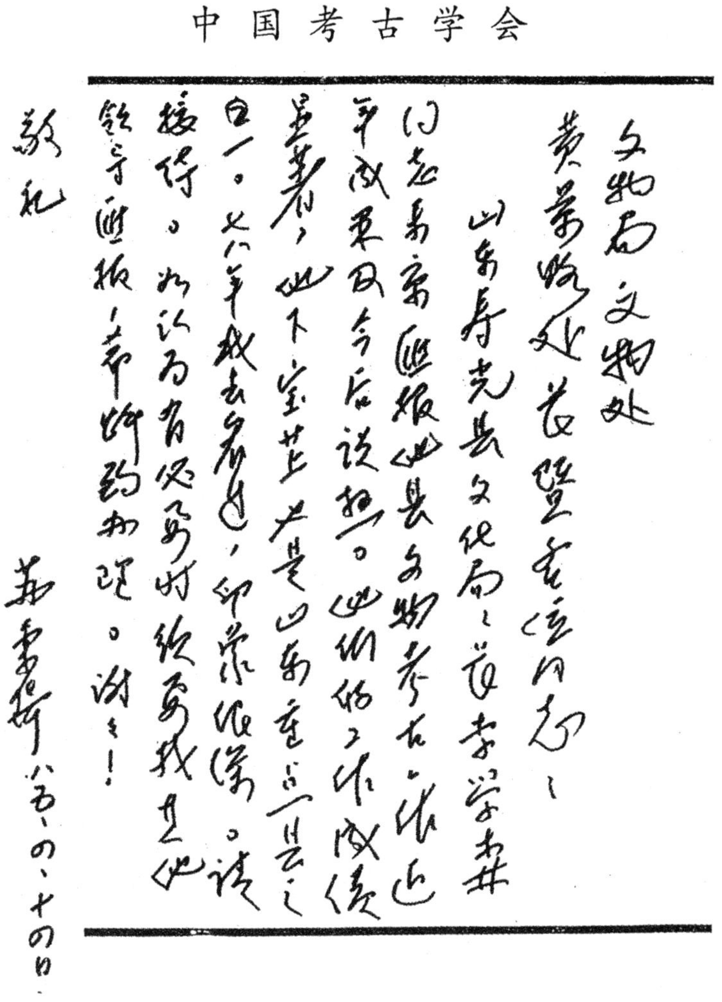

中国考古学会

文物局文物处

黄景略处长暨金维诺同志：

山东寿光县文化局李学森同志来京汇报此县文物考古工作近年成果及今后设想。此间的工作成绩是显著的，地下宝藏尤是山东重点县之一。七六年我去看过，印象很深。请接待。我认为有必要对他们及其他能予汇报、节约办理。谢谢！

敬礼

苏秉琦 八五、四、十四日

街7号）召开国家文物委员会会议，座谈当前文物工作，请您在这段时间内最好不要安排其他活动。每天上午8：00车去接您。专此敬函。

顺祝

夏安！

国家文物局

一九九一年七月二日

［编者注］

苏秉琦先生在通知的时间“七月二日”后写“4 日收到”。在通知页眉写：

文保——阵脚已乱

人才、质量、弱点、代价、党新指示

□顾问□心中有数

在通知下部空白地方写：

昨天会□□信手拈来，都是空前的，极不寻常的，“报纸通报”未免迂腐。特殊军情。军队有句成语“枪声就是命令”。

一次不寻常的会，希望认清形势的严峻。他们共认，采取适当步骤，对问题的缓解起到积极作用。一个政协同志说，希望大家写文章，我看这是秀才造反、三年不成的书呆子话。

套用《孙子兵法》的话“兵者，国之大事也，……不可不察也”，改为：文物者，国之大事也，“国脉所系”，不可不察也，绝非危言耸听。

林　向

林向（1932—2021），工作于四川大学。

林向—苏秉琦（1985.5.10）①

苏先生：

　　您好。

　　石棺葬在东北、华北、西北、西南有许多近似的东西，都在新石晚至青铜、铁器初期，颇引人兴趣。

　　我们邀些同志在十一月上旬在渡口市谈谈，我们（云南博物馆的胡振东同志等）都想请您老大驾光临，不知能否拨冗指导。会后去昆明等地看看，不知可以吗?! 静候佳音

　　顺颂

大安

林向

五月十日

---

① 原信未署年。信后附会议通知时间为 1984 年 12 月 20 日，附《中国石棺葬学术讨论会筹备联络组　简讯》为 1985 年 5 月 4 日，据此信当写于 1985 年。

附：给苏秉琦先生“中国石棺葬学术讨论会”邀请函一份；《中国石棺葬学术讨论会筹备联络组　简讯》一份。

简讯　（第一号）

中国石棺葬学术讨论会筹备联络组　1985.5.4

一、自1984年12月20由发起单位四川省历史学会、四川省民族研究所、四川文管会、四川大学历史系、四川博物馆、渡口市文化局联合发出：召开中国石棺葬学术讨论会的通知以来，得到了全国各地各单位、专家、学者的热烈支持。已收到许多建议和论著题目，以及要求参加讨论会函件。我们诚挚地感谢大家的热心支持，并把有关筹备的进展通报一下，以便交流情况。同时期待着诸位在六月底以前，务将提交讨论会论著、译文、报告的题目及提要告诉川大历史系林向同志，以便发来正式邀请信。

二、渡口市文管处邓耀宗同志告知：他们热烈欢迎这次会议在渡口召开。渡口市有关领导同志指示：一定要保证这次会议开好。文管处同志将全力以赴筹办会务，已妥善地落实会场和有关接待事宜，热烈欢迎全国各地的同志，在今年十一日上旬到四川渡口市来参加石棺葬学术讨论会。

三、云南省博物馆馆长胡正东、李昆声、李家材等同志表示：这样的学术讨论会十分必要。他们愿意作为讨论会的发起单位之一，共同努力开好讨论会。先前发起筹备的单位，对此表示热烈欢迎。今后将以七个单位的名义，共同发起召开中国石棺葬学术讨论会。

1982—83年云南楚雄州文管所曾在永仁菜园子发掘了一处石棺葬和同时的新石器时代遗址（见《云南时报》82.11.10、《云南文物》第十二期）。为配合讨论会的召开，云博拟委派考古队长阚勇同志等会同楚雄州文管所等单位，在当地再次发掘清理。永仁离渡口仅50公里，届时与会同志将能亲临考古现场，进行考察和讨论。

四、据初步统计提交讨论会的论著、译文题目有：

1.《辽东半岛石棚之研究》　许玉林（辽博）

2.《中国东北地方的箱形石棺墓》　（日）三上次男　曾凡秀译（吉林东北史所）

3.《杰林市骚达沟大棺清理结果的整理报告》　段一平　李莲（吉大、吉博）

4.《吉林省早期的石棺及其族属问题》　张英（吉博）

5.《滇缅的石棺葬及其族属问题》　阚勇（云博）

6.《云南独龙族的葬俗》　王均（云南民院）

7.《大理地区石棺葬族属试探》　田怀清（大理文管所）

8.《黔西青铜文化与四川大石　文化内涵的比较研究》　宋世坤（贵博）

9.《大石墓族属问题的讨论》　黄承宗（四川凉山州博）

10.《论中国的石棺葬》　童恩正（川大博）

11.《横断山区古代的石棺葬俗》　林向（川大历史系）

12.《大石墓与礼州遗址》　刘世旭（凉山州博）

林向—苏秉琦（1993.12.29）

苏公：

您老人家好。新年快乐，给您拜年。

今有一事相求。四川省社科院主办的《中华文化论坛》邀我任编辑，我自知力薄，无力胜任，但想到今日学术低谷，举步维艰时刻，能有这样一个机会也算难得。而且有诸师友相助，特别是您老人家的支持，或可勉励为之。先生请拨冗教我，如何办是好。谢谢。

如果您健康允许，能否为它写点文章，我就为此求您老人家来了。长短不论，有了您们的大作，定会使它蓬荜生辉的。如果有您的介绍来稿也当优先采用。谢谢您的支持。

匆此，专此即颂

新春大吉

林向　敬上

1993.12.29

赐函、赐稿寄四川大学历史系即可。

附：《中华文化论坛》征稿函

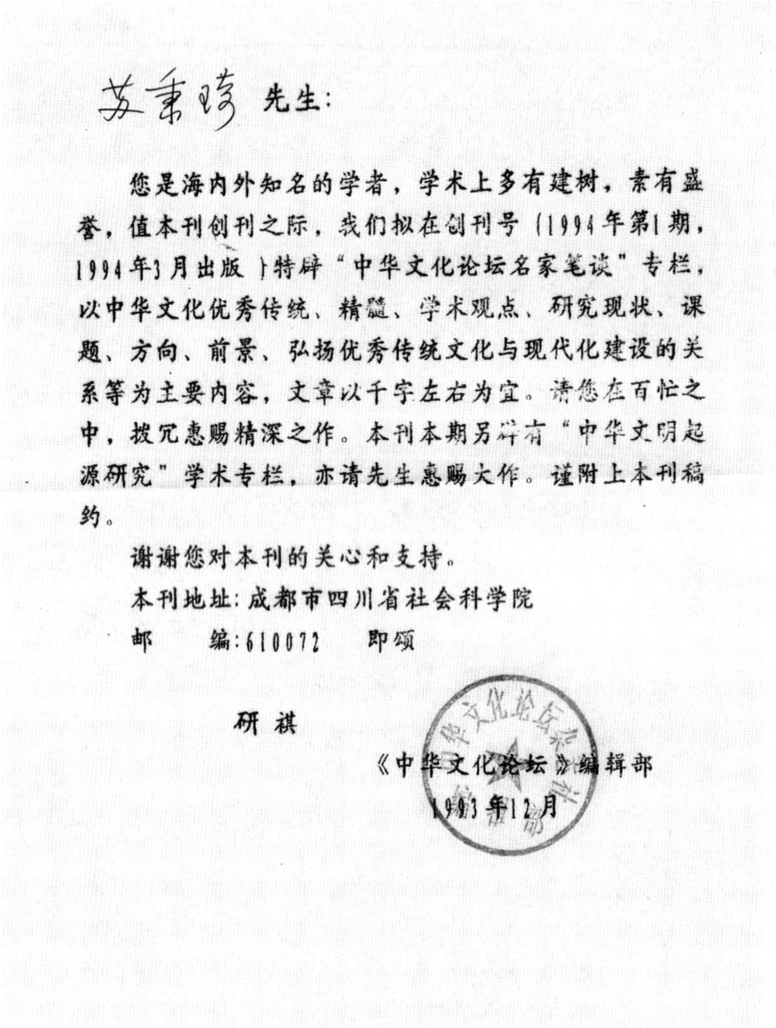

苏秉琦先生：

您是海内外知名的学者，学术上多有建树，素有盛誉，值本刊创刊之际，我们拟在创刊号（1994年第1期，1994年3月出版）特辟"中华文化论坛名家笔谈"专栏，以中华文化优秀传统、精髓、学术观点、研究现状、课题、方向、前景、弘扬优秀传统文化与现代化建设的关系等为主要内容，文章以千字左右为宜。请您在百忙之中，拨冗惠赐精深之作。本刊本期另辟有"中华文明起源研究"学术专栏，亦请先生惠赐大作。谨附上本刊稿约。

谢谢您对本刊的关心和支持。

本刊地址：成都市四川省社会科学院

邮　　编：610072　　即颂

研祺

《中华文化论坛》编辑部

1993年12月

程一民

程一民—苏秉琦（1985.5.18）[①]

秉琦老先生：

论家乡称呼，我不知道怎么论，幼年同涧之弟兄同窗，又在甘肃农业科学院与悦华同事，而今我退休回故里，复在县政协工作。去年这里刘书楷与河北大学陈美健等同去您处共同研究《高阳织布业史》资料，得知您从事考古工作，并在此领域卓有成效，甚感仰慕，故权以先生称之，似嫌失礼，请谅之。

我的家乡旧城，往昔没少挖出地下古物，惜无人鉴赏，或毁或售，存世太少，1982 年春，旧城村南猪龙河北挖井得泥陶数个，我收藏有两只，以其形状奇特，且少美术纹饰，可能年代比较久远，但究属何代，我缺少这方面之常识，特草绘一图，注明了尺寸，拓绘之纹饰，随函奉寄，请予以鉴察，是否有保存价值。该处既然此等物品同时挖出很多，有无继续挖掘寻找之价值？由此物推算，旧城历史究有多远，可否依出土之物而定之，诸多疑点，敬希赐教！

---

① 原信未署年。从程一民—苏秉琦（1985.12.15）信中内容看，信的书写当较早，暂系于 1985 年。

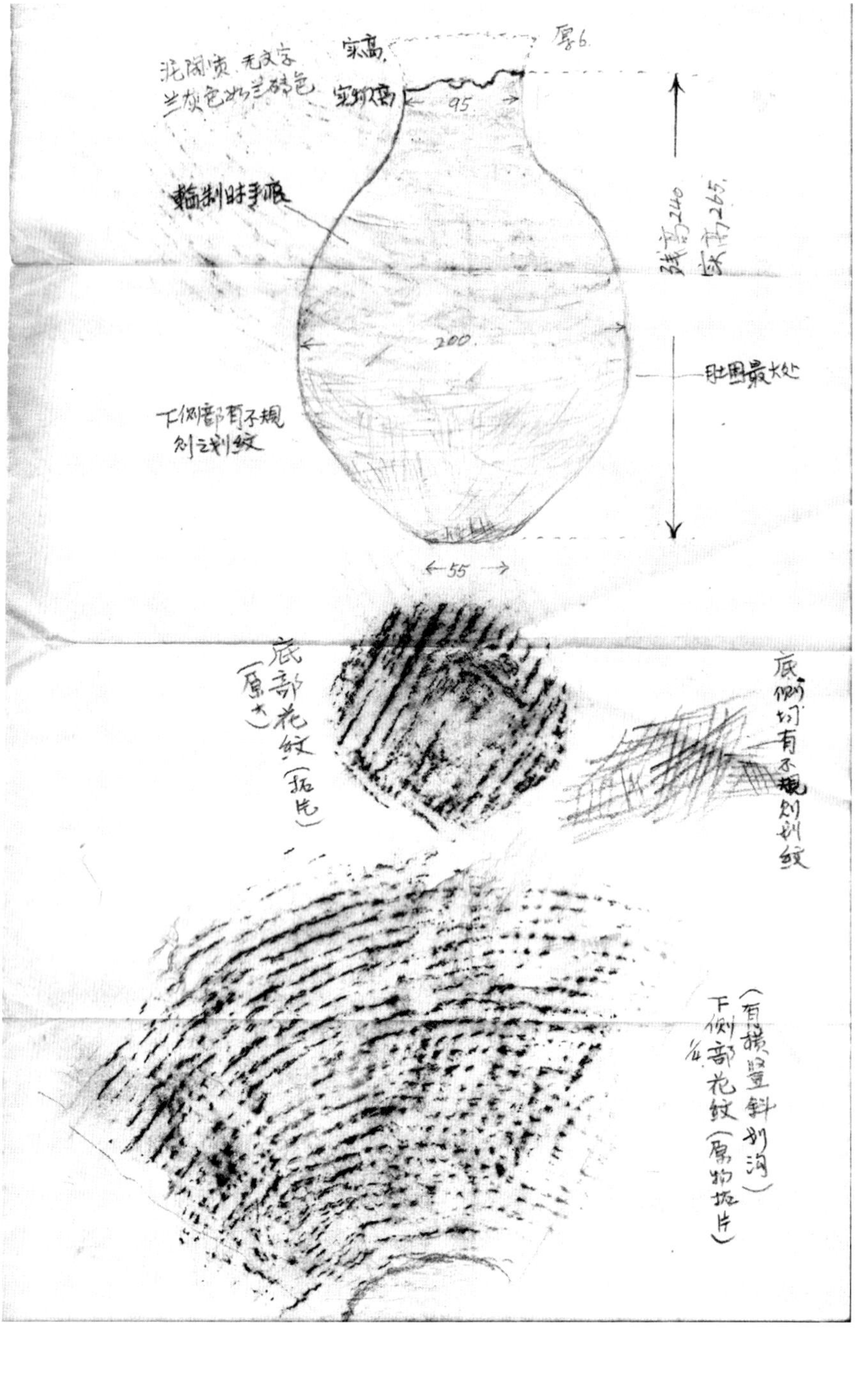
泥陶质 无文字
兰灰色如兰砖色
实高
实物高
厚6
95
轮制时手痕
残高240
实高265
200
肚围最大处
下侧部有不规则之刻纹
55
底部花纹（原大）（拓片）
底侧切有不规则刻纹
下侧部花纹（原物拓片）（有横竖斜刻沟）

旧城，南临猪龙河大堤，昔日城垣三面，东西约二里，南北有里半。在我年幼时，西城残断不全，东城仍完好，北城虽未连成城垣，但长段地存在不少，其建城年代亦不得知（现残存无几！）。在挖土烧砖时曾发现有青铜镞头，长不及寸，其他情况我不清楚。另外，在旧城村东南角，号称“皇家庄户”，残砖瓦砾甚多。在我幼年时，曾有“小城”残存，亦难考究其历史，“文革”初曾在村北挖出两将军墓，号称“双疙瘩”，其壁砖长方形，长尺半，厚三寸，顶砖楔形，每砖重约40斤左右。现在残砖存世不少，当时墓内有水盈膝。群众多是急于抢砖，用以盖房，其他物未见有存世。因您们是搞这项工作的，故简告之。此外，苏先生有无著述，您所有无专刊或某地考古专辑，请予介绍，以便购置学习。敬此　顺颂

台祺

程一民　上

5月18日

附：图一张。

程一民—苏秉琦（1985.12.15）[①]

秉琦先生台鉴：

据政协委员刘书楷同志晋访归来，谈及我兄不仅对咱县织布业的历史非常熟悉，而且现在主持国家考古工作，闻之不胜欣慰。今后若得良机定要趋前拜谒，以领教益，但愿这等机会能早日到来！

家乡历史远溯及何时，难以考究。但据传闻，恐历史相当久远，颛顼之说不足信。此处所见文物亦甚粗犷，虽不能稽其岁月，亦可想象一二。旧城故里，前几年挖井出土陶罐数枚，其形如瓶，肚大底小，下部仅有斜划的纹线，而无正规的图案，其形如左所

① 苏秉琦先生在信件第二页页眉写：“12月31日复。”

示：高一尺有余，灰砖瓦陶，同一井内出土完整者五六只，碎片甚多，其中有一只在口缘部有一人工洞眼。此物究为何物，其用项做甚，何以一井能出甚夥，均不知其底细。似此等陶物属于何时期，史前抑史后，有没有开采挖掘价值。我想兄即于考古有研究，当能言及其文史价值，究竟为何，请予指教。

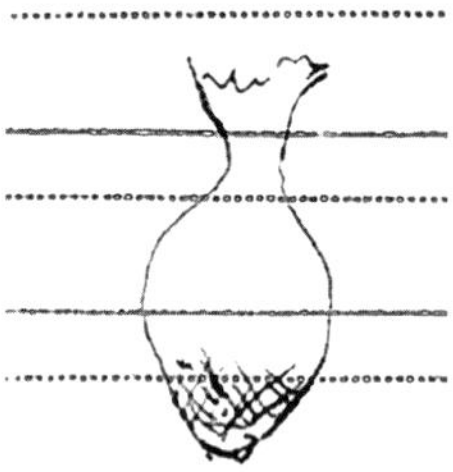

又在北圈头村东，宋某平地时，发现一铜镜，其径有七寸许，重五斤左右，背面浮雕一组画面，三男、三女，似迎接之状，女中间一人骑马，两侍在侧，并举一遮伞在上，以此推断其身份似宫中贵秀，三男中亦有一人骑马，两侍随之，骑马之男女正侧身相视。这组画的背景，有高栏架空，其侧有一尖顶屋，这组画似是迎亲。一般说来，铜镜多出自汉朝，似此等精巧的铸造，又很难相信该物能那么久远。因之，即不识物，则更难评说其历史价值。据携此镜的宋某说，该地亦出土两件陶器，民间多认为其是丧葬之物，故又掩埋于地下。根据以上情况，我兄是否能谈谈其历史价值。

据闻，高阳南圈头在唐朝曾出过一位状元，以此论断，高阳在古代亦为文化之邦。旧城村北在“文革”期间曾挖出两个墓穴，其内何物，很少人知。因当地有水过膝，未能考察，但墓穴之砖，均系特制，长 40 公分左右，厚 10 公分，重为 50 斤左右。其顶砖楔形，重超过 50 斤。这些砖散落在农民家中，也不知此物有无历史文物价值。旧城多些奇特砖瓦，出自何代，很难说出，我曾见过有似半坡出土的大型不规则瓦片等。谨将所见所知等相告，以作为研究之参考。如能赐书晓以文史价值，俾使弟能广增见闻，则无任感激之至。

您家乡有我同学不少，苏涧之、苏鹤之、苏淼之、苏□之等，只是毕业后很少知道信息，淼之有一姑娘（悦华），北大毕业，现在兰州，甘肃农科院从事科研工作，我俩同事多年尚相□。而今我来家乡，在县政协担任副主席职，涉及文史方面的东西，均想征集之作修写县志之补充，您若能提供一些这方面的资料，则深深感谢。前期同河北大学共同完成之《高阳县织布业》一书，省政协准备明年给出版。这本书的完成，得力于兄者不少，实则共同努力完成的，谨致谢忱。敬此

顺颂

台祺

程一民 敬书

1985. 12. 15

程一民—苏秉琦（1986.2.24）①

秉琦先生台鉴：

年前赐书，早已拜悉。通过文中所叙，使我对家乡历史丰富了好多，但由于您索要的拓片，我好久没有搞成，也不会搞，加之铜镜原主急急索回，故延误至今未能给您覆信，望祈原谅。现将旧城的情况就我所知，再陈述一二，以供参考。

旧城城墙为土城，在我幼年北城残缺，东城完好，仅城门有两豁口，南城墙乃猪龙河堤岸，据挖土结果与城墙土都是黏性胶土，可能南城改为河堤了，原先或为一方城。又据传言，城土系由满城由士兵运来，此说不足信，但有好事者又证明其土质相同，姑且勿论。“文革”期间在城东北角挖土烧砖，所取城墙土中，曾见有小型铜箭头深埋墙土中。若依此而推断，旧城城墙年代盖久远矣。

以后县志中又没提到这重修旧城之记载，故旧城之今城垣或为原建之城垣。依次而论，当有保护之价值。城南有皇亲庄，城北有齐王庄，而且城又有颛顼古郡之传说。历史有颛顼高阳氏之记载，而今高阳之所以称为高阳，是因地处“高河之阳”，抑更有历史传说，使人不免存有疑虑。若信“高河之阳”说，其城外何以有个“皇亲庄”，其

① 原信未署年。据程一农—苏秉琦（1985. 12. 15）信内容，暂系信于1986年。

城内东南何以有“皇庄”之称，再东南则称“老呱窝”，而相沿地契则称之为“老宫屋”。旧城大城圈内东南，昔日有一“小城”，我幼年时乃一垄瓦砾高岗而矣。旧城的三种宝，乃指“砖头、瓦块、羊胡子草”。旧城城内，尤其是东南隅，遍地以及井下遍都是瓦砾。我这次回家，随手拾了几块，其外多似绳纹，其内则有布纹、方块纹及其他纹饰。在我幼年时代，往往见到一些“星星瓦”，其色暗红，中间有许多像骨头碎渣似的白点点。现在则很少见了。我将四片残瓦片（其中有一罐片）用铅笔模制成片，请您参考鉴证。另外，出土陶罐，除绘其尺寸外，并拓有底侧划纹一纸，此等划纹，并无规则，横斜划沟，故拓片点点，另外有一些照片，可共同参考。

高阳铜镜，直径有240毫米（八寸左右），拓一墨片，可鉴其大小，其中人物，可在照片上看到，浮雕造艺精细、眉眼具真。右侧三男，一骑马，一挽马头缰站前，一武士持钺背弓及箭束站侧后方，马背之男，侧视左方正在上马之女。左侧三人，一女正挽缰侧身上马，马侧一人（似男）伸手扶镫状，有一女持屋扇为骑马女主人遮阴，此等举止，似宫中小姐要出门去，又似男者来迎接其故的内容，不好臆断，背景有一牌坊似物。此镜下部及侧部均有花纹饰，其铸造工艺极精，因我对此常识太少，难以推断其年代。照片左侧系一折尺，可鉴其大小。铜镜正面，除有绿锈外，尚有片片红绣，难以断定其属何合金。此外在铜镜出处附近，曾挖出一覆扣的瓮形陶物，有四耳，其下扣一陶罐，罐侧有一龙和鱼纹饰，据说似有白釉，龙鱼亦极粗糙。此物我没见到。

我希望您能就您所了解到的和我给你提供的这些资料，对咱家乡的历史系统地提供些初步资料。另外，家乡文物究应如何注意保存，也提出您的宝贵意见。我也很想在这方面增添些有益的尝试，您能为我介绍些书吗？迟覆为歉，顺颂

春祺

程一民　敬上

2月24日

程一民—苏秉琦（1993.11.2）

家藏书信未见，存一原应为书信附件的《关于高阳旧城遗址1982年春出土的一批古灰陶瓶的报告》，署1993.11.2。

禚振西

禚振西（1938—　），工作于陕西省考古研究院。

禚振西—苏秉琦（1985.6.14）[①]

苏伯：您好！

三月底曾因去淮南参加硅酸盐学会古陶瓷学术会转道北京，特去考古所看望过您，可惜未遇，失去了一次请教的机会，很是遗憾。

前两年曾因孩子教育问题，回到室内几年，搞了本《陕西考古学文献目录》，现已印出，给您带去一本。此册是接续楼宇栋所编，怕您没有楼本，也带去一本。去年编排时我已下了工地，时间仓促，东西很粗糙，请不要见怪。

近些年我偏重搞古陶瓷，今年写了篇原始转盘的文章，提出点

① 原信未署年。信中提到的“去淮南参加硅酸盐学会古陶瓷学术会”为1985年4月5日至9日在安徽省淮南市召开的中国硅酸盐学会陶瓷专业委员会第二次全国学术年会，信当写于1985年。禚振西先生回忆了她铭记的苏秉琦先生的珍告：“一、人红可以，但千万不敢紫，因为紫了就离黑不远了；二、发掘要好好认真，你觉得很认真的，还是会有很多资料没有及时完全地掌握到，等你编写报告和进行研究的时候，你就会觉得还有一些的空白，因此一定要细了再细，特别要仔细。”

新看法，不成熟，现在送上请您指教，以便好好修改。

您近来忙些什么？身体可好？年龄大了最难得的是不间断的运动，请您多抽空活动活动。我近多年在全国各地跑，学术界很推重您的治学成就和方法，还推重您的为人。真盼望您能带领下辈开创出一个更新的局面。敬祝

福体康泰

侄女　禚振西

6. 14

陈万卿

陈万卿（1963— ），工作于河南省荥阳市文物中心。

陈万卿—苏秉琦（1985.6.15）[①]

苏秉琦先生：

您好！去年我曾写信给贾兰坡先生，请他替我打听陈云路（即陈子怡）先生的情况，您给他写的信，他复印了一份给我，在此我向您表示感谢。

陈子怡先生和徐旭生先生为孩提交，因徐先生之父徐纲在河阴当教谕，故举家从唐河迁此，徐先生即生于河阴，长于河阴。清末考秀才时仍用河阴籍，后改为唐河。大约在1928年徐先生任女师大校长时，将陈先生从河南通志馆调到女师大任图书馆长。荆三林教授说，当年徐先生在北平研究院任史地部主任时，又将陈子怡先生聘为研究员（史学）。我从易漫白先生最近出版的《考古学概论》里知，您和徐先

① 苏秉琦先生在书信首页页眉写道："1934年9月出北研院五周年工作报告中□地院长李煜瀛"史学研究会"——考古组主任徐炳昶，助理员何士骥、常惠二人，常务会员吴敬恒、会员白君初等17人。

徐到北研与陈到西京筹委会的日期——1931。"

生当时都在北平研究院，陈先生若在过北平研究院，当在 1931 年以前，因西京筹备委员会成立后，便去了西安，直到 1945 年去世，陈先生也许兼北平研究院之职，到底是怎么回事，请您指教。

陈先生在女师大学报及北平研究院《史学集刊》上发表有许多文章，我在穷乡僻壤，见不到这两种杂志，您若闲暇时，能否为我查一下。

徐先生在一九五六年前后，将存在西安陕西省博物馆的陈先生的三十四册遗稿要到北京，不知为何，未能出版。这些书目，夏鼐先生已令人给我抄来，并给我复印了一本陈子怡先生 1935 年出版的《西京访古丛稿》，该书头页的印章是“北平研究院史学研究所图书”，这也许是陈先生赠给该院的。该书有十篇文章，其中有这么几篇：《由昆明池而溯及镐京与丰邑》《咸阳原上汉帝诸陵考》《今西安城非唐皇城旧址乃明初所筑考》。您和徐先生在陕西调查时也曾调查过这些地方，在徐先生所著的书里是否提到过陈先生？[1] 他们两个的关系极密切，我想会有书信来往，不知还有这些信否，徐先生的后代现在也不知都是干什么的。

当年西京筹备委员会的人，尚有健在者否？在历史研究界和考古界，还有哪些人知道陈先生的情况？

前年，夏鼐先生给荆三林教授写了一封信，信中对陈先生的《两京考古杂记》评价甚高。到底我也不知道陈先生在考古界的成就如何？影响怎样，请先生百忙之余指教。

陈云路先生的事，我已根据一年多来得到的材料，写了约八千字的传略，空洞且拉杂，荆三林教授正在给我改，若以后能打出（或油印），定送您斧正。

此致

敬礼

陈万卿　敬上

---

① 苏秉琦先生加信侧写：“未见。”

一九八五年六月十五日于
河南荥阳北邙官峪中学

苏秉琦—陈万卿（1985.6.28）[①]

万卿同志！你好！六月十五日示悉。承询有关陈子怡先生事绩，简答如下：

1. 据我所知，并查过“北研”工作报告，陈先生未担任过“北研”职务，想荆三林教授记忆有误。“北研”《史学集刊》出过五期，无陈先生文章。

2. 陈先生遗稿34册，原在旭生先生处存放。徐先生去世后，由徐先生家属移交考古所，现在考古所图书资料室妥为收藏。据该室主任王世民同志讲，陈先生稿如整理出版，需要加工，工作量大，难度也大。至于徐先生论著中，据我们知，似未见到提及陈先生的话。

3. 徐先生的世兄（大儿子）桂伦同志现在任北京朝阳区委党校教师，几个女儿只听说已退休。

4. 西京筹备委员会旧人，我不知道还有什么人在世。

5. 介绍或评价陈先生成就，我看只能就先生遗稿整理，并认真研究后才有资格着手执笔，不是可以根据道听途说论述的，尊意如何？（这项工作是有意义的，但必需考虑它的工作量、难度，还要准备付出很大的牺牲。）专复，此致

敬礼！

苏秉琦

1985.6.28

---

① 据陈万卿先生提供信影录文。

吴诗池

吴诗池（1941—　），先后工作于山东省博物馆、山东省考古研究所、厦门大学。

苏秉琦—吴诗池（1985.7.23）①

闽南、粤东——韩江、九龙江流域古文化，是我国东南沿海地区古文化一个具相当特色的分支。

愿厦大考古专业教学办出自己特点。

赠诗池同志

苏秉琦

1985.7.23 北京

吴诗池—苏秉琦（1990.9.10）

苏老：您好！

在山东时，曾多次得到您的当面赐教，受益匪浅！而您那平易

① 据吴诗池先生提供题词照片录文。

近人，对晚生的谆谆教导，此情此景仍时萦脑际。

您对建设具有中国特色的中国考古学做出卓著贡献！对中国考古专业的教学同样作出卓越贡献！

当我即将调离山东返回母校任教后，我曾专程赴京向您求教。您曾在题字勉励我时，要求我到厦大应为把厦大考古专业办出特色做些工作。五年已经过去，可一回想，我却是无所作为。今夜给你写信时，深感惭愧！近几年，考古学界在建设具有中国特色的考古学体系问题，讨论热烈，有不少颇有见地的学术论文问世！加之许多省和中央考古所都有许多震惊世界的重大考古新发现！而且有不少是在您创立的区、系、类型方法论的指导下而取得的成果！成绩喜人。中国考古事业在蓬勃发展，即将迎来中国考古的黄金时代！形势喜人，形势也逼人。这就为如何办好考古专业提出新的要求，新的课题，包括课程设置和教师队伍的结构等问题，在这些方面是多么的希望能聆听您的教诲！为此，盼望您能在百忙之中予以复函示知！

现将在鲁期间的合照及您的照片寄给您，您的个人工作照曾在七八年山东省摄影展览会上参展过！

您工作、科研、育人十分繁忙，切望保重福体！

祝

福体康泰！

诗池

敬上

1990.9.10　灯下

傅振伦

傅振伦（1906—1999），先后工作于北京大学、故宫博物院、东北博物馆筹备委员会、东北大学、北京历史博物馆、中华书局、中国历史博物馆。

傅振伦—苏秉琦（1985.10.16）

秉琦乡长老兄同志：

违教日久，念念！

兹有恳者：我省编纂地方志书，嘱搜集李石曾先生事迹，作一小传。惟李老1930年以来事迹，我略知之。其早年事迹、略历、出身等多所不知。您是他的同乡，想知之甚深。为了表扬先贤，拟恳您分神搜集，何如？我新迁安定门外安贞里二区，但不通邮，赐函请交馆办转为荷。费神至感！顺颂

著祺！

弟　傅振伦

85.10.16

任　瑞

苏秉琦—任瑞（1985.11.11）[①]

来也匆匆
去也匆匆
我们都是很平凡的人
祝愿在这来去匆匆的一生
给后来者留下些不平
　凡的东西
　留赠
小瑞同志

苏秉琦

1985.11.11

① 原件为赠言。据田建文先生转交任瑞先生提供照片录入。

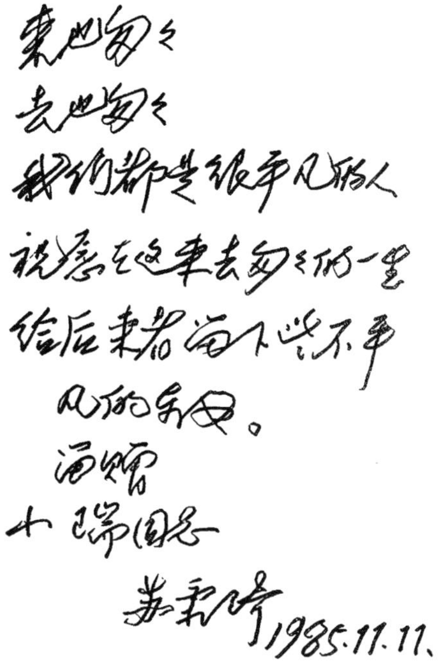

来也匆匆
去也匆匆
我们都是很平凡的人
祝愿在这来去匆匆的一生
给后来者留下些不平
凡的东西。
留赠
小瑞同志
苏秉琦 1985.11.11、

任瑞—苏秉琦（1989.12.11）

苏先生：

您好！

“来也匆匆，去也匆匆”，如您在侯马的赠言一样，匆匆一别五个春秋。

我于八六年结婚，现在孩子已两岁，风风雨雨，路途艰难。在搞考古的机关里，搞医务算后勤人员，处处不如意。尤其这几年职称的评定，已感觉前途渺茫。每当我感到前途无望时，就想到您在侯马时让我改医的想法。已有学医的基础，改学体质人类学是否可行，只好求救于先生了，请先生根据我的条件为我想一条出路。

前段日子赴京送文物，到机关未见到先生，想您的身体还好吧。我现在学中医，看病可中西结合，如有需要什么药品，可函告知。

礼

小瑞　敬笔

1989.12.11

严　宾

严宾—苏秉琦（1985.11.16）[①]

苏老：

今年九月五日，曾将拙作《碣石新考》一稿寄您审阅。时去两月，不知读过没有？尊意以为如何，切盼从速惠示。

此请

大安

严宾

85. 11. 16

苏秉琦—严宾（1985）[②]

严宾同志：

您好！9月4日信收到。大作已拜读。初步看法，前边一大部分关

① 苏秉琦先生在书信上用红笔写："21日复。"

② 原信未署年，未完成，为信稿。据严宾—苏秉琦（1985. 11. 16）信，该信当写于1985年。

于古地理沿革的考辨、旁征博引，言之成理，我无可补充。后一少部分，从第 57 页起到末尾，对于绥中新发现的两处秦、汉建筑群遗迹以及它两者对应在海中的三块“巨石”（俗名“姜女坟”）的学术价值的评介，特别是因为该处已由海军系统一项新的地面国防设施占用，并已兴建起一批机关楼房，两者矛盾，还没有解决，领导还没有明确表态（以下无文字）

［编者注］苏秉琦先生在信纸背后画草图：

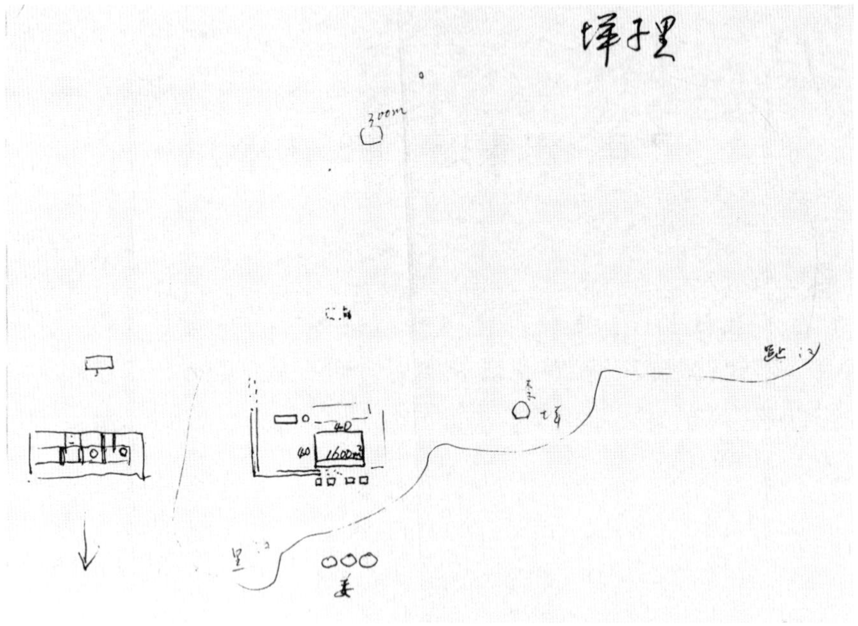

严宾—苏秉琦（1987.12.2）

苏老：

您好！辽宁省考古工作队在辽宁绥中县海边发掘的秦汉建筑遗址，经您视察和鉴定确认就是秦汉碣石宫遗址，是完全正确的。该地立于海水中的“姜女坟”，应确为史不绝书的碣石。曾寄您审阅过的拙稿《碣石新考》，一度认定碣石位于山海关西南不远。自去年八月末专程赴绥中县海滨参观了秦汉碣石宫的现场和“姜女坟”的景观后，又根据拙稿所考证的汉象县和嬴成县分别为当今绥中县和秦皇岛市，遂将结论修改为姜女坟即古碣石。我认为，这是历史的真实。稿寄某大学学报，准备刊出。

在《河北学刊》今年第六期上，有昌黎县一位名叫董宝瑞的人写的一篇《碣石宫质疑》的文章。粗读一过，感到其文的论证和观点都是不足取的。现在是“开放”年代，出现这样的文章也无可非议。不过该文提出，1984 年 12 月 16 日《辽宁日报》报道您肯定绥中县海边秦汉建筑遗址就是碣石宫遗址，1986 年 10 月 25 日《秦皇岛日报》又说您认定北戴河金山嘴的秦宫遗址也是碣石宫遗址，“令人大惑不解”。我读了这段话后，反复思考不知所以然。我觉得，不论《秦皇岛日报》报道有无失实之处，您都很有必要出面做一正式解释和说明，不然混淆视听，有损于绥中县碣石宫遗址的科学考察价值。不知您以为如何？祈复！

敬祝

大安

严宾

87. 12. 2

［编者注］苏秉琦先生曾就金山嘴秦行宫有讲话①：

秦皇与碣石

——关于金山嘴秦行宫遗址的讲话

我讲的题目叫“秦皇与碣石”。为什么讲这个题目？因为我们来到秦皇岛，就想到秦始皇，就想到碣石。也想到东汉末年曹操北伐乌桓，曾东临碣石，观沧海，写过诗。当然也想到毛主席在北戴河海滨写诗提到碣石。碣石在哪儿？应该说秦始皇到过这里，不

① 发表于《秦皇岛文物》1986 年。录文自《苏秉琦文集》3，文物出版社，2009，第 60—62 页。

然，这里为什么叫秦皇岛呢？烟台，有条秦皇道。通过这条通道到芝罘岛。我们这儿，称秦皇岛，名字对，秦皇“之碣石”，《史记·秦始皇本纪》有记载，是到过碣石，我们说秦皇、碣石与这里有关系，这一带发现的秦行宫遗址就是最有力的证明。

秦皇的业绩不少，他东巡就是大事，五次东巡，四次到海边，兴师动众，劳民伤财。北到芝罘，南到江南，到江浙的东海边。其中一次就是到咱这一带，他可能是沿太行山东（即京广铁路一线），奔右北平郡，再顺燕山根儿通辽宁这条道，到海“之碣石”。秦皇五次东巡，为什么事，目的是什么，值得研究；“之碣石”，更值得研究。这是他想得深远，他才不辞辛苦。

皇帝出巡，也同样受罪，他不是来玩的。秦始皇做的事情，都是空前绝后的，从来没人做到的，他要做到；后人做不到的，他也想做到，千古一帝呀！他在东巡所到之地刻石，虽然只是几句话，可是意思不简单，刻石是政治文章，是大政治，字少，分量大。秦皇前四次东巡，突出的是“溥（普）天之下，莫非王土；率土之滨，莫非王臣”。《诗经》上这段话反映周天子的理想，但谁也没有做到。秦始皇想，我做到了，载入史册了。“普天之下”没有边儿，“率土之滨”有边儿。他想：我就走一遍，这是我的地盘。海边儿，就是“率土之滨”，是大陆的边儿，是我天下的边儿。滨是国界，是真正的国界。

碣石是国门。盖房就要有墙、有边，也要有门。海岸线那么长，国门放在哪儿？秦始皇东巡到这一带，唯独在这一带，有个缺口。从蓬莱坐船，到旅顺，是 40 公里，渤海口就在那一线。从我们这里的位置，向东南 45°角，从西北向东南对着渤海口的位置，那边 40 公里，这边 50 到 60 公里。当然，当年的秦始皇并没能从这里看到渤海口，但是，他会知道海口在哪儿，知道他所到的地方正对渤海口。秦始皇认定这就是秦的大门。也巧，墙子里那两处遗址，正对姜女坟那块礁石，黑山头前也有两块“龙门石”。由此可见。当时建筑的思想是清楚的，是对准姜女坟的。碣石是石，不是山。加个山，是误解。把真的山当碣石，不对了。石就是石，山就是山。要知道，一个石，一个门。

这块石头，就是门的标志。当年，秦皇汉武在这里建筑，要选块石头作标志，这石头，就是姜女坟。这与美国独立纪念的女神像，放在纽约港口，何其相似！从绥中到秦皇岛海岸线呈东北至西南走向，方位对，这是天造地设的位置。这是有构思的，进渤海口，是进了门庭，有屏风，屏风后边要盖房子，国门应该有建筑，这是门面，是统一大帝国的工程，是不是秦代统一后，年年要纪念？为什么汉武帝要接着搞？为保持着这个大帝国，到时候，就来一次，活动一次，念念不忘，统一不容易呀，居安思危，要采取政治措施。康熙、乾隆到热河避暑、打猎，也是政治活动，形式是避暑、打猎，实际是政治措施。秦皇、汉武天下统一，如坐火山，他们来这里，不是避暑，是为了大目的，是为了巩固东方。他们知道大帝国的危险来自东方。秦汉防备在东边，因为他的政治核心在西边。

下一个讲的题目：发现与认识。

我们今天来到这里，不是风吹来的，是金山嘴发掘秦代遗址召我们来的。我们觉得老王有热情。他想，我们这里叫秦皇岛，为啥没有秦皇遗址，姜女坟倒有呢？不甘心，不服气。所以，到墙子里去参观，也受了启示，回来下功夫调查，终于发现了金山嘴秦行宫遗址。是的，辽宁省的三大发现，金牛山、牛河梁、碣石宫，也是如此。金牛山在七七、七八、七九年三次发掘，后来又拣起来了，终于发现了金牛山人。朝阳的女神庙、祭坛，是五六千年前的红山文化。八二、八三两年之后，又继续搞，才发现了女神头像。认识跟上去了，继续工作，就有了重大成果。

没有发现，就没有认识；但没有认识，也难以有发现。发现新事物，就得有认识。其实金山嘴的遗址，也不是现在才发现的。早在 1924 年，就发现有汉代“千秋万岁”瓦当嘛！隔了这么多年，秦皇岛的同志们意识到，你墙子里有，我秦皇岛怎么没有？有了这个认识，认真去找，才发现秦代夔纹大瓦当。认识来源于实践，反过来又可以指导实践。善于总结过去的工作，善于提出问题，就能在更高层次上指导下一步的工作，抓住重要线索，认真做调查，往往就会有突破性的重大发现。

还有一个问题，就是大文物与小文物。这里讲的“大文物”与“小文物”，不是指文物价值的高低。一件国宝放在仓库里，保险柜里，这只是一件国宝。这是小文物。近几年来，认识提高了，文物从古墓里来的，有了古墓，才有了文物，离开古墓，就没有文物。我们研究古墓，是研究古墓的主人，要研究人。研究文物，就离不开研究人，这是近些年才认识到的。研究对象也不是一个人，一个人也不成为社会，离开社会不行，从没有一个人能独立生活的。在古代，一个氏族惩罚人，就是把你赶出这个氏族，你离开这个氏族，就得死。如果说，可以给别的氏族当奴隶，那是后来的事。在原始社会，是不行的。

文物离不开遗址、墓葬，离不开人，人离不开社会，把人摆在社会里，才能成为研究对象。从一件东西到一个人，从一个人到一个社会。只一个社会还不够，有小社会，也有大社会。中国十亿人，是个大社会。但，还不行，还要从百个国、千个国来看，就是卫星也离不开地球呀，飞船上的人，也脱不开地球。中国，是个泱泱大国，也离不开地球，这就是彼此依存的关系。文物的概念，不能局限在出土遗物和传世古器物上，还应该重视保存在地下、地上的大遗址和古代重大工程方面。后者就是我们所说的“大文物”。大文物之间也不是彼此分割的，要看到他们之间的联系。山海关东有墙子里的秦行宫遗址，秦皇岛的金山嘴也有秦行宫遗址，两者是一回事，“之碣石”，秦皇、汉武有这个思想，这思想就是“溥（普）天之下，莫非王土；率土之滨，莫非王臣”。把中国海岸线连成一条线，大致说，东南方是海岸线，这里是个门，有这个门，标志着一个统一大帝国的地位。门，离不开海岸线，海岸线也离不开这个门。

长城、运河的解说，长城是一撇，运河是一捺，像个“人”字，是我国的伟大象征。从中加上一个横，三个加一起，就是“大”，就是象征着中国的伟大。为什么今天提出“爱我中华，修我长城”，是中国式的社会主义“四化”建设需要呀。十一届三中全会之后，才有了这个思想，在落实“四化”的时候，才提出来，两个文明一起抓吗！认识到这个问题，长城，是代表中华民族的伟大精神，说明中国是伟大的，中华民族是伟大的，人类是伟大的，那时候修长城，没有现代先进的工具，这么大工程，事后评论它，不能单从军事防御工事来看，也不是延庆县年年多收入几百万元来看。就是说，不能从使用价值看，要从文化价值、精神文明、文明建设来看。秦皇、汉武俱往矣，修长城，远在秦汉之前，也在秦汉之后，当时，是使用价值。今天看，不是了，是精神价值，是文化、精神价值，是金子，比金子还贵重，这就是文化价值，精神文明价值，与社会主义四化建设是一回事了。

搞中国式的四个现代化，就得尊重自己的文化和精神文明建设。追上香港、台湾的水平，是理想吗？追上日本的水平，是理想吗？这太没出息了。人家的生活好些，就是我们的理想境界，不应该呀！不重视精神文明，不重视文化建设，就搞不出中国式的四个现代化。

最后用一句话概况，对我们的工作，今天必须有这个认识，就是“振兴中华”，要靠工作，要靠提高水平。六十多年前的五四运动，提出向西方学习民主与科学，时至今日，学西方，学科学，但至今还学不到家。今天，要认识我国的文化传统是什么，中国优秀传统文化对现代文化起什么作用，上到高层领导，下到老百姓，都要对这个问题有一个基本认识，才能对中国式的“四化”有认识，目的才明确。当然，认识可以有差别，有高低，有深浅，但如果连一点认识也没有，就不是一个自觉的战士。

苏秉琦—严宾（1987.12.7）①

严宾同志暨

《河北学刊》编辑同志：

你们好！收到严同志惠寄给我1987年6月份《学刊》一册，看到内有一篇《碣石宫质疑——与我商榷》文章。过去严同志写过一篇有关“碣石”一词的历时变迁寄给我，我读过，对他的论点、论据、论证，我认为是有一定说服力，澄清了某些模糊认识。但我没有研究，没有更多发言权。对于这一篇（董文）我粗看一遍，我感觉没有什么可商榷的。因为看问题出发点、角度、认识各不相同，互相了解，有些好处，但没有什么可讨论的。至于辽宁报纸、秦皇岛市报纸的报道，报纸记者有他们的认识、角度与对读者的理解，要对读者负责，而不是对于我这样的二作者的看法必须“保持一致”的必要。例如，报纸报道考古消息常用的语言，某些地方（或单位，或个人）发现了什么，某某多少件，有多么重大价值，照此说说事，好像考古学、考古工作，就是“挖宝”的一种行业。或者是，在消息中说上几句解决到什么某某问题（包括重大学术问题），这又好像把考古、考古学者说“神”了。一挖出来就解决了问题，考古未免又太容易了，“妙手回春”“药到病除”“神机妙算”“眉头一皱，计上心头”。简直像魔术师，点石成金，太不可思议了。

话说到此，只为说明，严同志、董同志，报纸记者和我，我们干的不是一种行业，我们对报纸报道向来不加评论。对董同志提出问题，我认为没什么要商榷的。建议，贵刊对此类稿件，可以发表，但不需要指名道姓地和谁商榷，即使文中提到我，那也无妨，

---

① 据郭大顺先生提供书信复印件录文。复印件中无写信时间。据严宾—苏秉琦（1992.5.16）内容，信当写于1987年12月7日。

但我如不答复岂不失礼？

下面让我谈一点我，作为一个考古工作者，当我亲临绥中、北戴河（85、86）时，和工作同志们谈话内容，不外工作中的做法问题、对材料看法问题、对这项工作的学术意义问题、现实意义问题，以及永久保护、保存、利用问题等。“碣石宫”一词提到过，但那不成为什么学术问题或工作问题。因为将来原地复原保护保存，公开展示，总要有个正式名称，大家商量，给个雅俗共赏的名字而已。

今年一期《辽宁画报》有我一篇短文（只两千字）说明我或我们的看法，可供你们参考，这或有助于我们相互了解。

《象征中华的辽宁重大文化史迹》（摘录）

三、中华一统国家的象征——秦汉“碣石宫”

近年考古工作者从绥中止锚湾到北戴河金山咀发现的秦汉宫殿性遗址群，两头临海石角间直线距离三四十公里，规模之大，令人吃惊（面对姜女石的宫城，比北京紫禁城小不了许多）。

史书记载，秦统一中国后，曾营造阿房宫和骊山陵两大工程，同时提到碣石。阿房宫原是老百姓起的名称（关中方言称那边读如“吴邦”，即阿房古读音，称这里读如兹答），骊山是原来山名，不是陵墓专名，碣石就是立石，也不是专名，史书记载简略。现在发现了这处庞大宫殿性建筑群（北戴河金山咀和绥中止锚湾是两个山角、港湾，两地同样各有一处建筑群，但地势狭促，不成格局，而且各自占据两端一角，全部平面图还有待探测，它们和面对姜女石的宫城相比，显然是附属于主体的）年代相当、规模相当秦始皇到西汉中叶（汉武帝），我们仿“阿旁宫”例，称“碣石宫”（暂名），宫城正面对“姜女坟”，即近海滩处的三堆“立石”。据实地勘察，一堆有根基，其余两堆浮摆在海底！推测原来可能是像承德避暑山庄东侧的“棒槌山”那样一堆立石，这就更符合“碣石”之说了。名称是次要的，“宫”倒是实实在在的。“碣石宫”作为一处重要文化史迹，最难能可贵的是：

一、它似从秦始皇到汉武帝是连续施工完成的（实物可验证），这在关中是绝对没有的；二、它的布局从止锚湾到金山咀连成东北—西南走向的一条线，恰和渤海海峡（旅顺—长岛北隍城岛）一线相对应，呈“王”字形，“宫”的主体建筑群正面对海中的“姜女石”，宫城左右的黑山头龙门石与止锚湾红石崖，正如为宫城设置的“双阙”。从这里远眺，直可把辽东半岛与胶东半岛环抱的海域（渤海）连成一片，把自然景观与人工建筑构成像一座大宅院门厅的格局……

敬复，致

敬礼

苏秉琦

严宾—苏秉琦（1992.5.16）

尊敬的苏老：

您一九八七年十二月七日惠予函示：“姜女坟的三块立石，据实地勘察，一块有根基，其余两块浮摆在海底，推测原来可能是像避暑山庄东侧的‘棒槌山’那样一块立石，这就更符合‘碣石’之说了。”您的推测是科学的，是符合历史实际的。

我于一九八六年八月末曾专程赴辽参观碣石宫遗址。据我亲眼所见和估算，姜女坟位在山海关东南、绥中县西南，北距海岸大约一华里，三块立石分别高出水面约二十米和十米上下。这是它的基本特征。

《禹贡锥指》“导山”一节说：“今辽东广宁前屯卫西南七十里有孤石，屹立海中，高百余尺，周围三十余步。”并称此即韦昭说类似天桥柱的碣石。查《读史方舆纪要》：广宁前屯卫“西至山海关七十里，南至海二十里”。《明史·地理志》：广宁前屯卫“西有山海关，与北直抚宁县界”。胡渭说的这块孤石，无疑就是现存的姜女坟。

胡渭与顾祖禹均为清代初期人。他们提供的资料表明，碣石即姜女坟，到了明清之际仍然是一块“高百余尺，周围三十余步”

的巨大立石。这块立石一分为三的原因，我推测可能由于战争中遭到火炮的破坏所致。不知您以为如何？

把辽宁绥中县的碣石宫看成是秦汉碣石宫建筑群的主体部分，河北秦皇岛市北戴河

（下残）

在任何时候都要坚持真理，这条做起来□□难。

此致

崇高敬礼

严宾

92.5.16

王克林

王克林（1935— ），先后工作于中国科学院考古研究所、山西省文物管理委员会、山西省考古研究所。

王克林—苏秉琦（1985.12.13）

苏先生：

您好！近期两封来信均收到。我都把它印发给同志们了，大家都非常感激您不顾高龄、不辞辛苦，来参加这次晋文化讨论会，是对我们工作莫大的支持！回顾会议期间给我们作的学术报告，大家记忆犹新。您对山西的考古工作提出了许多指导性的意见，我们一定照办努力做好，决不辜负您对我们山西的期望，同时我们大家都非常诚恳地希望您今后经常指导我们的工作。

会议期间，我有机会聆听您对我的教诲，那谆谆的教导，我将永远记着，因为我是您五十年代的学生，学得不好的学生。学得不好就要补课，所以今后亦希望先生多给我来信。

信中谈及曲村建站一事，我也列入 1986 年工作要点中去了，目前正在努力争取各方面的支持和协助，期它早点建成，像您所希望那样：成为一个类似“佛寺丛林”的学术基地。“世上无难事”，只要有心人，我想一步一个脚印去作是会成功的。

关于您告诉忻州地区原平至崞峙镇间修建养鱼池一事，我已派正刚和另一同志去现场了解情况去了，详情待他们回来后再向您汇报。

晋文化讨论会的录音整理，现正在进行，待整理好后，将寄给发言的同志过目，然后编成一册“辑要”之类的东西。11月7日您的报告已经整理出来，在工作站的两次讲话录音，亦正在整理，待整理好后，我将文字和复制的录音带，一并派人给您送来。

最后您还有什么事需要我去作，请一定来信，我将尽力去完成。祝您

健康长寿

学生　王克林　1985年12月13日于太原

王克林—苏秉琦（1986.1.30）

苏先生：

您好，近来身体如何，望多保重。

关于曲村建房、发掘或今后作为晋文化的研究中心等事宜，我们遵照您的意见，将尽心尽力去做，同时已把它作为近年内我所主要工作了，我想只要努力，会办好此事的。

至于您在侯马会议期间的讲话录音，我们已整理就绪，所要磁带已录制，今由荆文煌同志专程与您带来。先生的几次讲话，是我们山西考古工作上的一件大事，上至省委宣传部，下至局、所都十分重视，要求出一个集子（纪要），并示我所是今年的重点工作之一。因此先生的讲话是我们集子的支柱，故请您在百忙之中过目，过些日子寄来或我们派人来取。有劳麻烦先生了。此外，您还有什么嘱咐我们的请函示或由小荆捎回均可。顺致

祝您身体健康！

学生 王克林 86.1.30于太原

王克林—苏秉琦（1986.7.22）

苏先生：

您好，大札和“晋文化会议”的发言稿均收到。谢谢您在百忙之中对我们工作的支持和关怀。这里，我谨代表山西省考古所再次表示谢忱！

寄来的文稿，我将遵照您的意办。您太客气了，授权于我要改要删可也，我看这不可、不妥。不过，我只看成先生对我的鼓励和信任。为此，有感于您对我的教诲，特在信侧写了几句感想：“我是受业于先生的学生，在科学和知识面前，体现了先生‘人人平等’的高尚境界。这虚怀若谷之精神，令人敬佩、敬佩。准此，当以先生为榜样，在今后治学道路上，或科研工作中，虚心求教于有识之士，不如此，则学不进，识不足，勉哉，谨记。”

近听天气预报，华北高温，先生高龄，请多注意身体！

夏安！

学生 王克林 86.7.22

戴彤心

戴彤心（1934—1994），原名忠贤，先后工作于中国科学院考古研究所、西北大学。

戴彤心—苏秉琦（1985.12.19）

尊敬的苏先生：

您好。在侯马荣幸地见到你，和您的谈话，聆听您的报告，我都受到很深刻的启发，受益匪浅，对今后进行教学科研工作有好处。

今年七月十七日，我们将宝鸡市石咀头发掘工作告一段落之后，几个人就着手整理石咀头东区的发掘材料，编写东区发掘报告稿。现在，将报告稿复印一份奉上，请您过目和提出批评建议，以便修改。从现在起，我们着手整理石咀头西区的发掘材料。西区材料以类似东区 H1、H2 出土文化遗物为主要，有较多的遗迹叠压与打破关系，还有仰韶文化晚期的文化遗存。若果将报告稿写完之后，亦将奉上一份，请您批评指教。

最后，敬祝先生健康长寿。

戴彤心　谨上

1985. 12. 19

［编者附］经高炜先生提示，苏秉琦先生曾专门谈到戴彤心先生开展的石嘴头考古[①]：

搞课题，也不一定非要花很多钱不可。这几年，西北大学戴忠贤带同学实习，一次只花几千元，多则七千，少则三千，工作做得不错。前不久，他们选了一个宝鸡渭河对岸的石嘴头遗址，在东、西两侧都做了发掘，共同点是堆积都相当丰富，但文化内涵不一样。渭河及其支流两岸，有许多这样的遗址。据介绍，通过石嘴头的发掘，和六盘山东、西两侧的古遗存有关系，但不等同；又讲，宝鸡地区不是笼统的关中，这里的古文化与甘肃有关系。讲得很对。我们知道，所谓关中，在西安以西同西安以东不能混为一谈。关中平原的西端是个重要地方，散氏盘就出在这里。陈仓、阳平、虢（西虢）都是古国。甘肃（陇东）的古文化是多种多样的，宝鸡一带的古文化也比较复杂。有不同的古文化，就会产生不同的古城、古国。宝鸡地方的考古工作，至今已有半个世纪，但对这一带古文化的序列如何，跨度有多长，每个阶段的特点是什么，过去很少有人讲，有的同志讲过，但讲得不够清楚。我认为，石嘴头的发掘资料对阐明关中西端（不是关中平原的大部分，也不是甘肃）古文化的特点及其与后来古城、古国的关系，是有突破意义的。

---

① 苏秉琦：《关于陶寺发掘报告编写及有关问题》，《苏秉琦文集》3，文物出版社，2009，第23页。石嘴头，即石咀头。

张亚平

张亚平—苏秉琦（1986.1.28）

苏先生：您好！

您的来信早收到了，因我前些时候抽出来到县里帮助整党，信转到我手里时已过元旦了，所以没有给先生及时复信，很对不起，请原谅。

侯马的会我没有参加，失去了聆教苏先生的一次学习机会，很遗憾。

确实如先生讲的“晋文化的问题”是一个很重要的问题，早就应该引起我们山西省考古学界的重视，但由于种种原因，多年来并没有引起人们的关注。去年，我区进行文物大普查时，曾把滹沱河流域作为一个重点进行了普查，收获是不小的。从普查的有关材料和标本看，该河流经我区的六个县（繁峙、代县、原平、忻州、定襄、五台）的境内，分布有新石器遗址五六十处，文化内涵很丰富。据我们的初步分析，它是一种很有特色的文化类型，从实际中证实了先生的判断是正确的。

去年十二月份，陶正刚同志为原平养鱼池的事（承蒙先生关照），专门到我们地区跑了一趟，我们准备和原平的同志细细研究一下，把这件事当作大事来抓。正刚在原平期间曾跑了几个遗址，顺便捡了几件标本，我告诉他，让他去北京时，顺便带上给您看看。

我区遗址很多，除了滹沱河流域外，汾河流域、黄河流域也不少。待到春暖花开之时，欢迎苏先生来我区看看，很想得到您的指点。先生有什么需要办的事，尽管吩咐，我们一定尽力去办。

祝先生

春节快乐，身体健康！

张亚平

86. 元 . 28

四川省文物管理委员会

四川省文物管理委员会
—苏秉琦（1986.2.24）[①]

王府井大街 27 号考古研究所苏秉琦：

在成都西门外（12）桥建筑工地距地表（4）米多深的文化层里，成都市博物馆考古队采用探方方法发掘清理出大批商周文物，在同时代约（600）平方米范围内还发现木结构建筑构件和遗址。

我们初步认识有柱子、梁架、竹编墙身、树皮屋面及柱梁结点处的榫卯等。因柱梁及其它构件的叠压，目前柱洞、台基还待清理发掘。

殷商时代木结构建筑房屋的发现四川还是首次，在全国也极罕见，我们认为十分珍贵和重要。为进一步弄清建筑类型、结构、体量、数量等和研究下步发掘方案，我们准备（3）月（5）日在成都召开小型专家座谈会，特请您届时出席指教。

可否，请即电告知四川省文物考古研究所即四川省文管会。

---

① 原件为电报。

四川省文物管理委员会—苏秉琦（1987.8.11）

苏先生：

根据张秀熟同志指示，省文管会形成了关于十二桥遗址的两个正式文件，报省委、省府和国家文物局。现送上，请审阅。

顺祝

暑安！

四川省文物管理委员会　章

一九八七年八月十一日

朱秉璋

朱秉璋（1928—　），工作于四川省文物管理委员会。

苏秉琦—朱秉璋（1986.2.28）[①]

秉璋同志：

你好！24 日电悉。成都西门外发现建筑遗迹无疑是很重要的。对于我们复原这个时期建筑特别重要。我们曾经设想的，从广汉—成都业已发现的种种迹象，是以窥见华阳古国、古文化、古城曙光更进一步，令人鼓舞！

我们已决定派张长寿同志参加三月五日召开的座谈会。□□通过这次座谈会可以对遗址做出初步评价，对于现场如何观察、紧急处理，为下一步如何尽量争取做到符合最后把遗迹建筑实体，进行科学复原保存，尽可能多、准确的依据等问题给出建议，使工地负责实际操作的同志，能开拓思路，做好现场详细观察记录、采取必要措施——例如，对能观察到的与建筑结构有关的□□□土□□痕迹，毫不例外地妥为用木箱、板托之类起出，并加以固定等等。重

① 据朱秉璋先生提供信影录入。

要一点，万不可仓促行事。要像医院抢救重要病人那样细心，这些属常识性做法，想来同志们都会清楚的，无须我多讲。

本来，我想能请杨鸿勋同志去一趟最好，王廷芳所长告我，他近期还有去为河南偃师商代建筑物处理问题任务不便离开。因此，我和文物局黄景略同志研究过，我们拟在参加三月底到四月初昆明工作汇报会后，顺道一同去一趟，有几位对于大遗址发掘现场处理有经验的同志一起“会诊”一下，对工作也是有益的。至于我本人，说实在的，这把年岁不可大意，你当然是会体谅的。如果身体许可，愿随骥尾，一开眼界，固所愿也。

回顾从前年成都三月之会，迄今仅仅两年时间，蜀中考古工作进展之快，确实喜人。

灯节前收到惠赠汤圆材料，已全家享用了。故人感情，当铭之肺腑。不敢言谢！

从三月初到四月初，虽相隔一月，对我这样的年纪，还是距离太近了，不敢再效孔老夫子那样周游列国式的漫游了。再三考虑，三月五日的会还是不去为好！乞体谅！专复，致

敬礼！烦代候诸同志好！

苏秉琦　上

1986. 2. 28 北京

朱秉璋—苏秉琦（1986.3.14）

翁师如见：

敬悉二月廿八日惠书，受教颇深，甚感振奋！未及时回信，谅长寿同志业已面陈，特致歉意。

春节前夕，我曾向我的老伴打过招呼：我已面临□□□□生前的境遇。但我有三不同：第一，学术上，我不如□□；第二，对“文革”和党内斗争的风风雨雨，我自觉尚能应付；第三，省委组

织、宣传与统战各部均对我有基本了解。因而我不会有□□同志走向绝路的下场。特用旧话，给翁师表心迹。详情不及述，特将春节期间写的古诗四首抄录，奉上，请宽心，并指正。

除夕迎春

一

松梅雪虎喜迎春，
巴山蜀水勤耕耘。
爆竹声声辞旧岁，
焰火点点伴曦晨。

二

发聋振聩最强音，
障目塞耳岂新闻。
排障除塞乾坤手，
砥柱中流仰京门。

三

昔撒骨灰慰国魂，
血溅轩辕非决亲。
先烈润泽炎黄土，
后生效学“雨纷纷”。

四

梅花经寒更宜人，
桐子受冻却逢春。
欲做“愚公”须着力，
坚信理想马列真。

送长寿登机时我曾预言要一月以后才能见分晓。相信不会为时太久，请放宽心。

仰京门，恭祝健康！

秉璋敬上

1986年3月14日

匆匆

朱秉璋—苏秉琦（1986.4.10）①

苏先生：

赐书教诲，衷心感谢。

---

① 苏秉琦先生在信上写：“24/Ⅶ复。”

深望您保重。

就考古材料的处理问题，根据您的教导，联系实际工作的感受，草拟了一篇小文，呈上，请教。

祝您和师母身健康！

顺致

敬礼

秉璋　敬上

1986 年 4 月 10 日

苏秉琦—朱秉璋（1986.7.24）①

秉璋同志：

四月间收到来信和文稿。昆明会议期间四川省参加会议的同志和我交换过意见，他们对四川考古工作还是很有信心把工作搞好的。这次昆明会议期间，廖井丹同志对四川工作也表示关心，原拟到成都后再进一步了解情况，再采取具体措施。原则是，四川文物考古工作形势很好，理该可以做出更好的成绩，对同志们的积极性要保护。十二桥遗址建筑遗迹的情况，做好复原研究的准备工作，长期保护保存问题要及时研究，做好现场处理等，都不是等挖完、写报告交账了事的问题。等井丹同志回京，听听他们意见再说。

你的文章读过两遍，结构、观点都很好，我没有更多意见。我看在《四川文物》或地方报纸发表均可。请斟酌。

我刚去北戴河看新发现的辽宁绥中相应的秦汉（秦始皇—汉武帝）“碣石宫”遗址回京。下周准备去兰州开“大地湾”座谈会，然后去内蒙古呼和浩特—包头地带察看新发现重要遗迹，八月中旬回京。九月中去辽宁参加考古学会六次年会，十月中旬回京。

① 据朱秉璋先生提供信影录文。

近期在京时少，来信可能难及时见到。

四川的文物考古工作，昆明会上廖井丹同志、沈竹同志讲话都已在《文物工作》三期发表，可资参考。想已见到？专此，问

好！

苏秉琦

1986.7.24

朱秉璋—苏秉琦（1986.12.28）

苏先生：

首先，给您拜年，祝康健！

前次面呈审视的文稿，回川后又作了一些修改，由于此文涉及先生教诲甚多，从主体思想上虽力图面对四川考古工作的实际情况，对先生的学术思想从某一侧面进行一些说明，希望在实际工作中努力体现先生的主张，但水平较低，我心里不太踏实。因为虽不妄想求深，总觉得不应失之准确。故将前段的再改稿呈上，请审示。

祝您

健康

秉璋 敬上

1986.12.28

朱秉璋—苏秉琦（1987.6.2）①

恩师钧鉴：

您回京近月，甚为悬念。

系列专题座谈会之后，遵照您的意见，将两个遗址保护的文章

① 据苏恺之先生提供书信扫描件录文。

又作了修改，呈省文管会主任委员张秀熟同志。他老人家很高兴，马上要求作为省文管会、省文物考古研究所的正式文件上报省府。他口述，叫我记录，检查无误后又签字盖章。现将张老给省府的报告及附件，给您呈上。

您与俞、黄二位走后，我将同杨鸿勋先生商量的实现十二桥遗址的保护方案的意见，向王定国（谢觉哉同志夫人）、郑孝燮、单士元、罗哲文等同志作了介绍，他们进行了现场考察、图纸的研究以后，五月十二日省委黄秘书长主持省、市有关领导机关进行了座谈。形成了一个简报，黄秘书长已过目，并按他的意见分别报送。现一并呈上。

两个遗址有那么多保护上、研究上、发掘和修复上的问题，多次汇报，文化厅仍然在拖着，虽然省委已免了□□□的职。为什么？□□他们集中精力、想方设法把两个坑的东西抓到手，一跟国家要钱，搞他们直接掌握的省级博物馆的基本建设；二则，既然三星堆省级博物馆成立了，他们好马上出国展览，今春他们就放风说什么两个坑的东西要尽快出国展览。

我们不那么想出国，更不是出国迷；也从未反对过别人出国。怕的是三星堆是中国四川的，研究出版却叫外国人捷足先登。此其一；二是，两个遗址当务之急是保护、研究与计划发掘，就三星堆来说，已做的工作，虽已历时八年，意识化的工作虽已三年半左右，但与应做的工作来比，仍不及百分之一。现在就大量向国家要钱搞基本建设，建立省级博物馆，是不切时宜的。即使是建立遗址型博物馆也只能列为长远规划！我同□□向省委宣传部负责同志汇报时，宣传部负责同志同意我们的意见，但□□却针锋相对，说什么“他们说的仅仅是专家的意见，还应听行政上的意见，广汉的意见”！

最近，我将1978年以来，特别是1984年春季以来业务学习和实践的情况作了一个小结。集中一点，是在恩师的指导下，以考古和文物保护科学技术工作为内容进行考古管理学的探索。围绕这个中心已发表的文章，6 篇，三万余字；已定稿的，3 篇，两万几千字。现一并呈送恩师，权当作业，望祈赐教。

顺祝

恩师、师母身体健康

学生 秉璋 敬上

1987 年 6 月 2 日

附：张秀熟致省政府信

省府：

我看了并仔细研究了省文物管理委员会、省文物考古研究所《关于成都十二桥、广汉三星堆等遗址的保护》的文件，衷心表示同意。

一年以来省内外很多领导同志、许多文物考古专家学者参观了三星堆、十二桥以后，一致认为这是伟大的考古发现，不仅对四川古代史、中国古代史，而且对世界历史中许多根本性的问题都可能做出新的考证或说明。这是多么伟大的考古发现！但是，这仅仅是开始。根据调查，三星堆遗址的考古面积有十二平方公里，已经做了的只是一点点。这是一件浩大的工程，需要国家投入相应的人力、财力和物力，经过相当长的时期才能完成考古工作，做出最后结论，仅仅是省的力量是不够的，当务之急应是科学地现场保护。所谓现场保护，总的要求，应该是在遗址内给以历史的而不是违背其原貌的、立体的而不是平面的、完整的而不是零碎的、科学的而不是任意性的现场保护。具体地说，在对待如三星堆、十二桥这样的学术价值高、文化内涵丰富的遗址，出土器物与遗迹遗址是有机的整体；不同器物之间存在着相互关系，也是有机的整体；同一器物在数量上的差异，在某种意义上讲，往往也可能反映出礼制上的等级差别。如果将出土器物与遗迹遗址分割开了，器物与遗址之间的整体关系不复存在了；同一遗址内各个器物之间的整体关系不复存在了。这样，将只能研究个别器物，就难以进行综合研究、完成复原历史的任务了。

四川省人民代表大会常务委员会办公厅

省府：

我看了并仔细研究了省文物管理委员会、省文物考古研究所《关于成都十二桥、广汉三星堆古遗址的保护》的文件，表示同意。

一年以来省内外很多领导同志、许多文物考古史家学者参观了三星堆、十二桥以后，一致认为这是伟大的考古发现，不仅对四川古代史、中国古代史，而且对世界历史中许多根本性的问题都可能作出新的考证或说明。这是多么伟大的考古发现！但是，这仅仅是开始。根据调查，三星堆遗址的考古面积有十二平方公里，已经做了的只是一点点。这是一件浩大的工程，需要国家投入相应的人力、财力和物力，经过相当长的时期才能完成考古工作，做出最后结论。仅仅是省的力量是不够的。当务之急应是科学的现场保护。所谓现

兹事体大。我认为应将此文件正式呈报省政府，以备省府把关之参考，以免工作受到不应有的损失。此文件只是初步的。恳切请求省府继续加强领导，使三星堆、十二桥遗址的现场保护和考古发掘继续得以健康发展。并建议省府在适当时候邀请省内外考古专家、

文物保护科学技术专家进一步进行学术鉴定和保护措施的科学论证。

张秀熟

1987 年五月卅日

附件：省文物管理委员会、省文物考古研究所《关于成都十二桥、广汉三星堆等遗址的保护》①。

朱秉璋—苏秉琦（1987.9.7）

苏公：

四川省政协《关于做好十二桥遗址保护和开发的情况报告》已于九月二日印出，报四川省委。现寄上三份，请便中代给杨鸿勋先生一份；是否可给井丹同志一份，请您酌定。

虽然最“轰动”的是三星堆，但是成都市领导对十二桥的重视远比广汉县委对三星堆的逊色，这是一。第二，十二桥大量的木质遗存已在大气中暴露一年半以上，遗迹、遗存的科学保护却比三星堆难得多。这是我们最着急的，张老说把心都急焦了。所以，五月份以来我们重点为十二桥呐喊、做宣传。最近，同两个小陈交换意见，准备对三星堆的总体规划做些讨论，争取在不太长的时间里，根据先生五月三日总结会上的讲话以及其他同志会议上提出的意见和建议，从实际出发草拟一初稿。

恭祝

健康

秉璋　敬上　1987. 9. 7

（黄景略、张忠培、俞伟超各位均已送）

附：中国人民政治协商会议四川省委员会文件（川政协发（1987）11 号）《关于做好十二桥遗址保护和开发的情况报告》一份。

---

① 此为张秀熟先生向省府去信时附件，不见于苏秉琦先生家藏。

朱秉璋—苏秉琦（1987.10.30）①

先生如见：

按理，十月四日前，我即应来。只有现在补吧！

昨天谢辰生、吕济民、文物处的同志已表态将三星堆遗址、十二桥遗址作为全国重点文物保护单位保护起来。叫我们就此二古遗址分别提出近期的具体的规划和长期的远景的规划。老黄日内即可回京，我与他商量后再向您请教汇报。

把几年来实践中见到的问题，学习先生教诲，写了一篇文章，呈上，请赐教。在实践中体现先生的学术思想的志愿固然早经确立，但怕体会不深、不准，也属实情。

敬祝

健康长寿

朱秉璋　敬留

卅日下午

朱秉璋—苏秉琦（1989.6.6）②

苏公：

快两年没给您请安了！歉然之情常在心中转来转去。

---

① 原信未署年月。三星堆遗址1988年被国务院单独公布为全国重点文物保护单位，十二桥遗址2001年被国务院公布为第五批全国重点文物保护单位。据此推测信可能为1988年之前所写，暂系于1987年。信中言“十月四日前，我即应来”，推测当写于10月4日之后，暂系于10月。

② 原信未署年。信中言“快两年没给您请安”，以朱秉璋—苏秉琦（1987.10.30）信推之，暂系于1989年。

森木回京，请他为我，为铜梁县委、县府、人大、政协特别是县委常委、分管文教的付县长王凤仪（凤凰来仪呀，铜梁县委会用人啊！）捎来我们景仰之心、高山仰止之情。

春节前后，我将把我离休后从事科研情况与五年规划带到北京，向您老人家请教。

望忠培保重，韩潮苏海，韩自号“退之”，苏“月有……古难全”。

请您老人家保重，师母保重。

秉璋

六月六日敬上

朱秉璋—苏秉琦（1991.1.16）①

给苏公拜年

寒冬腊月傲霜冻，鹤发童颜仰苏公。

颇具特色学说创，初成体系大逾五千冬。

甘肃、辽西、渤海湾，巴蜀居后奋起亦争雄。

辐辏辐射差一字，中华文化色采（彩）绚丽竞纷呈。

四化建设贵弘扬（民族文化），考古学科乃梁栋。

历史信息诚可贵，苏公铺路情意浓。

学说博大深似海，更繁苏公“主义”（注）情。

新春恭祝翁长寿，广育茫茫之众生。

注：指马克思主义科学方法与共产主义思想体系。

朱秉璋 敬贺

1991.1.16

① 原件为贺卡。

给苏公拜年

寒冬腊月傲霜冻，鹤发童颜仰苏公。
颇具特色学说创，功成伟业大遍五千冬。
甘肃、辽西、渤海湾，巴蜀岭南奋起来争雄。
辐辏辐射盖一字，中华文化色彩绚丽竞纷呈。
四化建设贵弘扬（民族文化），考古学科乃栋梁。
历史任务诚可贵，苏公辅导情意深。
学说博大深似海，更系苏公“主义”(注)情。
新春恭祝新长寿，广育莘莘之后生！

注：指马克思主义科学方法论与共产主义思想体系。

朱秉瑞 敬贺
1991.1.16.

带有敬意，怀着感激。
献上我虔诚的祝福……
敬爱的老师！
愿您……健康，幸福，快乐

田建文

田建文（1965—　），工作于山西省考古研究院。

田建文—苏秉琦（1986.3.31）

苏先生：

您好！近来身体健康吧！

侯马一别，已经四个月了。书信疏懒，怕打扰您，您已年迈，事情又多。一切请原谅。

去年12月份，当时我还在工地发掘，所中通知我到太原体检、报名，张忠培老师同意报考研究生。之后，回到侯马，一面发掘，一面复习，发掘了半个多月就结束了。吴振禄老师自己很忙，还是尽量给我充足的复习时间，到正月十四、十五，考完了试。以后，侯马站上又给太原打电话，正月二十日我又到侯马开始发掘夯土建筑遗址，工作至今，仍需一个月才能结束。

这几天，知道了考试成绩，专业课（新石器时代考古）90分左右，基础课（考古学通论）70多分，张老师说，名词解释答得不得要领。先秦史及古汉语一门具体分数不知，据说除外语外，其余均达到要求了。

外语下的功夫最多，事与愿违，考得最少，40多分，我考的是日语。按往年，40分是外语录取线，据说今年教育委员会招生计划过多，用外语刷学生，又说今年日语较英语容易些，也许及格线会高于40分。张老师我不认识，听说如果外语不卡，没什么问题，他是可以录取的，对于外语之外的成绩，他较满意。

但是，吉林大学近日给所里去了一封信，今年一、二月间，校方已将代培研究生的合同寄与所中，让所里签订后寄还，至今不见寄去。如无此合同，吉大不予录取。前天所中说没有见到这份合同，目前正在研究此事，不知结果怎么样，现在都快到录取与否的时候了，少了合同，真叫人心中着急。

就这些了，向您汇报一下考试情况，感谢您的力荐，使我能够在大学毕业后，对过去的功课再一次复习。以前考商周研究生，这次考新石器，知识视野开阔了不少。无论考上与否，都只有努力学习，积极工作，报答您及所中领导的关怀。

望请您注意身体，凡事身体力行，经常锻炼，作为一个晚辈，一个学生，衷心的祝您健康长寿。

既颂

安康！

学生　田建文

86.3.31

苏秉琦—田建文（1988.5.9）[①]

建文同学：

你好！4.10日信及时收到，迟复为歉！

带同学实习安排，听吴振禄同志谈过，我没有什么更多的意

---

① 据田建文先生提供信影录文。

见。你的地位和九位同学接触多一些，有利于对同学多做些思想工作。我指的是像我《给年青人的话》文中所说，“硬着头皮啃骨头”可是个苦活，对二十左右的青年人恐怕确是要有点耐心、毅力的。对此，你可以“现身说法”。比如，你准备从晋文化、晋南一隅，夏商周三代，上起“五帝”，从这些盆盆罐罐，寻找构成秦统一大业的主要社会历史文化背景，这样一个涉及构成我国今天这样一个统一多民族大国、古国格局的大课题。这不正是从青蘋之末，窥察社会历史、民族文化发展的辩证法，是古代的，又正是今天探索振兴中华现实的课题吗？你不见最近中央召开民族团结进步大会赵紫阳的讲话精神，还有，杨尚昆为纪念“五四”的文章等中心思想不都是要唤起人们的民族团结、奋起图存（要有危机感、紧迫感）吗？但说到底，政治口号有它的局限性，思想理论可是严肃的大事，要一代人为之努力不懈，才或有成效的。你现正处于“又师又生”之间，“多思”是于人于己都大有必要的。匆复，祝好！

苏秉琦

1988.5.9

田建文—苏秉琦（1989.12.25）

苏公：

您好！新的一年即将到来之际，祝您健康长寿！

今年六月，由吉林大学毕业后，打算取道北京，到您处讨扰，结果未能如愿。五月，陈雍老师给您送我与张星德同志的毕业论文时，我也在京，本想与他一起拜访您，又因侯马来了电报，我匆匆赶回了。

八月份，听李伯谦老师说，您已看过我的论文了，并提了一些看法，心中十分高兴。您百忙之际，为我们这些初涉考古的年轻人尽心扶植，令人鼓舞，催人发奋。

我现在服从考古所安排，主要在曲村工作站工作，计划明年尽可能在晋南、晋西南搞些调查工作，一来搞清庙底沟类型的前身，即新石器早期的文化，从渊源方面证明半坡、庙底沟二文化东西并行，各有渊源，分布特点；二来关于晋文化的研究，主要丰富陶寺—西周早期这段时间的资料，如有收获，必速告您知。

过几日如能有空，我可能要到北京去，届时一定拜访您。

今年天气冷冷暖暖，极不正常，人容易生病。望您一定身体力行，好自为之，即是我之所望，也是整个考古学界之所望。

叩颂

寒安！

学生：田建文　敬上

1989. 12. 25

田建文—苏秉琦（1991.6.13）

苏先生：

您好。前些日子见到了吴振禄老师，知您身体健康，心中十分高兴。

我无法抑制我心中的激动，无法平静心中的波涛，对您及张忠培老师的敬仰、思念油然而生。

今年二月，在您家中，您启迪、教导。

也是同一天，在张老师家中，他启迪、教导。

山西的旧石器地点这么多，新石器早期的遗址、遗物的发现，有希望。

半坡与庙底沟的关系问题，也许可以通过山西南部的早期遗存的发现解决。

如今，这一切最美好的愿望实现了。

1991 年 5 月 23 日中午，我与省所的薛新民、杨林中二同志在翼城县城东 20 里的北橄乡枣园村，断崖上见到第一片红陶片时，

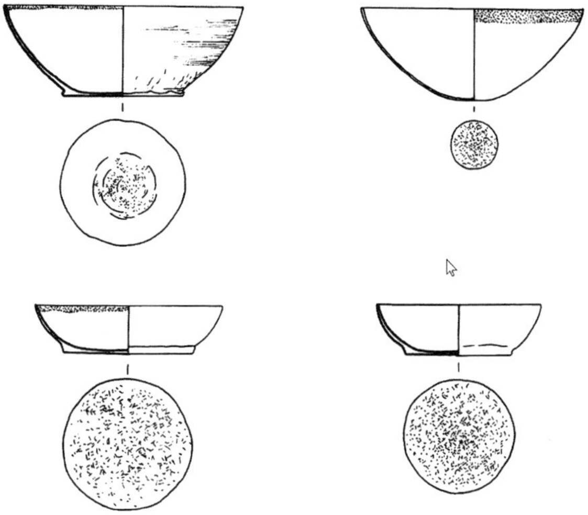

我惊叫一声，“半坡时期”。

调查收获就不小了。谁知在村子里发现被农民取土的一个灰坑（H1），含有大量陶片，遂按考古发掘方法，清理了一大部分，余部因伸入村中路下，留作日后计议。

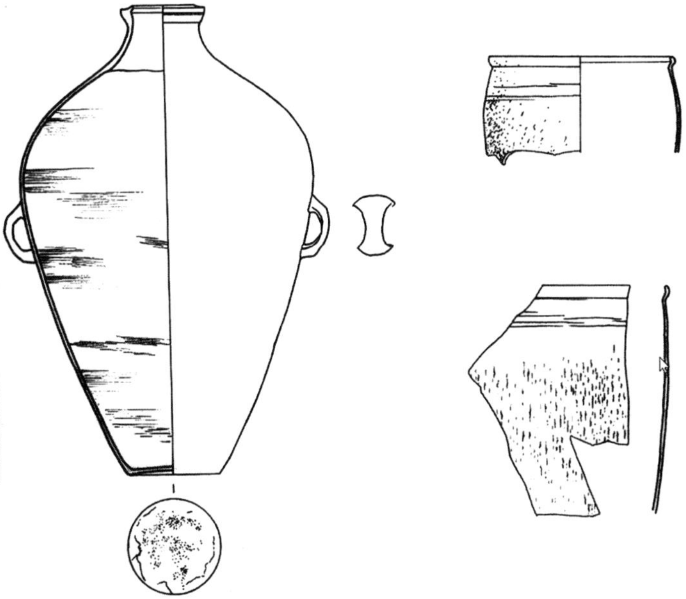

随后在室内整理这一灰坑的陶片中发现，完整器（可复原者）有二十一件，另有石刀、陶锉等。

器形有钵（小平底或略呈圜底，有的底部因放在谷壳上仍留有谷壳痕迹），假圈足碗、盆、小口壶、器座等多种，以钵、圈足碗多见，因叠压在一切套烧，形成了“红顶碗”。又，陶器颜色以红陶、红褐陶为主，有一定数量灰陶，有的里红外灰，或里灰外红，有的红陶中泛有灰或褐色斑块，陶色不一。以上为泥质陶。

夹砂陶皆为罐或瓮之残片，口沿处多有一周凹槽，近口部有慢轮修整痕迹，腹部以下表面粗糙，没有发现纹饰。

另在泥质红陶中一钵之口部有黑彩一周，此外不见彩陶。

不几日，余下二位同志便来曲村商议整理之事，月内可以写完报告初稿。

我的意思是：在此遗址附近屡见庙底沟文化遗址，而该遗址的文化面貌与之有区别，年代上只能早于庙底沟文化，至少与半坡文化同时，甚至有更早的可能。

从大的方面讲，这一遗址竟与磁山—后岗这一文化系统关系密切，而与老官台—半坡这一文化系统疏远，但枣园 H1 更大的可能则是，它是庙底沟文化的直接前身，半坡与庙底沟两个文化类型正如先生示知并引发展，各有渊源。

兴奋之余，又感到自己对文化年代与性质把握不准，想过些日子带上 H1 的全部图、照片资料进京，请您及张忠培、严文明诸先生、老师定夺。

在此先寄去壶、罐、钵、圈足碗的线图各一张，请您先睹为快，听取您的意见后，即着手写出报告初稿。我近日及日后均在曲村。

此颂

钧安！

学生：建文

1991. 6. 13

田建文—苏秉琦（1996.4.13）

苏先生：

您好！去年在医院看望您后一直未曾去信，听黄老师讲您身体十分健康，我们就放心了。衷心祝愿先生健康长寿！

托黄老师带去此信，《晋都新田》完稿后，杨富斗先生找到

1985年您的来信，很有意义，商定在书前发表，作为序一。誊写后捎去，看看您有无改动之处。如有，修改后尽快寄回。此书8月就可出版了。今年10月，要举行工作站建站四十周年纪念。

并请黄老师带去一点稷山红枣，质量上乘。其它则由黄老师与您面谈。

十年前，先生关怀下，我如愿考取张忠培老师研究生，此生从事考古事业，有幸有幸。

俟闲暇时，到京看望您。

祝健康长寿！

此颂

春安！

学生：建文

1996年4月13日

李昆声

李昆声（1944—　），先后工作于安徽省博物馆、云南省博物馆、云南大学。

李昆声—苏秉琦（1986.4.21）

苏先生：

大札敬悉。

前寄一信及所附照片想已收到。今再寄上在昆时先生照片一张及与先生的合影二张，望查收。

另外，器物照片业已拍摄，待印出即寄上。

祝先生身体健康！

工作顺利！

学生　李昆声

4.21/1986

李昆声—苏秉琦（1987.1.29）[①]

苏先生：

春节好！

去年春天，在昆明全国考古发掘汇报会上，聆听先生教诲。秋天在沈阳六次年会上，又见到先生并得到先生教诲与鼓励。因此去年一年，对我来说是大丰收的一年。

今年，我馆考古工作，重点转入室内整理。历年发掘诸多遗址和墓葬，成年累月地放在那里，既不整理也不研究，岂不变成“挖宝”？因而，今年我馆订的全馆工作计划，要整理出一批遗址与墓葬。

此外，去年北京科学教育制片厂与我馆合作拍摄了《云南青铜文化》及少数民族制陶、造纸、纺织等工艺，拟在国内外发行。

关于《云南青铜文化》，拍摄了青铜器，出土地点，现代失蜡法铸造工艺等。此片目前正在北京进行室内剪辑制作阶段。

此信想请先生为这部科教片题写片名，扩大影响，作为向国内外宣传中华民族悠久历史文化的一个方向，因为过去宣传边疆民族地区的古代文化是比较薄弱的。

如蒙先生应允，请回我一信，我即函告北京科学电影制片厂导演（原厂长，老干部）鲁明同志到考古所拜望先生，并索手书。如先生不愿题字，亦望简短回信，我再转告该厂。谢谢先生。

祝先生

身体健康

学生　李昆声　上　除夕

---

① 原信未署年。信中提到的沈阳六次年会召开于 1986 年 9 月 17—21 日，信当写于 1987 年。是年除夕为 1 月 29 日。

李昆声—苏秉琦（1987.2.18）

苏先生：

您好！

来信今天收到，十分感谢先生对云南考古工作的关怀和支持。我已写信给北京科学教育电影制片厂导演、原副厂长鲁明同志，请他将该厂的介绍信和我写给他介绍来找先生的信，直接到所里来请您题字，请先生抽空接谈一下。

另外，我省最近有古人类方面重要发现，先向先生通报一下：去年底，省地质科学研究所在元谋县竹棚发现一颗古人类臼齿，拿到我馆一起看了一下，初步鉴定为猿人臼齿，地质所搞地层的同志将竹棚的含猿人臼齿层位与元谋人原先地点（大那乌，即原报道的上那蚌）进行对比后，认为低一个层位，初步判断为200—250万年前。今年初，又发现了6枚人齿，有犬齿、臼齿等，并有三趾马、犀、象类哺乳动物化石共存。但以上均非正式发掘，我馆已向文化部申请发掘执照，前几天已批准，拟在今年3月1日由我馆文物队副队长张兴永同志带队前往竹棚做正式发掘。发掘结果，待下个月底我再写信向先生汇报。此外，已在该层位采样，做古地磁年代测定，目前尚无结果。

有关发现情况，几枚人齿、动物、石器（石制品?）、骨器等标本，新华社昆明分社记者闵福全拟在近日内先发图片新闻稿，3月份以后将做文字报道。图片报道估计先生收到我的信几天后便会刊于《人民日报》。

暂时作一简短汇报，待发掘后再向先生报告。

敬颂

春祺

学生　李昆声

87.2.18

李昆声—苏秉琦（1987.2.18）

苏先生：

您好！

来信收到，十分感谢先生同意题写片名。

兹介绍北京科学教育电影制片厂导演、原副厂长鲁明同志前来拜望先生，并联系为科教片《云南青铜文化》题写片名事，请先生抽空接谈一下。

此致

敬礼

学生　李昆声

87.2.18

李昆声—苏秉琦（1988.3.8）[①]

苏老师：

您好！

最近一直没有写信问候先生，想必先生一定很忙，身体很好吧！

去年恳请先生题写片名的《云南青铜文化》，由北京科学教育电影制片厂拍摄完毕后，在云南经省委书记等领导审查通过后，业已公映，反映极好，提高了我馆的学术地位。谢谢老师对边疆考古事业的关怀。

此信想恳请老师担任云南省博物馆学术顾问，若老师慨然应

① 苏秉琦先生在书信首页页眉写："已复信。4月。"

允，屈尊担任我馆学术顾问，则是云南考古界的大事，是云南省博物馆的光荣，也是老师对学生工作的支持。同时，也向老师报告一下，拟请的馆学术顾问共 11 位。北京方面三位，还有两位是张忠培老师和俞伟超老师，我也分别发函征询他们两位老师的意见。云南方面请 8 位，多为云南史学界的权威和教授。

聘请先生任我馆学术顾问，是想提高我馆在国际国内的学术地位，若先生应允，则云南考古界幸甚。

此致

敬礼

学生　李昆声　敬上

1988. 3. 8

李昆声—苏秉琦（1988.3.30）

苏老师：

您好！

上次我给老师的信想必已经收到。

关于请老师担任我馆学术顾问事，请老师万勿拒绝，这是对边疆民族省级博物馆的最大支持与鼓舞。

此致

敬礼

学生　李昆声　上 88. 3. 30

杨育彬

杨育彬（1937— ），先后工作于河南省文物局、河南省文物考古研究所。

杨育彬—苏秉琦（1986.5.4）[①]

苏先生：

您好！三月份开文物普查图集会，在杭州又见到您。会上听了老师关于文物图集、认识中华、振兴中华、龙的传人、大文物概念的讲话，受益很深，犹如在北大听您讲课一样。

上次安阳环保局杨银昌同志为“殷墟博物苑”一事，带来您的亲笔信，我已经遵照老师的意见，全力促成此事。第一步征地问题已上报文化部文物局批准；第二步计划方案（杨鸿勋同志做的），我们也已上报文化部文物局待批。请老师放心。

今有一事相烦老师，最近河南文博系统开始评定职称，我多次申请参加未果，党组最近开会通过免去行政职务调回文物研究所当老百姓，我就可以评了。安金槐、裴明相等老同志可以返聘，不占

① 原信未署年。信中“去年曾把《河南考古》《郑州商城初探》两书求教于老师”中的《郑州商城初探》《河南考古》出版于1985年，信当写于1986年。

指标，这样就轮到我们了。

鉴于我写过《河南出土商周青铜器》（获 1984 年省社联优秀论著奖）、《郑州胜迹》、《郑州商城初探》、《河南考古》（最近获省社联优秀论著奖）等四本书，发表了《郑州商城遗址发掘报告》《谈谈夏文化问题》等近五十篇文章，并主持过三门峡汉唐墓地、郑州商城遗址的发掘，给武汉大学、河南大学、郑州大学的考古班多次上过课，参加文化部文物局考古领队培训班的几次考核，与外国专家进行学术交流等，大家认为成绩比周围的学生突出。同时，地方上要求研究员的水平比北京要低一些，所以，庄敏、李晓东、张学海、李伯谦、何介钧、郝本性等许多同志都鼓励我这次报研究馆员，职称办要专家写意见。去年曾把《河南考古》《郑州商城初探》两书求教于老师，请您在百忙中写出评语，为学生这次评职称多美言几句。听说您去四川了，日后要去山东。过些时我到北京出差时，一定看望老师，给您带几本书。

祝您健康长寿！有空请回信。

杨育彬　五月四日　郑州

杨育彬—苏秉琦（1986.5.4）①

苏先生：

您好！上午刚给您写了一封信用挂号发出，下午适逢省博物馆张维华同志赴京出差，还要见您，所以请他再带一信。

关于安阳“殷墟博物苑”一事，已按先生信中意见，全力促成此事。征地问题已上报文化部文物局批准，规划方案我们已同意并上报文化部文物局待批，请老师放心。

---

① 原信未署年。信中言“上午刚给您写了一封信用挂号发出”，与前一封信内容亦相合，信当写于 1986 年。

最近河南文博系统开始评定职称，我要随文物研究所评。由于我写过《河南出土商周青铜器》《郑州胜迹》《郑州商城初探》和《河南考古》四本书，其中第一、四本两次获省社联优秀论著奖；写过《郑州商城遗址发掘报告》《谈谈夏文化问题》等近五十篇文章，并主持过三门峡汉唐墓地、郑州商代城址的发掘，多次给几个大学的考古班讲过课，参加文化部文物局考古领队培训班的几次考核等。大家认为比周围的学生成绩突出一些，加之地方的要求远低于北京，因此，庄敏、李晓东、张学海、李伯谦、何介钧、郝本性等同志都鼓励我这次报研究馆员。职称办需要三位专家提意见，我想到先生。去年曾把《河南考古》《郑州商城初探》两书求教于老师，请您在百忙中写出评语，为学生这次评职称说几句话。

听说您去四川了，日后要去山东。下次我到北京出差时，给老师带两本“大书”。

祝您健康长寿！盼回信。

学生　杨育彬　5 月 4 日下午

杨育彬—苏秉琦（3.12）①

秉琦师：

您好！三月三日到家中看望老师，来也匆匆，去也匆匆。内心十分高兴。尤其是老师身体健康，令人欣慰！临行又亲自送到楼，连我们同去的小司处长也十分感动。

照片洗出来了，恰逢我所张居中同志（室主任、舞阳贾湖遗址发掘者）到京出差，托他送给您，还有底片，以免丢失。

照片中看到先生很有风采，河南的几个学生很为之高兴。

---

① 原信未署年，信封亦无邮戳。

祝您身体健康长寿。

学生 杨育彬

三月十二日

王志浩

王志浩（1959— ），蒙古族，先后工作于内蒙古伊克昭盟文物站、鄂尔多斯博物馆、鄂尔多斯青铜器博物馆。

苏秉琦—王志浩（1986.5.15）①

志浩同志：

你好，现有一个问题，请你帮我做些工作。

1984 年在呼市开会期间，田广金、郭素新等同志曾给我看过的一些标本中，有几件我曾留些草图。这几件情况如下。

第一组 1）准格尔旗石佛塔出土。绳纹、具乳突、尖底瓶底（残片）一片；具绳纹和类似前者乳突尖底（腹部）斝（残片）一件。

第二组 1）准旗棋盘坞出篮纹实心乳突圜底斝（残片）一件；2）准旗黑岱沟张家疙瘩遗址出完整小口尖底瓶一件，底部内外特征和前一件（斝）的底部极为相似。

我想请教你：

---

① 据王志浩先生提供信影录文。

一、第一组两件和第二组两件从形态看，它们各自间是相似的。我们能否从出土情况、共出器物关系，提出论证它们是属于同一时期的。

二、从地层和共生器物群观察，能否论证两组时代早晚关系（相对年代）？

我想，田广金、郭素新同志他们可能提出他们的看法。这些标本（有关系的部分）可能已全部运到呼市。但遗址在伊盟，你可以根据实际情况，可以到现场观察。还可就地采些陶片进行对比，这一点你比他们二人更方便一些。因为带着问题比不带着问题采标本是不一样的。所以，我先求教于你。

烦你协助。如认为田广金同志等可能对此问题是比较清楚的，请你将我此信提的问题转告他，烦他告我。

伊盟的工作是重要的。工作条件又是比较差的。这就更加重了你们（当地干部）的责任。对你寄予希望。专此，祝
进步

苏秉琦
1986. 5. 15

王志浩—苏秉琦（1989.3.6）

苏先生：

您好，身体好吧？

首先请您原谅，晚生这么长时间未能就自己的诺言付诸实施。自一九八六年包头一别至今，我时时记着您的谆谆教诲，您对事业的高度责任心时时感奋着我。作为一个晚生能够得到您的亲自教诲，这是使晚生感到非常兴奋的事。为什么不能实现自己的诺言，其中的苦衷不应在您面前诉说。

这几年，遵照您所指示的，我一直在鄂尔多斯苦苦地寻找着、

工作着。踏着鄂尔多斯这块坚实的大地，走遍了每一个角落。在去年，由我负责的伊克昭盟全盟的文物普查田野工作终于结束。到现在，是该向您作一系统汇报的时候了。去年，着重对我盟西四旗占我盟土地面积三分之二的地区进行了普查。是年十一月二十五日至今年元月十五日对所有我盟境内普查资料以训练班的形式进行了为期四十五天的汇集整理。但因工作量大，又在今年二月二十五日至三月二十五日将延续一个月。在这个训练班试图解决三个方面的问题：完成所有普查资料的整理工作、文物地图的编制及文物志编写大纲的制定。其它因此产生的附产品在这以后诸项予以解决。初步统计，全盟各类遗址遗迹墓葬等共约九百余处（当然，这绝不是伊盟境内所有遗址遗迹点的总和）。下面就晚生所认为是较为重要的几点分别向您汇报。

一、发现了玉器。一件发现于伊金霍洛的石拉塔遗址，似石刀，有刃，墨绿色；另一件白玉（粗），圆形，如纺轮，无穿孔。发现地点为伊旗的白敖包遗址，遗址包含物的最晚年代在夏纪年范围之内。与前一件相同，后一件或许还要略早一些。两件玉器修制精细，均属采集品。两处遗址的文化内涵基本与朱开沟遗址相同。所不同的就是这两处遗址的面积大，环境好，更为集中，反映问题也许要更加全面。

二、铁器。一座残墓中发现，一件戈，一件矛，还有鹤嘴斧等，时代：春秋中晚期，地点：准格尔旗窑沟（东部）。

三、斝、鬲、三足瓮。目前所掌握到的情况是，主要分布在东胜以东、以南地区。在东胜以西、以北的鄂尔多斯腹地则较少，且品种单一，目前只见到“蛇纹鬲”，年代上似乎仍在夏纪年之内；另外东胜以西地区见到个别西周时期的鬲。

四、尖底瓶。基本上覆盖了伊克昭盟全境。早期形式多数与河北正定南阳庄小口壶相同，杯形口（尖底瓶）目前只发现一件标本（东胜以西稍偏南），双唇口尖底瓶比之要稍广，而大量的，分布最广的则属喇叭口尖底瓶，无论在分布地域上或是在数量上都是前者所无法比拟的，彩陶含量亦如此，只是这种彩陶因分布地域不同而含量有所不同。

五、新的因素（或新的文化类型）的发现。

以长颈夹砂罐附鸡冠状堆纹为典型器物的陶器群在鄂托克前旗（东胜西南，与宁夏盐池县接壤）发现。这类陶器与《文物》88年第九期所报道的宁夏海原县菜园村遗址第2期遗存相似。《简报》称之为“棍压鸡冠状附加堆纹的小口罐”，但其分布只是在旗所在地敖勒召其镇以西地带，且分布点发现亦很少。另外，这类遗址中发现有较多的庙底沟文化的器物及彩陶。

六、发现了一组以平沿鼓腹罐、平沿蛋形瓮（无足）、侈口卷沿鼓腹罐、喇叭口瓶（尊形器?）及柱状足绳纹鬲等为典型器物的陶器群。另外发现有一定数量的商式鬲，其中侈口卷沿鼓腹罐亦与商式罐多有相近之处。发现地点位于乌审旗神水台（东胜以南偏西，与陕北接壤），时代最晚到殷墟一期。由此得到的初步印象，是商文化在河套地区与当地原文化的接触点在长城沿线（在准格尔旗亦曾有零星商式鬲的发现），这里距长城不过数十里。当两种文化在这里接触之后，同时产生“异化”现象，随之，新的因素出现。目前，这类遗址发现的不多。

当然，以上两种新的因素还需要最后确认，届时我将带着图和照片去向您汇报。

另外，在此周围以及东胜以东、以南的大片区域内亦发现，在相当于庙底沟二期文化阶段（或有的稍晚一点）仍然存在着喇叭口尖底瓶，一般都是泥质灰陶的。

还有一个值得注意的现象。去年，我们曾配合砖厂建设在鄂托克前旗清理了几座墓（这里与宁夏盐池县接壤），其M2出土物与宁夏盐池县张家场墓葬中所出器物范围相同。M2还出土一件陶俑，其形象为胡人，还有一件扁壶为其他地区所少见。张家场墓地发掘者认为，这里为汉代眗衍县之辖地，有匈奴、羌等几个民族杂居。那么，除去周围文化对此区文化影响的因素之外，似可以认为这里仍然存在着一种具有自身传统的，相对独立的一种文化体系。这一现象恰与新石器时代的现象相同（尽管两者年代差距很大）。如非偶合，亦即，在以银川左近包括甘肃省的一部分，陕北及内蒙古的一部分的这一空间，很可能是一个较为独立的文化区。

以上就我盟的一些情况向您泛泛而谈，只是谈了一些线索，无深度。我已与主管部门打了招呼，准备专程进京向您汇报，请您在三月二十五日以后的日子里安排个时间，在您认为比较方便的时候。

目前我的训练班的工作正在紧张地进行，将于三月二十五日如期结束。

此致

敬礼

学生　王志浩

一九八九年三月六日

于伊金霍洛旗文物

保护管理所

又及：我们训练班的地点在伊金霍洛旗文管所

王志浩—苏秉琦（1990.4.28）①

苏先生：

您好？

去年初我在伊金霍洛旗办训练班的时候，曾写信给您，大致谈了一下我盟文物分布的一些情况，但谈的很少，这里有几个问题要向您汇报。

一、内蒙搞文物普查号称“八年抗战”。在较为艰苦的自然环

① 苏秉琦先生在信侧有批注：“（Ⅰ）石佛——头道壕中——棋盘（Ⅱ）。”

境中奋战八年，我做为一名亲身经历者，有着十分难忘的回忆。八年普查所获较为丰富的资料来之不易。但对这批资料如何处理的问题上，在我区普遍存在着一些问题。对此，我是这样考虑的，在我盟由于普查工作一直是由盟里直接负责的，另一方面，各旗（市）的同志也大多是新手，为了省时省力，同时提高质量，普查资料的整理集中起来是较为科学的办法。所以在去年年初，我们办了“全盟文物普查资料汇集整理训练班”，一方面即整理了资料，又训练了队伍，另一方面同时建立了较为完整的档案资料。

二、关于建立（档案）信息整理（库）中心的问题。

在对普查标本经过整理之后，我们暂时还未分散。我曾在全自治区（1988年）文物工作会议上提出，以地区为单位建立我盟文物普查资料（档案）信息中心（库）的一个设想，即将文物标本与各种有关文字、图片等资料配套，标本上架；图片、文字记录等以图书馆学的方法，建立系统工程，永久保存，亦即您所倡导的保存考古发掘资料的办法。但我提出之后，首先由于我盟经费短缺达不到，另一方面也无人响应，得不到上峰的支持，看来此事暂时办不成。所担心的是时间一长，标本如得不到妥善保管，将会造成损失。

三、在普查资料的基础上，最近写了一篇文章。目的有二：1. 将本地区的古代文化遗存介绍出去，同时稍加研究和归纳，提出一定的认识——对文物普查资料加以深化和利用。题目叫《鄂尔多斯地区文物普查辑要》——仰韶时代遗存的编年与谱系（内蒙古伊克昭盟文物普查系列报告之一）。但其中有一个问题是，因限于篇幅不可能将本区每一个时代的所有遗存均介绍出来，未免有些可惜，最好的办法是产生并出版专门报告集，将所有原始资料均介绍出来，将这个地区的纵横剖面均介绍出来，供学术界共同研究，定会大大加快对这个一定地区古代文化的全方位研究的进程。

以上三点可视为文物普查工作的系列工程，不知我这想法对不对？（这个系列工程当然包括《中国文物地图集》在内。）

还有就是您曾写信给我，要我回答的问题。我曾专门跑过几次准格尔旗，另外又将普查资料重新翻了一次。结果以准旗黑岱沟的头道壕遗址为例，该遗址文化内涵较为单纯，大致可分为三个时期，早可到庙底沟类型的晚期阶段，晚期大致与包头阿善三期早段相当，中期介于二者之间。遗物中出有尖底瓶腹部（残片）一件，泥质红陶，斜篮纹，乳突状底；罍腹部标本（残片）一件，泥质灰陶，斜篮纹抹去，二者内部特征非常相似。我认为这一组标本是共生的，比石佛塔（组）晚了一个阶段，又比张家圪旦（组）早了一个阶段，或相当。初步认为：

1. 石佛塔（组）因只限于地面调查，目前还说不好；

2. 棋盘壗出篮纹实心乳突圜底罍与张家圪旦所出尖底瓶不共生，前者要比后者晚了一个阶段，但已发现了与棋盘壗罍共生的尖底瓶；

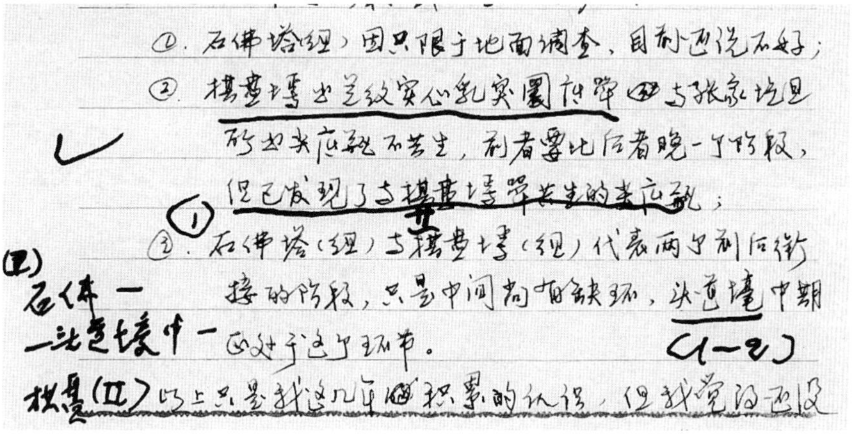
①. 石佛塔组）因只限于地面调查，目前还说不好；
②. 棋盘壗出篮纹实心乳突圜底罍与张家圪旦所出尖底瓶不共生，前者要比后者晚一个阶段，但已发现了与棋盘壗罍共生的尖底瓶；
③. 石佛塔（组）与棋盘壗（组）代表两个前后衔接的阶段，只是中间尚有缺环，头道壕中期正处于这个环节。
以上只是我这几年积累的认识，但我觉得还没

3. 石佛塔（组）与棋盘壗（组）代表两个前后衔接的阶段，只是中间尚有缺环，头道壕中期正处于这个环节。

以上只是我这几年积累的认识，但我觉得还没有十分的把握。因为每次调查只能限于地面采集，稍一动土就要挨骂，更何况本身就无发掘权，可谓是“名不正，言不顺”。实际上，有很多遗址就

在手边，稍作试掘，这个问题便可得到解决。去年底，内蒙文化厅要我填了申请发掘执照表，但文物局至今未批，尚不知其中原因。不知先生能否给文物局说一句话？情况允许的话，可望在明年学会召开前在地层上解决上述问题（或者能说出个一二三来）。

也不知我说清楚了没有？如信中没有讲清的问题，或者其他方面还需要了解的，请先生回信并给予教导为盼。

祝您身体健康！

此致

敬礼！

学生　王志浩拜上

一九九零年四月二十八日

于东胜

阚　勇

阚勇，工作于云南省博物馆。

阚勇—苏秉琦（1986.5.18）

苏先生：

您好！

近来，您的工作忙吧！

由于杂事太多，直到今天才给您写信，请原谅！

《云南剑川鳌凤山墓地发掘简报》将刊于《文物》今年第七期，到时，请苏先生赐教。您所要该墓四期的铜剑和云南耿马石佛洞新石器时代遗址的夹砂灰陶罐［GST2（3）］的线图均已绘好，现寄给您。

苏先生，还需要什么资料，请告之，我一定尽力办到。

祝

撰安！

云南省博物馆：阚勇

1986年5月18日于昆明

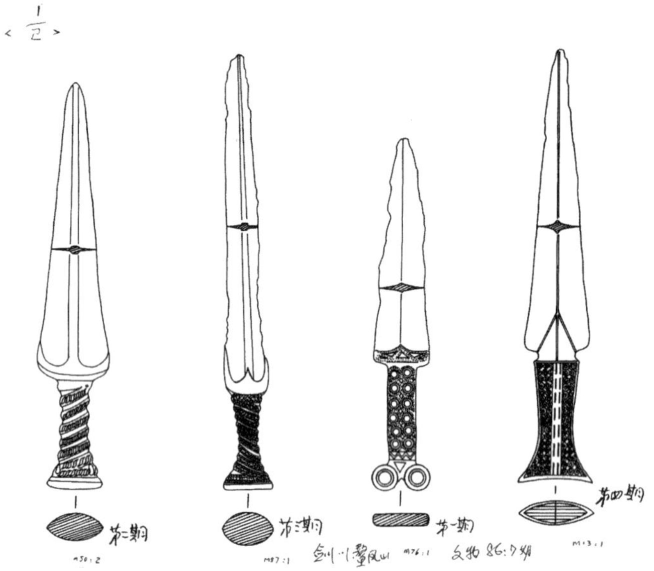

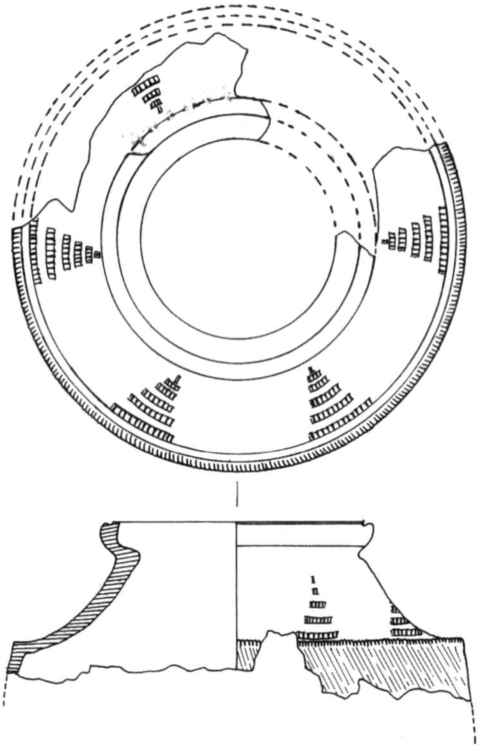

耿马石佛洞出土的陶片 GST2 (3) <1/2>

江西省文化厅

苏秉琦—江西省文化厅（1986.6.14）①

江西省文化厅

庐山管理局：

“邀请信”收到，谢谢！

“庐山之夏”活动内容如此丰富多彩，令人鼓舞！是为今年将要为讨论社会主义精神文明建设问题的中央全会一次非常值得赞赏的实践。

一九七八年夏我们曾倡议，由国家文物局文物出版社在庐山召开一次“东南地区几何印纹陶会议”。我当时因正在山东疗养住院，没能参加，深感遗憾。但那次会议的召开，确对次年（1979）中国考古学会的成立，起到推动作用。

今年九月间要在沈阳召开中国考古学会第六次年会，七、八月间要在甘肃召开长城地带专题座谈会，十一月间要在浙江召开纪念良渚遗址发现五十周年座谈会。考虑到自己年老体弱，七、八月间

① 据苏秉琦先生家藏书信复印件录文。

不想再做远途旅行了。但我经常在想，现正开始建设中的“京九铁路”与“九江—珠江三角洲”一线，是我国古代文明从北到南的真正大动脉（不是现在的“京—广”路线）。在这条线上的古文化史迹应该作为中国考古学科建设中一重点项目。

迄今为止，在这条线上的考古工作，重要线索不少，缺少的是比较系统的工作与资料。而要取得这方面的突破，需要带着课题进行更多一些田野考古工作。靠零散材料“拼盘”，解决不了真正重要问题。所以，我考虑我们还应为此创造些条件，希望能在不远的将来，譬如说，二三年内，在这条线的几个关键环节，提出几项具体工作、课题，回答华中南地带的“客家”人对中华古文化南北沟通的作用。这是考古学科发展的问题，又是历史问题，还是现实社会生活中的问题。

今年九月间在沈阳召开中国考古学会第六次会议期间，希望能找部分有关系地方代表同志交换意见，就像1979年第一次考古学会期间我们和湖北、湖南、河南、安徽四省同志交换楚文化考古问题，事实证明，对江汉地区楚文化探索起到了积极作用。

以上想法，请主管文物考古工作同志们参考。专此

敬礼！

苏秉琦

1986.6.14

韩嘉谷

韩嘉谷（1934—2016），先后工作于天津市历史博物馆、天津博物馆。

韩嘉谷—苏秉琦（1986.6.23）[①]

苏老师：

您好！在昆明见到您精神很好，很高兴，您的健康是我们的幸福，在事业的道路上能经常有依靠。

昆明回津后不久，闻说蓟县出铜器，即前去现场，遗址面积很大，从地表暴露遗物看约有六万平米，旁边修公路在遗址取土，破坏约一万平米，较严重地部分也有四千平米，既有遗址，也有墓葬，取土时出的是一鼎一簋，簋有铭“戈父丁”三字。

我们于五月九日起在取土破坏最严重的坑内清理，又清了十六座墓，还挖了一些地层。铜器墓一座，也是一鼎一簋，另有一些绿松石，方向东西。其他十五座都是南北向，出土一些铜环、铜泡、带钩、琉璃珠等，年代略晚。所有墓葬都没有出陶器，因此东西向

---

① 信中夹送彩照5张，3张墓葬清理局部照、2张铜器照片。

墓和南北向墓的关系，墓葬和遗址的关系，都还不太清楚。

遗址的地层不太厚，清理的部分又都已破坏，因此材料比较零碎，出的东西较单纯，属张家园上层的那一套，夹杂出一些琉璃河刘李店一类的东西，不见所谓夏家店下层的东西，也不见董家林一类的东西。取土坑尚未清完，下半年接着清，事后让农民平整土地。清完取土坑后，我们想对整个遗址作全面勘探，然后再有计划地挖一点。

寄上几张照片：①、②是挖土出的铜器，③是清理时出土一个铜器墓，④是出带钩的墓，⑤是出铜环和铜泡的墓。

待有机会，到北京向您面陈，并聆听教诲，不多写了。

祝

暑祺

韩嘉谷 86. 6. 23

张维华

张维华—苏秉琦（1986.7.11）

苏老师：

你好。您的大作今日收到，请勿思念。张先生的书题亦早日收到，所汇集的文稿均已审毕，不几日即可交付排印。与印刷厂协商，十一月份可印刷完毕发行。本书原打算编20万字即可，由于文稿丰富，撰写水平较高，又及至仰韶文化研究的各个方面，这样，便形成了至今的约50万字的规模。事到如此地位，也只好集大成了。

许顺湛馆长收到你的大作后，深为感动，我亦如此。我们对您的关心和支持表示衷心的谢意。

另外，您让李先登同志给我寄来的中国考古学会会员表我早已收到，因故迟复为欠。现遵从表格要求已填好，随本信寄上，望审核批准为感。如及早批准的话，渴望参加在辽宁召开的6次年会学术讨论会。我撰写的论文题目：《山顶洞人——我国新石器时代早期的人类》。

现是酷暑盛夏，深望您老多多保重。

敬祝

夏安

张维华

1986.7.11

段耀林

段耀林—苏秉琦（1986.9.5）[①]

秉琦：

《人民画报》86年8期，刊登了照片，手持红山玉器。从照片看，你似乎比以前更丰满、更健康，看后非常高兴！

我今年七月，满八十周岁，我只记得你比我小几岁，起码进入古稀范围。能有这样好的身体，是最大幸福。你是怎样保养的？我的健康也还好。坐公共汽车，没人把我看成80老人，当然更谈不上让座了。偶尔我还给抱小孩的妇女让座位，人们也不觉稀奇，因为现在这已经是司空见惯的了。我的经验，首先是坚持锻炼（走路，打点太极拳）、生活有规律，最重要的是克制自己的感情，保持心情舒畅，心胸开阔。文王一怒而天下惧，我们惧有何用！不管怎样，当年我们在一起常议的希望——民族解放、国家富强——是基本实现了。

我和陶平，也不常见面，他的情况也还好。从情绪上说，和我

---

① 原信未署年。信中《人民画报》为1986年第8期、《回忆与研究》出版于1986年，推测信写于1986年。信眉耀林先生另写："你是否搬家了？来信告我。我家住西安交大一村50楼201。"

很相似，他比我还积极些，不断张罗些事，闲不住。

我从去年3月起离休，对学校的事一般不主动去问。国家大事，从文件上、报刊上了解的多，偶尔也从群众中听到一些。我想这方面，你们比我听到的会多。一则北京消息灵通，二则，你接触高级知子——专家教授多，议论也一定多，最近大家议论政治的气氛活跃起来。邓小平、万里开了头，大家的顾虑会减少，言论自由了，你是否又像卅年代我们在一起时那样侃侃而谈？我因离休有时间、有精力，不断回忆往事，也体会了多年来“左”的东西对我的影响，想清理一下，你能帮我想想吗？不要成为你的负担。我介绍一部书，李维汉同志写《回忆与研究》，中共党史资料出版社出版，上下两册（5.85元），现已公开出售。李维汉同志原系中共中央统战部长，作了很多的自我批评，学后很受启发。对教育、历史，我还有兴趣，也看了些资料性的东西。6月份我去凤翔参观了雍城发掘的古物。陕西你好像来得很少，不知为什么？欢迎你和pei'qi齐来，我家可以接待你们。

祝你健康

段耀林

9.5

文物出版社

文物出版社—苏秉琦（1986.11.21）

苏秉琦先生：

您好！1987年1月7日是我社建社三十周年。值此之际，我社将于明年二月中旬在中国革命博物馆举办建社三十年来出版图书汇报展。届时将请您光临指导。

我社三十年来的成长壮大，与文物、考古、历史界的老前辈的关心、帮助分不开的。在此，向您表示谢意。

为了使汇报展的内容更加充实，体现老一辈考古学者、历史学家的关怀。特请您题词或题字一幅，以志留念。希望得到您的大力支持。如蒙同意。今日我社将派人送上宣纸。

此致

敬礼！

文物出版社

1986年11月21日

（联系人：孙亚荣　电话：447931转253）

［编者注］邀请函上有以下几则文字：

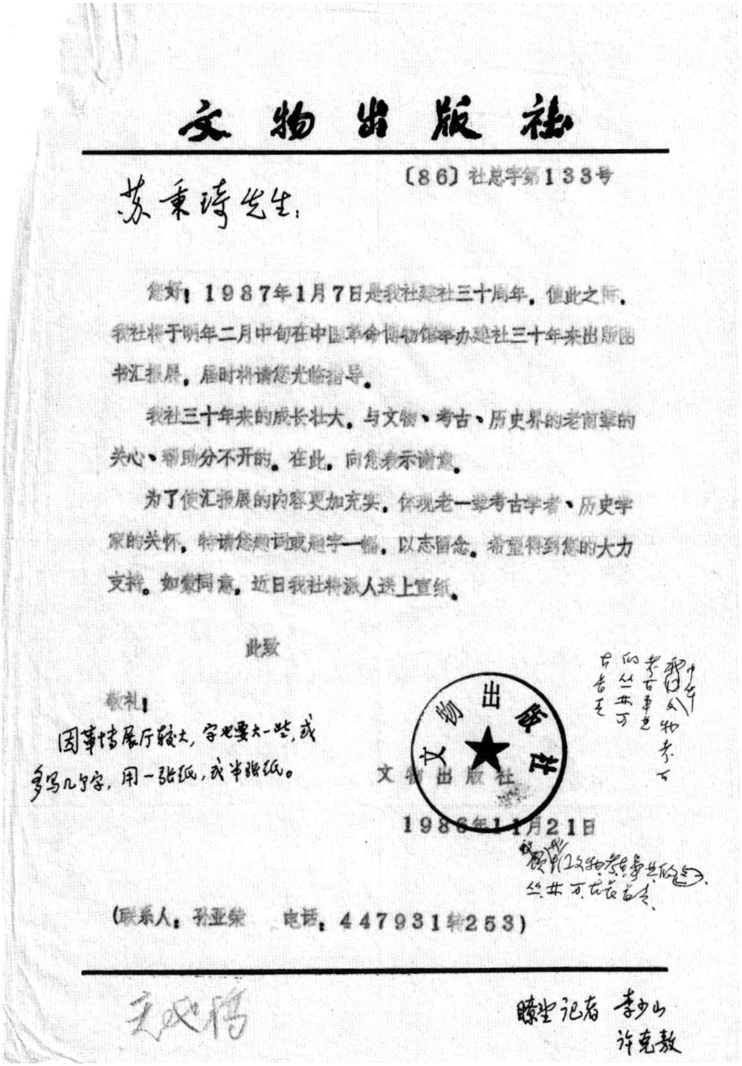

文物出版社

〔86〕社总字第133号

苏秉琦先生：

您好！1987年1月7日是我社建社三十周年，值此之际，我社将于明年二月中旬在中国革命博物馆举办建社三十年来出版图书汇报展，届时将请您光临指导。

我社三十年来的成长壮大，与文物、考古、历史界的老前辈的关心、帮助分不开的。在此，向您表示谢意。

为了使汇报展的内容更加充实，体现老一辈考古学者、历史学家的关怀，特请您题词或题字一幅，以志留念。希望得到您的大力支持。如蒙同意，近日我社将派人送上宣纸。

此致

敬礼！

因革博展厅较大，字也要大一些，或多写几个字，用一张纸，或半张纸。

文物出版社

1986年11月21日

（联系人：孙亚荣　电话：447931转253）

瞭望记者　李少山　许克敖

1. 通知附记：因革博展厅较大，字也要大一些，或多写几个字，用一张纸，或半张纸

瞭望记者　李少山　许克敖

2. 苏秉琦先生写：中华文物考古　考古事业的丛林　万古长青

愿我国文物考古事业的丛林万古长青

天地稿

邵望平

邵望平（1937— ），工作于中国科学院考古研究所（1977 年改属中国社会科学院）。

邵望平—苏秉琦（1986.12.2）

苏先生：

送上所缺一章，似可加在商代之后。

建议将西周至秦汉帝国并为一章。

望平

1986. 12. 2

邵望平—苏秉琦（1995.7.26）

苏先生：

您好！

我从 20 号以来有几天低烧咽炎失音，24 号一早我未能立即去协和陪您，只是马上转告了张国宝同志（其余领导那天均不在家，去怀柔开会了)。10 点半我去了一趟卫干门诊，您不在那里，因我在所里有客人等我，所以没能再去急诊室。心里不安。下午广仁要去急诊室，一打电话知您平安回家了。近来天气忽凉忽热有些反常，可能是造成稍有不适的原因。敬祈吾师多多保重。

遵国处，我已遵先生所嘱，将自传录音记录（我留的一份）以特快专递寄给他。此事我在电话中已告诉了师母。另遵国希望能得到吾师照片，我推荐给他《华人·龙的传人·中国人》封底那张在马尾的照片。《考古》1995.6 期已发表了您在南开的讲话，其中有对此照片寓意的哲理说明，我建议他征得您的同意。我不敢多电话打扰您，先写此信。待我家客人走后（济南来客），我去看望您。

学生　望平

1995.7.26

孙守道—邵望平（9.17）

邵望平同志：

我省李蕴同志曾以自己多年研究的心得，写了一篇《龙——中国古代传说数学和仓颉作书》文章，欲前去拜访苏秉琦先生请教。因他不知苏先生家地址，望您帮助一下，能见见苏先生。

我十月初亦可望去京看望苏先生，见面时再谈，请代向老高问好！

致礼！

孙守道

九月十七日

徐 安

徐安—苏秉琦（1986.12.4）①

苏秉老：

我满怀敬仰之情，首先向您这位考古学泰斗表示敬意！同时有一疑难问题，专诚求教！

近年我撰写《中国刺绣史稿》，涉及古代缝针、绣针问题。有的专家从金属性能分析，认为青铜不可能造出细小、坚韧的缝针。但一部分史学家在其所编著《中国通史》古代部分，列举殷代有用于缝纫的青铜针。我曾函询一位著者，答以引自《中国通史参考资料》古代部分第一期第225页。经检阅此书，才知转引《考古学基础》（考古研究所编，1958年，科学出版社）第73—74页：（二）（商代）铜器的器形，（1）武器和工具（锋刃器），尖器有针，为缝纫用……

看来，其他编著中所引，可能出自同一来源。

对此，我疑惑不解：

1. 我于考古是外行，曾为此查阅可能找到的考古发掘资料，

① 苏秉琦先生在信尾写："19/1/87复。"

除山顶洞人的骨针外，上自新石器时期，下至商、周，以至春秋战国或汉初（如四川甘孜吉里龙墓葬，《考古》86年第一期），历次出土简报，都只列举骨针。关于青铜工具，有的详细列出錾、锥、矢镞，小至鱼钩，都无一次发现列有青铜针。

2.《考古学基础》大概原系考古研究所见习员训练班教材，曾经夏鼐先生看过一遍（商代部分的执笔者为邹衡同志）。按理说，所云青铜针，应有证据。然原书并未说明见于何处出土，或引自某一文献资料。

上述疑题，恐非一般史学工作者，或一般考古工作者所能解答。您是当今健在，和海内外共仰的考古学宗师，又是当年见习员训练班的主任。为此，恭请劳神指点，以释疑困。经过您老审定，或使读者豁然开朗，或者纠正数十年来通史编著上的以误传误，都是十分重要的。我个人更是衷心感激！

临楮恳切，敬候示覆！至所禧幸！顺颂时绥！

徐安　敬启

一九八六年十二月四日

长沙市南大路义茶亭庄一号

王菊耳

王菊耳（1953—　），又名菊尔，工作于沈阳故宫博物院。

王菊尔—苏秉琦（1986.12.10）

苏先生和师母：您们好！

转眼我们分别已整整两个月了，十分想念您们，苏先生您送我的礼物，还未来得及感谢，就匆匆告别了，真是来去匆匆。李商隐有句诗“相见时难别亦难”，的确是这样。本应早早回信，只是给苏先生买线袜之事，一直未遇到合适的，这两天才买到，一共五双，是 27 号的，整个沈阳也没有 28 号的，质量还可以，是双层底很结实，随信给您寄去，请查收，若需要请不客气来信，再给您买。

今年考古学年会在沈阳召开，真是专家学者荟萃，我一个无名小辈竟有机会见到了苏先生，又陪同您前往兴城疗养，这对我来说，的确是幸运而偏得的良机，能在您的身边工作、学习，这是我一生中难以忘记的。

在兴城这个美好的地方，愉快地度过了十五天，这一切都是美好的，我的思想有很大的收获。苏先生，您已是七十七岁高龄的人了。可您为了我们中国的考古事业，仍坚持不懈地工作，您的知识渊博，学问极深，通晓古今中外历史，在考古学界德高望重。您奠定了考古学的理论基础，提出“考古学文化区系类型”问题和“辽西古文化，古城古国问题”，这是我们这个学科的转折，有着划时代的意义。您这次在兴城的讲话，我已和郭厅长整理出来，又是一次新的突破。您不仅是位考古学家，又是一位政治家。您把马克思主义的理论与中国的考古学有机地结合在一起，指出我们的中华民族、中华国家，有自己的特色，自成一系，您为了还她的本来面目，呕心沥血，走遍了祖国各地，对中华民族、中华国家倾注了无限的爱。

您有严谨的科学态度，刚到兴城的几个晚上，您就忙着给小童改稿，一字一句，一丝不苟。您有高深的学问，对我们却是那样和蔼可亲，平易近人，交给我们分析、研究问题的方法。您每天都是孜孜不倦地工作，不肯休息，有时大夫说您了，您才停下来。每天早晨我们还在睡懒觉，您却已踏着晨曦在望海观日出，您只争朝夕的工作精神，就像日出一样，永无休止。

您寄予我们年青的一代，我们的知识面还很窄，探索追求的劲头还不大，满足现状就会被时代所淘汰。从兴城回来后，省里郭厅长，孙守道所长要我到省考古所，我们市里又是不放，我正在做工作活动，我愿意为考古事业献身。如必要时，我给您写信，还得麻烦苏先生您给我们市文化局沈长吉局长写封信，劝劝他这位“老顽固”，因他主管我们。如顺利有了好消息，一定去信告诉您。

苏先生，您的身体不好，要注意休息，不要过度疲劳。师母的腿疼病要多加小心，年岁大了要适当锻炼，但活动量不宜过大，我们远隔千里，见面的机会甚少，望二位老人多多保重。我若是去北京，一定去看您们。欢迎苏先生、师母明年再来沈阳，我一定陪您们去好好玩一玩，并欢迎到我的小家做客。

祝您们身体健康，精神愉快！

王菊尔

1986 年 12 月 10 日

于沈阳中街长安寺

苏秉琦—王菊尔（1986.12.18）[①]

菊尔同志：

你好！信及袜子收到，谢谢！价钱便中请告我。郭厅长拟给你调动工作事，我记下了，看发展情况吧！如能到省所，田野工作机会自然比在市里要多。趁年岁还青，多做些实际工作，对提高有利，省、市一家，可能性较大。

在兴城讲话稿蒙你们整理加工，我们也算有缘，有过共同工作经历了。以后有事，不必客气！

我们全家都好，我身体从回京一直没啥问题，每天清晨散步活动一个来“点”（辽宁话），一个月到医院查一次身体，几次都一样，没变化，请释念！

专复，候

全家好！

老伴回来后，腿没事，能自己去街上买菜，散步也没问题，顺告。

苏秉琦

1986. 12. 18

王菊尔、刘伟—苏秉琦（1988.2.9）

想念的苏先生、伯母：

您们好！

去年十月于兴城一别又是几个月过去了，在您七十八寿辰之际，我们又能欢聚在一起，倾听您的学术报告，欣喜万分。一年时

---

① 据苏秉琦先生家藏书信复印件录入。苏秉琦先生在页眉上写：“写罢才看到背面有器物图，希把信留着，等下次写信把此纸寄回。”

间是短暂的，但您总是有很多收获，研究一个又一个新的课题，不断地学习、探索、追求，您那种活到老、学到老的精神，是我们青年人学习的榜样。

您托小华同志寄给我和刘伟的《文物天地》一书，早已收到了。本应及时回信答谢，只因我们一直在评定职称，前后进行了二个多月，这几天才松了口气，最后的揭晓在这个星期，我和刘伟都填了中知申报表，待有了好消息，定去信告知，让您与我们共享这份欢乐。

您《给青年人的话》这篇文章，我们看了几遍，真是语重心长。您走过的道路，正是中国考古学文化体系建立的过程。半个多世纪以来，您为建立一个马克思主义的中国考古学体系呕心沥血，勇于献身。从物到人，从人到认识整个社会，把中华民族凝聚到一起的基础结构与知我中华、振兴中华有机地结合在一起，您提出的从中国文化起源到中国文明起源，具有划时代的意义。在开拓新领域的今天，我们决不能辜负您们老一辈考古学者的期望，好学深思、勇于探索，做出一点成绩。

看到您和伯母的身体那样好，而且跟前年一样年轻，依然如故，非常高兴。在新春佳节即将来临之际，首先祝两位老人春节愉快、身体健康、万事如意、合家欢乐！

欢迎您老今年再来辽宁，给我们讲新的课题，指导我们的工作。

祝春节愉快！

您的学生　王菊尔　刘伟

一九八八年二月九日于沈阳

王菊尔—苏秉琦（1992.8.23）[1]

苏先生：

您好！

还记得我吗？在兴城那段难忘的日子，在疗养院、在海滩，漫步、聊天，日升日落暂短的十几天，从您的身上，我学到了许多东西。您知识渊博，心胸豁达，平易近人，德高望重，能在您身边工作深感荣幸。您学习不懈、诲人不倦的精神时时鼓励着我。

您的身体还那么结实健壮吧，每次见到郭厅长，都提起您和我们朝夕相处那段时光，难忘已留给了美好的回忆。

今天给先生写信，有一事相求。我们沈阳市文物管理办公室创办了一个刊物，名曰《沈阳文物》，今年始发，为创刊号，稿子已筹集了十几篇，主要反映沈阳地方文物和历史，我为本刊的责任编辑。在发刊之际，想求苏先生在百忙之中和身体条件允许的情况下，给此刊物写点贺词，可长可短，哪怕是几个字我们也心满意足了，最好能用毛笔书写。七月份我见到郭厅长时，他说您能给我们写，并说您对新乐文化有许多想法，所以今天冒昧地给您写这封信，望先生能给我们一点支持。我们将不胜感谢，待刊物出版时一定将刊物与稿酬一并寄去，以求指教。

此贺词最好能在近期寄来，热切的企盼着，随信寄去《沈阳文物》征稿启事，以供参考。

望苏先生身体永远那么健康，永远年轻。并欢迎您何时再来沈阳赐教指导。

祝全家幸福！

---

① 苏秉琦先生在书信第二页页眉写："10 月 20，快信回。"

您的学生：王菊尔

1992 年 8 月 23 日

附:《沈阳文物》征稿启事一页。

苏秉琦—《沈阳文物》(1992.10.20)①

沈阳市有“两宝”，一个是七千年前的新乐遗址所代表的文化遗存，一个是三百年前故宫及清陵所代表的早期清政权文化遗存。它们凝聚着这一方古人精神文明和物质文明的结晶。深入一层讲，一是它的鲜明的个性；二是它的一往无前的开拓精神。它们对这个城市的发展，对这个刊物的启示，都是至可宝贵的。

1992 年 10 月 20 日

① 原载《沈阳文物》创刊号，1992 年。录入自《苏秉琦文集》3，文物出版社，2009，第 167 页。

周晓陆

周晓陆（1953—　），原名小鹿，先后工作于南京博物院、西北大学、北京师范大学、西安美术学院、南京大学。

周晓陆—苏秉琦（1986.12.12）

苏老：

您好！

八〇年在湖北鄂城聆听您的教诲，并承您手把手地修改墓葬发掘图（我那时是南京大学七七级考古专业学生），一晃六年多过去了。我现在在南京博物院工作，听参加考古学会年会的同志谈到苏老，说您身体仍很硬朗，并担负了全国考古学会理事长的重任，我们都十分高兴，祝您健康长寿，为中国考古科学做出更大推动！

今天登门拜访您的，是江苏省美术出版社的卢浩主任。卢同志多年关注、热心考古学收获与文物的发现研究，他一定能得到您老的支持与指导。

我在卢浩主任的关心下，想出版一本关于玺印的谱录，这部东西的内容主要采自近四十年的考古收获，这样区别于以往的传世印谱。这部东西题为《考古集印》，请广东商承祚先生题了字。今天，想求苏老赐个五六百字的序，您是考古界德高望重的前辈，我们想通过您的有力襄助，以期引起考古、历史、文学、美学各界对我国“玺印文化”的注重。

这部东西已收集了近两千枚玺印的资料，起自春秋，迄于清代，全书由印谱录和分域（分省、市、县）目录两大部分组成。

敬请苏老百忙中

赐序。

盼您有空来南京，看看这两年江苏新石器、“吴文化”新出土资料。

祝您

身体健康

学生　周小鹿

一九八六年十二月十二日

江苏省　南京市　中山门

南京博物院

周晓陆—苏秉琦（1987.1.24）

苏老：

向您拜年。

卢主任出差北京，向您添了那么一个麻烦，我呢，一些杂七杂八的事情未能来京看望您，真是太不礼貌了！

那本册子，期望得到苏老的襄助，使得历史学界、考古、古文字学界能重视这方面的资料。

现在，像我们这样年青人搞些研究困难太多，幸而有卢主任及出版社的支持。

出版社与卢主任他们亦十分期望有苏老这样在全国有影响的大家给予推动！

祝您身体健康，以推动家国的考古事业、历史学业。

再拜

新春大吉

学生　周晓陆

顿首

八七年元月廿四日

江苏美术出版社
—苏秉琦（1987.2.20）

苏老：

去年去京，请您为周晓陆编的《考古集印》一书作序，因时间仓促，没能详细介绍此书的内容及特点。今附上《考古集印》概要和晓陆的信。

考虑到您的事务繁多，时间有限，故草拟了一个序言稿，您看看是否可以用您的名义发，不妥处也请您删改。所以这样做，是为了引起广泛的重视，推动这方面的工作。这种做法不大礼貌，望您海涵。

等候您的回音。

即颂

春安！

您的学生　卢浩 2. 20

江苏美术出版社印

附一：《考古集印》概要一份。

《考古集印》

概要

本书特色

它取材于数十年来考古收获、考古研究所得的古玺印资料，选用最精拓本。

它由两大部分组成，〈壹〉《考古集印·印谱》、〈贰〉《考古集印·分域存目》。这样，它即是一本体例独特，以印谱与玺印本身出土情况互为表里的一种编著。

它以印玺艺术性与历史科学性并重。

它提供了便捷、可靠的查索方法。

△本书读者

历史工作者、考古工作者、美学史工作者、文字学工作者、美术（绘画、篆刻：其它造型）工作者、艺术、历史、美学爱好者、文字学与篆刻学初学者。

本书为近四十年玺印研究成果总结，因此亦有特殊的收藏价值。

△本书编次

A. 题签《考古集印》，由中国考古学会名誉顾问、中国古文字学会名誉理事长、考古学家、古文字学家、篆刻学家商承祚教授题。

B. 《考古集印·序》，拟请中国考古学会理事长、考古学家、历史学家苏秉琦教授作。

C. 《考古集印·印谱上编》，辑录先秦、秦、两汉、魏晋南北朝官私玺印，约 1000 方、片。

D. 《考古集印·印谱下编》，辑录隋、唐、宋、辽、金、元、明、清官私印章约 500 方。

E. 《考古集印·分域存目》既是 C、D 两部分的目录，又是按地域的一份著录。

F. 《中国玺印文化史的新收获〈考古集印〉跋》论文一篇，约 6000 字，提出中国玺印文化的一些看法。

编者、跋作者：南京博物院周晓陆
装帧、设计、版式：委托卢浩同志
责任编辑：

附二：代拟《考古集印》序两页。

冯普仁

冯普仁（1936—2006），工作于中国科学院考古研究所、无锡市博物馆。

苏秉琦—冯普仁（1986.12.25）[①]

要开拓学科新领域，要从改变旧学术观点出发，从中国文明起源、从社会历史发展的辩证法分析考古资料。

要迎着时代的精神上，而不愿墨守旧套套，……大家共同商讨，共同提高。

冯普仁—苏秉琦（1990.10.9）

苏先生：

您好！86年年底与陈晶在所里同您分别后，已近四年，想先生近来一切都好，甚念。

---

① 据冯普仁《怀念苏秉琦先生》，《苏秉琦先生纪念集》，科学出版社，2000，第92页。书信全文见苏秉琦—陈晶（1986.12.25）。

去年馆里让我主编刊物以来，已出版7期。到明年三月，《无锡文博》创刊两周年了，我想请先生为该刊撰稿，届时在明年第1期上刊用。如蒙先生惠赐大作，将为本刊增添光彩。文章题目可由先生自定，字数不限，请先生大力支持。

该期刊出南开大学梁吉生教授一文，是他自己主动寄给我的，梁先生是中国博物馆学会的负责人之一，能主动关心一个中小型博物馆的馆刊，使我们深为感动。

今年八月我出席杭州国际百越文化学术讨论会，见到许多老同学，如李先登、王人聪（香港中文大学）、吴永章（中南民院），以及汪宁生、劳伯敏、李家和等上下班的同学。下届百越年会将在贵州召开。

即颂

大安

学生 冯普仁

1990.10.9

国家社会科学考古学基金组

国家社会科学考古学基金组
—苏秉琦（1986.12）

苏秉琦同志：

您好！

现将国家社会科学基金研究项目《中国旧石器时代文化的发现与研究》的申请书和评议表各一份寄上，请拨冗参考申请书的内容，对该项目给予评议，并望填好评议表连同附上的申请书一并于 12 月 20 日以前寄回为感。此致

敬礼！

评议表和申请书请寄北京大学考古系转国家社会科学考古学基金组

国家社会科学考古学基金组

1986. 12

（“北京大学考古系”章）

于崇源

于崇源（1930— ），工作于沈阳新乐遗址博物馆。

于崇源—苏秉琦（1987.1.23）[①]

苏老：您好！

请允许我在这新春佳节之际，祝福您节日愉快，万事如意！

九月会议相识老师受益匪浅，承蒙指教，以表谢意。

您对新乐工作的评价，使我深感不安。工作至今尚未能更好地开展，今年拟将进一步发掘，望多多指教。

新乐遗址是国家级保护单位，还望苏老能向文物局多言几句，促进事业的发展。

现将在我馆留影寄上，为佳节增趣，为回忆新乐一行之乐吧！

祝苏老新春愉快。

新乐遗址博物馆

馆长 于崇源

元月二十三日

---

① 原信未署年。信中提到的九月会，推测为1986年9月的沈阳会议，若此，信写于1987年。

辛占山

辛占山（1941—2011），先后工作于辽宁省博物馆文物工作队、辽宁省铁岭地区群众艺术馆、辽宁省博物馆、辽宁省文化厅、辽宁省文物考古研究所。

辛占山—苏秉琦（1987.2.21）[①]

苏先生：

从北京回来后将您的意见和大顺讲了，他很赞同，不知可否给您写信。由于春节发掘季节即将来临，不知老黄对办文物技术训练班是何想法。能否定下来，还需要我们做些什么？此事如有结果并尽早通知我们才好。

考古所班子定下来后，现在算比较安定的接了工作。万事开头难，我们这也是如此。

上次去京时想给您捎个笔筒，因为它是点文物味道，但我忘

① 原信未署年。信中“文物技术培训班”，亦见苏秉琦—郭大顺（1987.3.6），信当写于1987年。

了，故请小王给您送去。

　　祝

安好！

辛占山

二月廿一日

泰安市文物管理局

泰安市文物管理局—苏秉琦（1987.2.25）

苏秉琦教授：

泰山是蜚声中外的名山，是我国重要的风景名胜区。她以历史悠久、文物古迹众多为突出特点，被誉为“中国历史文化的局部缩影”。为了加强对泰山地区历史文化的研究和保护，使之更好地为精神文明建设服务，以适应“四化”建设的需要，我们将邀请全国部分专家学者于今年五月份在泰安举行“泰山历史文化研究、保护、利用学术讨论会”。特邀请您参加，请光临赐教。

接此信后，请将选定的论文题目三月三十一日前函告我局。通讯地址：山东省泰安市文物局（或山东省泰安市泰山风景名胜区管理委员会）。会议具体时间另行通知。

附：泰山历史文化研究、保护、利用学术讨论参考题

泰安市文物管理局

泰安市泰山风景名胜区管理委员会

一九八七年二月二十五日

泰山历史文化研究、保护、利用学术讨论会题目提示

1. 泰山文物与风景名胜如何保护和利用

苏秉琦教授：

泰山是蜚声中外的名山，是我国重要的风景名胜区。她以历史悠久，文物古迹众多为突出特点，被誉为“中国历史文化的局部缩影”。为了加强对泰山地区历史文化的研究和保护，使之更好的为精神文明建设服务，以适应“四化”建设的需要，我们将邀请全国部分专家学者于今年五月份在泰安举行“泰山历史文化研究、保护、利用学术讨论会”特邀请您　　　　参加，请光临赐教。

接此信后，请将选定的论文题目三月三十一日前函告我局。通讯地址：山东省泰安市文物局（或山东省泰安市泰山风景名胜区管理委员会），会议具体时间另行通知。

附：泰山历史文化研究、保护、利用学术讨论参考题

泰安市文物管理局

泰安市泰山风景名胜区管理委员会

一九八七年二月二十五日

2. 泰山石刻、古建等文物古迹的科学保护措施

3. 泰山与传统文化

4. 泰山宗教，佛、道、儒三教在泰山的发展及其相互关系？各教独立发展的历史。

5. 泰山封禅与泰山文物（包括封禅遗址的论证）
6. 泰山神祇的渊源
7. 历史名人与泰山
8. 泰山石刻和古建筑的历史发展及其价值
9. 其他与泰山有关的历史文化方面的研究

华夏考古编辑部

华夏考古编辑部—苏秉琦（1987.3.9）

苏先生：

据郝本性同志说，先生曾应允为《华夏考古》写一篇文章。现下因印刷厂催稿甚急，若先生的大作已经脱稿，务请近期寄下，以便发排。先生对本刊的大力支持，我们非常感谢！祝

撰安！

华夏考古编辑部

1987. 3. 9

贾峨—苏秉琦（1987.12.1）

苏公：

《华夏考古》本年第二期约在12月25日前后出版，届时将把它寄上，请您提意见。我们希望得到您的指教，作为改进工作的主要参考。《华夏考古》是否能办下去，主要有两个问题：一是经费来源；二是能否办好。前者目前有保证，后者得靠专家和同志们的

支持，尤其是老一辈的专家支持。所里让我和世纲来办，论学识和能力，我们的确承担不了这个重任。不过，所里再三让我们出马，金槐同志再三相劝，我再三推却，难以推掉，只好粉墨登场了。我非科班出身，虽从业多年，没什么成就。大家都要我出来干，我也是依靠大家来办刊，发挥大家的智慧，我首先提出来请您当顾问，未知郝本性同志已转达了没有？

忠培同志来郑，我因住得离所太远，临走时我因迟到五分钟（交通梗阻），没赶上送行。他临行嘱张玉石转达我说，明年是您的80大寿，又是从事50周年，考古界的后学拟召开纪念会，建议《华夏考古》有所表示。忠培兄的建议，我已正式向我所领导提出。协商后，明年准备发张忠培和俞伟超同志合写的祝寿论文，金槐同志（或以我所名义）写的论文；郑大洲杰同志也写一篇，同时拟发先生的工作照片。上月我已将上列诸项通告忠培同志，但他迄今尚未覆信，其原因恐怕他尚未回京。

我们已与印刷厂签订合同，明年改成四期，三、六、九、十二月的十五日出版，每期在出版前八十天发稿。我们应当在您的寿辰前将您的照片和祝寿的纪念论文编妥发往印刷厂。所以我们希望忠培、伟超两同志的文章和委托忠培同志拍的照片尽快寄来。前几天，伟超同志返京时，我们也托他给忠培同志带了口讯。但迄今我们还没有得到他的覆信。

本性同志去京时，曾请您为本刊写一篇文章，听张文军同志说，您已将提纲交给吴汝祚同志。我们也希望大作及早寄下，以便发排，以光篇幅。

谢谢您对《华夏考古》的支持，祝您长寿！

昨日得确实可靠讯息，濮阳西坡池遗址继出蚌壳摆成的龙、虎图像之后，又出土一幅“羽人乘龙”的图像，龙的长度约2.5米，羽人高1.5米左右。春秋之际出的两个图像已经揭取，其一已运回濮阳城内，另一正在取，不久也可运至室内。据回郑州的人谈，还有露头两处，明春再行发掘。依我看此遗址比半坡重要，不宜发现一幅图像就揭取一幅。因为这里据濮阳新市区5公里，若从长远利益看，宜就地建馆，不宜零打碎敲。

致

敬礼！

贾峨 1987.12.1

中国社会科学院

中国社会科学院—苏秉琦（1987.4.22）

苏秉琦同志：

您好！

今年五月七日是我院建院十周年纪念日。《院内通讯》将出“庆祝中国社会科学院建立十周年特刊”一期，特约请您撰稿。

稿件形式不限，纪念文章、回忆文章、诗词、随感均可。文章以1000字以内为好。

来稿请于五月五日前寄给院办公厅调研处曹苏红。

此致

敬礼！

中国社会科学院办公厅（章）

一九八七年四月廿二日

［编者注］苏秉琦先生在页眉写：“5.11日收到，12日写。”

苏秉琦先生在接通知后写成《向建立中国学派的目标攀登》一文。

向建立中国学派的目标攀登①

中国社会科学院建立以来的十年是新中国最好的时期之一，是中国考古学健康发展并取得长足进步的时期。

同志们会记得1975年8月在中国政法干校礼堂召开的一次学部大会。胡绳同志在那次会上做的关于学部形势与任务的长篇发言，给我留下深刻印象，记忆犹新。他特别强调要有志气在许多学科建立自己的学派，要有中国民族气派、风格，要重视方法（论）。

这一思想对我国考古学十年多来的发展起到指明方向目标的作用。这十多年来全国范围的考古工作与理论探索已经向此目标迈出决定性的两大步，并朝着更高层次开拓前进。

第一步是从宏观角度，应用区系观点，围绕中国文化起源，对中国文化体系问题进行的田野工作与理论探索。

中国文化是自成一系的。中国历史文化是世界历史文化一个组成部分。按照考古学文化渊源、特征与发展道路的差异，中国可分为六个大文化区系：以面向东南海洋的三个区系为一方和以面向欧亚大陆的三个区系为另一方可划分为两半，或以秦岭—淮河以北以南各三个划分为两半。这样一个对立统一的格局，围绕着各大区系内部的、外部的、不同考古学文化之间的相互关系、相互影响、相互作用、相互补充问题，进行了卓有成效的横向专题学术交流活动。这是一项伟大的系统工程，其最终目标是为阐明把十亿中国人民凝聚到一起的基础结构，为认识中华，加强全国各族人民的团结作出贡献。

第二步是从微观角度、应用“分子”（或分析）观点，围绕中国文明起源，对中国文化传统（长期起积极作用的因素）如何从星星之火成为燎原之势，从涓涓细流汇成长江大河这个千古之谜，从考古学寻找“破密”的钥匙。这是又一项伟大的系统工程，是

① 原载《庆祝中国社会科学院建院十周年院内通讯特刊》1987年5月12日。录文据《苏秉琦文集》3，文物出版社，2009，第115页。

在前一步工作基础之上符合逻辑的发展。这一步尽管工作量很大，但已不再是神秘莫测而是可以计日程功的了。

下一步课题是对中华文明长河中每个“火花”或每个连接点，应用唯物辩证法——对立统一规律，进行更高层次的理论探讨。这已跨入哲学领域，把理论和现实、把历史和创造中的历史连接起来。考古不再是少数人的专业，它将越来越大众化，真正成为人民的事业，这已为期不远了。

岳邦湖、张学正

岳邦湖、张学正，工作于甘肃省考古研究所。

苏秉琦—岳邦湖、张学正（1987.4.23）[①]

邦湖
学正同志：

你们好！兹介绍一位不寻常的朋友，面谈一件不寻常的学术工作问题，望拨冗赐教为荷！

北京科影制片厂鲁明同志，最近与云南省博物馆合作编导一部《云南青铜文化》科教片，对考古、文物片算内行了。他厂和他个人，以及厂领导愿在这个领域继续开拓，曾找我谈过。想以“仰韶文化与华人”为主题，试搞一套系列科学教育片。

他们对此既然愿做出努力，这对我国文博考古事业发展是个开拓性尝试。我表示赞成。这是上述设想的缘起。

但经过进一步的商讨，认为此课题现在确有一定学术、现实意义，也初具一定的可行性；但有认为有较大难度；为稳安、积

① 据苏秉琦先生家藏信件复印件录入。收入苏恺之《我的父亲苏秉琦：一个考古学家和他的时代》，三联书店，2015，第 293 页。

累经验，我建议他们可先从较有把握、较易入手，学术、现实意义也较明确，可能少走弯路，选一个既是相对独立性，又可纳入“系列”的片子；这样，经过又一次交换意见，向他们推荐尝试搞一个“仰韶文化”的外围《马家窑文化》作为突破口；为此，建议他到甘肃和你们商谈合作，能否纳入你们工作计划，望予以积极的考虑。

你们知道，张朋川同志当年编写的《中国彩陶》，最后定稿阶段曾在京，我们一起共同谈过多次。在讨论整体结构问题时，我们共同看法是，认为“马家窑文化”确有其较突出的个性，特别是狭义的“马家窑”（甚至可以把半山、马厂放在它的附属地位）。这样，在时间、空间、内容三方面个性就格外突出了。对于一部（集）系列片只不过二三十分钟的容量，较易驾驭资料，突出论点，可能更符合“科普片”的教育意义。

中心思想是：1）它属于仰韶文化外围，但关系密切；2）从彩陶艺术角度，它有较高水平，从技法上看更比仰韶文化更高，甚至远远超过；3）这恰恰可从一个侧面突出仰韶文化在中华文化中的重要性。因为围绕着仰韶文化的四面八方都各有其独到的高明之处。中华是个“辐辏”概念，不是“辐射”概念；4）因此，短短的几十分钟一集电影，能讲出这样大道理，不是很有意义的吗？

为了使我们的文物考古事业真正成为人民的事业，真正是有时代感，而不是干巴巴的“死材料”堆砌，又不是硬邦邦的“说教”。既深入，富哲理，又通俗易懂。这一炮如打响，对我们的工作也会起到促进作用，这是我的希望，供大家参考。

鲁明同志他会从他的专业角度考虑，出点子，希望你们能协作得好，开个头。我看值得试试！

问大家好！师宾同志好！怡如同志好！朋川同志好！

苏秉琦

1987.4.23

徐　基

徐基（1941—　），先后工作于辽宁省博物馆、山东大学。

徐基—苏秉琦（1987.4.26）

苏先生：

去年秋初能参加您亲自主持的沈阳会议，感到很荣幸，那是一个胜利的丰收大会。看到您身体那样好，作为学生，我又感到由衷的高兴。

自沈阳返济后，我即带学生到山东省考古所张学海的工地学习了三个月，那是在滕县的薛故城，主要为两周遗存。但我们运气好，还做出了龙山、岳石和相当于商代中期晚段的遗存，只是三者陶片太少且太碎。我们把地层、遗存从早到晚地揭示出来总算没白花他们的钱。对于学生实习能挖到十几座两周墓，从西周早期一直排到春秋晚期，这是很难得。

先生：大辛庄的资料因种种原因至今没整理出来，我原想出去看看再动笔，总不能如愿，今只好“硬上”了。还记得 1985 年元旦后我到府上向您报告大辛庄发掘情况吗？当时我只带了些工地绘的陶器草图。从那次谈话，知您很熟悉大辛庄的材料。您说曾看过济市蒋宝庚送的材料，且识别出其中有早于二里岗上层者。这年五、六月间，我按您的指示，到济南博物馆见了于仲航先生，但在库房只见到十几件晚商陶鬲、罐。

通过1985年的整理，我们看这次发掘的资料主要为二里岗上层和晚商阶段的，但在一些早期单位中含有“类似”二里岗下层陶片，请见图2。这类陶片不多，且无独立遗迹单位。我猜度它们是更早时期的文化孑遗，或者遗址中还有早商遗存而没有挖到，但它至少说明大辛庄这一支商文化是与二里岗下层阶段是有些关联的。这是第一点。我再汇报的第二点是，大辛庄商文化似不能被包括到郑州—安阳或台西类型中。它们有很大的共性，但个性也还突出。它表现在所附图3器物群中。它从早到晚的陶器以饰中绳纹为主，粗绳纹早晚仅见于几件鬲片。其中最富特征的是折沿粗颈袋足硕大的鬲，它从早到晚几乎都是红砂胎细绳纹的。这种鬲从形制上说，如把之与鲁西北的龙山粗颈筒腹素面灰陶鬲比，倒像是一个系统下来的哩，只不过中间少了相当于岳石阶段的鬲。大辛庄的商文化大约可肯定不是在本地滋长起来的，但透过这种个体硕大的鬲分析，这一支商文化原来是相距鲁西北的龙山—岳石文化系统居地不远的。它们之间互有影响！这一支商族的源，可能与岳石文化是邻接的。

从章丘、茌平、禹城等济南外围地区的资料看，龙山时期有较多的灰陶素面鬲，这与鲁中南和胶东的资料不同，推测在这里继起的岳石文化鬲也会较多的。大辛庄早期遗存中还含有较多的岳石类陶片。它们也没有单独层位，或独立单位（如房址、灰坑等）。初步认为它们是晚于岳石，或相当于岳石文化末期。而臣服或被商人奴役的岳石后裔的遗存。①其中的素面陶甗与二里岗早期层所出Ⅲ

---

① 徐基先生指出：苏先生见到蒋宝庚所送材料后认为“其中有早于二里岗上层看”，文中我也说有类似二里岗下层陶片，这些可能就是大辛庄早期地层中所出类岳石文化的素面陶甗和卷沿红褐陶盆等。后来我们在正式出版的报告中，称此类（组）陶器为“大辛庄商文化第二类遗存”（参见科学出版社《东方考古》第四集）。

式甗如出一模。这样不但解决了郑州出土素面褐陶系的来历和籍贯，似还可说明大辛庄商文化上限不可能早到二里岗下层了。大辛庄的卜甲与台西的钻（挖）凿形态及排列位子相同，这又是它独立于郑州安阳的地方。我要报告的第三点是，大辛庄商文化大约是连续发展没有间断的，下限当不晚于殷墟三期。陶器依据，有鬲、豆和簋。今附上 C 型鬲的演变分期表，五期，有的期还可以分出早晚阶段。因遗址上部堆积多为五八年平整土地时破坏，这就不排除有相当于殷墟四期堆积，这次也发掘到上层堆积中，有几件质硬色浅灰的粗绳纹鬲、罐片。

因为先前曾跟先生报告过大辛庄的再次发掘，且受到过启发，没有下文不好。今特作如上汇报。内中肯定有欠妥处，遗憾的是我不能当面汇报聆听教诲，而在我是切盼有这样的机遇的。您很忙，不敢再打搅了。

敬请

台安　并颂节日愉快

学生　徐基　拜上

1987.4.26

陈　惠

陈惠—苏秉琦（1987.5.10）[①]

苏老师：

光阴倏忽，上次谒见，不觉又已数载相隔。其间生又多次登门，不料都是铁将军把门。有人说您已经搬家，不免怅怅。您的贵体不知有否见痊，闻磁山会议您不能参加，深以为念。

昨日在街上偶然购得保定出版的小报《大千世界》一纸，上面有个广告，是有个祖传秘方专治高血压症。药为草药洗脚剂，共两剂保证痊愈，每付洗两次，两付共17.5元。如一付不见好，将余药退回，退回全部药费，地址是天津西堂二里宋广德。经生分析，此事无非有两种可能：①是真的，②敛钱术。现在广告药医多半是骗人的，不过也不能都一概抹杀。估料即使治不好，也不致治坏，为了审慎起见，可先找中医问一问，洗脚方剂是否可用，有无害处，耗费点钱倒没什么，如果能治好病，岂不是好？另有一种可能是此药可能是顶药，只能见效一时，不能根治，然亦无大害。不过偏方治大病，已是自古有之，不知您愿试否？此是生的一点心

---

① 原信未署年。据苏秉琦先生在信上所写阅于“1/Ⅵ/87阅”情况看，信当写于是年。

意，希您谅解。依常识而论即使不用药水，每晚临睡，用热水烫脚，使血压下行，也是有益无害之事，望您采纳。该药叫做秘方降压汤，可以邮购。权权之意，不胜言表。

李学勤先生的信请代转。

祝

健康

师母大人代问候

受业　陈惠　上

5 月 10 日

［编者注］苏秉琦先生在首页页眉上写：1/Ⅵ/87 阅。

武安赵窑铜器矢字铭文四种，柄状器似为□符。

（李学勤信）

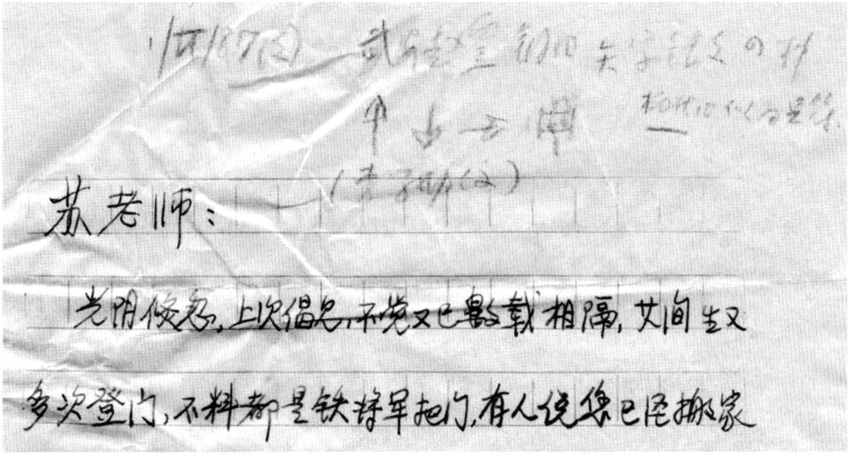
苏老师：

光阴倏忽，上次偶见，不觉又已数载相隔，其间生又多次登门，不料都是铁将军把门，有人说您已经搬家

石兴邦

石兴邦（1923—　），工作于中国科学院考古研究所（1977年后改属中国社会科学院）、陕西省考古研究所。

石兴邦—苏秉琦（1987.6.11）①

秉琦师鉴：

法门寺出土唐代文物，颇足珍贵。前一时期，各种活动较多，亦较纷忙，不宜详审，近期稍为安静，您如有暇，能抽出时间来一次，那最好没有了。此间晚辈，皆昂首以待您的到来了。据闻文物局吕济民局长近期要来，能在一起更好了。不知师之意下如何，专此奉闻谨颂

安康

晚生　石兴邦

叩拜

1987.6.11

① 苏秉琦先生在信后写："17/6 复。"

鲁　明

鲁明—苏秉琦（1987.7.4）[①]

苏老：

又请我爱人送上打印好的剧本，并叁拾元。

这30元是您老为《云南青铜文化》书写片名的薄酬，我代为签字领下来了。这是我厂规定的一点薄酬，实在不好意思。本想以这点钱买点礼物送苏老，想想又无可买，你就买点西瓜消暑吧。

剧本已交我厂总编室，由于业经你过目、审定，通过是无问题的了。现在关键是为拍摄打通道路。上次说了，要请苏老分别写两封信，一是给黄景略，一是给俞伟超。我想下星期一（七月六日）上午再来你处拿这两封信。然后，我将分别去找他们，并各送他们一份剧本。

祝

好

鲁明

七月四日

---

① 原信未署年。信中提到《云南青铜文化》，据李昆声—苏秉琦（1987.2.18），李昆声介绍鲁明先生拜见苏秉琦先生，并向苏秉琦先生索取片名手书。据李昆生—苏秉琦（1988.3.8）片于3月公映，则信应写于公映之前的1987年。

鲁明—苏秉琦（1988.3.24）[①]

苏老：

上次来谈长岛，得启发颇多，其中特别是长岛即国门也。我将在解说词的开头与结尾点出国门。此外片名也明确打出国门，以国门为正题，以长岛古文化为副题。格式为：

巍巍国门

——长岛古文化

近日购得一册好书，即文物出版社编辑部为纪念成立三十周年编的论文集，其中有苏老的一篇《谈“晋文化”考古》。读后加深了我对红山文化的理解，一读苏文如见苏老其人。这篇文章，对我今后进一步修饰红山文化解说词大有好处。文集内还有一篇题为《谈“琮”及其在中国古史上的意义》，对即将着手的良渚很有启发。

长岛剧本，我厂总编室下周可能要讨论，待讨论后，开拔东北前再来看望。另外春节前照的照片已搞好，我将一并带上。

致

敬礼

鲁明

三月二十四日

① 原信未署年。信中提到的“文物出版社编辑部为纪念成立三十周年编的论文集”《文物与考古论集》1986年12月出版。据李昆声—苏秉琦（1987.2.18），李昆声先生是日写信介绍鲁明先生拜见苏秉琦先生。本信中提到“修饰红山文化解说词”和“开拔东北”，应是为至辽宁拍摄红山文化做准备，据鲁明—苏秉琦（1988.4.12），信当写于1988年。

鲁明—苏秉琦（1988.4.12）①

苏老：

你好。由于许多啰唆事情，我们延至四月十七日才能赴辽宁，这段日子就不来看望你了。估计五月底前可返京，那时再与你联系。

《长岛古文化》又修改一遍，讨论时各位没有什么意见了。现寄上，望抽空审阅，如有什么不当，拍摄时还可补救。

祝

好

鲁明

四月十二日

鲁明—苏秉琦（1989.6.12）②

苏先生：

昨日看到中影公司一份红头文件（复印后成黑体字了），实在太好了。特寄上一份，你一定高兴极了，从而有利于战胜病痛，恢复健康。

发表在头版头条消息这一份《中国文物报》，也一并寄上，早

---

① 原信未署年。在郭大顺—苏秉琦（1987.11.25）信中提到见到鲁明先生，未提拍摄红山文化之事，郭大顺—苏秉琦（1988.8.1）已言拿到红山文化拷贝，据此红山文化的拍摄应在本信所言的4月17赴辽宁之后，信应写于1988年。

② 原信未署年。《中国文物报》1989年5月12日刊发了苏秉琦先生《写在〈中国文明曙光〉放映之前》，但为第二版，非头版，信应写于1989年。

睹为快吧。

敬盼您早日康复。

鲁明

六月十二日

［编者注一］苏恺之《我的父亲苏秉琦：一个考古学家和他的时代》（三联书店，2015，第295页）著录了鲁明先生给苏秉琦先生报喜的书信。此外还记录了另外一份重要文件。

北京科教电影制片厂《中国文明曙光》摄制组：

遵瑞环同志嘱，我们观看了你们摄制的片子，从中受到很大教育。大家一致感到，这个片子是成功的，看后可以帮助人们增长这方面的知识，受到爱国主义的教育。对你们所付出的辛勤劳动表示感谢。

此片可提供领导同志观看，具体时间以后再定（如以后有录像带，望提供领导同志更好）。

此致

敬礼

中央宣传部、思想工作领导小组秘书组

1989年9月28日

［编者注二］苏秉琦先生在《中国文明曙光》放映前，在《中国文物报》1989年5月12日第2版发文介绍了此片。

写在《中国文明曙光》放映之前①

北京科学教育电影制片厂拍摄的《中国文明曙光》组片，一套四部，选题涉及中国文明史中最关键、最敏感（因为它重要又不无争议）的那一部分——古史记载的五千年文明古国究竟是真实的历史或仅是一种民族的传说？80年代以来，经过我国考古工作者的努力，对此已经作出肯定的答复，从而引起海内外人士的广泛注意。

① 苏秉琦：《写在〈中国文明曙光〉放映之前》，录文据《苏秉琦文集》3，文物出版社，2009，第141页。

辽宁发现的五千五百年前的“女神庙”，还有相关的祭坛、积石冢等遗存，消息一发布，立即引起震动，这不难理解。因为，“女神”是由五千五百年前的“红山人”模拟真人塑造的神像（或女祖像），而不是由后人想象创造的“神”。“她”是红山人的女祖，也就是中华民族的“共祖”。大量共生的玉器、陶器反映的“华与龙”的结合，充分说明了这一点。

《中国建设》杂志社曾约我写一篇题为《华人·龙的传人·中国人——考古寻根记》短文，向海外读者谈谈中华远古的文明。后经《新华文摘》全文转载，引起了国内读者的广泛兴趣。1988年高等学校升学考试语文卷阅读部分据此文分析命题，占用四个印刷页并加插图。新生录取以后，《光明日报》的“教育研究”有专栏评介，提出改编高中语文课教学与教学方法改革设想。同一时间内，全国的考场中，有270万青年阅读着这篇短文，这不能不算是一件大事。据我理解，命题人的意旨不会是因为这篇短文可以作为范文精读，而是因为这篇短文内容涉及中华五千年文明这个牵动着亿万中华儿女心灵的大事，论据论证严密可信，有必要让人们世世代代传诵，永志不忘。

现在，北京科学教育电影制片厂以电影方式，阐述同一题材，这是一个极好的尝试，可以使更多的人来关心和了解中华民族的古代文明。这组影片空间的覆盖面，遍及中华大地的东南西北；时间跨越距今五千年前后，一套四部，各有特色，又有共性。说明各地曾大致同步显示出“中国文明曙光”，有如群星环绕之时，而中州大地则有些暗淡无光。这给我们透露一个讯息，犹如日出时在黎明前有一瞬间的黑暗。《史记》记载的远古时代的“五帝三王”不正是“诸侯相侵伐”，继之“尧舜禅让”，再后是“逐鹿中原”等一系列大事件发生发展的社会背景吗？生活在20至21世纪之交的中国人，为了民族振兴，为了实现现代化的理想，正面临着严峻的考验的时刻。这套从文物考古角度探索中国文明起源的科教片，将会给人们以有益的反思和启示。

鲁明—苏秉琦[1]

请苏先生写一条幅的文字如下：

西方近代考古学的兴起，如果可以说是直接向神权和基督教义的挑战，我国近代考古学的兴起，不妨说它是直接对传统史学观点的进攻。

署名

① 原信未署名、无时间。该信用“北京科学教育电影制片厂”信笺书写，从字体看，为鲁明先生所写。

魏　坚

魏坚（1955—　），先后工作于内蒙古文物考古研究所、中国人民大学。

魏坚—苏秉琦（1987.7.12）

苏先生：

您好！

6月底我从庙子沟工地回来，收到了观民老师的来信，谈到了您对这一遗存的关心，并让我介绍一下概况。因我当时正要同佟柱臣先生，以及文物处和所里的领导到工地去，没来得及给您回信，故推至今日，望您原谅。

我在匆忙中，给您描了一部分器物图，以及两座房子的遗迹图，不知能否代表庙子沟遗址的主要特点。另外，给您选了几张彩色照片，也许能有助于情况说明。因我自己工作经验差，认识能力也较低，对这处遗址的许多问题很难反映清楚。目前遗址的发掘已进入最后收尾阶段，工作十分紧张，所以，我就把给察右前旗文管所写的一份“文物志”材料，复印后给您寄去，结合图和照片，或许能够反映一些这处遗址的概况。

我自己感到，这种遗址或许是张家口以北、内蒙古东西部结合处（西部的东缘）的一种自身特点鲜明的文化遗存。介于庙子沟遗址的地理位置，在黄旗海周围的丘陵台地上，应当存在有与庙子沟遗存相关联的文化遗存。目前的调查已发现一处，在距庙子沟东南约12里处。月初，处和所里有关领导去庙子沟工地观摩后，经多方努力，终于决定这个点暂时不撤，留待今后再做一些工作。这样对工作是十分有利的。因从8月下旬开始，我在准格尔旗还有发掘任务。因此，最近，我正组织人，准备以庙子沟为中心对周围的黄旗海沿岸地区，先做一些考古调查工作，以期有所收获。明年再做些工作，争取将这一区域的原始文化搞出点眉目来。

现在看来，庙子沟遗址若不撤点，首要的困难即是经费问题。考古调查、占用住房、派人看管等项花费，目前只能用今年文物局直拨的两万发掘经费中的剩余部分，而且今冬还需进行室内整理工作。因此，明年文物局假如仍能直拨部分经费，则工作方能坚持下去。

关于庙子沟遗址的情况，这次说不清楚的地方，等我在八月上旬去北京时，面见先生再和先生汇报。先生有什么指示，望能来信告诉我。

祝先生

康泰!

魏坚　拜上

1987.7.12

附：彩色照片13幅、线图复印件5幅、察右前旗《文物志》材料《庙子沟遗址》材料复印件一份（1987年5月29日）。

庙子沟遗址

遗址位于乌盟察右前旗新风乡庙子沟村南的西坡上，背风向阳，西北距察右前旗政府所在地——土贵乌拉镇约12.5公里。遗址以北约6公里为黄旗海，遗址所在的山坡即属黄旗海南岸的丘陵台地。遗址周围丘峦起伏，沟壑纵横，平均海拔在1370米以上。

遗址东侧有一条宽约40米，深近10米的大沟，由南而北穿庙子沟村东而过，沟内常年有涓涓细流，雨量大时，可北上汇入黄旗海。

1985年9月，新风乡砖厂在遗址东侧沟沿断崖取土时，发现有石器、陶器和人骨出土，当即报告旗文管所，并由内蒙古文物考古研究所对这处遗址进行了抢救性发掘。据考古钻探和发掘得知，这处遗址南北长约220米、东西宽约120米，以南北遗址、遗物较为丰富，遗址的东南部已因砖厂取土遭到破坏。

自1985年10月至1987年7月，内蒙古文物考古研究所在旗文管所和盟文物站的配合下，连续三次对这处遗址进行了清理和发掘。遗址所在的山坡西高东低，呈漫坡状，由于常年耕种，植树和水土流失，许多遗迹已暴露于地表，石刀、石斧类石器和陶片俯拾皆是。经发掘和清理，发现房屋居住址50余座，灰坑100多座和墓葬60余座，出土各类遗物千余件。

房屋为半地穴式建筑，大体面东背西、南北成排分布，门道东向，方向在60°—90°之间。房屋多呈圆角长方形，东西进深2.8—3.8米，南北宽3.2—4.8米。因依坡势而建，一般西壁保存较好，高度30—45厘米，东壁保存较差，往往仅余几厘米。居住面为黄

白色草拌泥抹成，与四壁上的草拌泥面相连，坚硬平整，厚约2—3厘米。居住面下有一层5—20厘米厚的黑花垫土。灶位于室内正中，多呈圆角方形，灶壁略斜内收，深约20厘米。灶四壁及灶底有一层烧结面，呈灰兰色，十分坚硬，厚0.5—1厘米。灶底烧结面下多数有一层红白色碎石块做垫石。室内居住面上一般有9个柱

洞，四角及三壁正中各一，门道两侧各一。门道分为斜坡式和台级式两种，一般宽60、长50厘米。在室内四角往往建有1—3个窖穴，用来储放陶器和石、骨生产工具。居住面上出土陶器和石、骨器较多。灶内及灶周围，常见有孩童尸骨。

灰坑分为长方形和圆形两种，制作均较规整。长方形灰坑为直壁、平底，底部略小于口部，长 1.1—2.2，宽 0.8—1.8 米，深均 1 米左右。圆形灰坑多数建在室内，做窖穴使用，多为袋状、平底，口径 80 厘米左右，深约 0.8—1.2 米。

墓葬大多长方形或方形，个别为圆形。长方形和方形坑均较大，长约 1.6—2.5 米，深约 1.2 米左右，此类坑多为直壁平底，制作规整，有时壁略呈弧形。圆形坑多见于室内，这类墓坑应是利用室内袋形窖穴做埋葬时使用的。墓葬有多人合葬和双人、单人葬多种形式，盛行侧身屈肢葬，尸骨头向无一定规律。合葬墓中人骨放置也无一定方向和形式，较为凌乱。随葬品一般较少，常有鹿骨、鹿角伴出。

庙子沟遗址中，房屋排列似有一定规律，灰坑和墓葬多分布于房址周围，特别是墓葬与房屋交错分布，彼此无明显界限。各类遗迹均开口于耕土层下，许多遗迹的上半部已明显遭到破坏，遗迹间也未见有叠压打破关系。

庙子沟遗址出土器物数量较多，且大部分出土于房址中。遗物可分为陶器、石器、骨器与少量的蚌器和玉器。其中，以陶器的数量为最多。

陶器中以泥质灰陶为主，其次为泥质红褐陶、夹砂灰陶和夹砂红褐陶，还有少量的彩陶和红陶。泥质陶器表以素面为主，小口双耳罐多为素面，有的上腹饰细绳纹，肩部和下腹素面磨光。少量器物饰划纹，夹砂陶多饰绳纹和附加堆纹。陶器均为手制，形制较为规整。器形以小口双耳罐，折沿夹砂罐和直口夹砂罐及盆钵类最多。小口罐多为侈口、束颈、鼓腹、小平底，腹部有桥状双耳，有溜肩和鼓肩两大类。器形大者高可达 40 厘米以上，小者高度不及 10 厘米（图一：1—3）。折沿夹砂罐为侈口、折沿、鼓腹、平底，口沿下多饰附加堆放一周，器表饰竖绳纹，有的在罐腹部袋饰泥条或小乳钉纹，高度在 15—35 厘米之间（图一：4）。直口罐皆为夹砂陶，器形较大，均直口平唇，小平底，口沿外侧有附加堆放一周或数周，腹部饰竖绳纹或交错绳纹，高度多在 40 厘米左右（图一：

5)。盆多为泥质陶，有折沿、鼓腹、小平底和敞口、折腹、小平底两种，一般口径在30厘米左右（图一：6、7）。钵可大体分为鼓腹敛口和折腹敞口两种，口径在12—30厘米左右。前者器形一般大于后者（图一：9、10）。此外，还有带流罐、器盖、漏斗和夹砂小碗（图一：11）等。

彩陶只见于罐、盆类。器表多饰红黄色陶衣，彩色有黑彩、红彩和紫彩，花纹图案以网格、波浪、三角等几何纹为主（图一：8）。

石器的数量较多，磨制精致，制作工艺水平较高。计有石刀、石斧、石凿、石铲、石磨盘、石磨棒、石环、石纺轮、石球和石饼状器等。

石刀皆长方形，形制较为一致，均直背直刃，双孔，少数单孔或四孔（图二：1、2），个别无孔，两侧有凹口。石斧均为弧刃，

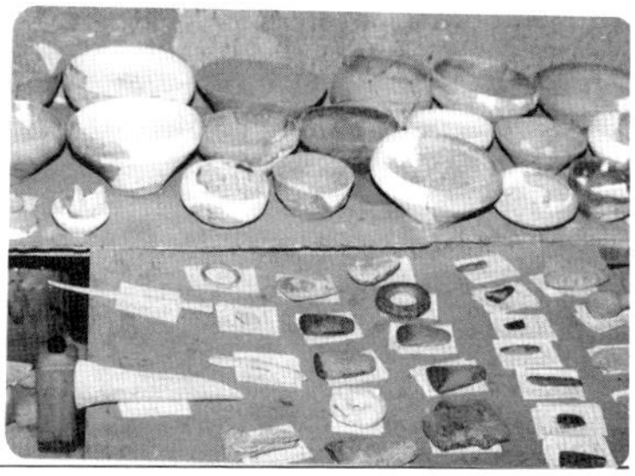

正锋，柄端略窄于刃部，体较厚，截面呈椭圆形。大者体长近30厘米，一般约15厘米左右（图二：4、5）。石凿体形较小，皆扁体宽刃，偏锋（图二：6）。石铲磨制规整，扁平光亮，宽刃呈弧形，上端有一穿（图二：3）。磨盘和磨棒数量较多。磨盘多为椭圆形，中部内凹。磨棒两端略细，中部一侧扁平内凹，一侧圆隆（图二：11、12）。石环有扁宽体形和细环形等形式。前者截面为长方形（可能为半成品），后者截面呈圆三角形（图二：7、8）。石块、石饼和石纺轮等多出土于居住面上，似与日常生活及制陶有关（图二：9、10）。

骨器数量较少，有嵌石刃的骨刀、骨匕、骨锥、骨簪、骨箭头和骨铲形器等。骨刀系在刃部一侧开出沟槽，槽内嵌入石刀而制成的复合工具。H12出土骨刀长15厘米（图二：13）。骨锥以动物的肢骨磨制而成，尖端锐利，柄端往口保留骨骺头（图二：14）。骨簪有细长圆形和扁形两种，有出于墓中人骨头部上方者，显系为绾头发所用（图二：15）。骨铲形器系用较大的动物腿骨制成，为半圆槽形，一端宽大张口，一端呈尖状（图二：16）。

蚌器仅见少量的蚌环和蚌刀，玉器只发现了小型的玉环，多做为墓中幼童的佩饰。

察右前旗境内发现的年代较早的文化遗存中，庙子沟遗址展现了较为丰富的文化内涵。遗址中出土了数量较多陶器，其中，小口双耳罐、折沿夹砂罐、直口夹砂罐和盆钵类器物，表现了鲜明的文化特征。这里的陶器虽均为手制，并可在器物内壁看出明显的泥条盘筑和手捏的痕迹，但器形较为规整，反映了制陶水平的提高。器物的种类也比较齐全，有炊器、盛器、水器和饮食器等，构成了一套完整的器物组合。特别是遗址中出土较多的磨制精细的石制生产工具，以及各类骨器和装饰品等，更增加了这类遗存的浓厚地方特点。

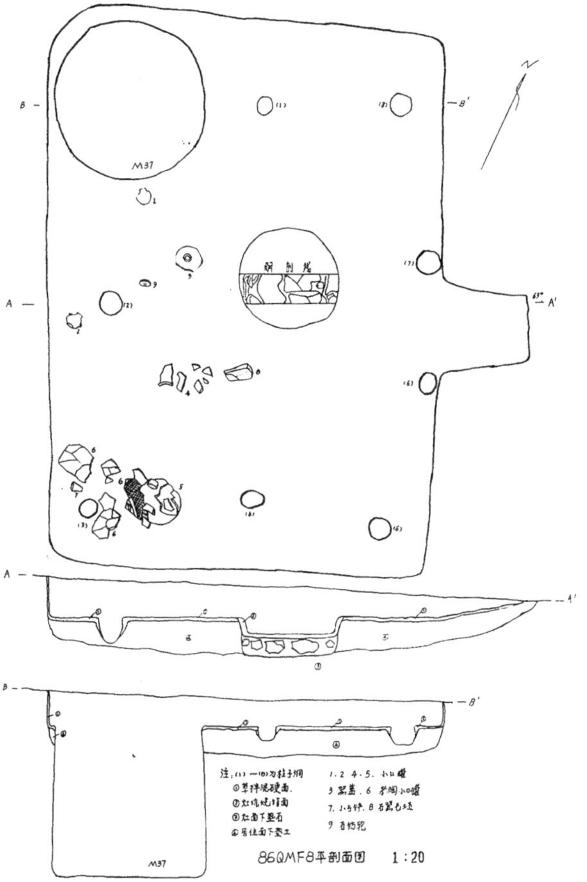

但是，任何一种文化，在其自身发展过程中，都会不断与邻近地区的文化产生相互影响，而使每一文化面貌产生复杂的多样性。庙子沟遗址地处内蒙古西部地区的东缘，东南与冀、晋北部接壤，因此，其除具备自身的文化特征外，也包含了许多外来因素，同时在其它文化遗存中，也可看出这类文化遗存的影响。比如，庙子沟遗址中最具特征的小口双耳罐，在包头大青山南麓的阿善二期和西周二期遗存中均有发现。这里大量存在的折沿和直口夹砂罐，以及几何形陶图案，在鄂尔多斯地区的准格尔旗境内同时代遗存中也较常见，夹砂罐的纹饰稍有差别。而那里最常见的喇叭口尖底瓶，在这里却不见。庙子沟遗址中出土的少量筒形罐和素面红陶罐，似带有红山文化的某些因素，这也许显示了赤峰地区文化因素向西南发展，对

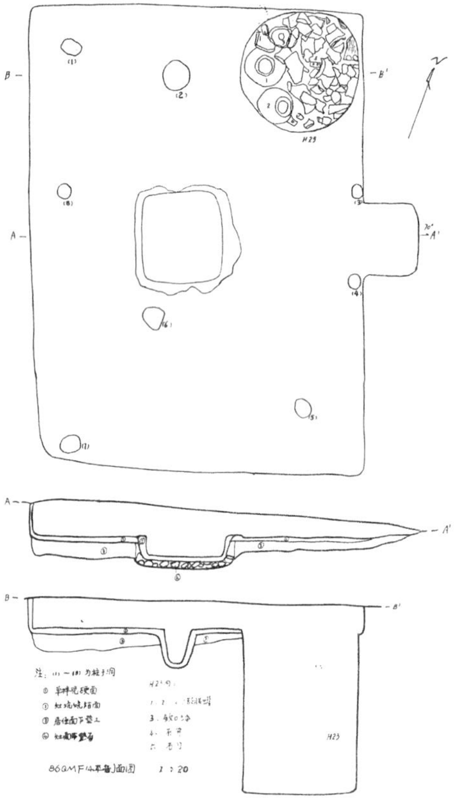

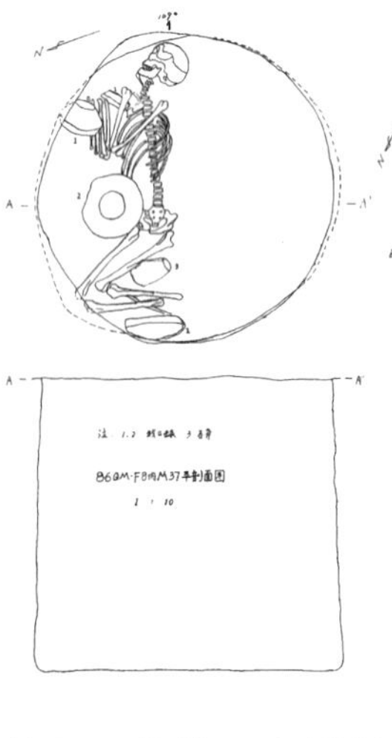

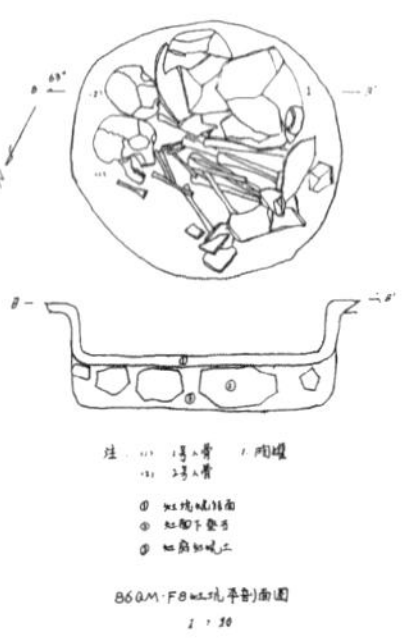

黄旗海沿岸地带产生的影响。此外，庙子沟遗址中出土的曲腹盆、敛口钵等常用器，在河北北部，直到中原仰韶文化半坡晚期遗存中，也是十分常见的。由此可知，庙子沟遗址的年代，也与上述诸遗存相当，即属于仰韶晚期阶段，与内蒙古西部地区的阿善二期遗存时代相当或稍早。

庙子沟遗址依山面水，地势开阔，地理条件十分优越。丰富的古代文化遗迹和遗物，展示出一幅古代居民劳动生活的生动画面。这处遗址面积较大，房屋分布均匀，排列有序，室内的窑穴和房屋周围的灰坑等遗迹，反映出当时这一部落集团人数较多，人们生活安定的情景。大量的石斧、石刀、石铲和石磨盘、磨棒等农业生产工具，显示了当时作为主要经济手段的锄耕农业的发达和繁盛。出土的鹿角和兽骨，表明了森林狩猎经济的存在。此外，在遗址中出土的贝壳、螺蛳等水生动物遗骸，以及彩陶上的网格状花纹，说明了当时的人们还从事渔猎生产，以补充生活来源。遗址中在住房周围和室内埋放人骨的习俗和尸骨葬式，应是当时人们的原始信仰和宗教意识的特定反映。可以想象，当时黄旗海周围的气候条件应是比较湿润的，黄旗海的水域也可直达山坡脚下。庙子沟遗址的先民们，在安定的生活中，挥动着石斧、石铲在周围的缓坡上，从事着原始的锄耕农业，利用石球、弓箭在住址后面的森林草原上，追逐捕猎野兽，在山坡下的黄旗海里捕捞鱼虾，而遗址前面山沟中的泉水，又为人们提供了丰富的食用水。通过这处遗址，使我们看到了生活在五千年前的人类祖先的智慧和他们对生活的追求，看到了古代劳动人民不断地创造物质文明的一幅历史画面。

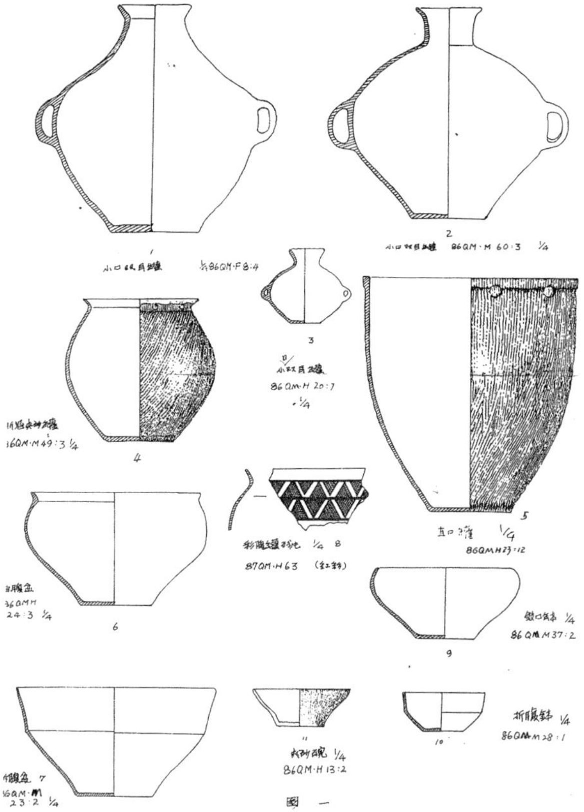

图 一

庙子沟遗址地处内蒙古东西部和通过张家口南下中原的三岔路口上，由于其重要的地理位置，因此，对于这一遗址的发掘和研究，将有助于我们逐步揭示我国北方地区的多种文化面貌，探讨这一地区与中原的文化联系和相互影响，从而进一步研究我国多民族国家形成的历史过程。

1987 年 5 月 29 日

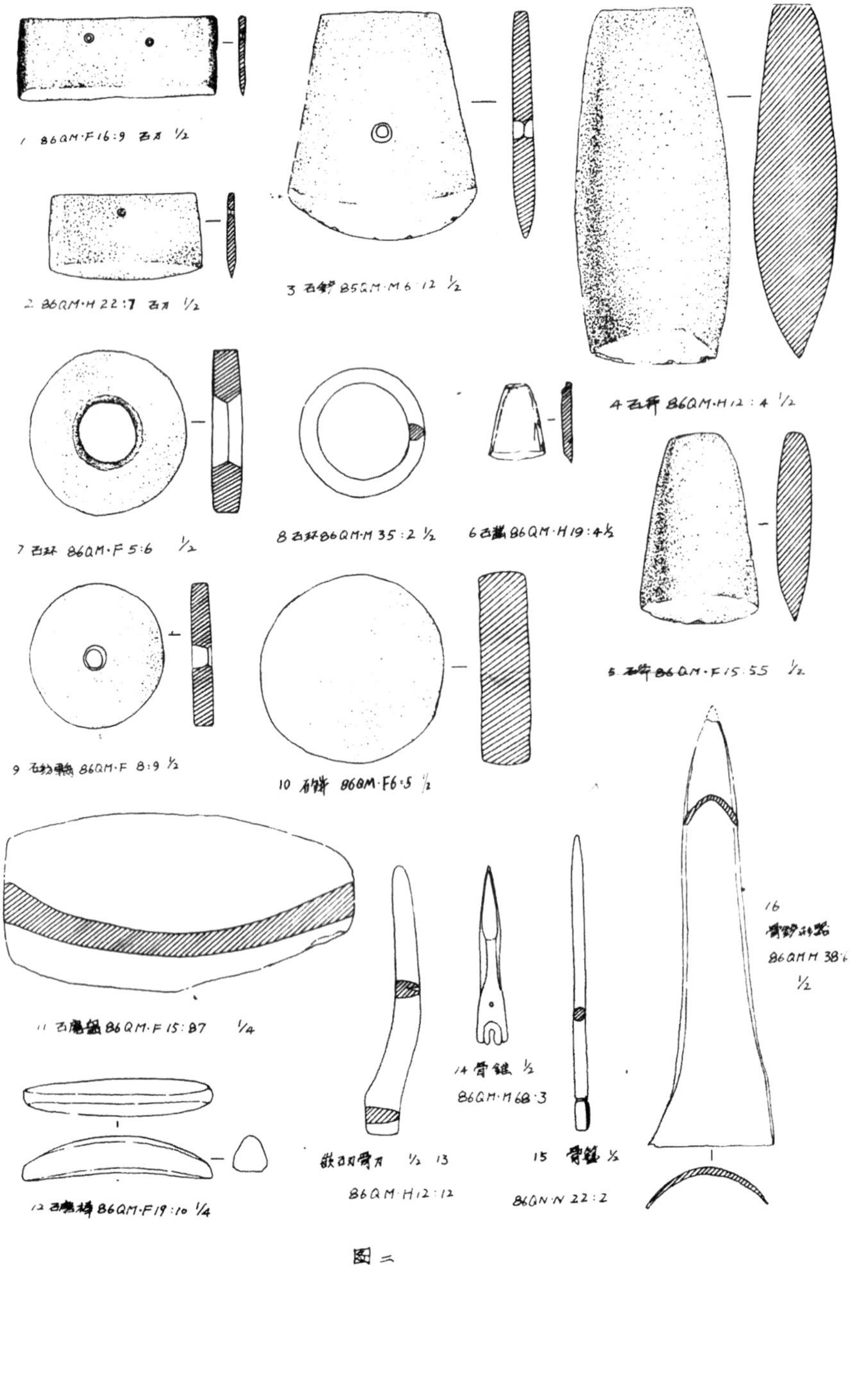
1 86QM·F16:9 石刀 1/2
2 86QM·H22:7 石刀 1/2
7 石环 86QM·F5:6 1/2
8 石环 86QM·M35:2 1/2
14 骨镞 1/2
86QM·M68:3
86QM·H12:12
86QN·N22:2

图二

殷墟博物苑

苏秉琦—殷墟博物苑（1987.9）①

殷墟博物苑创建纪念

殷墟博物苑的创建是殷墟考古事业符合逻辑的发展。如何保护好这座大遗址，把它传之子孙永保用，发挥社会效益。如何把这座历史文化名城（安阳市）的现代化建设规划同它协调统一起来，是个新课题。这需要有关方面积极配合，集思广益，才有可能把它较好地解决。这是历史赋予我们的责任。愿共勉之。

苏秉琦

一九八七年九月

① 据苏秉琦先生家藏复印件录文。

赵晓华

赵晓华（1949—　），工作于辽宁省博物馆。

赵晓华—苏秉琦（1987.10.25）[1]

苏先生：

您好！

前几天寄回您留下的100元钱，不知收到否？请查收。那笔钱我们觉着留下不妥，由牛河梁工作站方站长做主，我经手给您寄回。这事已告知郭厅长。

倾接吴老函，得知您返京后隔日即赴所上班，不胜欣慰，时值深秋，请先生格外注意健康，不可大意。

拓片一事，因需精拓，而那较好的拓工昨日才休假期满来上班，已交代于他，会很快拓好寄给您。

此次去牛河梁、兴城，将永远留在我的记忆之中：牛河梁垂空满布的星群和那碧绿的万亩松林，兴城海滨千变万幻的日出和那细

---

① 原信后半残缺。据内容、字体，并经赵晓华先生确认，为赵晓华先生致苏秉琦先生信。据内容，应即苏秉琦先生1987年11月7日信中提到的10月25日信。

软的沙滩，还记得我们坐在沙滩上东看太阳西望月吗？那是多么美好的一瞬！然而更令我终生难忘的是先生您

（下缺）

苏秉琦—赵晓华（1987.11.7）[①]

晓华：

10 月 25 日信，还有先寄来的一百元，11 月 2 日信及拓片均及时收到。回来后收到郭厅长一封信，11 月 5 日通过次电话。北京不像辽宁，忙忙碌碌，时间比人民币更不值钱。算来回京已是四周了，10 月 30 日（收到你第一次信当日）写过一封信，没有发，这是“第二次”给你写信了。这几日每天清晨到紫竹院一个人散步（每天如是，为赶上班，6—7 一小时）正是月落日出时刻，只是没有沙滩、没有海、没有兴城那种“诗情画意”了。

人生是美好的，美好的回忆会给人以启迪，但更为美好的还是创造中的现实、明天的历史，这才是人生的真正价值。为此，我愿再次向你推荐我的两篇短文：1）《给青年人的话》；2）《向建立中国学派的目标攀登》。前者为说明一个人（尽管他是那么渺小）总要有所追求，生活就觉得充实了；后者为说明我们面对的现实，我们都有缘和文物考古事业沾上了边，我们就应该时刻不忘对人民负有不可推卸的责任，要面对现实社会的需要，要面向廿一世纪的中国。文章虽短，没多少新意，但值得我们深思。你或许对文中一些字句、段落不能一下子了解。这无妨，今后总有机会。有一天，我们还可以细谈。还有，人不一样，结合个人实际才有可能找到具体可行的答案。

拓片还没有来得及细看，原标本最好暂存你处，或交郭厅长收存，勿遗失散乱为要。多谢拓片师傅好意，请代我向他致意！

---

① 据赵晓华先生提供信影录文。

这些天开过一个社会科学基金项目的会，接见《人民中国》为给我撰写一篇关于中华文明曙光的学术思想及其意义前景，接见国际广播电台为明年“龙年谈龙”撰稿，等春节期间发表。昨天参加听取考古所长会议后检查考古工地汇报，今天文物局组织几个人去北戴河检查他们（河北考古所）新挖出的两座殿堂式建筑，可能和墙子里、黑山头配套，因为只拟用三天，天冷、时间太短，我就没有去。但我建议大顺他们该去看看（电告大顺）。

兴城的疗养，我的“体外反搏”是有效的，已把检查（心电图）分析表交医生夹在我的病历中。今后在方便的时候还可以再去兴城（大顺来信这样建议）。

老伴的腿，比过去有明显疗效。

总之，兴城疗养是有效的。

电话中，大顺建议我在原写提纲基础上再增补一些。

大顺说，本月下旬他拟来京，和文物局一并研究、论证，说关于辽宁三项工作方案（牛河梁、墙子里、黑山头）。辽宁的考古工作还是要扎实、积极地进行下去，整个辽河东西确实是个理想的考古实验基地，愿观其成。科学是需要春天的，愿辽宁省工作同志们不辜负这个大好春天，愿你们好自为之！

随信附上《文物天地》几本，给你的一本内有我写的几个字，另一本是大顺的（上有他批注的字），其余的送秉琨馆长、念思同志、市文管办那位“不才弟子”，烦分发！

还有几本送：孙力、守道、殿春、菊尔、周英（以上共拾本，另挂号寄）。

信中提及兴城疗养的谢夫人，人很热情，她有没有给你留下地址？如有请告我，或许我会去看望她们。

问

家人好。

苏秉琦

1987.11.7

赵晓华—苏秉琦（1987.12.8）

苏先生：

寄来的信及十本《文物天地》均已收到，杂志除菊耳和那位“不才弟子”（他俩一个单位）没送寄外（菊耳来电话说，因想我非要亲自来取）都已送到，他们委托我回信时向先生致谢。有些崇仰先生的同志没得到，很不自在，到我这里借着看。如果我那本上没有先生题字，我便送与他们了（李宇峰、朱奋、辛占山等）可我那本不能随便送人，那是有其特殊意义的。

还有一事，先请先生原谅，由于我的马虎，将吴先生交给我的由京至凌原（您们来辽宁时）火车票四张当成了三张，每张30.20元，只给了吴先生90.60元。今天与刚从牛河梁回来的同志一起报销兴城至北京火车票时才发现，我立时便“汗流夹（浃）背”，马上去邮局寄还吴先生30.20元。如吴先生不来所里坐班，烦请您速转交与他，并代我解释，请他原谅。同时寄给吴先生一信，请罪。

暂写至此，遥祝

研祺

赵晓华　拜上

1987.12.8

苏秉琦—赵晓华（1987.12.22）[①]

晓华：

你好！

12月8日信早收到。随即寄去《文物天地》三本，给李、辛、

---

① 据赵晓华先生提供信影录文。

朱三位，并向他们表示歉意。

你寄来的30.2元车票款，吴汝祚同志当即还给我了。说实在的，你大可不必为此“流汗”。因为我们这一行，从打到凌源那天起，一直像一家人那样，过手的钱没有细看过一眼，随手一放，怎么会发现有什么差错呢！晓华！你说到我送你的那本《文物天地》“不能随便送人”。这话说对了，又不对。从九月十二到凌源，十月十一日离兴城，整个三十天的一切经历，都是值得怀念的。曹操“人生几何”，难道你无此感触么？但我从不为此伤感！我为此感到幸福。什么道理呢？这一点，你可以从《给青年人的话》中体会得到。

祝你

工作顺利，按期完成你写的《大事记》！

苏秉琦

1987.12.22

赵晓华—苏秉琦（1988.1.12）[①]

苏先生：

您好！

新年上班第一天就收您来信，别提我心里多高兴了！新年前我曾给您寄去一张“龙”的画片，后面贴的是“玫瑰花”邮票。我觉得这张贺年片送给您再合适不过了：花，华人；龙，龙的传人，这多么像您那篇令人耳目一新的文章啊！同时我又代表您和郭厅长给咱们的朋友，八一疗养院的尚主任、姜教导员每人寄去一张，不过没有“玫瑰”邮票，而是“万里长城”。

《大事记》终于初稿已毕，我如释重负。实际上已不是《大事

---

① 苏秉琦先生在书信后写：“9/Ⅱ复。”

记》，而成了《纪要》（约五六万字）。一个省博物馆，要论大事，一年能有几件？在我编写的过程中，领导们又改变了初衷，说是越详细越好，幸亏我收集资料时留了一手，把大、小事都记了，否则又要“汗流夹（浃）背”。

新的一年，我想干点自己喜欢干的工作：书画著录。这虽属简单劳动，但如果每著录完一件作品都能有新的收获（上帝保佑：或许能产生一篇文章）。就会由简单变为复杂。如果不做这项工作，那么库里的画是很难看一眼的。可是在研究室订计划时，您的学生、我的主任徐秉琨馆长却要我在做这项工作的同时，再承担一项编写我馆《要览》的工作，我极其厌恶编写《大事记》，我认为《要览》亦属同类。它将占去我许多时间，我婉言拒绝了。您认为我这样做对吗？我的计划是否现实？很想听听您的意见，因为我最相信您。

此致

冬安

晓华

1988.1.12

苏秉琦—赵晓华（1988.2.9）[①]

晓华：

1 月 12 日信及时收到，迟复为歉！感谢你的安排，为我们一行几人向兴城疗养院的医生、指导员寄贺年卡，太好了！

《大事记》脱稿，可喜可贺！

下一个题目：《书画录》并非简单劳动，是学习，是创造，要自己有所创新，就有收获。天下的事都是可以搞出些自己的“特

① 据赵晓华先生提供信影录文。

色”的。

馆长提议的《要览》，题目更是可以大大发挥。不但可以成文，还可以写成电影、电视稿本，难道你多年做讲解员，遇到过各色观众，回答过各式各样的提问，就不能从中找到些有启发意义的思想！总之，在我看来，一切事在人为，都能搞出点名堂！你不信吗？愿你深思！在平凡中做出不平凡的业绩，人生价值不正在此么？望努力，常给自己出些难题，这叫“超越自我”！祝
进步！全家春节好！

苏秉琦

1988. 2. 9

赵晓华—苏秉琦（1988.3.28）①

苏先生：您好！

2 月 15 日收到您的来信，可说是对我今年乃至今生工作具有指导意义。年后本想给您写回信，怎奈我今年的工作直至近日才定下来（真是计划不如变化快）：一是参加省文管办组织的为省志编写博物馆志；二是负责将 1935 年 6 月奉天国立博物馆建立至 1949 年新中国成立前我馆这段历史用纪实方式写出来，以备明年我馆 40 周年庆祝活动用。另命我撰写《宋人商山四皓会昌九老图欣赏》文章一篇。后两项工作须得在今年八月前交工，前一项工作得干 2 年左右。我将按照您信中希望的那样去干。

昨天去郭厅长家，商量请您为我馆四十周年庆祝活动所出纪念专号撰写文章一事，得知您今冬身体不适，甚为悬念，不知近日可否好转？时值春暖日丽的季节，长出室外舒展舒展筋骨，也许精神大爽。

---

① 苏秉琦先生在信后写：“3/4 复。”

明年七月七日，是我馆建馆40周年纪念日，届时将举行隆重之纪念活动。活动包括，邀请国内外有关专家学者举行学术讨论会，出版一批各种类型的纪念册，等等。我负责筹备纪念文集工作。已发函或面请国内外与我馆有关之文物考古界人士为这本文集撰稿（体裁、内容不限），目前已有杨伯达、郑珉中、陈滋德、于坚、汪小川、王修等数十人来稿，其中有祝词、有回忆、展望文章，亦有文物考古论文。

和郭厅长商量结果，想请您撰写一篇致贺文章，定能令人振奋，字数不限，可长可短，不知您意下如何？如有现成有关论文亦可。我们杨仁恺、徐秉琨馆长说："苏先生那里就不必发官样约稿函了，你个人写信代表馆里约请吧！苏先生一定会给你面子的。"我想，这个面子，您一定能给，惟担心会影响您的健康，我们很想得到您的祝贺，哪怕几百字。

看完这封信，您一定感到疲倦，请您原谅，我这人就是这样，写东西啰里啰唆，水平极低。

祝您

健康！

晓华　敬上

1988.3.28

苏秉琦—赵晓华（1988.4.3）[①]

晓华：

你好！3月28日信收到。

我今冬遵医嘱，以在家为主，偶尔去所里一下。事实上是，年岁不饶人，适应能力差，为了安全，慎重为宜，用药也有一定局限

---

① 据赵晓华先生提供信影录入。

性。现在以注射“复方丹参”为主，另服心痛定、消心痛、VB、VC、VE等。四月内准备去保定，北大—河北省协作工地，严文明、李伯谦、俞伟超等陪同，往返两日，自己备车。五月内计划去山东开“环渤海考古会”。春暖花开，也该“出蛰”了。自知注意，勿念！

馆里给你“加码”，表示对你信任，寄予期望。再说，不如此，待在研究室也不是滋味。我相信你，会做出成绩的。

要我写东西，无题也难写。主要是，对辽博了解太少，如果看看你写的《大事记》，或有些启发。你写出初稿后，给我复印一份吧。

《今日中国》二期有一篇对我的专访稿（日文），郭厅长说看到了，你馆或许有吧？

《红山文化》科教片开拍，编导鲁明去辽时交他三本《人民中国》，准备给省、工作站（凌源）、凌源县各一本，作纪念！

内有“918”大墓女神像，首次公开发表，理该送省所存查。祝工作顺利！向
朋友们致意！

苏秉琦

1988.4.3

赵晓华—苏秉琦（1988.4.16）

苏先生：您好！

4月3日来信已收到，因为馆里最近发生点事，大家都在帮忙做点力所能及的事，没有及时给您回信，请您见谅。

我写的《大事记》，初稿五六万字，名副其实的“豆腐账”，如给您看，将会把您累坏的（初稿钢笔书写，复印效果不好，待正式印刷后，定将奉教）。今随信给您寄去一份《辽宁省博物馆简

述》，这样您就会对我馆有个大概的了解。唯一不美的是缺少近年来辽宁的三大考古发现，但您对这三大发现心中是有数的。不知这样做您是否满意？

您能离都外出考察，证明身体不错，我看到这里，心中颇为欢畅。

馆里评定职称工作正处于最后阶段，但尚未揭晓，心中无数。待有好消息，我将立刻向您报告。问阿姨好！并祝二老健康！

晓华　敬上

1988.4.16

赵晓华—苏秉琦（1988.8.8）

苏先生：

您好？北京匆匆拜见您，一别又是半月有余。这次见面，我盼了很久，有许多心里话要对您说，可是一进考古所大楼，特别是一进您的办公室，心里要说的话全“吓”跑了。

我们馆的纪念文集已收到国内外稿件20余篇，绝大部分与我馆有关。我还是觉得先生应该为我馆撰文一篇，理由很多（也许说不到点子上）：一是这里有您深感兴趣的课题；二是这里有您很多的家（这是您亲口说的，可不能说着玩啊！）；三是这里有您那么多学生，还有像小方站长和我这样的无名晚辈们，心里是多么盼望您能为辽宁的文物、考古、博物馆工作说几句话啊！关于我馆的历史简况，我记得数月前曾挂号寄给您了。不知收到否？近日《辽海文物学刊》又出合订精装本，我去编辑部为您要了一本，随信给您寄去。

这次进京，官差太多且麻烦，又急于返沈（因为恰逢书画鉴定组在我馆鉴定书画，千载难逢之良机）没有去看望阿姨，请她老人家原谅。

我馆新展览大楼已然落成，开始筹备新展览，迎接明年七月七日的馆庆，在邀请明年参加馆庆的国内外人士名单中，您名列其首，不掷下一篇文章，多不好意思啊！

此颂

大安

赵晓华　敬上

88.8.8

苏秉琦—赵晓华（1988.8.23）[①]

晓华同志：

你好！8月8日信收到，书刊没收到，你们上次来京，我们没得谈些家常，匆匆而来，匆匆而去，总是遗憾！但愿以后能多些机会谈些工作、生活等等。

你馆为纪念刊征文事，你们的深情厚谊我理解，我和辽宁的关系也不一般，你讲的道理我都懂，只是你不理解我为了轻易答应下来的欠债还不清的难受滋味，真是寝食不安。过去穷人像白毛女杨白劳式的日子没经历过，但人家越宽大，自己越着急，真是阎王债！

这次让你撞上了，你不知我心里多不好受，我深知我答应不了“硬任务”，限期交卷的事我干不了，越急越交不了。两难，何苦呢？

现在我倒想了个题目，《辽博·辽宁·现代化的中国》，说是可长可短，但太短了也不成！可快可慢，但我不敢定日期，可怜老头吧！迟交了卷不要骂我！我可有话在先。你也不要为此犯难，不是你的面子不大，太大了，现在我的日子正为还“阎王债”犯愁，

---

① 据赵晓华先生提供信影录入。

可不敢再加码了！

一篇文章认真对待，总有个过程。人家是人家，我是我。我想的题目，不就那么几个大字吗？你想想看，有哪位先生愿写，我情愿让贤，如果要我把论点全部交出更好，省我费力了，但愿能有人能替我。

就算我开个小玩笑吧！请原谅！原因是我真不敢定日期。望理解！请对领导好言解释。

此致

敬礼

苏秉琦

1988.8.23

赵晓华—苏秉琦（1988.8.29）

苏先生：

您好！大札收到，读后鼻子发酸，几乎落泪。我为我成为“穆仁智”而感到不安，更为我不能帮您什么忙而感到难过。

您想的题目《辽博·辽宁·现代化的中国》真太好了！既深又广。然恐短不成，我又感到这样“逼”您很不对劲，偌大年纪，本应该颐养天年，怎能这样苦苦相逼，简直太残酷了！我为您想出了一个“馊”主意：大作尽力写，时间上我可最大限度“通融”（这当然只有您一人独享），原稿寄下我来誊清。如若感到太疲乏或时间上确实来不及，我看您办公室挂的那幅条幅上的诗就很有意义（我记得那首诗从红山文化谈到了全国的文化，有点有面，末尾好像说明是您所作，别人书写），抄录一份，在诗的前面加上两句祝辞，点名旧诗新意，不是很好吗？如雅兴大发，再作一首，那就更好了。作诗也许此作大块文章省力，您看这主意如何？

书刊早封待寄，但因近处邮局动迁，远处邮局附近挖沟集体供暖暂不通车，没有及时寄上，近日决心骑自行车闯闯看（我骑车技术在馆内倒数第一），请您原谅。

郭厅长应邀赴日，前日已动身，九月下旬返沈。

《纪念论文集》稿子已收到祝辞及回忆文章八份，论文（有考古、藏品研究等）十八份，还有一些稿子已报告题目，估计能如期出版，其他准备工作正在进行中。新建展览大楼已近尾声，即将举行落成典礼，专题展览大纲正在讨论修改中。全馆目前忙的是两件大事：一是近期的赴日出国展，二是明年七月的馆庆。

您近日身体好吗？万不可为前述写稿的事累坏身体！那会令我终生不安。阿姨身体好吧！

徐秉琨馆长嘱我代笔致敬。

顺颂

大安！

赵晓华

88.8.29

赵晓华—苏秉琦（1990.3.11）

苏先生：

您好！很长时间没有给您写信，不知您和阿姨身体可好？生活怎么样？我常从报上看到您的一些活动情况，最近又从报上看到您任中日联合南海沉船调查委员会主任。每当发现您的名字，我都反复阅读数遍，感到非常高兴与亲切。我很想念您，近半年来因参加馆庆、文物志、艺术节等项工作，弄得昏头涨脑。11 月 9 日—12 月 18 日又参加中日联合举办的“大三彩展”随展组赴日本工作了四十天。总之，虽然忙乱，我却经常想起您，无论是在国内，还是在国外。

《大事记》（初稿）已于 89 年 9 月 6 日馆庆前夕仓皇出版，共约 8 万字，写得不好，印刷亦粗糙，不敢献丑，没有给您寄去。

在日本的四十天，去了东京、京都、奈良、冈山、仓敷等市，感触颇深：日本政府对文物考古工作的重视，研究人员的工作条件及国民对此项的认识程度，都是国内不能与之相比的。先生如有机会赴日的话，不必有任何顾虑，日本的服务是世界第一流的，非常方便。我这次就是在没有人陪同亦无翻译的情况下（我自己谢绝的）一个人乘各种交通工具去京都、奈良等地参观游览，自由自在，心阔神怡，别提多惬意啦！越是这样，我越是常常想起你，特别是在仓敷考古资料馆看到各种形状的陶器时，更想到如果您能亲眼看看该有多好！我和他们馆长座谈时谈到您，馆长了解您并很崇敬。

大顺厅长一切都好，因任“高官”工作很忙，我们亦很少有机会深谈，不过请您不必惦念。有什么需要我办得，请尽管示下。请代问阿姨好！

大安

晓华　敬上

90. 3. 11

白寿彝

白寿彝（1909—2000），先后工作于云南大学、重庆中央大学、南京大学、北京师范大学。

白寿彝—苏秉琦（1987.11.16）

丙奇老兄：

前匆匆一晤，承示弟《远古时代》卷，一定于二月底交稿，不再拖延。并蒙赐以美名，称作“阎王债”，过期不还是不行了。还望加紧抓、抓到底，把这件事办了。

本意拟请一位考古学权威人士题写书名，听说老兄已欣然答应，请早日写好寄下。

东风有便，惠我佳音。

弟　白寿彝　上

一九八七年

十一月十六日

白寿彝—苏秉琦（1988.1.1）

丙奇老兄：

在新年的开始祝您健康长寿，工作顺利。

如果我记得不错，按传统算法，今年是老兄八十大庆之年。如按生年到今算，也只相差一年。老兄历年治学收获甚富，甚望有些纪念活动，用以鼓励后学。不知考古学界有所准备否，望能早日示知。

通史第一卷最后校样，已于年前寄去，不知何时可以出书。尊处承担的第二卷，希望于春节期内交稿，使得接着发排。还要为此事不断烦渎，深为不安，幸勿见罪，谨颂俪祉。

弟　寿彝　上

一九八八年

元旦

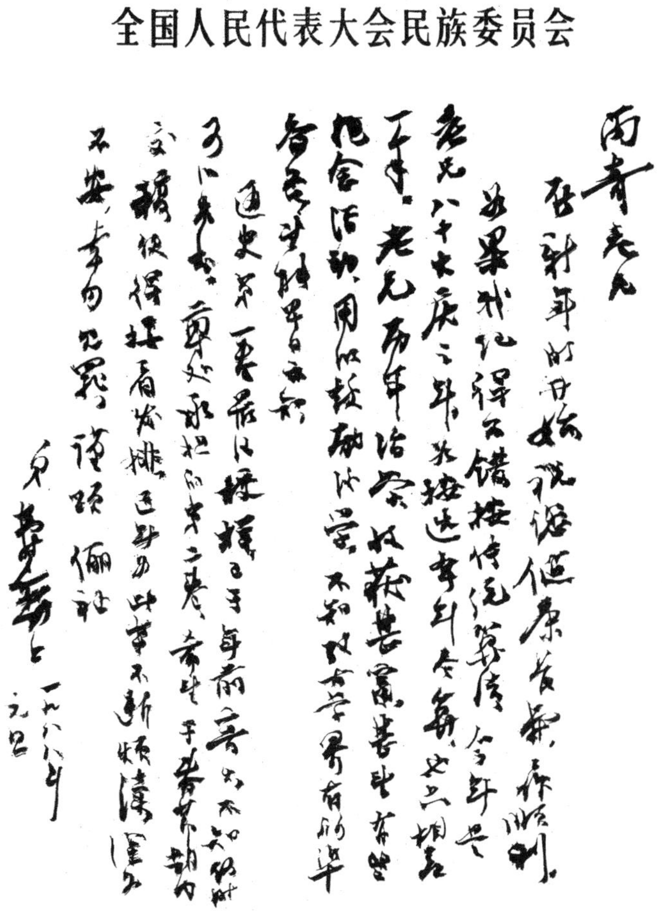
全国人民代表大会民族委员会

丙青老兄：

新年好！敬祝健康长寿，万事顺利。

如果我记得不错，按传统算法，今年是老兄八十大庆之年。如按生年到今算，也只相差一年。老兄历年治学收获甚富，甚望有些纪念活动，用以鼓励后学。不知考古学界有所准备否，望能早日示知。

通史第一卷最后校样，已于年前寄去，不知何时可以出书。尊处承担的第二卷，希望于春节期内交稿，使得接着发排。还要为此事不断烦渎，深为不安，幸勿见罪，谨颂俪祉。

弟 寿彝 上 一九八八年 元旦

白寿彝—苏秉琦（1989.4.11）

丙奇老兄：

通史第四卷（秦汉时期）第一册“序论”部分关于考古资料的介绍，承代约黄展岳同志执笔，很感谢老兄的支持，也感谢黄君的盛情。第四卷的第二册早已交稿，第一册因缺这一部分而停顿下来。现将邹衡同志所写第三卷的考古资料目录，遵嘱寄上，请转交。当然，这也仅供参考，不必为其框架所限。字数可在二万上下，可有一些插图和普版，包括少数彩色版在内。制图费用，请在收据上写上“北京师范大学史学研究所”的抬头。又需抄写费、交通费也都可照此办理。太麻烦了，谢谢。

九日上午在舍下的会见，我很高兴。这一次，总可以明确定稿的日子了，敬祝老兄及各位同志的胜利！

费先生的文章，昨天才收到，粗粗看了一遍。他的说法，总的说来同我们的看法是相近的。

寿彝　上

1989. 4. 11

白寿彝—苏秉琦（1989.11.4）

丙奇老兄：

起搏器不知装置否，甚以为念。

导论卷，不知分致颜、张二君否。希望我兄于方便时惠予指正，甚所企盼。

导论卷出版后，对远古史卷稿的完成，更感迫切，万难再予拖延。今年年底或春节前，不知是否可以交稿，全卷目录及已成之稿是否可尽先惠赐，以便拜读争取发稿的方便？望风再拜，敬候德音。

弟 寿彝 上

1989.11.4

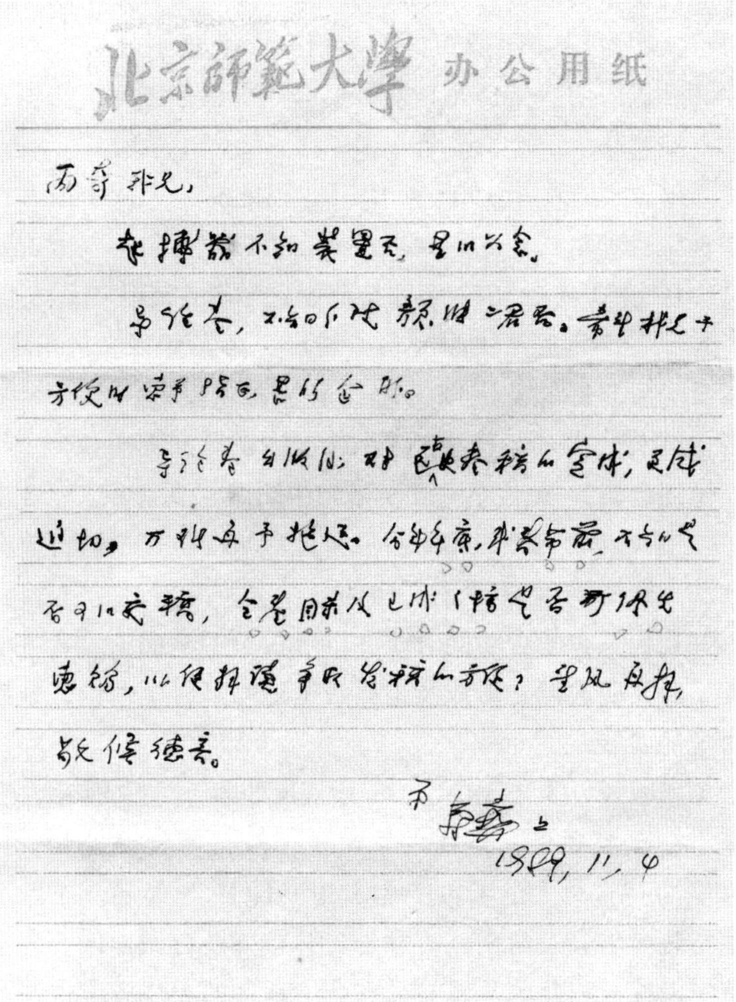
北京師範大學 办公用纸

丙奇吾兄：

[illegible]

[illegible]

[illegible]已成之稿[illegible]，已经延期，万难再予拖延。今年年底或春节前，不知是否可以交稿，全卷目录及已成之稿是否可尽先惠赐，以便拜读争取发稿的方便？望风再拜，敬候德音。

弟 寿彝 上

1989.11.4

白寿彝《中国通史·远古时代》“题记”（1990.12）[①]

本卷论述中国远古时代的历史，是由苏秉琦教授主编，张忠培教授、严文明教授共同撰写的。李伊萍、朱延平、朱永刚、许永杰、赵辉、戴向明、吴贤龙、刘雪英等同志也都参与了与本卷撰写有关的一些工作。

苏秉琦教授，生于1909年10月，河北高阳人，中国考古学会第三届理事会理事长，北京大学教授，中国社会科学院考古研究所研究员。从1952年至1982年主持北京大学考古专业工作。自1934年起，先后主持和指导陕西宝鸡斗鸡台、西安郊区、洛阳中州路、陕西华县、河北邯郸及洛阳王湾等遗址大规模考古发掘与调查工作，著《斗鸡台沟东区墓葬》《斗鸡台沟东区墓葬图说》《苏秉琦考古学论述选集》及主持编写《洛阳中州路（西工段）》等书，并著《论“晋文化”考古》《辽西古文化古城古国——论当前考古工作重点和大课题》及《中华文明的新曙光》等论文数十篇。他在培养了好几代考古学者的同时，并以考古类型学理论、考古学文化区系类型和文明起源、形成及走向帝国道路等科学理论，推动了中国考古学的发展。

张忠培教授，生于1934年8月，长沙市人，中国考古学会第三届理事会常务理事，吉林大学教授，故宫博物院院长。1972—1987年，主持吉林大学考古专业工作。自1958年起，先后主持或参与主持陕西华县及渭南、吉林省吉林市郊及白城地区、内蒙古哲盟、楚纪南城、河北蔚县及易县和晋中地区的大规模考古调查、试

① 录文自白寿彝《中国通史》第二卷《远古时代》，上海人民出版社，1994，第4—6页。

掘及发掘工作，著《元君庙仰韶墓地》《中国北方考古文集》等书，和《华县、渭南古代遗址调查与试掘》《中国考古学的现代与未来》《当代考古学问题答问》《关于马家窑文化的几个问题》等论文数十篇，对中国北方考古学文化谱系、史前社会制度的变迁和考古学基本理论及方法，进行了系统、深入的探索。

严文明教授，生于1932年10月，湖南省华容县人，1958年于北京大学历史学考古专业毕业后并留校任教至今，现为北京大学考古系教授、系主任，中国考古学会常务理事，国际史前学与原史学联盟（UIPPS）常务委员。长期从事新石器时代考古教学与研究，先后参加和主持河南洛阳王湾、山东长岛北庄等数十处遗址的考古发掘工作，发表专著《仰韶文化研究》及论文《龙山文化与龙山时代》《中国稻作农业的起源》《中国史前文化的统一性和多样性》《东夷文化的探索》等60余篇。

在中国考古学研究工作发展历程中，我们的作者不仅做了辛勤的耕耘，而且做了卓有成效的开拓工作。他们的理论兴趣更为我们的研究工作增加了活力。本卷的完成，在极大程度上概括了远古时代考古学研究尤其是他们本人的研究成果，他们坚持实事求是，认真地从考古学文化入手，理清了中国史前民族、文化及社会的发展脉络。这在以往的通史撰述中是没有前例的。这在考古学工作上，也是一项创举。本卷的出版，我相信会在我们学术工作上产生有益的影响。秉琦教授是我的老朋友，我们有半个世纪以上的友谊。现在我们有这样一个合作的机会，我非常地高兴。我对于秉琦教授、忠培教授和文明教授，还有其他的同志，给予《中国通史》工作以这样的大力支持和合作，表示不胜由衷地感谢。

白寿彝

1990年12月于北京

白寿彝—苏秉琦（1993.1.19）[①]

丙奇老兄：

承蒙推荐，至感荣幸。嘱写材料，另纸呈上，聊备参考。所有不足之处，尚希补正。因住了几天医院，没有能够尽早复呈，现在微恙已愈，幸释尊念。春节即临，谨贺新禧。

弟白寿彝上

1993.1.19

① 苏秉琦先生在书信页眉写：“白寿彝信（93.1.19）。”

卜　工

卜工（1952—　），先后工作于吉林大学、广东省文物考古研究所。

苏秉琦—卜工（1987.12.24）[①]

卜工同志：

你好！感谢你在此新年到来之际送给我设计如此美妙、言辞如此感人的纪念卡！

《文物》11期你写的文章我读过了，把它和黄展岳同志文一起发表，这就更加重了它的分量。

最近由北大部分朋友所发起召开的一次“走向二十一世纪考古研讨会”，听到新一代考古工作者的声音，恰似卅年前北京大学56届同学的声音，天下事如此巧合啊！但我认为你写的这篇文章更令我高兴！

---

① 录文自卜工《文明起源的中国模式》，科学出版社，2007，信影见“前言”第2页。

忻州发掘材料初步整理出的那张器物图表请复印一份给我，遗址图能复印一张更好，请注明那个大灰坑位置和这次发掘坑位关系为盼！

祝

进步！

苏秉琦

1987. 12. 24

附：伟超和我在《瞭望》发两篇文章，供参考、讨论。

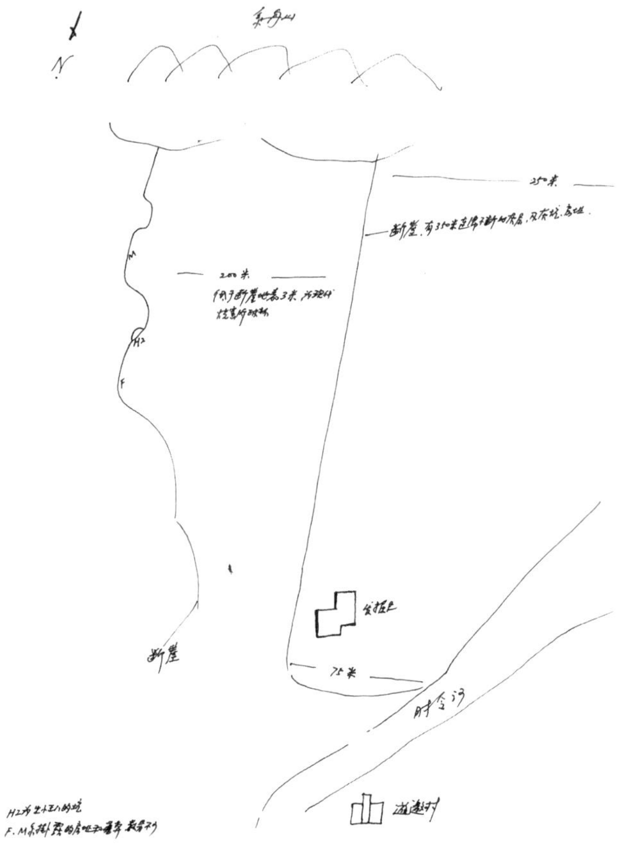

卜工—苏秉琦（1988. 1. 5）附草图

卜工—苏秉琦（1988.1.5）[①]

敬爱的苏先生：

您好！

收到您的来信，心情非常激动，您的教诲和勉励将永远鼓舞我们不断前进。

您要的图和照片已托关强同志送上，发掘工地的平面图是铅笔绘制的，故难复印，过些时描一份再送，您惦记的那个灰坑编号为H2，分期图中已注明，它的所在位置也标在遗址草图中（附后）。不知您还需要哪些资料，望函告。

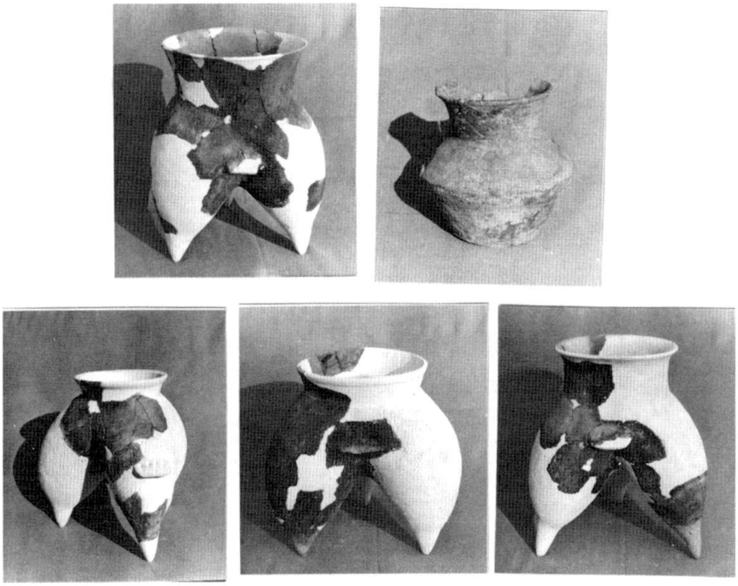

H2器物

① 家藏书信与插图分置，整理中合并。

去年，有幸多次聆听您老人家的谆谆教诲，特别是您对考古教学的要求和希望使我们深受感动，我们一定不辜负您老的殷切期望，实事求是，艰苦奋斗，争取为考古事业多做贡献。

祝您老身体健康，寿比南山

学生　卜工　1988.1.5 敬上

H2 尚有圜底瓮、平底瓮、高领绳纹罐、斝甗上部（以上均夹砂灰陶）未修复，以及碗形豆、高领罐、素面罐、小王八未照相（后面这些均泥质陶）。

H129 位于发掘区中部，年代与 H2 大体相同，但器类远不如 H2 丰富。这个单位没照相的器物还有盆、钵、小罐。

附：黑白照片 15 张，其中 H2 陶器 5 张、H129 陶器 10 张。

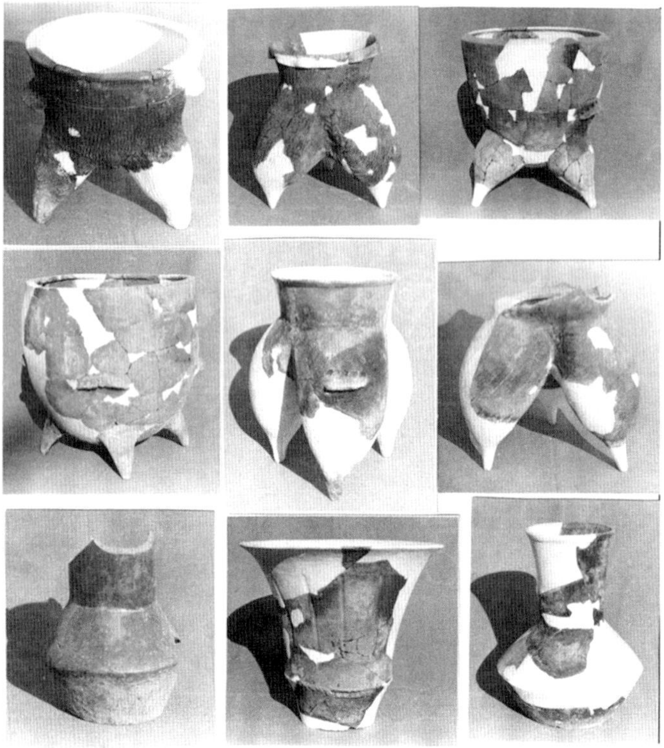

H129器物

H129 器物

卜工—苏秉琦（1989.2.18）

尊敬的苏老先生：

您好！

今年是您八十大寿，这里首先祝您寿比南山，福如东海，并献上游邀遗址 H2 部分陶器的照片和拙文《庙底沟二期文化研究》，以表晚辈的敬意和祝愿。

拙文是 1987 年忻州游邀工地结束后在长春完成的，张忠培老师很满意，并提出意见，具体指导，去年春送《文物》月刊。今年用它作硕士论文进行答辩。倒不是因此才觉得它宝贵，而是文中的某些认识较以往的研究有所突破，而其主要思想是来自您的著作

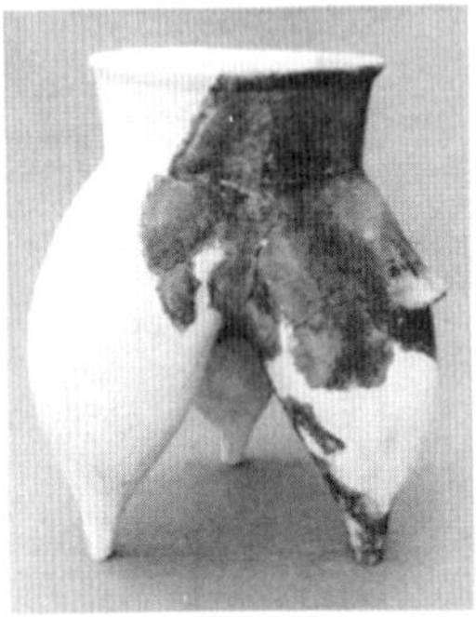

和教导，来自张忠培老师多年的培养和陈雍、许伟等诸师友的帮助。当然，文中可能有一些不成熟的想法或不切合实际的认识，因此，希望得到您的教诲。

这两年一直没参加田野工作，但写了几篇小文，分别投到《考古》《文物》《北方文物》等，也算没虚度时光，但与您对青年人的期望来看，尚存在颇大差距。

另外，游邀 H2 的陶器尚不是全部，只是将您关心的“小王八”和鬲等修复好的大器物奉上，其余的待以后奉上。

此致

敬礼

学生　卜工

1989 年 2 月 18 日上

附：H2 出土器物照片 12 张

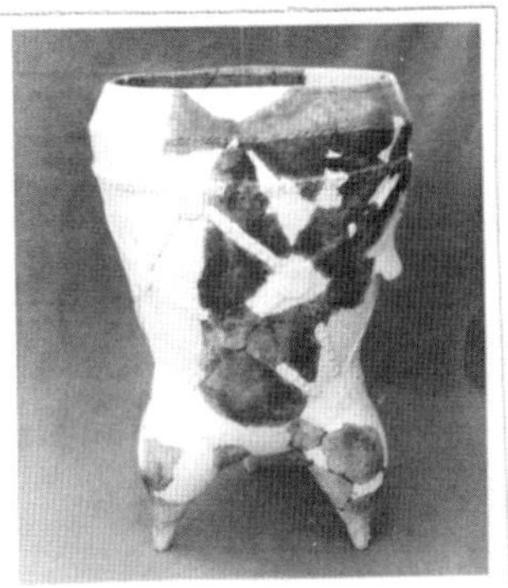

卜工—苏秉琦（1990.12.17）[①]

苏先生：

恭贺新禧

学生　卜工 90.12.17

另告：《忻州游邀》已获国家社会科学青年基金资助项目，这应是您指导的结果。祝您健康长寿。

---

① 原件为贺年卡。

何长风

何长风（1964— ），先后工作于安徽省文物考古研究所、安徽省文物局、安徽省文化和旅游厅。

何长风—苏秉琦（1988.1.9）①

敬爱的苏先生：

您好！

我是文物考古战线上的一名新兵（1986年自北大考古系毕业）。遗憾的是在京求学期间未能得到您的亲聆教诲，但也许值得永远庆幸的是您欣然参加了我们的毕业合影留念。最近我自田野工作归来，结合在校期间的笔记，对仰韶文化的研究进行了一些思考，写了一篇不成熟的短文，算是我几年来对仰韶文化研究的一些想法，望得到先生您的厚教。

此致

敬礼

何长风 （敬上）

1988. 元 . 9

---

① 苏秉琦先生在信上写："复31/1/88。"

苏秉琦—何长风（1988.1.30）[①]

长风同学：

收到来信及大作，说明你读书有得，条理也清楚。

科学研究贵在创新。你身在安徽，安徽是块宝地，大有用武之地。淮河流域古文化有其自己的源流、特征，从开始起，就不宜贸然简单对比，把它们随意比附。我建议你首先能就亲自参加的实践工作的具体材料、具体分析做起，找到它的某些规律性东西。如此，你就可以慢慢地踏进科学的大门了，不妨试试！祝

进步

苏秉琦

1988.1.30

① 据何长风先生提供信影录文。

赵　辉

赵辉，工作于北京大学。

赵辉—苏秉琦（1988.2.1）[①]

苏先生：您好。

来日本多日，却一直没有给您写信汇报，实在抱歉。接到系里来信，说新年以后您身体略有不适，一直在家休养。甚念。我想是否因气候变化剧烈，而身体对外界环境变化的适应能力下降所致？所以请注意饮食起居正常，休息好，特别是经常保持精神愉快，定无问题。另祝师母好。

我来日本后，生活方面没有问题，身体亦好，这主要是得利于经常出差，什么环境都可对付。到日本时，学期已经过半，加上语言方面的阻碍，所以听课不多，而且发现学校的课一般都很马虎，不如国内的教学质量高，倒是日本大学有比较多的课堂讨论，感觉效果稍好。计划是下学期多听一些课程。曾经和我的指导教授樱井清彦谈过我的一些学习打算，但他们很客气，没有给

① 赵辉先生指出，本信及 1988.5.13 信是其 1987 至 1988 年循北京大学与日本早稻田大学交流协议被派早大学习期间写给苏秉琦先生的信件。

我规定具体计划等，而我因为一开始不摸门路，也不愿意被一个计划绑住，只求能给我提供一些方便即可。这方面，他们还是尽量照顾我的。

学习以自学为主，有问题向别人请教。学习内容有两个方面，其一是通论，以求对日本先史考古学有个总体认识，以便回国后能担当起这门课程。其二是有关型式学方法论方面的，选择这一点是经过考虑的。因为说到研究日本考古学，目前在国内还缺乏基础条件，首先看不到实物资料，再者报告书等原始材料亦少，谈一些表面问题还可以，但这样就意思不大了。所以我想从方法论角度入手，看看日本学者的学术思想是什么，也可从中看看有没有值得我们借鉴的地方。这方面的学习有一定困难，日本这方面的系统著作也不多，只能从一些研究文章中去体会，如中谷宇二郎、山内清男、小林行雄等人的著述等。

为了摸摸最新行情，也参加一些学术讨论会，如东京大学的年青教员每月一次在已故佐藤达夫先生家里举行研究会，我已去过一次，还是有收获的。同时顺便也结识了一些人。有机会我也宣传解释我们的观点、想法，如您的区系类型思想，不过只能按照我的理解去解释了。（上智大学的量博满教授，自称学生时代看了您的仰韶文化的论文后，便对您非常敬佩。他是西江清高的老师，今年九月份去中国，届时想拜访您。）我尽量宣传我们的东西，一起争论过几次后，他们也开始认为我们的东西也“很有意思”了。只是我人微言轻，没有什么影响，尽力而为吧。

除上述活动外，还参观一些博物馆等，准备天暖一些时再去各地走走。此外，早稻田大学从去年12月份起，在校内一处遗址进行发掘，我参加了这项工作，为不占用太多时间，每周去一二次。遗址上已知有弥生、古坟时的住居址、灰沟等，但已清理的还只有江户、明治时代的遗存。参加这项工作的目的是想了解日本人发掘方法、技术等。据我观察，他们的装备大大优于我们，但发掘技术平平，并不比我们高明多少，或许这是初步印象，不能过早下结论。

有关我个人的情况大致如上，说到对日本其他方面的印象，感慨良多，这方面从略吧。您对我有什么指示或有什么事情则请函告。已近春节，愿先生节日好。

谨颂

大安

学生 赵辉 顿首

1988 年 2 月 1 日

赵辉—苏秉琦（1988.5.13）

苏先生：您好！

收到您寄来的文章和杂志已经多日了，却迟未复信，乞谅。上次写信汇报了一些不成熟的想法、打算，未料您如此认真，十分感激，只有努力读书，以报先生了。北京天气已转暖，然仍是气候多变的季节，万望珍重。

前一段时间，信立祥和俞（伟超）先生先后来东京。东京虽不乏中国人，但能在这里见到先生、学长，则又是别一番滋味了。特别是能请教、交流一些专业问题，这些问题有的已憋了半年，和别人谈起总有对牛弹琴之感。即便是和日本同行谈，因种种原因，也往往谈不投机。所以能见到他们真是喜出望外。此外，信立祥有感于日本考古界交流频繁，信息快，研究会多的特点，提议我们也打破单位界限，组织一些研究、讨论会，特别是年轻人更应如此，我想这是一个很好的想法，应当尝试，但还只是一个想法，以后再向您汇报。

原来看日本人近年关于型式学的研究文章，绝大多数是细而又细的题目。搞古生态的学者概括性略强，然方向也是向细发展，虽然也有其它方面的研究，但这种细微化可说是日本考古学的一个主要方向，它多少给人一种方法论上缺少整体性、层次性的感觉，或者说是一种钻牛角尖的感觉。鉴于此，就想和我们的一些想法做个比较，但幸亏没有匆忙行事，后来发现他们钻牛角尖也有个过程，弄懂这个过程并不容易，至此方觉学海无涯了。

这个学期比较紧张，星期六将去大阪、京都、奈良等地参观访问，六月份在早大、茨城大学和驹泽大学有三次讲演，尚未拟好题目，但大致上是捡熟悉的讲，如北大等单位在山东的工作，近年中国新石器考古的情况，我对龙山文化的认识等，日本人喜欢听基本材料，而我则想尽量宣传一些我们的思想，所以您寄来的资料真是太好了。

其它方面均好，勿念。

再望您保重！

谨颂

大安

学生　赵辉　顿首

1988.5.13

张居中

张居中（1953— ），先后工作于河南省文物考古研究所、中国科学技术大学。

张居中—苏秉琦（1988.2.5）

敬爱的苏公：

您老近来身体好吧？现正值隆冬，诚望您老多多保重为要！

您老给贾洲杰老师的三封关于舞阳贾湖的信札。贾老师均早已转告于我，所寄《文物天地》杂志也早已收到。您老作为当今文物考古界的泰斗，对我一个后学晚辈如此关心，使我异常感动，同时也对我至今未能按您老的要求寄上我的习作而惭愧、而内疚不安！敬请您老海涵！

关于您老关心的贾湖遗址的发掘与保护问题，是这样的：我们打算将已发掘的资料整理消化一下，明年继续发掘。至少按原计划发掘5000平方米（已掘2300平方米），大体搞清村落布局（现在已发现居住区和墓葬区均有分片分组现象）。上几次发掘，除郑大学生实习所发掘的几百平方以外，均是为了配合村民建房。现在有了较重要的发现，按照您老“捡芝麻不能忘了抓西瓜”的保护原则，需给村民另划宅基地。而此遗址位于泥河洼泄洪区的西部边缘，水利部门曾拨专款给村里修了护庄堤（遗址三分之一在堤内），现在若另划宅基地，就要到村外去，要扩大护庄堤。这样就需要很大一笔钱。我们联系至今，仍无着落。群众意见很大。因为这里“75.8”大水时房子全部倒塌，大水后宅基另划的，村民住房紧张，矛盾很突出。如果此事不解决，下一步发掘就会有很大阻力，对遗址的保护也很不利。我们现在仍在努力做工作，到处联系，以便早日妥善解决这一问题。

关于贾湖资料的整理，目前正在抓紧进行。简报稿已写出，现在正在修改，近期内一定净出一份给您老寄去，请您老给以指点。说实在话，给您老送这篇稿子，我真有点害怕！当然，若能得到您老的帮助，对我的学业一定会有很大帮助。本应早就寄去了，只因反复推敲掂量，至今仍未能使自己满意，故才拖延了时日。外加去年6月停工后，事情繁杂，且这里陶片多而碎，器物复原难度很大，仅缀合几堆的几十个龟甲，就花费了几个月时间。经这一段的整理消化，也确有不少新的发现和认识，因现在稿子尚未搞出，就把您几封信中提到的几个主要问题简单汇报一下。不当之处望批评指正。

贾湖遗址大体呈圆形，面积约5.5万平方米，文化层在0.2—1.5之间，上面封了一层浅黄色冲积层，很单纯，只有东半部有很薄的一层汉魏间地层，且在浅黄色土之上，下面为单纯的早期地层，大体可分为三层，可代表三个大期，每一期又可分为若干段，每段之间无大缺环，器形发展脉络基本清楚。各期的典型器物，我怕勾草图失真，现在仅做简单介绍，过几天给您寄正规线图和照片供您参考。

早期基本上都是夹砂红陶或红褐陶，主要饰绳纹和刻划纹。主要器型为罐、钵和支架三大类，以方唇方形浅腹钵、深腹钵、锛状角把罐、双耳罐、角形支架为典型器物；器表普遍施红色陶衣。此期为同类其它遗址所不见，但其时代特征和磁山、老官台、兴隆洼

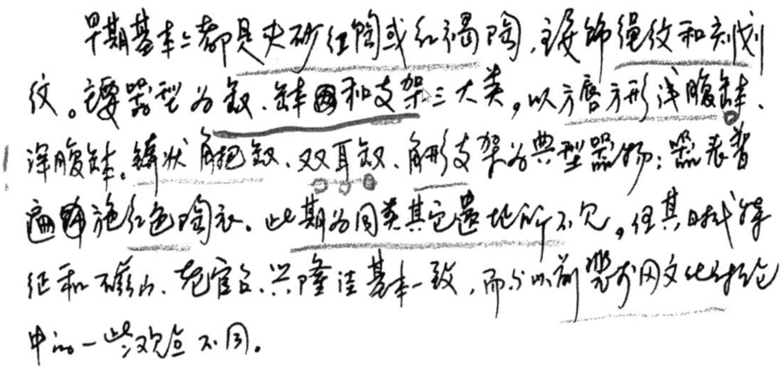
早期基本上都是夹砂红陶或红褐陶，纹饰绳纹和刻划纹。主要器型为钵、罐、壶和支架三大类，以方唇方形浅腹钵、深腹钵、罐状角把钵、双耳钵、角形支架为典型器物；器表普遍施红色陶衣。此期为同类其它遗址所不见，但其时代特征和磁山、老官台、兴隆洼基本一致，而与以前裴李岗文化讨论中的一些观点不同。

基本一致，而与以前裴李岗文化讨论中的一些观点不同。

中期陶系、纹饰和器形均有很大变化，与早期稍有缺环。泥质红陶大量出现，并出现一些夹炭、夹云母片和滑石粉、夹蚌片（或为碎骨渣？）的红陶或褐陶。主要器类有壶、钵、鼎、罐、支架等。典型器物有折肩壶、圆肩壶、圆腹壶、敛口钵、盆形鼎、束颈深腹罐、桶形篦纹罐、泥墩式支架等。绳纹减少，篦点纹为新出现因素。此期的壶显系早期的双耳罐变化而来，深腹钵、敛口钵也为早期同类器的继续。其中的小口圆腹壶与裴李岗下层的同类器近似（已发的那件）。

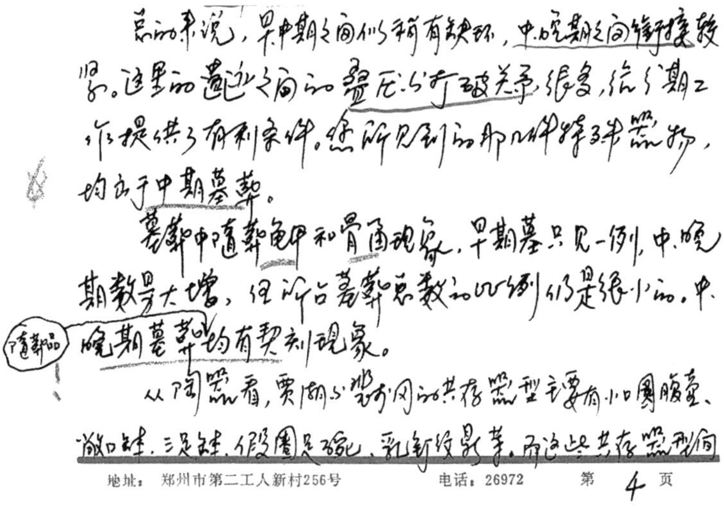
总的来说，早中期之间似稍有缺环，中晚期之间衔接较紧。这里的遗迹之间的叠压与打破关系很多，给分期工作提供了有利条件。您所见到的那几件精美器物，均出于中期墓葬。

墓葬中随葬龟甲和骨面现象，早期墓只见一例，中、晚期数量大增，但所占墓葬总数的比例仍是很小的。中、晚期墓葬均有契刻现象。（随葬品）

从陶器看，贾湖与裴李岗的共存器型主要有小口圆腹壶、敛口钵、三足钵、假圈足碗、乳钉纹器等。而这些共存器型间

地址：郑州市第二工人新村256号　　电话：26972　　第 4 页

晚期陶系更加复杂，泥质磨光灰陶和黑陶时有发现，还出现不少新器形。典型器物有扁腹横耳壶、敞口钵、扁锛状三足钵、圈足或假圈足碗、附加堆纹盆、罐形鼎、釜形鼎、宽折沿深腹罐等。绳纹减少，夹砂陶施陶衣现象不见了（可能与不用夹砂陶作盛食器有关），“之”字形篦划纹为新出现的纹饰。令人不可理解的是，还有个别拍印的篮纹和方格纹。

总的来说，早、中期之间似稍有缺环，中、晚期之间衔接较紧。这里的遗迹之间的叠压与打破关系很多，给分期工作提供了有利条件。您所见到的那几件特殊器物，均出于中期墓葬。

墓葬中随葬龟甲和骨笛现象，早期墓只见一例，中、晚期数量大增，但所占墓葬总数的比例仍是很小的。中、晚期墓葬随葬品均有契刻现象。

从陶器看，贾湖与裴李岗的共存器形主要有小口圆腹壶、敞口钵、三足钵、假圈足碗、乳钉纹鼎等。而这些共存器型间也都有较大差异。如小口圆腹壶的颈部，裴李岗为直颈，明显为分做再接，而贾湖则为束颈，系一次盘筑而成。贾湖的敞口钵出于晚期，深腹钵和敛口钵不见于裴李岗。贾湖三足钵为扁锛状三足，似裴李岗的圆锥状足较少。贾湖的花边盆形鼎和釜形鼎均不见于裴李岗，罐形鼎也有较大差异。同时，贾湖的房屋建筑，窖穴和埋葬习俗等也与裴李岗有较大差异，如多间房、大量二次葬和合葬、大量随葬骨器而少见石器等等。以贾湖为代表的一类遗存大体分布在伏牛山东麓及其附近地区，以裴李岗为代表的一类遗存分布在嵩山东麓及其周围地区。长葛石固遗址的文化面貌似介于二者之间，但与贾湖更近一些。所以，您老提出的贾湖与裴李岗不同的论断是正确的。在那篇新闻稿上，我就未把贾湖向裴李岗归，只是提“相当于裴李岗文化时期的”。至于二者之间的差异究竟是一支考古学文化的两个分支（即类型）的反映，还是两支考古学亲缘文化的表现，请您老裁定。

另外，贾湖的许多特征如葬狗、龟等及许多器形与大汶口文化早期和下王岗早期文化有着不少共同之处，这也提出不少新问题。

以上肤浅认识，望您老指教，我尽快将简报稿及图、照片赶出寄去，以便您老赐教，就此止笔。

敬祝

康健

学生：张居中 1988. 2. 5

张居中—苏秉琦（1988.5.20）[①]

敬爱的苏先生：

您老近来身体好吗？我们都希望您老多多保重身体，健康长寿！

记得春节前后，我曾给您老去过一信，打算把我的贾湖简报习作寄给您老批改。3 月份《文物》月刊的张昌倬同志曾来信催要此稿，我也答应他四月底交稿，并告诉他打算先请您老审阅之意。只因四月份以来我的中级职称评定问题出现了麻烦，本已经中评委通过，又被卡了下来（主要因为河南规定我们 80 年代毕业生只准评 20%—40%，各单位不得超过），使我的工作和思想情绪受了点影响，至今才勉强凑合成篇，失信于您老，敬请您老海涵！

今将此习作寄上，敬请您老赐教。如果修改量较大，请您老看后寄回，我按您老的意见修改后再寄您老批改。现在我将此习作的几个有关问题像您老说明一下。

贾湖的材料，现在仍在整理，陶片还未整完。因陶器火候低，质地差，修复困难，有些器型的序列尚未搞清，尤其是夹炭和夹

---

① 书信原封不存，置于一中国社会科学院考古研究所大信封中，苏秉琦先生题写“张居中信《试论贾湖类型》”。信封中除此信及《试论贾湖类型》论文外，还有张居中先生 1988. 8. 30 信，以及苏秉琦先生阅读《试论贾湖类型》的笔记和吴汝祚先生《试论贾湖类型》审读意见各 1 页。

蚌陶的鼎和罐，因此分型分式和器物排队还未最后敲定完成，所以，简报中也就不便反映出器物的型式来。有的器类如篦纹罐、厚胎短颈壶等，发现不多且又未修起完整器，故简报中未提及。文中的分期意见，只是按各文化层及其所属遗迹和遗物的特征来分的大期。

通过地层关系和器物排队得知，每个大期均可分段，例如中期至少可分三段，第一段主要特征是折肩壶的出现，第二段主要特征是盆形鼎和小口圆腹壶的出现，第三段的主要特征是小口圆肩折腹壶和腹大径偏下的垂体壶的出现。至于这样分期是否准确，器物定名是否准确，结语部分冒昧提出的其他几点看法是否合适，都需您老指导。现在我把常见的几种器物的分类原则抄于此，请您老帮助调整。因各型器物的分式原则尚未确定，待我再推敲几遍后再向您汇报。非常希望您老能来郑指导我的整理工作，只是您老年事已高，未敢贸然邀请，如果您老去它地路过郑州时，万望来我所指导。

器种	鼎			罐					双耳壶（罐）						钵		三足钵	
型别	A	B	C	A	B	C	D	E	A	B	C	D	E	F	A	B	A	B
各型特征	盆型	罐型	釜型	角把（带鋬）	篦纹桶形	束颈鼓腹圜底	卷沿	折沿	大口罐型	折肩	小口圆腹	小口圆肩折腹	扁腹	厚胎短颈鼓腹	深腹	浅腹	扁足	尖足
Ⅰ式																		
Ⅱ式																		
Ⅲ式																		
Ⅳ式																		

关于那几件特殊器物，昌倬来信说希望发彩版。我把彩色翻转片寄到中国图片社冲洗，至今未寄回，今先寄几张黑白片，供您老参考，原照过的三张先寄上，现缺两张，即彩版壹：M282：20骨笛和彩版叁：M335：15刻符龟甲片。一旦彩反片寄回，我再给昌倬。所寄的照片和线图中，文中有器号的，排过号，是打算公布

的。文中没用的，是供您老参考的。图是我们学画的，水平不高，很不理想。若有未反映清楚的地方，请您老来信垂问。本来想搞几张纹饰拓片，但未来及，因陶片不好拓。那几个特殊器物，遵从李学勤先生的意见，未取拓片，以利保护。

就此止笔，盼望您老的赐教之信。敬祝

康泰

晚辈　张居中　敬上

1988.5.20

另外，关于简报和将来的报告的体例，是采取分层或分期描述的办法，还是采取系统介绍材料，然后在结语中讨论分期的办法，我们所有不同意见，我虽倾向于后者，但也拿不定主意。望您老也一并提出指导性意见，以便更准确地反映材料和观点。

——居中又及。

张居中—苏秉琦（1988.8.30）

敬爱的苏公：

您老近来身体好吧？

这次去京，有幸亲聆您的教诲，受益匪浅！确使我有“胜读十年书”之感！您老对我这个晚辈后学的热情帮助，使我终生难忘！

我回来后不久，即收到了您的来信和所寄照片，您老考虑和处理问题如此细致，实在是我们后辈学习之榜样！本想立即回信，但我想把简报稿和那篇习作稿一块寄您帮我把关，就暂时放下了。

我本月6号回郑后，即着手修改简报稿。本来去年简报稿已写出，只因《华夏考古》也要发，《文物》也约了稿，我单位领导让把那篇简报分开，两个刊物都照顾，才出现了上次给您寄的那个不伦不类的稿子。后来《文物》不同意那样办，就又改了回去。上次把简报稿带给《文物》看后，他们提了点儿修改意见，加上您老与吴老的意见，回来后修改成现在这个样子，还望您老再把一下关。

这篇《试论贾湖类型》，是以上次给您看的那篇《主要收获》后半部分为基础补充修改而成的，主要贯穿您老所谈的二点。①三期说是可以成立的。②贾湖与裴李岗有相同的一面，也有不同的一面，沙河流域与颍河流域是有区别的。按照您老区系类型的理论，对贾湖、裴李岗及有关的问题作些讨论，提出一些不成熟的看法，想烦请您老在百忙之中抽出点时间给把一下关。如有可能的话，我想与简报一块发出去。《文物》月刊已表示同意，简报稿已定于89年第一期刊出，不知这篇习作是否能达到《文物》发表的水平，我心中无数。如果您老能帮我斧正，我将荣幸之至！

就此拜托　敬祝

康健

（9月5日我将去山东兖州领队班，到时我立即给您去信联系，以便您看完稿后，按您的意见修改稿子。）

张居中

1988.8.30

附1：《试论贾湖类型》一份。

附2：苏秉琦阅读《试论贾湖类型》笔记一页。

附3：吴汝祚先生审读《试论贾湖类型》意见一份。

［编者注］苏秉琦先生对张居中先生寄送的《试论贾湖类型》做了笔记摘抄：

［试论贾湖类型］张居中

河南发现前仰韶址60+，集中豫中。

两群体：1）嵩山—双洎河、贾鲁河、颍水上游的裴李岗（新郑）、莪沟（密县）代表。2）伏牛山以东—沙河、洪河流域以贾湖、翟庄（漯河）为代表。长葛石固、临汝中山寨中介。

贾湖址，房柱洞底有垫龟，有分室房（扩建）4~10㎡。陶窑

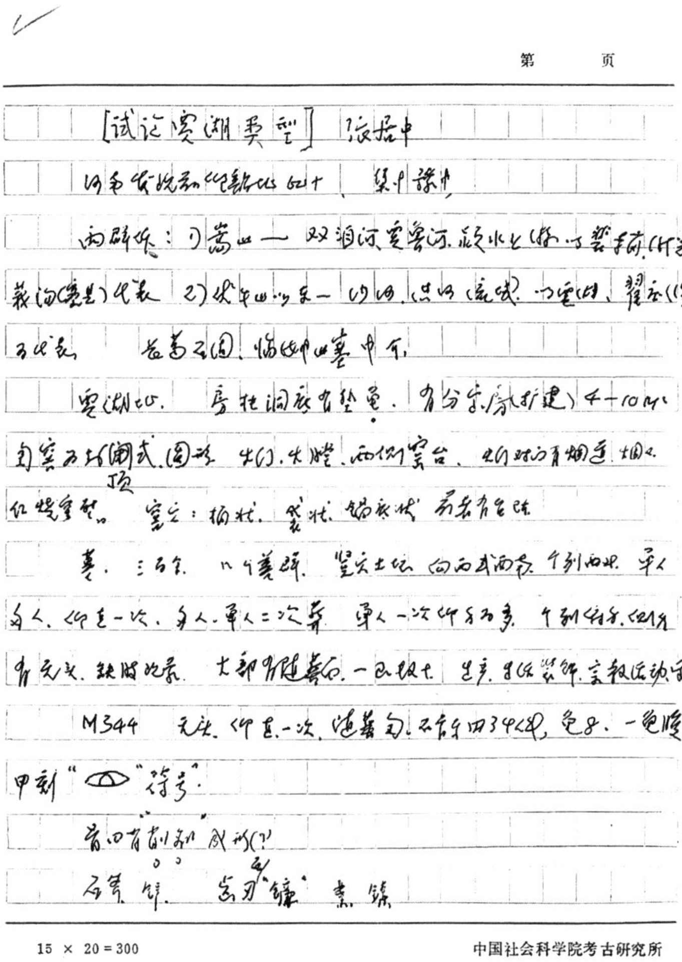

为封顶式，圆形，火门、火膛、两侧窑台，火门对面有烟道、烟口、红烧窑壁。窖穴：桶状、袋状、锅底状，前者有台阶。

墓，三百余，几个墓群。竖穴土坑向西或西南，个别西北，单人多人，仰直一次，多人、单人二次葬，单人一次仰身为多，个别俯身。侧身，有无头、缺肢现象，大部有随葬品，一到数十，生产、生活装饰、宗教活动、乐器。

M344，无头、仰直一次，随葬陶、石、骨等器 34 件，龟 8，一龟腹甲刻“”符号。

骨器有“削制”成形（?）

石斧、铲、齿刃石“镰”、凿、锛。

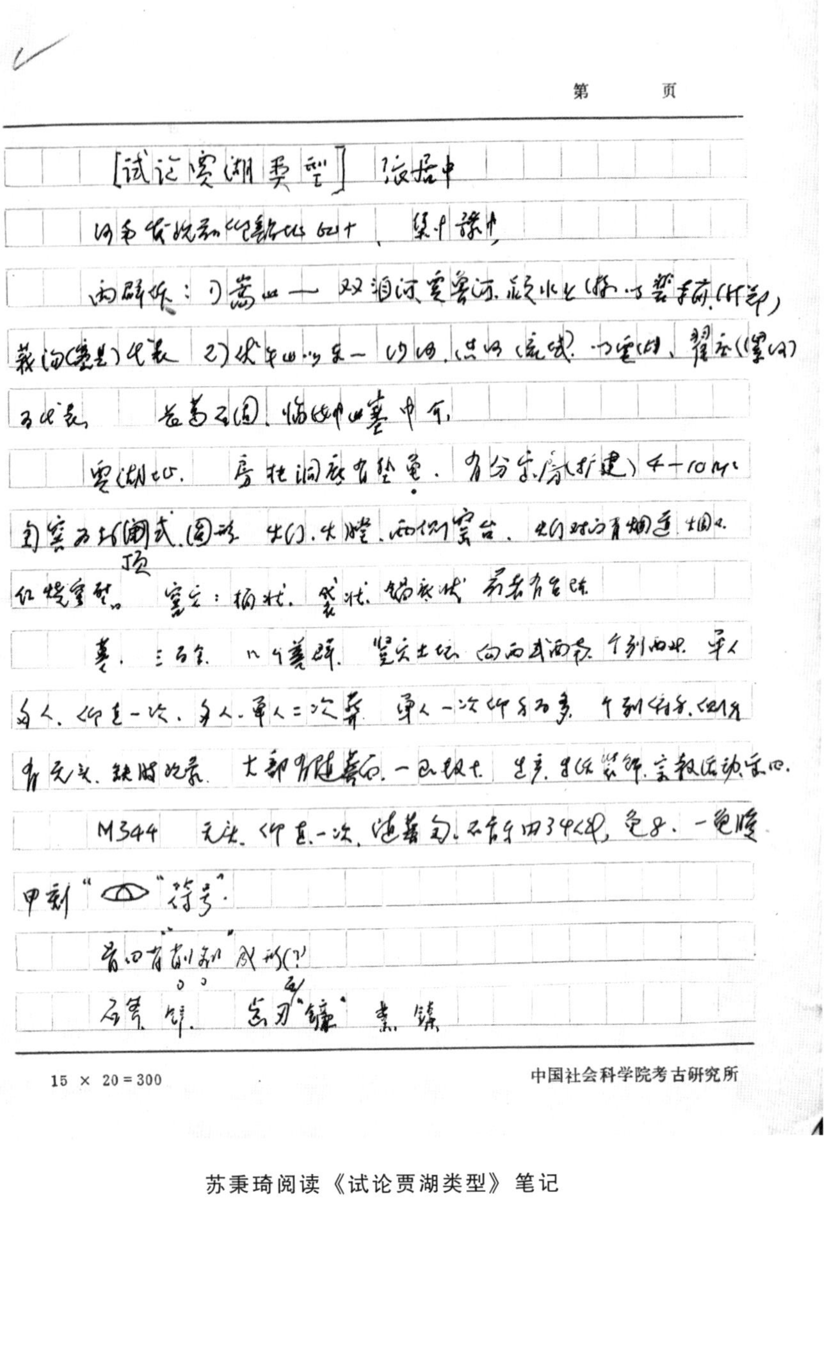

苏秉琦阅读《试论贾湖类型》笔记

张居中—苏秉琦（1989.6.20）

敬爱的苏公：

您老近来身体好吧？听说今年是您老的八十大寿，首先表示衷心的祝贺！

您老四月寄赐《考古学文化论集》一书，我六月中旬从兖州唐庄回来后才看到。至今才给您回信，深表歉意，望您老海涵！您老如此关心我这样一个后学晚辈，使我不胜感激且不胜荣幸之至！我一定不辜负您老的厚爱，加倍努力，争取在考古事业中做出自己应有的贡献！

我去年秋参加了第四届兖州培训班，去年秋田野发掘，今年春整理并编写报告，在黄景略、郑笑梅、孔哲生、张文军等老师的精心指导下，收获很大，对我今后的工作将有很大帮助。今年春身体不太好，否则成绩可能会更好一些。在学习期间，黄老师、郑老师多次给我们讲您老所倡导的铁军的作风，以铁的纪律严格要求我们，使我们不仅从业务上，而且从作风上受到了良好的训练，郑老师称之为“强化训练”。学习时间虽然不太长，但对我们一生的工作将产生巨大的影响。

今夏开始，我要继续整理贾湖遗址的发掘资料。现在回头看一下以前的资料，确实太粗，失误不少，有些我努力在整理中弥补之，有些只能留待今后发掘时再弥补了。在整理中若遇有问题，我将随时向您老请教，当然更希望您老当面指导，但不知您老身体允许否？

不打扰了，就此止笔

敬祝您老

健康、长寿

学生：张居中

1989.6.20

方酉生

方酉生，工作于武汉大学。

方酉生—苏秉琦（1988.2.9）[①]

苏先生：您好！

在春节即将来临之际，我敬祝您春节愉快！健康长寿！

我对您的多年教诲、恩德铭记在心，多年来各方面虽都有所提高、进步；但与您的期望和要求，还有很大距离，今后尚请您多多教诲和扶植。

学校今年要搞职称评定，我 1980 年 9 月被评为副教授，这次想申请提教授，请您给我写个学术鉴定，现将我这些年来的科研情况，向您汇报，供您参考。请您能对我这个学生多多包涵为盼！

已发表简报、论文 27 篇：

1. 《1959 年豫西六县调查简报》，《考古》61. 1
2. 《庙底沟仰韶遗存应比三里桥的为晚》，《考古》61. 7
3. 《从庙底沟彩陶的分析谈仰韶文化的分期问题》，《考古》63. 3

① 苏秉琦先生在信首页页眉写："8/Ⅴ复。"

4. 《河南渑池县考古调查》,《考古》64. 9

5. 《河南偃师二里头遗址发掘简报》,《考古》65. 5

6. 《略论庙底沟仰韶文化彩陶纹饰的分析与分期》,《考古》73. 5

7. 《汤阴白营发现一处龙山文化晚期聚落遗址》,《河南文博通讯》77. 1

8. 《论汤都西亳——兼论探索夏文化的问题》,《河南文博通讯》79. 1

9. 《读夏文化探索中的几个问题》,《河南文博通讯》80. 1

10. 《河南汤阴白营龙山文化遗址》,《考古》80. 3

11. 《略论河南龙山文化的社会性质》,《江汉考古》80. 2

12. 《夏都探索》,《中国史研究》80. 4

13. 《有关曾侯乙墓的几个问题》,《武大学报》81. 6

14. 《汤阴白营河南龙山文化村落遗址发掘报告》,《考古学集刊》3

15. 《从考古材料看我国中原地区原始社会的农业生产》,《农业考古》84. 1

16. 《河南龙山·二里头与二里岗》,《考古与文物》84. 3

17. 《随州西花园与庙台子遗址简述》,《江汉考古》84. 3

18. 《试论豫西龙山文化》,《考古与文物》86. 1

19. 《二里头文化渊源探索》,《江汉考古》88. 1

20. 《论湖北龙山文化》,《江汉考古》85. 1

21. 《有关我国水井起源问题的探讨》,《江汉考古》86. 3

22. 《试论屈家岭文化》,《武大学报》86. 3

23. 《试论大溪文化》,《论仰韶文化》论文集,1987 年

24. 《试论盘龙城商文化》,《湖北省考古学会论文选集》1987 年

25. 《试论偃师商城为汤都西亳》,《江汉考古》87. 1

26. 《有关良渚文化的几个问题》,《武大学报》87. 6

27. 《试论章华台遗址在潜江县西南——即今龙湾区沱口乡马场湖村》,《章华台遗址学术论文集》88 年

此外，参加所里的《洛阳发掘报告》《偃师二里头》发掘报告的编写工作。

参加易漫白《考古学概论》一书的个别章节撰写。

编写两本教材：《田野考古方法论》《夏文化探索与早商文化研究》，前者得武大优秀自编教材三等奖。

此外，我培养了一位硕士研究生，已获得硕士学位。

我还担任湖北省考古学会副理事长，《江汉考古》杂志副主编等社会工作。

目前我正在进行《随州西花园与庙台子遗址发掘报告》的编写工作，已接近完成，准备出部专刊。西花园遗址的出土遗物十分丰富，有屈家岭、湖北龙山文化的遗物，庙台子遗址有殷商、周代的遗物，十分盼望苏先生能抽空来多加指导和来武大讲学。

为慎重起见，我特请赵芝荃同志将此信亲自转交给您。还请苏先生多加包涵、指教。对苏先生的培育之恩，我将永远铭记在心。

敬祝

春节愉快！健康长寿！

学生　方酉生　敬上

1988 年 2 月 9 日

方酉生—赵芝荃（1988.2.9）

赵芝荃同志：您好！

来信今天收到，谢谢您对我的支持和关怀！您信上讲的极是，我本意也是这个意思。但我当时直接写信给苏公还有顾虑，怕老人家为难，所以就向您求援。但是正如您说的，我本人一点动静都没有，只由您出面是不礼貌、不合适的。我有您支持心里就踏实多了。现在我向苏公写一封信，请您见到苏公时向他转交，他不常来所上班。他家的地址我也不清楚，所以我想还是请您帮忙转交好些。目的是借您之力，以达到成功。年岁不留情，虽然您已到花甲之年，但您有丰富的考古知识，从事田野考古的实践经验，所以还可以长期作科学研究，希望您今后仍不断有新的文章、专著问世。您在《华夏考古》杂志上第二期的文章，我已见到题目，希望您在夏商方面多做文章，多作贡献。

我们 2 月 5 日已经放假，到此，才稍微喘一口气。87 年下半年，搞得很紧张，除教学科研以外，插上提职称一事，花了将近二个月的时间，名额只有一个，申请的人又多，所以实在是多此一举，穷折腾人！白白浪费了我不少的宝贵时间。当然，您对我的支持，帮助是很大的，我将永远铭记在心，永远感激您！

新的学年即到，我仍做三件事，教学、科研、编写随州西花园与庙台子遗址发掘报告，争取今年全部完成。另外，配合学术会议还想写几篇论文，担负一点社会工作。所以任务是不轻松的，只能奋力拼搏，尽力而为了。预祝您

春节愉快，全家安好！

方西生

1988 年 2 月 9 日

烦请您将我写给苏公的信，亲自转交给他，并请您多在苏公面前给我说说好话，助一臂之力，促成这件事。待苏公写好鉴定之后，烦请您及时挂号信寄给我，以便转交系领导。

我对您的关心、照顾、大力支持，谨表示衷心的感谢，以后有机会去北京时，一定去拜访您。

方西生—苏秉琦（1988.5.17）①

苏先生：您好！

上次收到您的来信以后，我又给您写了一封信，仍是托赵芝荃同志转交给您的，不知您曾收到否？

接到您5月8日的来信，知道您至今尚在为我的职称事悬念，我是非常感动的，我真不知该怎样来感谢您才好！学生毕业后已经30余年，至今尚惊动先生操心，实在很对不起。不过我有一点是对得起先生的，就是这些年来，我为人是正派的，工作是踏实、努力的。虽然没有取得特别显著的成绩，但也尽了自己的全力，这点是可告慰于先生的。

我已发表论文30余篇，编写教材两部，其中一部得学校自编优秀教材三等奖。去年下半年我应邀到湖北大学教“考古学通论”这门课。今年我已发表论文一篇，即将发表三篇，还主编“楚章华台学术讨论会”论文集，6月份出版以后，当赠送一本，请先生指教。我还担任湖北省考古学会副理事长、《江汉考古》杂志编委会副主编。目前我正在编写《随州西花园与庙台子遗址发掘报告》专刊（属湖北龙山和屈家岭文化的）。我的职称尚未解决，可能老赵同志未告诉您吧！学校比不上考古所，地方上也比不上北京，历史系从领导到老师对考古也不甚了解，不很关心重视。我上无依靠，无人说话，所以就吃大亏了。

而且武大的做法都是自己事先请人写好学术鉴定，交给系领导，以便了解。我上次请您写学术鉴定也是如此，只不过我怕先生为难，所以请老赵同志从中帮助。现在我知道先生如此关心我，真

---

① 原信未署时间。信中“接到您5月8日的来信”，与方西生—苏秉琦（1988.2.9）信上苏秉琦先生所标记复信时间相同，信当写于1988年。该信页眉苏秉琦先生批注“6/6/88复”，信自写于1988年6月6日前。据方酉生—苏秉琦（1988.5.27）信中言5月17日寄给苏秉琦先生一信的内容看，信即5月17日信。

使我铭感肺腑！将来一定设法要报答的。听说学校今年又要提一批教授的，所以恕我冒昧，请先生先给我写一份推荐信，意思是根据我目前的学术水平已经够评上教授资格等等。我收到您的推荐信以后就可以交给系里，作为我提职的依据。我想只要有您的推荐信，系里一定会认真考虑，加以解决的。您德高望重，是考古学界的第一块金字招牌，著名的考古学家、权威，是一定不成问题的。至于以后组织上再需要请专家审评，我再请您审评。

上次接到您的来信以后，我是十分感动的，十分感谢您的，但因怕太打扰您，所以就没有将事情再告诉您。想不到事隔几个月，先生还一直惦记在心，真是实在对不起您！本想简短地给您写回信，一写啰唆又写长了，请先生原谅！

敬祝

健康长寿！生活愉快！

您的学生：方酉生　敬上

方酉生—苏秉琦（1988.5.27）

苏先生：

您好！

我 5 月 17 日寄给您的信，谅已收到了吧！实在太麻烦先生了，很对不起，为了便于先生寄推荐信，今将我去年的提职申请书一份寄上给您，供先生给我寄推荐信时的参考。先生对我的恩情终身铭记在心。致

敬礼！敬祝

健康长寿！研安！

学生　方酉生　敬上

1988 年 5 月 27 日

附：武汉大学历史系考古教研室副教授方酉生（1987 年 11 月 4 日）提职申请书 1 份 8 页。

周　英

周英（1950—　），先后工作于辽宁省博物馆、辽宁省文化厅文物处、深圳市文化局。

周英—苏秉琦（1988.2.10）

苏先生、阿姨二老好！

在春节即将到来之际，请受我一拜，祝二老身体健康，万事如意。

年前收到苏老寄来的杂志，十分高兴，能拜读您的文章实感荣幸，感谢您的关怀。

去年九月在兴城时，我没能很好照顾二老，实感内疚，还请二老多多谅解！关于工作的事，我现仍在文管办工作，一切还好，请二老放心。

二老身体如何。今年是否还来兴城，如能光临兴城，我一定前去陪伴二老一块观海，眺望“紫气东来”。

祝二老寿比南山，福如东海。

周英　敬上

88.2.10

山东省文物考古研究所

山东省文物考古研究所—苏秉琦（1988.2.10）

苏秉琦先生：

兹定于今年5月中旬，在临淄召开“环渤海考古”第二次座谈会，交流近年环渤海地区文物考古工作情况，切磋学术，以推进课题研究的逐步发展，会期约六天，具体时间另定，敬请光临！

此致

敬礼

山东省文物考古研究所

一九八八年二月十日

附：

山东省文物考古研究所

“环渤海考古”第二次座谈会计划

1986年夏季，我国著名的考古学家、中国社会科学院考古研究所研究员、中国考古学会理事长苏秉琦先生提出了“环渤海考古课题”。1987年秋北京大学考古系、烟台市文管会在烟台、长岛联合举办胶东考古文化座谈会，苏先生和环渤海地区、北京市的部分专家、学者参加了会议，揭开了课题协作研究的序幕。按原定计

山东省文物考古研究所

邀 请 信

苏秉琦先生：

兹定于今年5月中旬，在临淄召开“环渤海考古”第二次座谈会，交流近年环渤海地区文物考古工作情况，切磋学术，以推进课题研究的逐步发展，会期约六天，具体时间另定，敬请光临！

此 致

敬 礼

山东省文物考古研究所

一九八八年二月十日

划，今年由山东省考古所筹备召开第二次座谈会。具体计划如下。

（一）座谈会基本内容和要求。

通过交流近年环渤海地区文物考古工作的情况和新收获，以及观看鲁北地区的典型标本和典型遗址，展开讨论，评价鲁北考古资料，找出工作中的不足，和下步工作的着力点，以推动文物考古工作和本课题研究的进展。

（二）基本资料准备

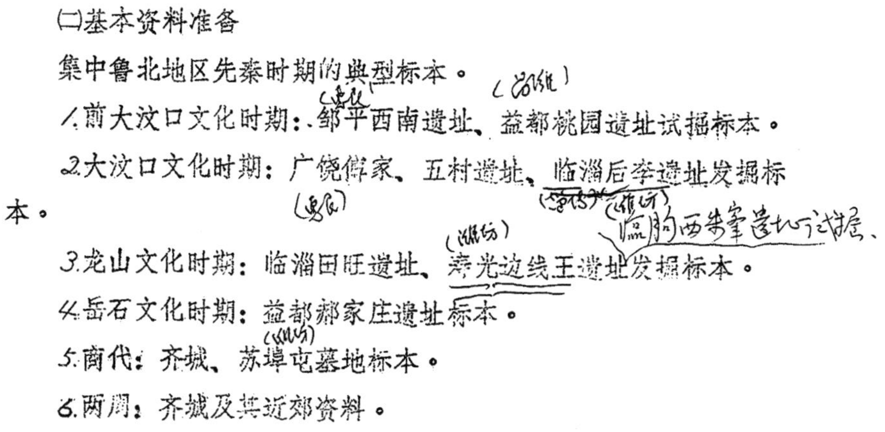
(二)基本资料准备
集中鲁北地区先秦时期的典型标本。
1.前大汶口文化时期：邹平西南遗址、益都桃园遗址试掘标本。
2.大汶口文化时期：广饶傅家、五村遗址、临淄后李遗址发掘标本。
3.龙山文化时期：临淄田旺遗址、寿光边线王遗址发掘标本。
4.岳石文化时期：益都郝家庄遗址标本。
5.商代：齐城、苏埠屯墓地标本。
6.两周：齐城及其近郊资料。

集中鲁北地区先秦时期的典型标本。

1. 前大汶口文化时期：邹平西南遗址、益都桃园遗址试掘标本。

2. 大汶口文化时期：广饶傅家、五村遗址、临淄后李遗址发掘标本。

3. 龙山文化时期：临淄田旺遗址、寿光边线王遗址发掘标本。①

4. 岳石文化时期：益都郝家庄遗址标本。

5. 商代：齐城、苏埠屯墓地标本。

6. 两周：齐城及其近郊资料。

重点介绍以下材料：

1. 鲁北地区文物普查主要成果（先秦时期）；

2. 西南、桃园遗址介绍；

3. 傅家、后李遗址介绍；

4. 郝家庄遗址介绍；

5. 苏埠屯墓地介绍；

6. 齐城介绍。

---

① 苏秉琦先生在“寿光边线天遗址”之后增加“临朐西朱峰遗址试掘、”。

（三）参观遗址

齐城、后李遗址、边线王遗址。

（四）会议地点、时间

地点：临淄区驻地（辛店）

时间：5月中旬。

（五）会议规模

与会正式代表40人左右（名单另拟）。

山东省文物考古研究所

一九八八年二月十日

吕遵谔

吕遵谔（1928—2015），工作于北京大学。

吕遵谔—苏秉琦（1988.2.14）[①]

尊敬的苏先生：

您好及全家好。在新春佳节的前夕，祝贺您及全家身体健康春节愉快，诸事遂心，吉祥如意。

最近，因家父染重疾，每日需照料，所以龙年初一就不能亲自到府上给您拜年，请您原谅。写这封短信给您拜个早年，愿您贵体康泰，为指导我国考古事业的发展取得更大更多的成果。

我身体尚好，请释念。有时间一定看望您，并希面聆教益。祝新春愉快，健康长寿。

吕遵谔　敬拜

1988. 2. 14

---

① 苏秉琦先生在信后写："28/Ⅳ复。"

王炳华

王炳华（1935—　），工作于新疆维吾尔自治区考古研究所。

王炳华—苏秉琦（1988.2.28）

秉琦先生：

拜个晚年！祝身体健康，精神愉快！

去年，在天山中调查了一处岩刻画，整个画面上，宣示的生殖崇拜精神简直让人震慑！费了一点时间，写了一篇调查资料，并就认识所及，发了点议论。利用“内部刊物”印了一下，意在听听意见，这是一；同时，也希望引起注意。如此规模的生殖崇拜画面，其他地方，似尚未见。

生殖崇拜，在过去的研究中，是注意不多的一个问题。但在早期人类生活中，看来，是一个十分重要的大问题。最近，看到了赵国华同志在《中国社会科学》一期上关于生殖崇拜文化的宏文，耳目一新。新疆的这处岩刻，可以算是一个新的有力例证。

我的那点议论，是很浅的。为了完成一个较深些的调查、研究报告，还须要作多方面的努力。很希望听到苏先生的意见。

为了更好地估价、认识这区岩画遗迹的意义，新疆还很有意思请一些专家一道考察一下，完成较深的研究。不知苏先生对此有何设想？如行，请些什么人呢？希望听到您的意见。

顺颂

安好！

炳华

2. 28/1988

王炳华—苏秉琦（1988.5.26）

苏公：

您好！

相当时间里，一直考虑一个问题，而未得确解：我国的四神说起源在什么时候？是怎样的背景？表现着怎样的历史、神话内核？似乎未有关于这一问题的专门论述。偏处一隅，孤陋寡闻，故专信相求，望老师教我。

在周、秦时期的中亚大地上，对虎的崇拜是一个显目的文化现象。从这一点要，四神说，颇有以宇宙中心自居，是一种大统一后胜利的赞歌。有没有这个味道呢？

新疆天山中见一大型生殖崇拜刻石遗迹，拟七月底、八月初进行一次学术论证会，您有意前来看看这一刻石不？如有可能，当专函相请。邵望平、宋兆麟都希望能来看看，路上也不会寂寞。不知有没有可能？望示！

苏师母处，顺请安好！

此颂

夏安！

王炳华

5. 26/1988

钱临照

钱临照（1906—1999），先后工作于东北大学、北平研究院、中央研究院、中国科学院物理研究所、中国科学技术大学。1955年当选中国科学院学部委员。

钱临照—苏秉琦（1988.3.2）

秉琦吾兄道鉴：

久疏问候，谅身体健康，工作顺遂。

兹有广西民族学院李世红同志等，提及将于今年四月十九日至二十七日先在桂林，后在南宁两地召开全国第一届实验考古学术讨论会。素仰吾兄为考古学界领袖，拟请届时作一题为“传统考古学与实验室考古”[①] 方面的报告，如题目不合适，可遵尊意更变。弟于此道，乃门外汉，来人知弟与吾兄在昆明八年同属北平研究院之雅，乞为敦请，并乞予俯允为荷。

回忆落索坡寄居在史学研究所时多蒙旭生先生以及吾兄之照

① 苏秉琦先生将报告名称“传统考古与实验室考古”用红笔修改为“近代考古学与实验考古”，并在信侧用红笔写“测试、环境、文保、科技”。

拂，至今不忘。便中乞告尊寓电话号码，以便随时通话。

专此奉渎，即颂

研祺！ 嫂夫人均候

弟 钱临照 揖手

1988. 3. 2

中关村 31 栋 205 号 电话 2562854

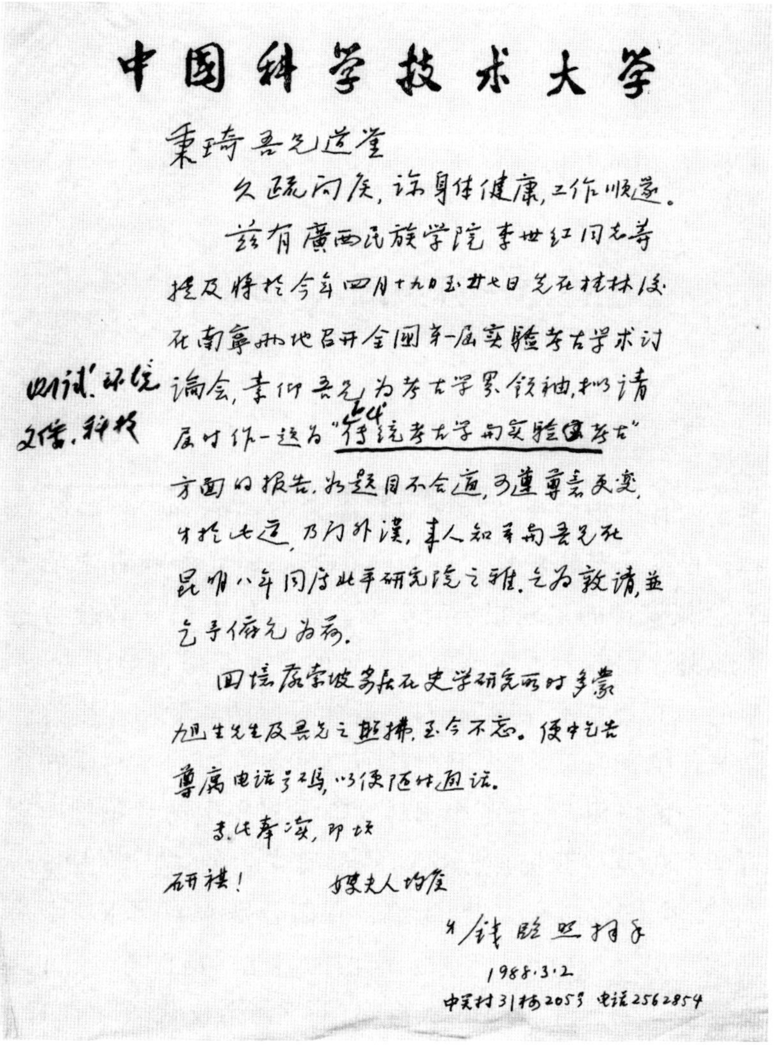

中国科学技术大学

秉琦吾兄道鉴

久疏问候，谅身体健康，工作顺遂。

兹有广西民族学院李世红同志等提及将于今年四月十九日至廿七日先在桂林后在南宁两地召开全国第一届实验考古学术讨论会，素仰吾兄为考古学界领袖，拟请届时作一题为"传统考古学与实验考古"方面的报告，如题目不合适，可遵尊意更变。弟于此道，乃门外汉，李人知弟与吾兄在昆明八年同属北平研究院之谊，乞为致请，并乞手示见复为荷。

四川、环境
文博、科技

回忆在李家坡弟在史学研究所时多蒙旭生先生及吾兄之照拂，至今不忘。便中乞告尊寓电话号码，以便随时通话。

专此奉渎，即颂

研祺！ 嫂夫人均候

弟 钱临照 揖手

1988·3·2

中关村31栋205号 电话2562854

王昌燧

王昌燧（1947—　），工作于中国科学院大学。

王昌燧—苏秉琦（1988.3.9）

苏老：

您好！

关于四月份南宁会议的情况，向您做一个简要的汇报：1. 会议名称，根据您老的意见，改为全国第一届实验考古学学术讨论会；2. 会议安排的主题报告有七篇，除了您老的“传统考古与实验考古”外，尚有考古所李虎侯先生的“实验考古学纲要”，仇士华先生的“断代技术综述”，自然科学史所的华觉明先生的“实验考古学与传统工艺”，上海硅酸盐所李家治先生的“科学技术在古陶瓷研究中的应用”，合肥中国科大李志超先生的“物理学史与实验考古学”以及广西民族学院的姚舜安先生的“实验考古与民族研究”；3. 会议收到论文近60篇，它们分别来自北京、上海、河南、安徽、陕西、甘肃、广东、广西、河北、浙江等省市的高校、研究所以及文物、考古、博物馆部门；4. 会议代表估计近百人，具有一定的规模。5. 筹备单位：合肥中国科技大学结构中心与广西民族学院及广西博物馆。

请苏老于4月5日前将讲稿寄给我。如5日前有困难，则请将稿件于10日前交给李虎侯先生，届时他可能会来拿的。

离京前打电话给钱老，钱老说已给您写好了信（并发出），不知您收到与否？

万一您老没有时间完稿，请先写一个提纲，然后在出论文集前完稿也行。总之，一方面恳切希望您老早日完稿，另一方面又怕此稿成为“阎王债”，这一矛盾心理，想苏老能体察和理解。

即颂

大安！

合肥中国科学技术大学结构中心

晚生　王昌燧　恭上

88.3.9

王昌燧—苏秉琦（1988.5.20）

苏老：

您好！

因为和您联系较晚，加上您太忙，这次会议未能及时得到您的论文，大家多少感到一点遗憾。但是，您对实验考古的关心和支持，是极为鼓舞人心的。因此，南宁会议代表衷心祝愿您健康长寿，希望今后能不断得到您的关心和指导。

经和安徽省《文物研究》杂志编辑部联系，希望您能同意在该刊上发表上述论文（该刊已正式对国内发行）。这样，不仅可对实验考古工作起到指导性作用，对《文物研究》杂志，无疑也是极大的支持。因此，请您老把论文寄给我，或直接给安徽省文物考古研究所曹建昭所长。

顺寄南宁会议纪要一份，如各方面条件合适，恳请您老明年十月间能在合肥参加全国第二次实验考古学术讨论会。

致以

崇高的敬意！

晚辈　王昌燧

88.5.20 敬上

山西省考古研究所

山西省考古研究所—苏秉琦（1988.3.10）①

苏秉琦先生：

全国重点文物保护单位山西省侯马晋国遗址，从1956年起，经过三十余年的努力，基本上摸清楚了遗址分布范围和城址布局，出土了一大批珍贵文物，取得了较大的成绩。

这些成绩的取得，与中央、各省市的专家学者和领导们的支持、指导是分不开的。为了纪念侯马晋国遗址的研究工作，经有关专家提议，拟编写曾参加侯马工作同志的手册。

请您将出生年月、性别、出生地、姓名（包括曾用名、别名、字、号）、民族、学术职务，历任主要职务（包括行政、学术团体、党派团体、群众团体等），主要经历，主要著作、论文、书评、译著等书写清楚。如果取得高级职称的同志请附寄免冠照片一张。务请于1988年4月10日前寄山西省侯马市西街文管站梁子明同志收。

谢谢您的支持和协助。

山西省考古研究所

1988年3月10日

---

① 苏秉琦先生在页眉写："27/Ⅲ复。"

刘九生

刘九生（1948— ），工作于陕西师范大学。

刘九生—苏秉琦（1988.4.3）

秉琦先生前辈尊鉴：

得到您新寄来的《给青年人的话》，非常高兴、感动。我准备结合您的《选集》，谛听、学习、思索您的“话”。但愿有一天，我能将自己的理解传达出来。

据我观察，目前虽号称“文化热”，但尚未见有人将“区系类型”的理论运用于中国文化史的研究之中。我久有此心，但无其力也。

敬颂

道安

后学　刘九生　上

4. 3. 1988

石　泉

石泉（1918—2005），先后工作于教育部高教司及高教部、武汉大学。

石泉—苏秉琦（1988.4.11）[①]

苏老：您好

很久没得面聆教益，近来想必健康逾恒，续有成就，是所祝盼。

此次晚来京参加政协会，本拟抽时间趋谒，只以会议日程屡有调整，又不知您的住址及去研究所的时间，而晚所属民主党派（民进）又借用会期的间歇时间开会，遂致无法前往，甚为怅然！只好在行前写此信向您问候并随函谨奉上“楚史、楚文化国际学术讨论会预邀通知”一份，不知您有无兴趣？时间是否方便？

此会早于1985年即开始酝酿，首由美国西东大学（Seton Hall University）蒲百瑞（Barry B. Blakeley）教授（专长中国上古史，对楚史有一些研究）倡议，得到武汉大学领导支持。去春晚赴美讲学时，遂与之初步商定，共同发起，而由武汉大学主办，并于去

① 苏秉琦先生在信首页页眉写：“8/V复。”

秋获得国家教委批准，随即着手准备。但因尚有一些未知因素待定（涉及经费的落实及国际联系）遂致迟迟，至今才向您送上这份“预邀通知”，深为歉疚！幸祈谅鉴。

此会的时间（今年十月下旬）地点、主要议题及日程安排等，在“预邀通知”中已初步奉陈，请参阅，衷心期望您能光临。如蒙

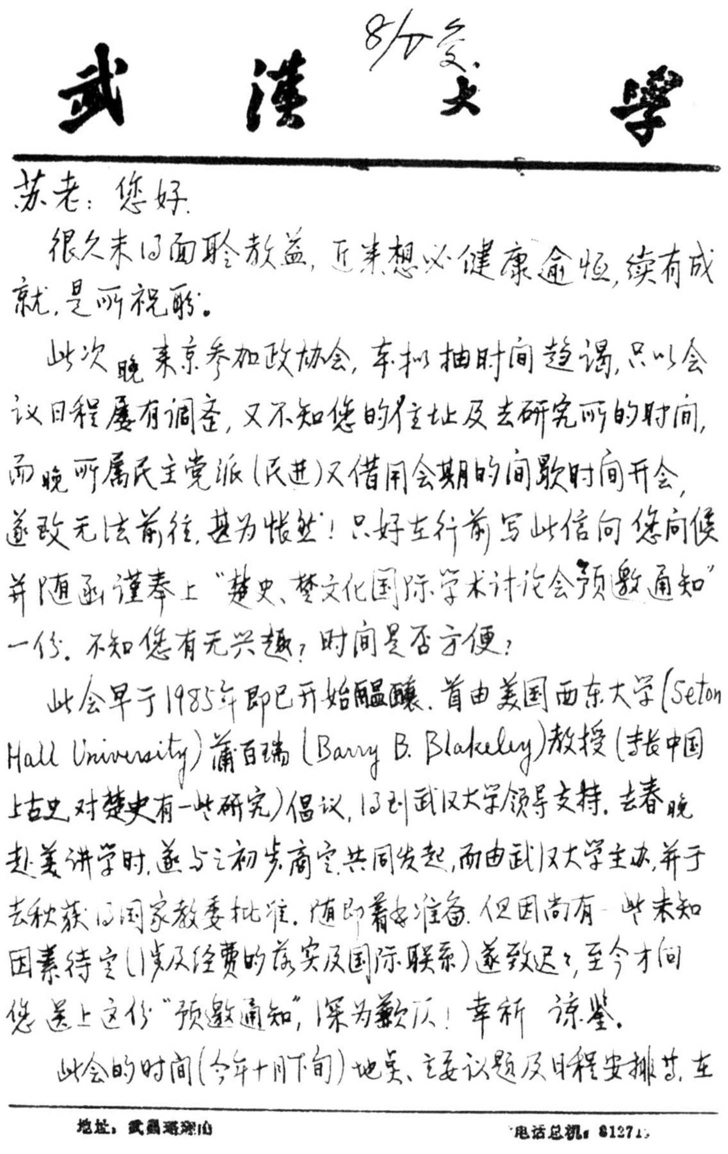

武漢大學

8/6复

苏老：您好

很久未得面聆教益，近来想必健康愈恒，续有成就，是所祝盼。

此次晚来京参加政协会，本拟抽时间趋谒，只以会议日程屡有调整，又不知您的住址及去研究所的时间，而晚所属民主党派（民进）又借用会期的间歇时间开会，遂致无法前往，甚为怅然！只好在行前写此信向您问候并随函谨奉上“楚史、楚文化国际学术讨论会预邀通知”一份。不知您有无兴趣？时间是否方便？

此会早于1985年即已开始酝酿。首由美国西东大学（Seton Hall University）蒲百瑞（Barry B. Blakeley）教授（专长中国上古史，对楚史有一些研究）倡议，得到武汉大学领导支持。去春晚赴美讲学时，遂与之初步商定共同发起，而由武汉大学主办，并于去秋获得国家教委批准，随即着手准备。但因尚有一些未知因素待定（涉及经费的落实及国际联系）遂致迟迟，至今才向您送上这份“预邀通知”，深为歉疚！幸祈谅鉴。

此会的时间（今年十月下旬）地点、主要议题及日程安排等，在

地址：武昌珞珈山　　电话总机：81271

惠允，实所深幸！并请于五月五日前，将“通知”后页所附登记填寄武大历史系（联系人王光镐）。我们收到此表后，将于五六月间寄奉正式邀请书，届时再奉告会议的确切日期、地点、日程及其他有关事项。

专此奉陈，敬问

春安

晚　石泉　谨上

1988.4.11

苏兆庆

苏兆庆（1935—2017），工作于山东省莒县博物馆。

苏兆庆—苏秉琦（1988.4.24）[①]

尊敬的苏先生：您好？

我是山东莒县博物馆的苏兆庆。我去济南时，听刘谷局长和张学海所长讲，先生近期来山东参加环渤海会议，请您来莒县指导我们的工作。莒县是陵阳河遗址所在地，近年来又出土一些文物。特别是继陵阳河遗址出土陶文之后，在朱家村、杭头两处遗址也出土了陶文，请先生和高广仁、邵望平等老师在百忙之中来莒，因广仁队长和我很熟，他多次来莒，请他给您带路。我盼望您回信。

祝先生

健康长寿

莒县博物馆

苏兆庆　上

1988. 4. 24

① 苏秉琦先生在页眉写："6/5 复。"

苏秉琦—苏兆庆（1988.5.6）[①]

兆庆同志：

你好！4 月 24 日信收到，谢谢！

莒县一带是我多年想往的地方，因为我一直在想，如果说，泰山是大汶口人的神山，莒县一带则该是大汶口人主要祭祀活动场所。凡是过去发现过那类带“字”（文）陶器的地点，都为我们提供了线索。这是否像海里捞针呢？我看不然。但这毕竟是要花时间，要跑路，要找当地老乡访问，要找那些不同寻常遗迹现象。

正像我们当年在辽宁省抓住一处特殊遗迹现象（祭坛）不放，认定它不是孤立的，造舆论（1983 年在朝阳开现场会，震动辽宁），当年就在凌源发现坛、庙、冢一套重大遗迹，揭开“古文明曙光”这个课题。

为什么说曙光呢？大文章还在后边，这是一处跨越三山两河（七老图山、努鲁儿虎山、医巫闾山，大凌河与老哈河）一大片，属三个地区（阜新、朝阳、昭盟）“古文化古城古国”，上下几千年（从红山文化—夏家店下层文化—燕文化）大课题，怎能一下子弄清楚、明白呢？莫急。但我们要扎扎实实一步一步来，一年要有一个新局面。

说这话的目的，是要当地同志认识这一点，大家协作，尤其是地方重视，辽宁的经验正是如此。没有辽宁省、朝阳地区、凌源等几个县的大力协作，是不可想象的（国家文物局给予了大支持也是事实）。

---

① 信原载苏兆庆编著《莒县文物志》（齐鲁书社，1993）。录文自《关于胶东考古的通讯——给山东莒县博物馆苏兆庆同志的信》，《苏秉琦文集》3，文物出版社，2009，第 130 页。

这次山东开“环渤海”考古会，我不能不去，但翻地图一看，今年去莒县不现实，但我想，下次四省的“淮河下游古文化”考古的会，倒可以把这课题当做一项内容，等“环渤海”会期间议一议，也许能得到大家的响应。总之，这一大块地方，是个很诱人的所在，过去忽视了，现在应抓紧。

这次我去临淄，预计不过一周，直去直回，不敢流连，山东想去的地方多了，再不敢像1978年那样“周游列国”了，再一次谢谢你的美意！祝进步！

苏秉琦

1988年5月6日

郎树德

郎树德（1945— ），工作于甘肃省考古研究所。

郎树德—苏秉琦（1988.4.28）

苏先生：

您好！

春节前在文物局开会时，杨鸿勋老师转交了您的信件。张学正所长从您那里回来后告诉我，您找我有事。春节去了呼市，后回到北京，因我二十年来第一次回家过节，异常忙乱，加上胃疼，所以终未能如愿去您家里一趟。二月底回兰后，家中转来您写给石瑄的信件，叫我去。我这才后悔，意识到我一定耽误了您什么事情。原计划四月份再去京汇报工作时，亲自当面请罪，然至今不得脱身。眼看已到“五一”，我只好写信，先请求您宽恕学生的失礼，再谈其他。

您准备需要F901以及大地湾的具体什么资料，请来信告我，我一定尽力去办。

四月份以来，我们请兰州军区测绘队在这里测一张1∶1000的遗址地形地貌图，然后在这图上将已发掘的遗迹和断崖上暴露的遗迹标上，以求使我们的认识更上一层楼。最近因协助测绘，我再一次地跑遍了整个遗址的沟沟岔岔、大小断崖。我越来越深刻地认识到，您关于“古文化古城古国”的论断确实是引导我们后来人开创中国考古学新阶段的指针。距今四千年到六千年，正是文明诞生的大变革时期。六千年以前有姜寨、半坡，四千年以内有商周，这中间原始村落如何变成文明城市，氏族社会如何变成阶级社会，我相信大地湾会给我们一些答案的。这个遗址面积不是原来说的30万平米，而是100多万平米，五千年的仰韶晚期几乎遍布整个遗址，像901这样的大房子肯定不是一座，惊人的原始社会，超出我们的想象多少倍！详情我以后当面汇报、请教。

所里领导仍是岳邦湖、张学正，去年加派了一名书记。所里工作今年以研究整理为主。大地湾计划六月份起请历博的锡长僖搞复原，八月份再搞些补充发掘。

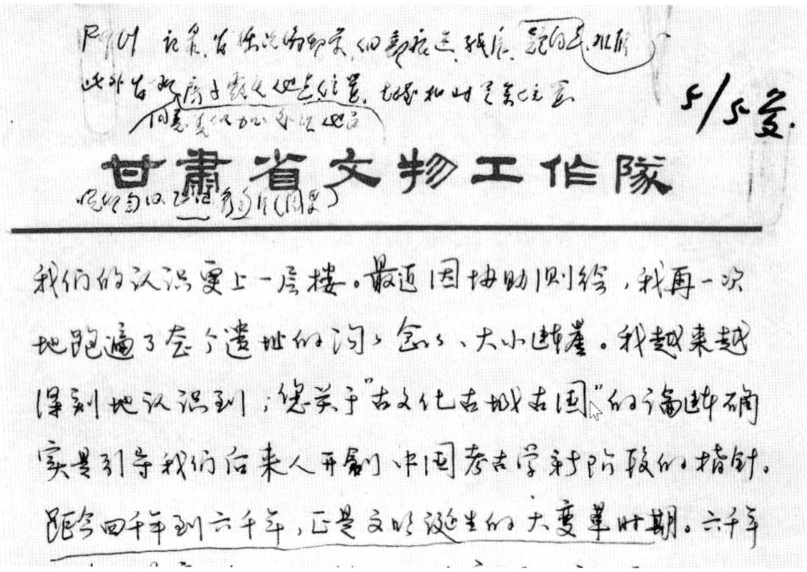
5/5复.
甘肃省文物工作队
我们的认识更上一层楼。最近因协助测绘，我再一次
地跑遍了整个遗址的沟沟岔岔、大小断崖。我越来越
深刻地认识到，您关于"古文化古城古国"的论断确
实是引导我们后来人开创中国考古学新阶段的指针。
距今四千年到六千年，正是文明诞生的大变革时期。六千年

祝健康！

学生　郎树德

于大地湾　88.4.28

[编者注] 苏秉琦先生在书信第二页页眉写：

F901记录发掘现场现象、细部痕迹、残痕、难解疑问点，此外发现同类、类似加工处理地面，房子露头地点、位置、大致相对关系位置。

晚仰陶器、整器、彩陶片（图案）。

5/5复

丁伟志

丁伟志（1931—　），工作于中国社会科学院，副院长。

苏秉琦—丁伟志（1988.5.21）[①]

伟志院长：

您好！

前顷在报上看到您发表的关于我院改革的主张，十分欣赏、十分佩服！我认为这完全符合中央精神，也完全抓住了某些研究所急待革除的弊病。别的所我不太清楚，按考古所的情况看，确实与中央精神不合，很不利于学科的发展。如果能按照您所提出的改革原则去办，则考古所会有转机。

您有总揽学科全局的战略思想和魄力，更有很高的政策水平，作为常务副院长，定会做出成绩的。听鸿勋同志讲，继边疆史研究中心之后，你有意成立环境文化研究中心，这是对学科发展的又一明智决断。我国科学院目前尚没有关于人文环境这一系统科学的研究机构，如能成立，必将对我国社会主义现代化做出贡献。鸿勋同

① 据苏秉琦先生家藏信稿录入。

志无论在学术上还是在组织能力上都是主持这一工作的理想人选（他在清华读书时一直在学生会担任领导工作，有很好的锻炼，毕业后又曾担梁思成先生的助手）。过去四年中，他受国家文物局的委托，仅用部分业余精力所领导的两个研究中心（我被聘为名誉主任）的成绩就是令人满意的。我希望环境文化研究中心早日成立，因为有大量的工作急待国家科学院的这样一个机构去做。环境文化从学科上讲，包括着人文环境的过去、现在与未来，和考古学关系密切，我院成立环境文化研究中心之后，我将继续支持这方面的工作，为这一综合学科的发展贡献力量。

随信寄上《瞭望》刊载的一篇谈到我的文章。我不是什么“泰斗”，按我自己的话说，我只是考古学战线上的一名老兵。不过这篇专访中，倒是报道了我国社会主义考古学建设的一些实情。这对于我们考古界过去所提倡的只管发掘，不重学科建设的问题的解决，可能会有所帮助。

顺致

敬礼

苏秉琦

一九八八年五月二十一日

苏秉琦—丁伟志（1988.5.26）①

伟志同志：

你好！昨天送上几份材料，供你了解考古学刊和考古事业现状参考。今天准备谈几点意见，和你商讨。

一，报载4月19日新华社记者报道你在全国社会科学院院长联席会议上的发言。你的四点设想，我认为针对性极强、非常中

① 据苏秉琦先生家藏书信复印件录入。

肯。记得七五年八月份我听到胡绳同志在全院（当时学部）大会上发言后也有此感受。因为在同年同月我在我所为吉林大学师生做报告，谈中国考古学文化区系理论时，自认为是经历几十年摸索，终于找到把中国考古学如何走向马克思主义化的具体途径，而这正是当时我们通过几十年实践苦思冥想不得突破的课题。实质上，这不正是建立中国学派的起步吗？所以，到 1981 年 6 月北京历史学会为纪念中国共产党六十周年大会上，为了歌颂中国共产党的伟绩，正式提出，考古学的中国学派已经在望了。

十多年过去了，中国考古学确又迈出一大步，所以，当去年五月为纪念中国社科院建院十周年写的短文，题为《向建立中国学派的目标攀登》。内容谈了三点：一是涉及中国文化体系基础结构问题；二是涉及中国文明（文化）传统问题；三是涉及中国文化发展的辩证法——动态考古学的建立问题。归纳起来，到本世纪七十年代末，中国考古学在马克思主义化方向进展经历过一个漫长的从实践到理论的过程之后，转入一个从理论到实践再到理论的螺旋上升的快速发展的过程。这十几年光阴，对中国考古事业而言，称作“黄金时代”并不为过。

这段历史应该如何评价呢？用考古发现或论著年表是不足说明问题的。足以证明这段历史的是：从七十年代以来的十几次专题考古系列现场参观座谈会，确切地反映了学科迅速发展的轨迹，人们的视野、思想和境界的变化是它的证明。如果说，这些活动以及它所反映的近十多年来的田野考古系统工作的业绩应该归功于全体考古工作者，应该归功于党的十一届三中全会以来的整个社会环境、党的政策，这是毫无疑问的。这十几次学术专题系列座谈会的特点是：围绕着一个总课题，即中国文化区系，而每个具体文化区系都有它的一些发光点；每次会都有一个具体课题，有一批系统田野发掘材料，有一些重要遗址、遗迹，代表了学科的一个新的“生长点”（将来有条件成为学科的细分支）；每次都由主办单位准备好参观的遗址或遗迹现场，全部原始材料按顺序上架（类似开架书库），并负责安排由工地主持人介绍；由主办单位自拟邀请参加会议人选，原则是本课题是有一定发言权的；会议一般四五天，包括参观、讨论，不拘形式，一律即席发言，要留录音，经整理后交本人审阅后，编写一份会议纪要；十几年来凡是开过这种会的地方基本上都已建立起自己的科研基地（永久性的），如刚开过第二次环渤海考古会的山东淄博市除已有三处是相当规模的博物馆（临淄市、青州、齐国故城），还有一个在建的省所“青州考古中心”，拟建的“城子崖”博物馆，涵盖范围大致相当古青州或齐国，上下五千年古文化。

最近我刚刚收到北京大学由考古系部分低年级同学发起的“文物爱好者协会”自己用勤工助学筹措资金、自己写稿、自己编印的名为《青年考古学家》的刊物。我曾问过其中一个人（他是研究生）他们是怎么想的，我顺便提起五十年代以1956届班同学为主的当时专业同学曾对教研室发动过一次尖锐的批评，说考古界像“一潭死水”，引起校方自校长以下的领导人的重视。这位研究生说，他们现在是有类似的心情。时代不同了，二十岁左右的小青年用自己劳动赚来的钱，自己动手办起自己的刊物，发出自己的呐喊！和五十年代同学中间正好相隔约卅年，真是一代胜似一代！（我手下这一本请你翻一下，阅后还给我，因为内有给我的题签，有纪念意义。——自注）

写到这里，我想说明，过去这十几年间那种完全由民间、群众自发的形式所开展的、目标明确的学术交流活动的富有生命力，就说明它是有业已深入人心的共同思想、愿望凝聚到一起的。我们所今后只要尊重这个现象，多少给一些同情赞助，譬如说，为什么人家都可以心甘情愿地把自己最新的、系统的、富有成果的工作的材料，主动和盘托出，专请内行里手来评头论足，使大家开拓眼界，共同提高，有什么不好？毋庸置疑的是，这种学术交流还会继续下去，这是不可逆转的，因为它符合学科、事业健康发展下去的需要，因为它已深入人心，深得人心！

下面谈另一件事。

84 年间为了探索文物考古事业体制改革，改变全部由国家包办、包揽一切的模式，改变脱离现实、脱离社会的经院式学风，此外，还有一股“以文物养文物”的短视、愚昧的强调经济效益的歪风。只是文物局代中央起草的“加强文物工作”的文件一拖再拖，直到今年才算以“通知”形式由国务院发出。由杨鸿勋同志倡议，经过和文物局的谢辰生、沈竹，考古所的我等交换意见，决定由国家文物局牵头，创建两个不要国家出钱、不占国家编制，实验性质的，作为国家文物局内的科研事业实体。后来并以此实体名义和福建泉州、广东深圳建立合办分支单位。两个实体的名称：一是“史迹文化研究中心”，一是“环境文化研究中心”，二者有共性，有区别，侧重点不同。共性是都以考古、建筑相结合为基础，发展跨学科研究，面向社会现实需要，开展多学科学术交流、协作、咨询、服务与设计等活动。几年来，仅以杨鸿勋一人业余时间为主，另吸收一些有关业务人员应用业余时间协作，完成多项工作［例如：虎门炮台复原、鸦片战争博物馆设计、泉州海交馆新馆设计、安阳殷墟博物苑设计、山东长岛大黑山岛以“北庄”遗址博物馆为中心的多项功能的整体设计、辽宁秦汉“碣石宫”遗址的观海楼（宫城“阙门”）设想，等等］。实践证明，这一尝试是成功的，富有生命力的。对此，我们认为，应在总结这一段经验基础上，重新考虑今后如何更进一步，使其得到更快、更大的发展，才更加符合社会发展的需要。

我个人意见是：

第一，原来的两个名称是可取的，符合学科发展、社会发展需要的。“文化史迹研究”侧重点是对重要文化史迹（可称作“大文物”）的研究、保护措施（使之垂之久远）、复原设计（供当代人参观，接受科普教育、发展旅游）。这个组织的形制更与文物局职能接近，以留在文物局为宜。“环境文化研究”，照我们理解，可和“环境保护部”对照。后者是当代世界性、全人类的大问题，为了人类生存的大问题。而“环境文化研究”并非与现实社会关系不大，但它所涉及的都是包括自有人类以来，要从过去、现在、未来综合考察的一致学术理论问题。从学术角度，同样是既迫切又重大的问题。却恰恰是我们两家科学院都还没有专设机构的空白点。所以，我认为应该把它转移到社科院来。考虑到它原设在文物局，理应把文物局最关心倡导的同志们请他们一如既往关心这个事业。此事，据杨鸿勋同志讲，和你通过气了，你很赞同此议，未知确否？

第二，我想着重向你谈的是，文物局领导刚刚换届，新局长刚上任。这□原班领导遗留下来的暂挂性质单位（只挂名，不承担什么实质性责任的组织），你如认为我讲的有些可取，愿为我院增加一项，理论上讲是至关重要的，而且如果真的把它当做一件大事抓起来，不需花费大力，不需要什么太大的“人、财、房”等恼人的条件，现成的“熟瓜”，拿起即可立竿见影，岂非功能无量的好事？又是据说，我院已有个“边疆史研究中心”。此事如果能以同等条件办起来（实际上是接过来），它的成绩我肯定不会比它差。更为重要的，我思来想去，考古所的开拓新局面，没有一点外力（实际上就是对照比较的压力）刺激，情况是难改的。

我的两点意见，实际上都不是大难题，但愿你能在百忙中不失时机地予以考虑。

谨致

敬礼！

苏秉琦　1988.5.26

我近期经常在家，少去考古所。

苏秉琦—丁伟志（1988.6.1）①

伟志同志：

你好！

5 月 26 日写过一信，附上一本《青年考古学家》，供参阅。现在向你汇报一件新情况，和上次信中谈的第二点意见直接关联，我不得不把这件事大致来龙去脉向你汇报，供你考虑上次信提出建议参考，并能够尽快做出决定。

随信附上美国依何华大学设计学院院长和建筑系教授联名信给杨鸿勋同志信（原文及译文）复印本。

这项建议（就中国环境文化——扩大的、广义的建筑学）（去美国办展览），曾经和这位邵教授（华裔）较充分地交换过意见，得知他们赞成并和该校院长联系过。这项建议，杨鸿勋同志还曾经和北京中国国际科学中心（民间团体，属国家科委）联系过。该中心同意率先出资人民币一百万元支持筹备展览经费。因此，杨鸿勋同志才直接向对方（实际上就是为实现此项计划的美国伙伴）去信邀请。所有以上的经过，以及对方来北京会谈性质，仍属初步交换意见（向）进一步谈商较具体的问题，这次会谈后或许能提出一个计划、设想或大纲。双方经过进一步落实后，才谈得上今后一个相当长的期间一些具体项目的细节，然后再形成某种正式文件，办理正式手续。

原因：1)，这不是一般性文化交流、出国展览，而是以一个大的<u>科研计划系统工程</u>做背景（<u>中国环境文化</u>当然够得上是个大科研系统工程，而非一般性学科科研课题）的国际文化交流。它从根本上来讲，是属于我国科研事业整体改革的一个组成部分，不是拿一些现成国宝（或“国粹”）给洋人开眼，是发现、发明、创

① 据苏秉琦先生家藏书信复印件录入。

造，不是摆现成的东西。说“胸有成竹”也可以，但绝不是已经“物化”了的作品。2）会谈内容可以分几个层次——［总构思］，人类进入文明的整个过程及其成果是以破坏环境为代价的，当代人类的历史使命就是要以人类积累的文明与智慧再造世界，恢复人与自然生态的平衡（40年代由罗斯福倡议，委托爱因斯坦撰写，以五百个字写给五千年后的人们的信，秘密深埋在地下，等五千年后再打开看。据透露，其内容不外是认为困惑着当代人类的大难题，怕不是短期间所能解决而已）；其次是［几个系统］，建筑学、园林、城市、国土；再次是系统下的［专题］。因此，我们的［总设想］是：3）通过国际文化交流办专题科普性质的展览促进两国人民间相互理解为契机，每个［专题展览］（先国外后国内）既是一册图文并茂的［科普读物］（中、英文两种文本和两种文字对照本），而后，就要有一本专门著作，从而达到［发展学科、改造学科］目的。中国人并不高人一等。一万年以来中国文化史都是全人类的一份最可宝贵的财富。我们对此坚信不疑。［中国环境文化中心］这个组织的性质原本就是不仅属于中国人民，还是属于全人类的。不仅是研究过去，尤其是［为了创造明天理想社会、历史的当代世界人民服务］的。4）我们起步需要一笔资金（中国国际科学中心首先提出赞助，但我们不要求人家无条件捐助），更需要广交天下朋友。［为了发展这项研究和事业］我们希望创造一个基金会。为此目的，我们应将今后一切有偿收入积累起来，作为“基金会”的基金。所有以上几点想法，我们应对所有给予协助或参与这项事业的人们讲清楚。

**　**　**

上次信谈到，“中国环境与文化研究中心”原挂在国家文物局。在这次该局领导换届期间，“中心”已停止正式挂钩关系，我们认为从业务性质分析，这个组织归口到我院更为恰当。

现在问题是，已向对方发出邀请，对方已正式接收。我们应该尽快给对方覆信。如果我院愿接收到我院，不管今后还需要办理怎样手续，现在我们回信即可把责属关系变化向对方申明。而下一步的接待，只需要由你到时代表院方出席。会面，具体会谈内容由杨鸿勋同志及时和你联系、拍板、请示即可。我意，此事，似机不可失。谢辰生即已表示过同意，想来不会变卦。请指示。此致
敬礼！

苏秉琦　1988.6.1

杨去泉州约一周可回。又及

丁伟志—苏秉琦（1988）[①]

秉琦先生研席：

惠寄的三封信及附赠的杂志等，均已收悉拜读。对您的渊博学识、科学态度、创新精神，实在钦佩之至。奖掖后学的热情，尤其感人。

考古所换届事，已大致就绪，今后望先生对于苹芳同志他们的工作给予更多的支持和帮助。信中所谈出国展览及建立环境文化中心事，均先以所里研究并提出意见为宜，院不便越过所直接处理。此事我已和苹芳同志当面谈过，现在又将您给我的两封信，及依何华大学设计院长来函，杨鸿勋同志给我的两封信，一齐转给了徐苹芳同志，请他们研究处理。我想他们会认真对待，并且会向您请教的。

事务繁杂，不及一一，且容日后登门拜访。谨此，顺祝
夏安

丁伟志　上

《青年考古学家》一同奉还。

---

① 据苏恺之先生提供信影录文，信影时未拍摄所署写信时间，据前述三封苏秉琦先生信件，当写于1988年。

李京华

李京华，先后工作于河南省文化局文物工作队、河南省文物研究所。

李京华—苏秉琦（1988.8.26）[①]

苏先生：

您和全家好？

濮阳西水坡仰韶文化蚌图遗址的考古发掘工作，您是一直在关心着我们的。原来计划在有新的蚌图出现时，向您报告新发现，谁知最近才有新的蚌图出土，所以迟至现在向您汇报，烦您多等了。

七月初召开现场会，我们多么想请您来指导啊，但为保重先生的身体就不敢请您了。所里是谢端琚和郑乃武同志来指导工作，我请他们向您汇报这里的情况。

今春以来，一直是按照您的指示开展发掘工作的，宏观和微观全贯彻到工作中去。这样重要的遗址又位于重大的工程之中，必须在有限的时间内搞好发掘工作。所以宏观方面的工作受限制太大，

① 原信未署年。据孙德萱—苏秉琦（1988.9.2）信件内容，本信当是所言“李京华同志让我带给您老的信”，信应写于1988年。

这是其一；其二是此遗址的中部以西被破坏严重，只能在遗址的东部做工作。

半年多来，在东部发现了村落的边沟，才知道蚌图位于遗址的东部。除了原来发现的三组蚌图之外，在其第三组的西南边又发现一组，但这一组被三个灰坑打破，只余下一条尖尾巴和一个圈的蚌图，该尾巴和前三组的龙、虎尾巴不同，看来它是新的动物形体。在第三组的北、东和南面各有一片蚌壳堆积，尤以南面的一片面积最大，此片堆积和龙爪相接。它是摆龙虎后随手遗弃的余蚌壳？是象征天空中的云雾、云朵？似是似不是。在三组蚌图的周围分布着40余处蚌壳堆积及几处蜗牛壳堆积，从宏观看它是不是象征鳞次的云朵？我们专门绘制蚌壳分布图，但尚未绘制完毕。在一个较大的蚌壳堆积内的小坑中，填埋九件方形的石耜。遗址的较早期坑中，出土两件似臂上端的石雕残块，直径约8.5厘米，是最早的大型石雕艺术品。三组蚌图周围的地貌基本揭露。现正打隔梁中，这一层地貌很简单，仅有少数几个坑、沟，空场面积较大。经发掘和周围钻探知道，蚌图地面高出周围地区1—2米。晚期仰韶遗址地面高出周围2—4米，可见该遗址是古代的土丘，因多次黄河淤积，使这一带成为地平如镜的大平原。这里的早、中晚期仰韶文化墓葬［一次葬（原葬）、二次葬（迁葬）、瓮棺葬］基本不见随葬陶器，只有极个别随葬石磨盘和石磨棒。

在遗址的南部，探出春秋阵亡士卒墓近三十个，已发掘二十个，每坑人骨架18—21个不等，埋葬较规整，多数尸体完好，少数首、躯移位。有20余个人骨架残存有戟刺、戟援锋、铜镞，从位置看从左射击者多。似是遭受伏击打胜后掩埋的墓地。

其他详细情况，可请副领队，市文化局副局长孙德萱同志向您口头汇报。

我们再次请您指导。

现在发掘到后期，一面完善资料，一面搞好工地的工作。重点搞好三组蚌图同层地面的平面工作，这项工作是您再三强调的，是文物局再三强调的，是现场会大家强调的，这也是田野考古的基本常识，但万万没有想到开展这项工作，阻力那么大。不管如何，我和孙德萱同志克服一切困难，采取特殊措施，搞好这个关键性的工作，不辜负您的教导。

祝

健康

学生　李京华

8 月 26 日

孙德萱—苏秉琦（1988.9.2）

苏先生：

您老全家好？

我叫孙德萱，是濮阳市文化局副局长、市文物工作队队长、西水坡考古队副队长。八月底受李京华同志委托进京找黄景略处长请示工作，并请求国家文物局对这次发掘支持一些经费。还从考古所请丁六龙来濮起取第三组蚌图，请潘其风鉴定东周阵亡士卒排葬坑的人骨。只在京停了两天多时间，没能到紫竹院附近的家里去看望您老。托俞伟超馆长捎去两张蚌图照片，求他向您回报。去时李京华同志让我带给您老的信，放错了提包，只好寄给您。目前考古工地很忙，晚一晚争取赴京找您汇报。

此致

敬礼

孙德萱

1988. 9. 2

李京华—苏秉琦[①]

请写书名

《南阳汉代冶铁》

李京华

邮编 450004

郑州市陇海北三街九号

河南省文物考古研究所

① 该信为便签，未署年。《南阳汉代冶铁》出版于 1995 年，便签自当写于此前。

张启龙

张启龙（1956年— ），先后工作于菏泽市文物处、鲁西南民俗博物馆。

张启龙—苏秉琦（1988.10.13）[①]

尊敬的苏老先生大安：

我从事文物考古工作十几年，久仰先生大名，并听人传颂先生对晚辈的关心和培养之美德。今年五月十六日，在“环渤海”会议上，又亲聆先生演讲，此乃晚辈终生之大幸。

关于中国考古学信息库问题，我考虑了好长时间，但迟迟不敢提笔，一方面我才疏学浅，难以讲清这一问题的重要性；另一方面我身居基层，孤陋寡闻，对这方面信息了解甚少。自张店之后，我才决心写出来。这次冒昧地将稿子寄给您，请先生在百忙之中予以阅审，并赐教于我，以便修改。另外还想请先生向有关方面呼吁，争取建立中国考古学信息库，促进我国考古学研究的

① 苏秉琦先生在书信首页页眉写：“24/11/88复。”

深入和发展。

苏老先生：我冒昧地打扰您，请您原谅为盼。先生若能赐教，晚辈将不胜感谢。

敬祝

安康！

启龙 敬呈

88.10.13

苏秉琦—张启龙（1988.11.27）①

启龙同志：

你好！大作已在《中国文物报》发表。问题提得及时，总会起到一定促进作用。今年北大有位数学系应用数学专业学生毕业分配，自己考虑到文物考古系统来从事这方面工作，但经过努力，未能实现。据我分析，原因主要是大家认识问题。况且，兹事体大。照目前情况，即使如我们这样的国家级科研单位，领导知道花大钱买计算机，都还不了解。

这首先是要人，因为只有人才是软件的软件。而人又不是简单技术问题，还要有专业知识。总之，现在如上海博物馆总算在博物馆系统做出试点，对博物馆藏品利用电脑储存检索。中国历博也已有专人从事技术探索，初步取得成果。但当我和它负责人说到有这方面青年愿从事此业时，竟说，不是已有一个人了吗？殊不知，这哪里是个把人干得了的事！

所以，问题还需要一步步来。现在，我们是在推动发展建设工作站、实验站问题。咱山东的淄博市建站已近完工，给积累标本找个安

① 据张启龙先生提供信影录文。苏秉琦先生在信眉写：“《环渤海考古系列座谈讲话》将在1989年1期《考古》发。又及。”

身之地是首要问题。至于已发表资料检索，希望图书馆系统着手或许快一些。我试试看！因为他们已有一套办法，驾熟就轻也！祝
进步！

苏秉琦

1988.11.27

张启龙—苏秉琦（1989.9.3）

尊敬的苏老先生：

您好。

大函敬悉。《考古学信息库设想》为晚辈之拙著，却受到您如此厚爱，我自知受之有愧。当时就想给您回信致谢，但又感太轻率。我想应写出一篇小稿子后再回信，一方面不负老先生之厚望，另一方面也想以您的来信为动力，督促自己干点事业，晚辈迟迟未能回信，还望您老人家海涵。

苏老先生：这次寄去的《鬲、甗》小文，主要以八五年邹衡先生指导我搞安邱堌堆晚商鬲、甗分型、分式的类型学研究成果为基础，又结合全区晚商遗址所采集的标本，再与安阳和周围地区进行比较而成。提纲和初稿均由邹衡先生帮助修改过，经过这次文物普查，我重新整理了全区晚商遗址的鬲、甗标本，根据邹先生的修改意见，对初稿进行了修改。原有的结语大部分删掉，新增加了分布图和晚商遗址统计表。因单位文献资料贫乏，再加之对外地的鬲、甗极为生疏，谬误之处难免。虽盼老先生能赐教，但考虑您工作太忙，故不敢有此奢望。只望求一张您和师祖母的照片给我，以解我对您老人家的思念之情。

您提示的苏鲁豫皖考古协作区这一重大课题，做为山东来讲，菏泽地区应是这一课题的重点区域。因过去此地发掘工作搞得太少，再加上地下水位较高，故所有古遗址的文化层厚度、堆积情况

一概不详。八八年国家文物局李季同志来菏，我曾向他提出过建议，由国家文物局出经费，山东省考古所主持，我们积极配合。花点本钱，搞清一、二处堌堆遗址的文化层堆积。这样，不仅可以解决这一地区的考古学文化序列编年问题，加深对该地区考古学文化的认识；而且对苏鲁豫皖协作区考古课题的研究和山东地区的考古科研工作，都会起到一定的促进作用。菏泽地区文物普查、编图工作已接近尾声。根据这次调查、复查的资料，进行定位、定性分析之后，选出一、二处文化堆积较好的遗址进行发掘，或试掘，条件是基本成熟的。我盼望这样的学习机会能早日到来。

关于菏泽地区的龙山文化研究，我曾多次向郑笑梅先生请教（郑先生在山东大学教我新石器时代考古），她指出山东龙山“鲁西类型”和河南龙山“王油坊类型”的分界就在菏泽地区。通过这次普查，证明郑先生的看法是正确的。从采集的标本来看，两者的接壤地带可以以菏泽、巨野为一东西方向的界线。线以南为“王油坊类型”的北部边缘地带；线以北为“鲁西类型”的南边缘。这种现象与时代早晚有无关系？因缺乏两者的地层叠压、打破关系，目前还不好定论。我正在着手搞一套菏泽地区各遗址典型标本器物卡片，以利于今后对当地考古学文化诸问题的探索。这一计划曾得到郑笑梅先生的大力支持和帮助。

苏老先生：上次去信打扰您老人家，又劳驾您给我回信。您对我这个无名小辈的关怀，体现了一位老前辈，中国考古学界的导师对晚辈的厚爱和期望。我再一次向您老人家表示最衷心的感谢。

敬祝

安康

张启龙　谨呈

1989.9.3

附：张启龙《试谈鲁西南晚商夹砂红褐陶鬲、甗》论文一份共19页，图3页。

李科威

李科威（1953—　），工作于湖南省考古研究所，后转向临床医学。

李科威—苏秉琦（1988.10.28）[①]

尊敬的苏先生：您好！

昨天已给您寄出一份《中国考古类型学变革的基本结构》打印稿。我选择了这种题目，连自己也深感有僭越之嫌，但是为了能在计算机上实现类型学方法，不得不从最基本的理论摸起。我的目的是将类型学理论的干架结构弄清楚，尤其是想把握住那些似是而非的东西。文章的结构和思路在开始的“提要”中已作了说明，文中有些提法稍嫌尖锐，本意原是为了得到更多的反馈信息，为了下一步实验性工作做准备。请您谅解我一片苦心，并满足我的请求，给文章提出尽可能的批评。

① 信中所题论文，后发表于《东南文化》1988 年第 6 期，李科威先生回忆：“苏先生没有回信，在一次会中苏先生跟我说过，意思大约是这样：‘这种探索性的东西，是可以利用一些现代工具，但是一定有很长的路要走，靠你们这一代努力。’”

　　此致

敬礼！

湖南省文物考古研究所　李科威

1988年10月28日　敬上

刘庆柱、李毓芳

刘庆柱（1943—　），先后工作于陕西咸阳文物管理委员会、中国社会科学院考古研究所，曾任中国社会科学院考古研究所所长、中国社会科学院历史学部主任，学部委员。

李毓芳（1943—　），先后工作于咸阳市博物馆、中国社会科学院考古研究所。

刘庆柱、李毓芳—苏秉琦（1988.11.13）

苏先生：

您好！

所里马上要进行职称评定工作，我们都在工地，远在京外，这次写信请您为我们的职称问题（评副研）费些心。我们的田野和室内整理研究工作您老基本都了解，主要做了以下四方面工作。

一、秦都咸阳遗址的勘查和发掘，七十年代中期，我们发表的《秦都咸阳几个问题的初探》（《文物》76年11期），在学术界首次提出并解决了秦都咸阳的布局形制问题。

二、对秦汉栎阳城遗址的勘查和试掘，发表了勘查报告（《考古学报》85年3期），提出了秦汉栎阳城的布局形制，纠正了过去简报（《文物》66 年 1 期，陕西省文管会发）中的错误。

三、对汉长安城的勘查和发掘。85—87 年的勘查，进一步弄清了汉长安城东市和西市的分布范围、大小、形制，对未央宫、长乐宫、桂宫，在过去勘查出宫城城墙的基础上，又对宫内布局形制进行了勘查，基本弄清了其布局（专著《长安春秋——汉唐时代的长安》，人民出版社，1988 年版；论文《汉长安城布局结构辨析》，《考古》1987 年 10 期；《汉长安城的宫城和市里布局形制述论》，《陕西省考古研究所建所三十周年学术讨论会论文集》）。对未央宫第三号建筑遗址的发掘出土了约 4 万片刻字骨片，为研究汉代工官制度、职官制度、经济史、古文字等方面都提供了极为丰富，珍贵的资料，是汉代考古中的重大发现之一。

四、汉唐帝陵的勘查和汉杜陵园的发掘。我们对西汉十一陵和唐十八陵进行了勘查，发表了专著《西汉十一陵》和报告《陕西唐陵调查报告》（《考古学集刊》5 期，1987 年）这是至今在汉唐帝陵研究中较为系统、全面的专著和报告。专著《西汉十一陵》还对西汉帝陵所涉及的各种制度进行了综合研究，解决了过去存在的不少疑难学术问题。我们在对宣帝杜陵园门阙、寝殿便殿、陪葬坑等进行了大规模发掘的基础上，编写完成了考古专刊《汉杜陵园发掘报告》。

所里的职称评定工作马上开始，由于您的德高望重，我们想不管职称评定工作采取什么形式进行，所里都要尊重和征求您的意见，请您为解决我们的职称问题多加关照。

致

敬礼

您的学生

刘庆柱　李毓芳

88. 11. 13

金家广

金家广（1936—　），工作于河北大学。

金家广—苏秉琦（1989.1.2）[①]

苏公：

您好！

在八九年到来之际，请接收学生良好的祝愿，敬祝您老人家新春快乐，事事如意！

耳闻并见报得知，考古所新的领导班子已组成，我们在外地工作的同志很高兴，预祝考古所工作会有新的起色！

苏公，前、去年上半年，我在教学之余，争取了点田野工作机会，先后参加了保定地区在徐水南庄头和涞水北边桥两次试掘。您可能已知两次工作的一些简况，对徐水南庄头的东西及保北其他的发现，省、地文物部门去年秋已准备请您来观看和指导的，我也参加了准备，后听说因故不来了。近我和地区文管所的徐浩生同志商量，打算将南庄头遗址出土的陶片送京给您看看，何时去为好？另外，在今后一段时间，我想把探索北方文化有关问题作为研究课

① 原信未署年。据信中“在八九年到来之际”，知信写于1989年。

题，参加点田野工作，孔哲生同志也有些打算，请您多加指点。

即颂

冬安　代问师母好！

学生　金家广

元月二日

苏秉琦—金家广（1989.1.15）[①]

家广同学：你好！

接到元月二日信，非常高兴！原来你没有回上海，留在河北大学，太好了。

你知道，近年我们才算对河北北部古文化有了一个较清晰的轮廓认识。这应归功于 80 年代对辽西古文化考古工作的认识，才带动了我们对冀北，乃至环渤海整个古文化的重新评价，这是 1987 年在山东淄博召开两次座谈会的原因（缘起）。

你留下来，在河北大学工作，能参加省、地单位同志们的一些田野工作，对你来讲，应是条件优越，先行了一步的。过去工作过的经验都是非常有用的。

涞水、徐水两地新发现，去年本已准备好去一趟的，临时，同志们出于对我身体情况考虑的好意，认为我今天的年龄、体力，已不宜和大家一起，按照正常野外工作条件安排日程、作息时间等，只好作罢。但地方和北大又限于人力条件，工作迟迟没有进展。我心里着急，又无能为力。如果，由你和地方的徐浩生同志协商，能把部分标本（陶片等）拿来给我看看，自然是再

① 该信与苏秉琦—金家广（1989.4.28）信同载《文物春秋》1998 年第 3 期，名为《关于保北和南庄头遗址的两次通讯》，后收入金家广《怀念苏公》，载《苏秉琦先生纪念集》，科学出版社，2000，第 144 页。录文据《苏秉琦文集》3 文物出版社，2009，第 139 页。

好不过了。

1989. 元 . 15

苏秉琦—金家广（1989.4.28）[①]

家广同学：

那天送来徐水新发现材料，并承面谈种种情况。事后想来，印象虽深，难说得具体。请你把发掘情况以及出的实物、遗迹现象包括徐水同志介绍种种，尽量详细些见告。因为这项工作，几时能再度排上日程，很难说。为此，我希望手头有些实录，供参考为好！麻烦你。祝工作顺利！

1989. 4. 28

金家广—苏秉琦（1989.5.7）[②]

苏先生：

您好！

大札敬悉，先生主编的《考古学文化论集》一并收到，由衷感激先生对学生的无微不至的关怀和培育，学生将永远铭记先生的教导，在自己工作岗位上为中国考古学的发展尽微薄之力！再一次

---

① 该信与苏秉琦—金家广（1989. 1. 15）信同载《文物春秋》1998 年第 3 期，名为《关于保北和南庄头遗址的两次通讯》。后收入金家广《怀念苏公》，载《苏秉琦先生纪念集》，科学出版社，2000，第 145 页。录文据《苏秉琦文集》3，文物出版社，2009，第 139 页。

② 原信未署年。信尾提到的“长沙参加全国考古界盛会”召开于 1989 年，又苏秉琦先生在信件最后“5. 7”前用红笔写“89 年”，故信当写于 1989 年。书信原封不存。书信置于一广东省博物馆大信封内，信封上写“徐水［南庄头遗址］金家广信”“湖北盘龙城陶器”。内置陶器草图 5 页。

感谢您对学生一片美意和珍贵的礼物！

我现遵嘱将徐水南庄头遗址有关情况汇报如下，材料依据主要是该遗址《试掘简报》（初稿）摘要及参加发掘的有关同志介绍的情况，仅供参考。《简报》材料尚缺周本雄同志协助鉴定的动物骨骼标本报告，一旦齐备即可送《考古》编辑部审定。有关动植物标本有待鉴定暂略。

南庄头遗址位于河北省徐水县高林村乡南庄头村东北 3 公里处，南距县城约 12 公里。遗址位于高林村砖厂使土区，面积约东西 100，南北 200 米。

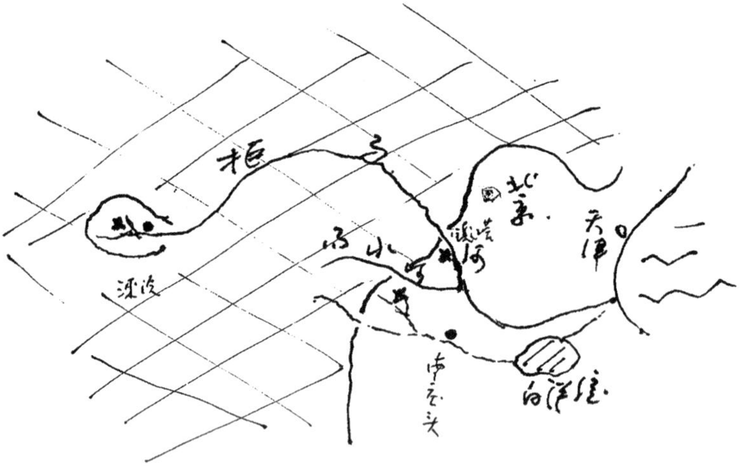

苏秉琦先生手绘南庄头遗址位置图

1986 年 4 月，在文物普查中，乡文化站得知砖厂在使土中发现鹿角、兽骨、禽骨等，并携实物报告了县文物管理所。5 月，县文化局、文管所对遗址先后作了二次调查，在使土区北部，被推土机推去了 2 米多厚的黑色淤积土之下，发现了文化层堆积，并在2×8 平方米的范围内作了清理（翌年试掘时统一编号为 86XNT1）。出土了大量的兽骨、鹿角、禽骨、木炭和少量的骨器、角器及石器，也有少量陶片。这一发现引起了大家的重视，省、地、县文物主管部门曾先后多次进行调查，河北大学历史系、北京大学考古系个别同志也参加了有关工作。北大研究生沈勇在调查中，采集了两件标本，带回学校作了^{14}C年代测定，其测定数据为：①T1⑤朽木BP 9875±160年；②T1⑤木炭9690±95年，由此我们认为进行一次试掘和再次作些年代测定是十分必要的。经请示省文物主管部门同意后，于1987年8月18日至21日，在原已清理过的T1探沟东南侧和北边断崖上各开了一条探沟，编号为87XNT2、87XNT3，面积T2为3×5平方米、T3为3×10平方米，共45平方米。出土了为数较多的兽禽类骨骼、鹿角、蚌、螺壳、石料、木炭等，有的还留有明显的人工加工痕迹。更可喜的是，在T2⑤、T3④内又各出土陶片一片，并发现可能为原始人栖息活动面的遗迹一处。参加这次试掘的单位和同志有：保定地区文物管理所徐浩生、李文龙；徐水县文物管理所杨永贺、于宝全、杨光；省文物研究所任亚珊；北京大学考古系李伯谦、原思训、徐天进、沈勇和河北大学历史系金家广等十一人。试掘工作得到了县文化局、乡政府、村委会、砖厂等部门和单位领导的有力支持。

一、遗址周围环境和地层堆积

遗址周围地形呈西北向逐渐升高，东南向逐渐低缓，为华北冲积大平原的西部边缘地带。遗址坐落在现萍河上游的两条支流——鸡爪河和无名时令小河之间，海拔21.4米。从遗址东、西、南部的断面看，遗址堆积均为黑色和灰色的湖藻相沉积层，文化层堆积偏下，说明在南庄头遗址废弃后，这里的地貌曾发生过较大的变化，原先人们栖息活动之地被一片沼泽所覆盖①。

地层堆积情况，以T3北部剖面为例说明。

第一层　地表土，厚0.1—0.35米，黄色，含少量礓石、骨片、瓷片等，试掘时为一片备使土的荒草地。

第二层　黑色黏土，厚1.1—1.35米，深1.4—1.55米。色黑如煤泥，结构紧密，黏性甚大。内含芦根、锈斑，零星螺、蚌壳，

① 苏秉琦先生在信侧写："干冷—湿冷？"

无文化遗物，本层为湖藻相沉积层。

第三层　灰白土，含细沙较多，厚 0.2—0.4 米，深 1.65—1.85 米。出有朽木、动物骨片和零星木炭等。本层往南逐渐消失于本方中，南邻的 T2 不见此层。

第四层　灰褐土，厚 0.15—0.45 米，深 1.85—2.15 米，常出有朽木、木炭、残骨、蚌壳等。本层中部距地表深 1.85 米发现一块夹砂红陶器口（T3④：3）；偏西还出一段木棒，残长 0.65 米，经^{14}C 测定的年代为 BP 8800 年①。本层东北部深 2.04 米处，发现椭圆状草木层一片。其它遗物有白色石英石片、玛瑙石块及植物叶、种子等。

第五层　灰沙土，部分呈黄色，沙感较强，厚 0.28—0.4 米，深 2.25—2.5 米。内含蚌壳，木朽、植物叶子等。

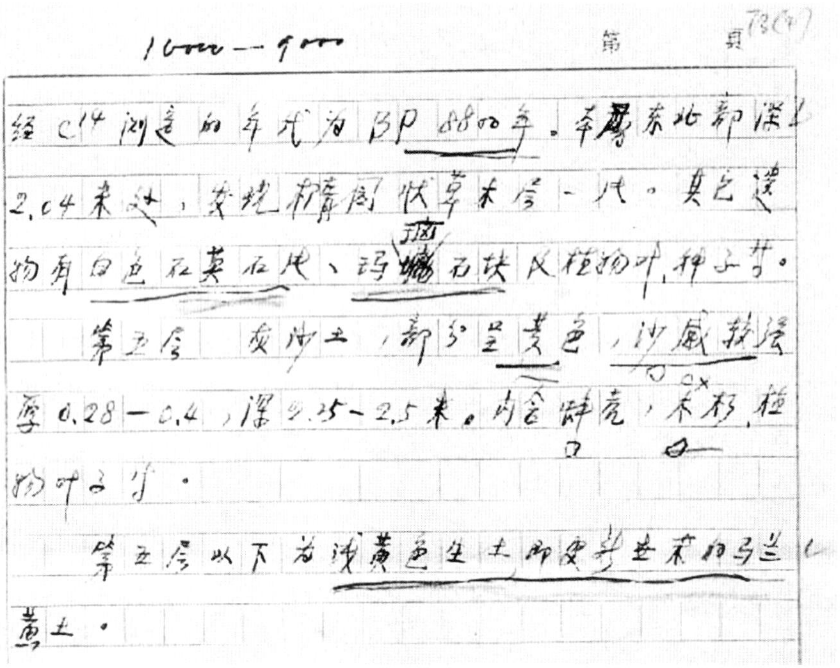

10000—9000　　第　页　T3(4)

经C14测定的年代为BP 8800年。本层东北部深2.04米处，发现椭圆状草木层一片。其它遗物有白色石英石片、玛瑙石块及植物叶、种子等。

第五层　灰沙土，部分呈黄色，沙感较强厚0.28—0.4，深2.25—2.5米。内含蚌壳，木朽、植物叶子等。

第五层以下为浅黄色生土即更新世末的马兰黄土。

---

① 苏秉琦先生在本页书信页眉写："10000—90000。"

第五层以下为浅黄色生土，即更新世末的马兰黄土。

需要指出的是，T3 以南的 T1、T2 的上部堆积均已挖去，试掘时尚存文化层相当于 T3 第五层。

二、遗迹

在 T2 第五层底部黄色生土层上，发现一条小灰沟，呈西南—东北走向并延伸至探方外，残长 3，宽 0.38—0.54 米，深 0.14—0.3 米，底面凹凸不平，沟西端为一锅底状圆形洼坑，坑口径 1.05，深 0.26 米，内埋三枝鹿角，较大的一枝鹿角柄端朝下栽埋，另两枝埋在其周围，坑底还出一小块夹砂红陶片。整条灰沟内填松软的灰砂土，并夹杂木炭渣、小蚌壳等。

在小灰沟南侧是一块较平整的南高北低缓坡面。坡面西南有不规则圆形草木灰层一片，直径约 1 米，其间有不大亦不厚的红烧土面，周围遍布炭化了的树枝、树皮。炭灰层中部有一猪髋骨，西部有猪牙一枚。另外在探方西南角和东南隅各出板状云母片岩一块。在 T3④层东北隅也发现一处草木炭层，范围约 0.5 × 0.8 平方米。

综合上述种种现象，我们初步认为这里可能是原始人栖息活动面遗迹。

三、文化遗物

遗址出土的文化遗物有陶片、石、骨、角器及带加工痕迹的石、角、木质遗物。

1. 陶片

T1—T3 三探方共出土陶片约 20 片。多碎片，无复原器，据可辨器形陶片看，有直壁罐（盂）、敛口罐、敞口钵等。按陶质看，无泥质陶，仅见夹砂陶，包括夹砂红陶 2 片，夹砂灰陶 12 片，夹云母褐陶片 1，夹蚌末红陶 5 片。多素面，仅有附加堆纹、乳钉纹。部分器壁经打磨而平整。夹砂灰陶的火候较低，质疏松；夹蚌末红陶的火候稍高，器壁较薄。

直口筒形罐，口沿、腹片共 5 块，皆为夹蚌末红陶，似为同一个体，采集于 T1 文化层。口沿为圆唇，口微敛、直腹，沿下有一周麻花状附加堆纹，堆纹上有 2 个纵向穿孔，壁厚约 0.3 厘米，口径（待查），底部形制不清。

敞口钵（T3④：3），仅有口沿 1 片，夹砂红陶，质疏松，内含少量砂粒。形制为尖圆唇，敞口，斜壁浅腹，另端稍带弧弯，残长 4.2 厘米，沿下有乳状凸起，厚约 1 厘米，内壁经打磨，和前叙筒形罐制作工艺接近。

方唇罐（盂），共 12 片，均出 T1⑤层，可能分属两个个体，陶质为夹砂深灰陶，内含细沙。其中一件为平方唇，直壁，口沿下有不规整堆状凸起一条，上按有凹沟一道，内壁平整。另一片口部内敛，内壁折棱明显，并附有炭烟痕迹，唇同前器。

2. 石器和石片

石器仅发现石磨盘、磨棒、石球各 1 件。

石磨盘（T1⑤：1），残缺，似为磨盘的一角，呈扇面形，长 10.5，宽 19.5 厘米，因使用磨蚀作用，致使盘面中凹，边缘厚 4.7，中部厚1.4 厘米。底部平坦光滑，用 10 倍显微镜观察，其上有两团约共 6 条平直而短的冰川擦痕，石质为石英状砂岩。

石磨棒（T1⑤：2），为一残段，残长 24，直径 5—5.3 厘米，横截面略呈圆形，纵向由四个摩擦切削面组成。

石球（T3④：8），已残缺，约为原器的四分之一，直径约 5.6 厘米，玛瑙石，表面欠光滑。

此外，还有石英石片 2 件，板状石榴石云母片岩石片 2 块。

3. 骨器

仅发现骨锥（T1⑤：3）一件，基本完整，锥尖稍残，长 11.5 厘米，系用羊（或鹿）的前蹄骨打磨而成，上有明显的人工加工及使用痕迹。

4. 角器

仅发现角锥（T1⑤：6）一件，完整，长28.5 厘米，系用麋鹿角枝前端磨制而成，柄端和锥锋分别留有明显的截断切割和使用痕迹。

5. 凿孔木棒构件

普查期间在T1文化层及T2东侧文化层中分别发现人工凿孔的木棒各一件，前者（T1采）为一凿孔木柄，残长8，直径3.5，孔径1.3厘米，一侧还留有捆绑而留下的凹槽痕；后者（T2采）呈条板状，一侧凿有“”状槽形孔。

此外，还发现若干鹿角柄端常留有截断的切割痕，可能是为保存鹿角原料而为。

四、自然遗物

包括动物骨骼、牙齿及植物茎、枝、叶和种子，尚待鉴定（暂略）。

苏先生，关于南庄头遗址^{14}C测定数据及周围环境方面的情况，原思训、周昆叔二位先生所知更详。有关遗址情况大致如上所叙，本想将有关图也附上，可是因人手、条件所限，不能如愿，请谅解。

上次去京已和伯谦同志面商，简报由我和徐浩生同志改定，现尚缺周本雄同志的动物标本鉴定材料，如您方便，能否代问周先生一下，请他尽快将有关鉴定材料告诉我们，以早日将稿件送编辑部。

先生如此关心遗址工作，对我们是个巨大的鼓舞，希今后多多指教。本想争取去长沙参加全国考古界盛会，看看彭头山遗址发现的材料，遗憾不能实现。祝大会成功，愿先生愉快、健康，一路顺风！

如有不妥，敬请多多指正。

学生　金家广上 5.7

金家广、刘式今—苏秉琦（8.15）

苏先生：

您好！

这次放暑假来京拜访诸位老师，顺将我们编写的《中国考古学通论》讲义初稿送上，请您们审阅多多指教。

这个稿是我们边教学，边编写，在校内用了二年再修改的基础上形成的，可是由于我们水平所限，其中问题一定不少，现印出来请有关老师多提修改意见，必须做进一步修改、定稿。有关高等学校历史系教《通论》的同志得知后，希望我们进行交流，我们感到目前这个稿子还欠成熟，不敢广泛交流，等以后再说。

在京等了您几天，因八月廿三日学校开学，式今还有课，故不能多待了，只好留下此稿，请老师在百忙时抽空予以审阅，并盼提出您的宝贵意见，在您方便的时间，通知我们来京或写书面意见皆可。通讯地址：河北保定市河北大学历史系

敬祝您健康长寿！

学生：金家广

刘式今

8.15

杨　钊

杨钊（1923—2015），工作于北京师范大学。

杨钊—苏秉琦（1989.2.17）[①]

苏先生：——您好

疏于问候，为歉，为念！

邹衡同志撰写的《夏商周考古资料与研究》已经打印出来，印得不好，错、漏字多。我已请多卷本《中国通史》秘书组同志给您寄上一份。

在春节即将到来之际，敬颂新春康乐。并祝

阖府安好！

杨钊　谨上

二月十七日

---

① 原信未署年。白寿彝—苏秉琦（1989.4.11）信言“现将邹衡同志所写第三卷的考古资料目录，遵嘱寄上”，从内容看与此相关，信当写于1989年。

杨钊—苏秉琦（11.20）

苏先生：

您的大著《考古学论述选集》已由白先生转给我，真是太感谢了！老前辈、老学长惠赐自己半个世纪的研究成果，学习起来格外亲切。我一定好好学习，不仅学习考古知识，更要学习您的治学思想、精神和方法。

我还未来得及仔细阅读，在粗略的翻看中，使我感受最深的是您把全国分成六大区，又将六大区作了面向亚洲腹地和面向海洋的区分。这种研究方法，是在详细地占有大量资料基础上，从具体分析入手，高度概括出来规律性的问题。

您的这种研究考古的方法，我觉得也是研究历史必遵循的途径。书不尽言，专此顺请

撰安

杨钊　谨上

十一月廿日

方殿春

方殿春（1948— ），工作于辽宁省考古研究所。

方殿春—苏秉琦（1989.3.16）[①]

苏公：

您好。

现将阜新查海遗址房址布局的总平面图寄上，请你指教。

此图说明：

1. 因东侧探方隔梁未打掉，所以 F5、F6、F7、F8 没能上图。

2. 遗址中有水冲沟，其中已将几座房址冲毁，每年夏季破坏严重。

3. 此遗址，只需向北、东各排二排探方即可将全貌[②]揭露完整。

4. 初步观察，F9 与 F12、F11 与 F13、F1 与 F10、F2 和 F3 与

① 原信未署年。查海遗址试掘于 1986 年，正式发掘于 1987 年，信中言“近二年的查海发掘期间”，则信或写于 1989 年。信眉有文字：“因信封不妥，打回，现再邮去，请原谅，小方。”

② 苏秉琦先生在“全”字下用红笔划圈，在信侧写：“细节重要，细小物品易忽略。”

F4各为一排排列。即目前，已能排成四排。还有F5、F6、F7又为一排，但需再一步发掘。

5. 各房址尺寸如下（南北长×东西宽）：

F1——10.5×7.9m

F10——存宽5.5m

F2——6×5.7m

F3——6.4×6.3

F4——7.6×7

F11——5.2×5.4

F13——4.5×4.5

F12——4.2×3.7

F9——10.1×9.3

6. 在F1、F13、F11三座房址附近各存一圆形穴址。F11在其南外侧，F13、F1还房址相连一起。

7. 目前可观察到，房址可分为大、中、小三种类型。

另外，目前地层证明，以F2、F3、F4一线为界，以西属②层下，以东的F5……房址属③层下。但房址内陶器能否有早晚，因现在未整理，不敢断言。加之，东侧房址还未发掘。

因此，我的个人意见：因为此遗址面积只存小面积了，往东再打开两排探方，即能全揭露。

类于查海遗址，阜新一带，我们已发现多处[①]，还有保存更好的遗址。查海因冲沟破坏严重，保存不好。

在近二年的查海发掘期间，我总抽时间，在此一带进行调查。总想，能否发现比查海更早的遗址。因为，查海的内涵陶器、纹饰也太发达了。还伴出玉器，并不“原始”。而查海的前身又是什么？

先生：今只将总平面图寄去，陶器图因手头没有资料，都在查

① 苏秉琦先生在“多”字下用红笔划圈，在信侧写：“多未必一样。”

海村的“库房”处，待以后到查海时，再拍照片，绘图等。再给您寄去。

先生：我那日在所中，您教导：“不要交糊涂账。”是的，深谢您的教诲。发掘工作是考古的重要一环，不能轻视。但我的意见：是将查海发掘完，一者面积还存一小部分，还有几座房址已揭开了；二者冲沟破坏严重，每年冲毁太厉害。不掘，有几年也破坏没了。

好了，您还有什么指教，请来信。

大安

后生　方殿春　3.16 字

方殿春—苏秉琦（2.28）

苏先生：

您好。

您要的牛河梁“之”纹拓片，于春节前到牛河梁选拓了一些。不知是否能理想。这些陶片大部分出于灰坑地点。

先生去年从牛点走后，我于 10 月底又到查海遗址发掘了六个探方，发现几座房址，出土许多陶器。通过陶器观看，略与敖汉旗小山遗址很近。也选拓几张，一同给您寄去。

本年度发掘还没有最后确定，但牛点发掘是不能停的，请先生放心，我一定刻苦学习，努力去工作，到此。敬颂

顺康

学生：方殿春

2 月 28 日字

河北省考古研究所

苏秉琦—河北省考古研究所（1989.4.3）[①]

祝贺与期望

苏秉琦

河北是文物大省，考古工作有相当基础。考虑到——我省是环渤海考古的中心环节——我省又是北方与中原两大古文化区系间的重要联接带。

因此，我认为，发展我省与邻省地区间的横向联系，是进行重大课题研究的必要条件，而首先加强与京津两市间的协作，尤为必要，这是我的想法和期望，仅供参考。

此致

河北省文博界同行朋友们。

1989年4月3日北京

---

① 刊于《文物春秋》1989年创刊号，据《苏秉琦文集》3，文物出版社，2009，第140页录文。

朱启新

朱启新—苏秉琦（1989.5.24）①

秉琦老师：

大作已转载，再请老黄带上《中国文物报》贰份。

马家窑文化的幻灯片，我将在七月份剪制一部分请人带给你。因影片与幻灯片规格不一，尚需要剪贴遮光黑纸片。祝你

安好

朱启新

5.24

① 原件为便签，未署年。据苏秉琦—郭大顺（1987.10.19）言马家窑文化影片已基本拍摄完成，《中国文物报》1989年5月12日刊发苏秉琦先生《写在〈中国文明曙光〉放映之前》，信当写于1989年。

老　莫

苏秉琦—老莫（1989.7.8）[①]

老莫同志：你好！

1. IBA 董事长来信（6 月 16 日迟到），把我弄糊涂了，请看附件（甲）。

2. 事情没那么复杂，怎么像（蒙）没有那么回事？请看材料（乙），他老先生是否也像我这样年纪，一时忘了？

3. 我们已把校对稿寄回主管编辑女士（看材料丙），该我们办的事不就这些吗？

烦代拟回信，把重要材料复印附信内给他寄去，别打岔了！（补充经历一条，1989. 5. 20 日经中国考古学会第七次年会推举连任第三届理事会理事长。）

代劳神了，费心，谢谢！

候

日安！

弟　苏秉琦 1989. 7. 8

另外，他五月来信，我没理他。可一阅。

---

① 据家藏信稿录文，上半段用铅笔，下半段用黑笔书写。书信中的老莫，推测为中国社会科学院考古研究所莫润先先生。

杜迺松

杜迺松（1937—　），工作于故宫博物院。

杜迺松—苏秉琦（1989.8.3）

苏伯伯：

您好！近日各方面均好吧！念念。

关于您要的照片资料，前几天湖南省博物馆的王主任来信说，省博已直接把照片寄您了。我想如是的话，您一定会收到的。

我最近忙于参加院里对一级文物的审查工作，待以后方便时来看望您。

有事尽请联系为荷。

致

阖家夏祺！

杜迺松　敬上

89. 8. 3

华觉明

华觉明（1933—　），工作于中国科学院自然科学史研究所。

华觉明—苏秉琦（1989.9.1）

苏老：

昨天去府上，承您于百忙中详予赐教，非常感谢！现将经过整理的记录寄上，请您过目，可即在上修改定稿，再寄还我们。您的这些意见将其他几位专家的意见一起打印出来，供同志们讨论方案时参考，打印的文本当及时送您备查。专此，即颂

近安

华觉明　敬上

一九八九年九月一日

华觉明—苏秉琦（1989.10.14）

苏秉琦同志：

寄上您的关于铜绿山古矿遗址保护的谈话打印件，这些专家咨

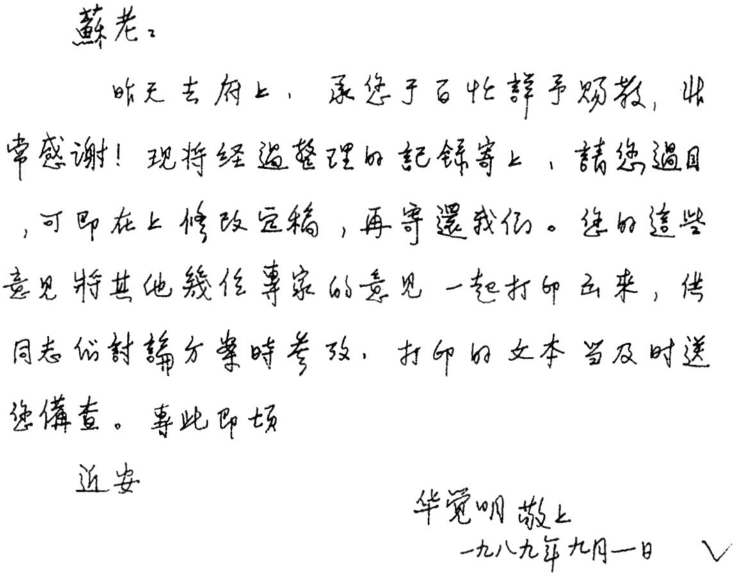

蘇老：

昨天去府上，承您于百忙详予赐教，非常感谢！现将经過整理的記錄寄上，請您過目，可即在上修改定稿，再寄還我們。您的這些意見將其他幾位專家的意見一起打印出来，供同志們討論方案時参考。打印的文本当及时送您備查。專此即頌

近安

华觉明敬上

一九八九年九月一日

询意见将提交有关领导部门和遗址保护论证会参考。谢谢您的大力支持。今后，还请多予赐教。此致

敬礼

华觉明上

八九年十月十四日

附：苏秉琦先生保护谈话打印文件一份。

苏秉琦（教授、中国考古学会理事长）：

人类的文化和文明本身，既是一种建设又是对自然面貌的变更，从一开始就是对立的统一。问题在于如何把这两方面很好地结合起来，求得协调。铜绿山古矿遗址的保护也是这样，要从我国的实际情况出发，兼顾文物保护和生产建设两方面的需要，尽可能做到两全其美，协调发展。

我自己的看法，在确保文物安全的前提下，原地保护和搬迁保护两种方案都可以考虑，经过充分的科学论证和分析比较，择善而从。同时，必须按照《文物保护法》所规定的程序，最后经国务院批准，方可实施。

按目前的方案，搬迁的距离不大，并没有脱离矿区的大环境。遗址的内涵没有改变，应当承认它还是遗址，仍然保持了它的文物价值。

文物不是图腾，它是人类创造的文化财富，看问题不要绝对化。元大都压在今北京城下，明代修建新城，往南移了一段距离。前些年拆西直门时，发现明城门体里包着元大都和义门。辽宁朝阳市也曾发现辽塔中包着唐代的塔。人类创造文明不能离开一定的环境。长城是依山巅建造的。康熙在营建承德避暑山庄时依山建造宫墙，保持了塞上的意境。矿井是和矿体结合在一起的。搬迁以后，环境有变化，要动点脑筋，采取一些措施，构成一种意境，使之和原来的自然风貌相近，让人们犹如身临其境的是当时人生产生活留下的实际而不是拍的外景，现在拟迁的这个点是否理想，有无更好的选择，还是可以探讨的。在搬迁技术上更得周密研究和精心设计，确保安全无虑。

搬迁不是应急措施，不是权宜之计，它本身就是对文明的创造。这件事如果办好了，将是当代中国以至世界的一项重大文物保护工程，是了不起的创举。

安金槐

安金槐（1921—2001），先后工作于河南省文物工作队、河南省文物考古研究所。

苏秉琦—安金槐（1989.9.25）[①]

金槐老弟：

遵嘱，字写好。遗憾的是，不善此道。早年没练好，再补课，太迟了！没有用印，因为我除备取挂号信的便章之外，没有一颗像样的。

谈几点意见，供参考。

1. 四个字固有道理，后经寻思，“殷墟”二字不也好吗？现殷墟已建博物苑，更气派了，何必添足？

2. 我写的字，仔细看来，颇类宋板书体，是否可找美工同志，再参考四史（百衲本）的宋板书的笔划肥硕者，照我字的大致模样，“美容”一番，或略可补拙，祈斟酌！

3. 署名就该用印，却又没有，所以，我想了个变通变法，在额后方占一个字的面积，集中添写名字和年月日，别具一格，似也

① 据家藏信稿录文。

可对付了，不知传统习惯有此“变通”办法否？

不然，标新立异，或亦无妨？你看着办吧！最好，另请高明，我写的就留作纪念吧！不胜荣幸！

专此，问

日安！

苏秉琦 1989. 9. 25

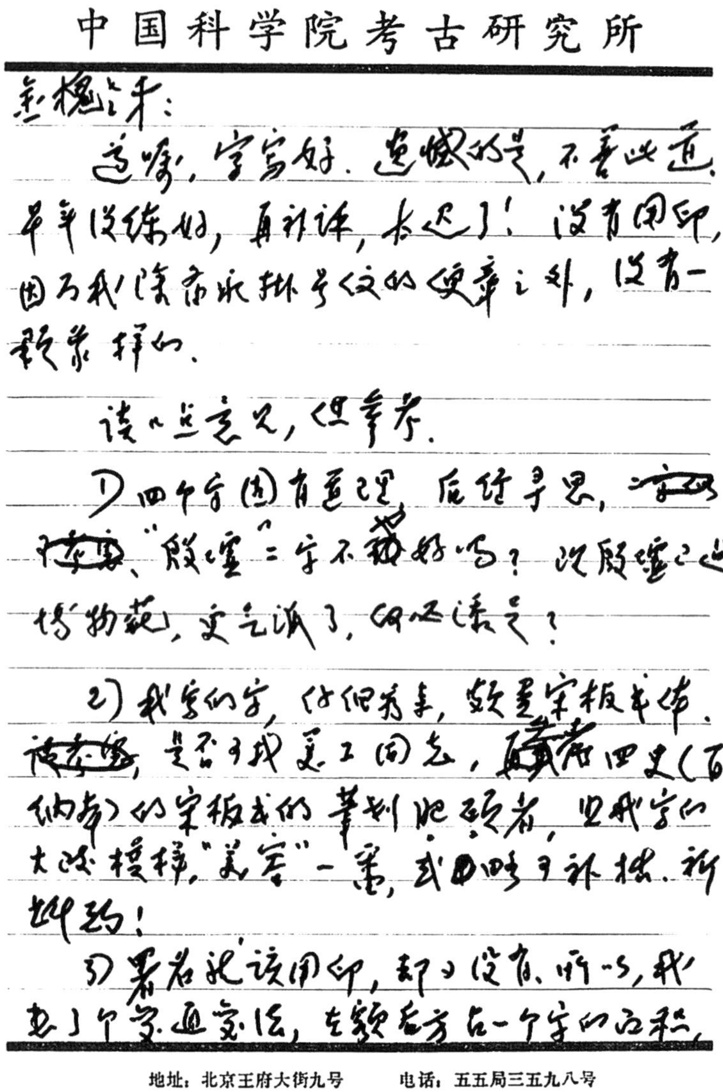

中国科学院考古研究所

地址：北京王府大街九号　　电话：五五局三五九八号

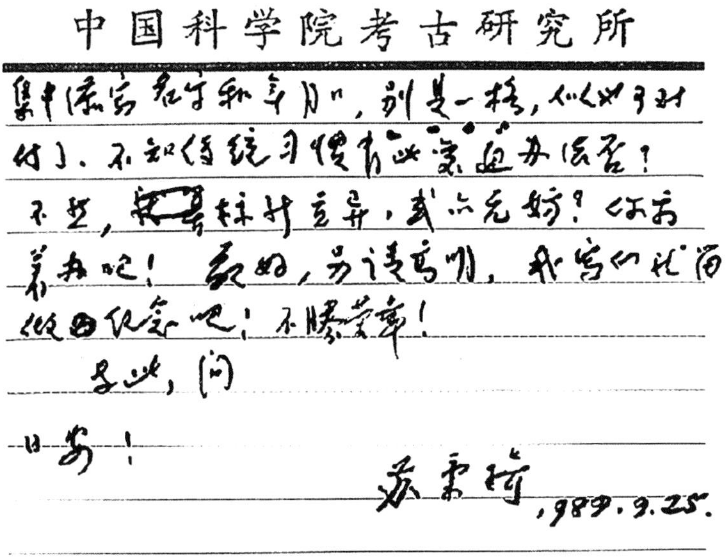
中国科学院考古研究所

专此，问

日安！

苏秉琦 1989.9.25.

安金槐、郝本性—苏秉琦（1992.2.20）

苏秉琦：

先生大鉴。

一九九二年是河南省文物研究所（前身为一九五二年建立的河南省文物工作队）成立四十周年大庆。在这喜庆的日子里，我们没有忘记您长期以来曾给予我所工作以大力的支持和帮助。为此谨致以衷心的感谢！

我们为祝贺所庆，正在筹办河南省文物研究所四十年工作历程展览，我们热切期盼您能为我所题词加以指导，给予鞭策。敬请您将惠赐的题词于今年四月三十日以前寄下我所，以便装裱展出，是为至盼，对此我们深表谢意！

此致

敬礼

河南省文物研究所

安金槐　郝本性

一九九二年二月二十日

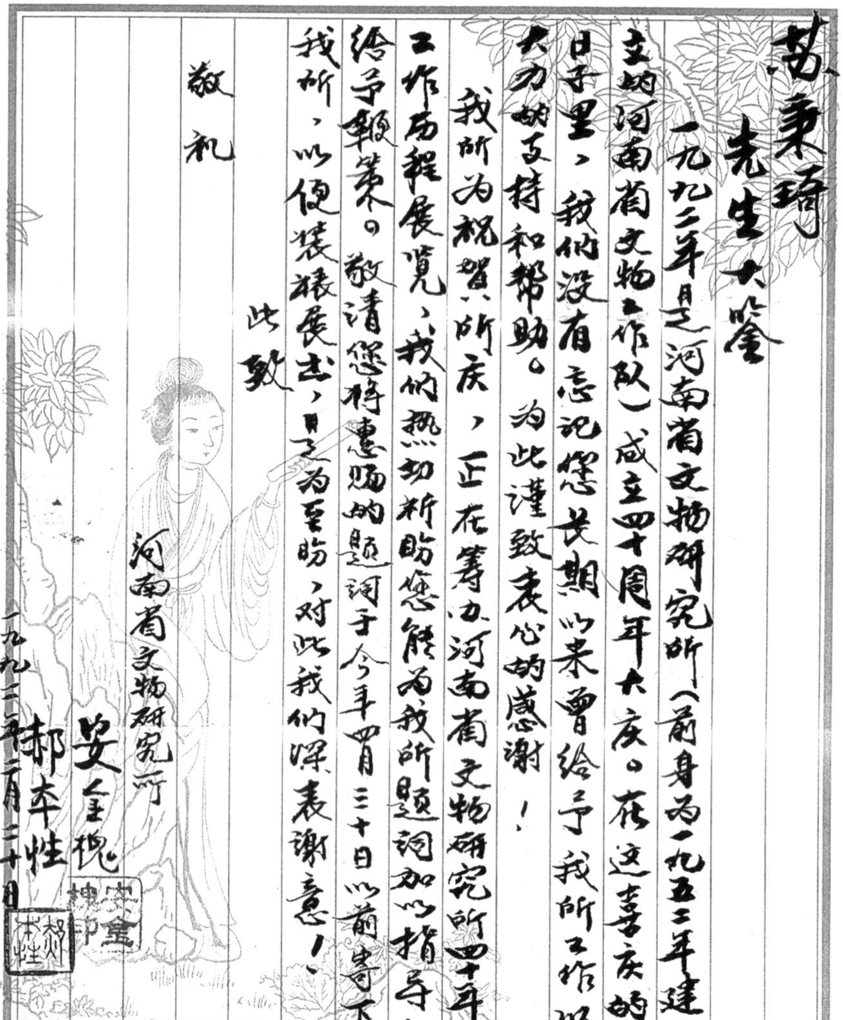

苏秉琦先生大鉴：

一九九二年是河南省文物研究所（前身为一九五二年建立的河南省文物工作队）成立四十周年大庆。在这喜庆的日子里，我们没有忘记您长期以来曾给予我所工作以大力的支持和帮助。为此谨致衷心的感谢！

我所为祝贺所庆，正在筹办河南省文物研究所四十年工作历程展览。我们热切祈盼您能为我所题词加以指导、给予鞭策。敬请您将惠赐的题词于今年四月三十日以前寄下我所，以便装裱展出，是为至盼，对此我们深表谢意！

此致

敬礼

河南省文物研究所

安金槐

郝本性

一九九二年二月二十日

苏秉琦—河南省文物研究所（1992.5.25）[1]

祝贺河南省文物研究所建所四十年（题词）

新中国成立后四十多年的中国考古学有很大发展，这十多年的成果最为显著，近几年变化尤大，是一大转折。在此之前，重点是资料积累和基础理论建设，现在则已转到重建中国古史方面，这是涵盖古今，涉及中国在这个“世界村”中，当代中国人在进步人类中占一个什么样位置的问题。对此，我提出两点：

第一，区系观点是个纲，纲举目张；

第二，中国文明起源（起步、开始）问题是把“金钥匙”。

当今重要的突破性发现一个接一个，而我们对它的深入认识（研究）刚刚开始，正是我们站在前沿阵地实际工作者发挥创造才智的良机。我们还应清醒地认识到它是当代世界改革大潮中一个有机组成部分，愿与同行朋友们共勉。

公元一九九二年五月廿五日

苏秉琦印

① 据苏秉琦先生家藏复印件录入。该题词发表于《华夏考古》1992 年第 3 期，后收入《苏秉琦文集》3，文物出版社，2009，第 189 页。

高　炜

高炜（1938—　），工作于中国科学院考古研究所（1977年后改属中国社会科学院）。

高炜—苏秉琦（1989.11.8）

苏先生：

您好！师母好！

近日，先生身体恢复的情况如何？念念！

因今年秋、冬，正在着手对照器物修改陶寺报告稿子，工作量很大，时间紧迫，在国庆期间回京参加庆贺先生八秩寿诞活动后，便又匆匆返回山西，以至先生住院期间未能随侍床前尽学生一点心意，每念及此，时常感到歉疚和惭愧。10月底在侯马遇潘其风同志，听说先生的手术很成功，十分顺利，术后先生精神也很好，使学生等倍感欣慰。

先生的健康，关系到我国考古队伍的团结，我国考古事业的兴旺发达和学术水平的不断提高，实我辈幸福所系。来日方长，望先生在休养期间少动脑、少想事，静心调养，以争取尽快康复，今后能以更充沛的精力，指导各地学生们的工作。

据手头工作估计，大概要到阳历年底或元月份才能告一小段落，由此回京。届时，当趋先生膝前问安，面聆教诲。

谨此　敬祈

大安！

并祝

师母大人安泰！

学生　高炜　上

1989 年 11 月 8 日

莲池书院

曹子西—苏秉琦（1989.12.8）

苏老：

久未见，您好！

保定市准备恢复古莲池书院，以增强古城历史文化特色。他们邀我协助筹备，主要是开展一些高层次学术讲座或研讨班等。您在考古方面的声望，为保定人民所敬重，都希望您能慨允为书院顾问。同时将任顾问的还有单老（士元）、侯老（仁之）、罗公（哲文）、史公（树青）等。书院建院典礼暨学术研讨会计划于明年元月上旬在保定举行，届时盼拨冗与会指导。

专此。顺祝

康安

曹子西　上

1989. 12. 8

莲池书院—苏秉琦（1989.12.23）[①]

请柬

苏秉琦先生：

为弘扬祖国优秀文化传统，振兴社会主义现代化事业，由北京各方学者专家倡导，在保定市政府支持下，成立文化、科研、教育一体化的社会学术机构——莲池书院。兹定于一九九〇年元月十三日至十五日在保定市古城宾馆召开莲池书院成立暨保定历史文化讨论会。

敬请

光临指导

（元月十二日报到，请提前将到保车次通知大会筹备处）

莲池书院筹备会

1989 年 12 月 23 日

大会筹备处：

保定市城市科学研究会

地点：五四西路副 35 号

电话：37832　　　　联系人：李松欣

北京

电话：8417773—128　联系人：王玲

① 原件为请柬。

周昆叔

周昆叔（1934—2016），工作于中国科学院地质研究所。

周昆叔—苏秉琦（1989.12.30）

苏秉琦先生：

您好！

深深感谢您对召开“全国环境考古学术会议”的大力支持。

该会议规模为50—60人。

我们盼望您能届时出席指导。您不需交房费和会议费。

再次向您致谢！

致

敬礼！

学生　周昆叔　敬上

89.12.30

于西安

附：

全国环境考古学术讨论会

第一号通知

我国考古学取得了世所瞩目的成就，为弘扬我国文化，振奋民族精神，提高人民素质，促进国家建设都起到了十分重要的作用，然而，对古文化产生的环境研究显得不够，这样限制了考古学水平的提高。因此，开展环境考古的研究，必将对我国考古学和环境科学的发展有裨益。近年来，由于环境问题的迫切和考古学向新阶段发展的需要，环境考古的研究应运而生。为及时交流环境考古成果，以推进其发展，在一些学会和单位的积极支持下，决定召开全国环境考古学术交流会，特发第一号通知如下：

一、发起学会和单位

中国第四纪研究委员会全新世分委员会·中国古生物学会·中国考古学会·中国科学院地质研究所·中国科学院西安黄土与第四纪地质开放研究室·中国历史博物馆·陕西省考古研究所。

二、会议挂靠单位

陕西省考古研究所

三、顾问

刘东生、侯仁之、苏秉琦、石兴邦、俞伟超、宋之琛

四、会务

主任：周昆叔

副主任：巩启明、安芷生

秘书长：佟伟华

副秘书长：魏京武

五、会议讨论的重点和中心问题

会议探讨的重点是新石器时代环境考古，并兼顾旧石器晚期和历史初期（商周至秦汉）。讨论的中心问题有：

1. 环境考古在揭示古文化发展和促进“全球变化”研究中的作用；

2. 全新世地层与文纪层的关系；

3. 遗址分布于水土的关系；

4. 地质学、地貌学、地磁学、地球化学、年代学、古植物学、古动物学及遥感技术等在环境考古中的应用；

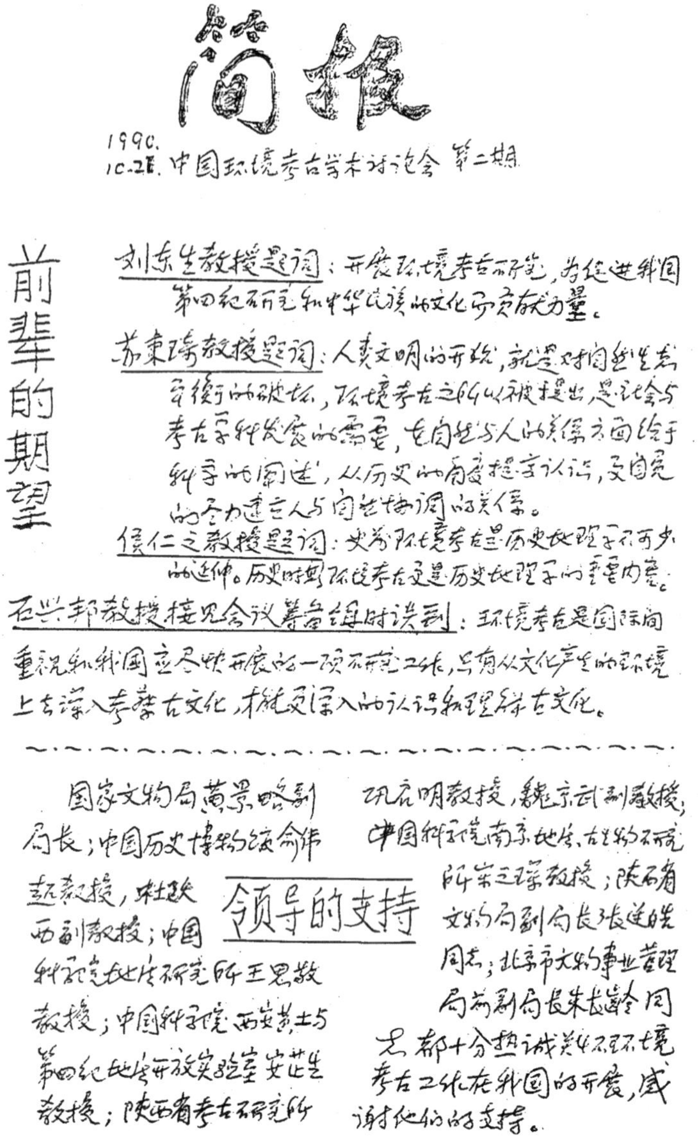

简报

1990.10.2　中国环境考古学术讨论会　第二期

前辈的期望

刘东生教授题词：开展环境考古研究，为促进我国第四纪研究和中华民族的文化作贡献力量。

苏秉琦教授题词：人类文明的开始，就是对自然生态平衡的破坏，环境考古之所以被提出，是社会与考古学科发展的需要，它自然与人的关系方面给予科学的阐述，从历史的角度提高认识，更自觉的参加建立人与自然协调的关系。

侯仁之教授题词：史前环境考古是历史地理学不可少的延伸。历史时期环境考古更是历史地理学的重要内容。

石兴邦教授接见会议筹备组时谈到：环境考古是国际间重视和我国应尽快开展的一项研究工作，只有从文化产生的环境上去深入考察古文化，才能更深入的认识和理解古文化。

领导的支持

国家文物局黄景略副局长；中国历史博物馆俞伟超教授，杜耀西副教授；中国科学院地质研究所王恩教授；中国科学院西安黄土与第四纪地质开放实验室安芷生教授；陕西省考古研究所巩启明教授，魏京武副教授；中国科学院南京地质古生物研究所宋之琛教授；陕西省文物局副局长张廷皓同志；北京市文物事业管理局前副局长朱长龄同志都十分热诚关怀环境考古工作在我国的开展，感谢他们的支持。

5. 环境考古的理论和方法问题。

六、会议时间：1990 年 10 月（具体时间见二号通知）。

七、会议地点：西安市（具体地点见二号通知）。

八、会议费用：食宿、途费自理（与会者，请保留此通知作回单位报销凭证，不另发报销证明），并酌收会议费（订房及收费等事见二号通知)。

九、报名方法:

请于1990年3月28日前将填好的报名表格邮寄给北京市634信箱“环境考古学术会议”筹备组，邮政编码100011孙桂梅同志收。

中国第四纪研究委员会

全新世分委员会　章

［编者注］苏秉琦先生为大会题词（据苏秉琦先生家藏题词复印件录文）:

人类文明的开始就是对自然生态平衡的破坏。环境考古之所以应该成为当代中国考古学的重要分支，就在于它可以在人与自然的关系方面，从理论上给以科学阐述。从历史角度提高认识，更自觉地尽力建立人与自然协调的关系。

周昆叔—苏秉琦（1993.12.29）

苏老:

您好!

值此新年到来之际，谨祝您新年快乐！健康长寿。

今寄来“中国第二届环境考古讨论会一号通知”，请查收。您能担任会议的顾问，是会议的光荣和成功保证。

深深感谢您一贯提倡、支持和指导我国展开环境考古的研究。如能恭请您莅临会议指导，那将满足与会者的殷切愿望，您的会务费和与会的食宿由会议解决。

余事后呈。恭贺

新年佳节!

学生

周昆叔　敬上

93.12.29

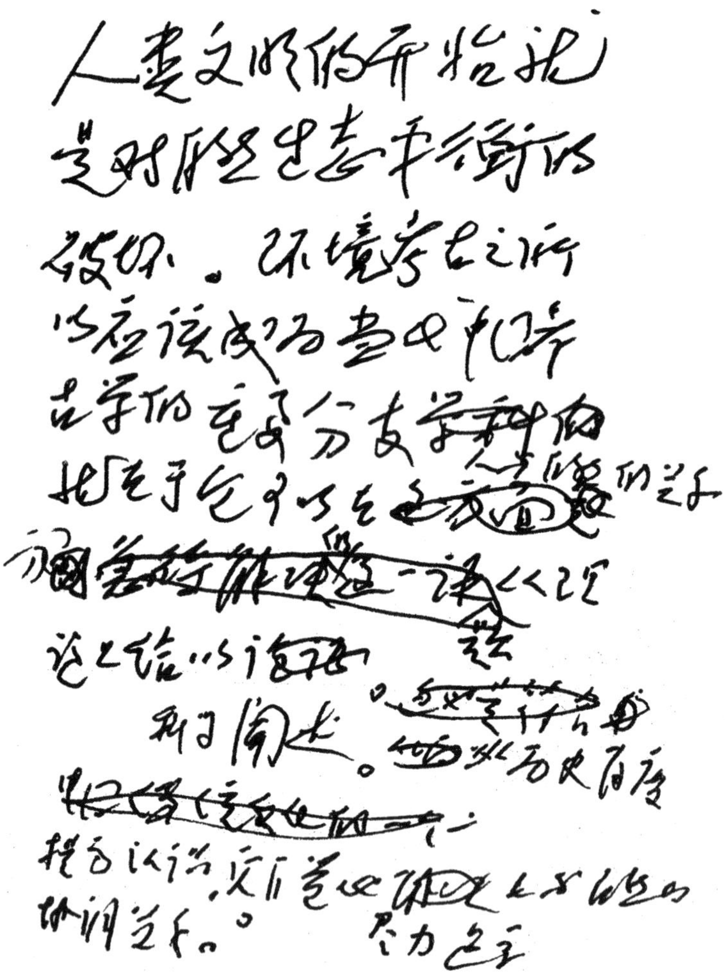
人类文明的开始就
是对陆生态平衡的
破坏。环境考古之所
以应该成为当代考
古学的重要分支学科的

周昆叔—苏秉琦（1994.12.22）

苏老：

新年即将到来之际，谨向您致以新年热烈祝贺，祝您老健康长寿，万事如意。

在您老的指导、各方热情支持和参与下，近年环境考古又有新的发展，为交流成果，畅谈心得，拟于明年9月中、下旬在洛阳召开第二届环境考古学术讨论会，会议一号通知不日内将发出。我们恭请您担任会议顾问，我们将永远铭记着您对我国环境考古研究的热情关怀和指导。

余事后奉

恭贺新年！

学生　周昆叔　敬上

94.12.22

周昆叔—苏秉琦（1995.10.11）[①]

苏老：

您老秋安！您的大寿之际，祝您老身心愉快，健康长寿！

洛阳会议已开毕，深深感谢您的关怀和指导！

今寄来会议材料几份，供您了解。

今日午，我要出差河南，行前匆匆数语，衷心祝您老

万寿无疆！

学生　昆叔　敬上

11/10

---

① 原信未署年。据周昆叔—苏秉琦（1994.12.22）洛阳会议将于1995年召开，本信言“洛阳会议已开毕”，信当写于1995年。

中国科学院地质研究所

苏老：

您老秋安！您的大寿之际，祝您老身心愉快，健康长寿！

沈阳会议已开毕，深深感谢您的关怀和指导！

今寄来会议材料几份，供您了解。

今日午，我要出差河南，行前匆匆数语，衷心祝您老

万寿无疆！

学生 昆叔 敬上

11/10.

陈铁梅

陈铁梅（1935—2018），工作于北京大学。

陈铁梅—苏秉琦（1990.1.16）[①]

苏先生：

您好！

在遥远的英国牛津向您拜年。

我是去年11月来这里的，任务还是碳十四测年，带来了彭头山、胡家屋场的陶片，和一小块甑皮岩的陶片，因为这里用的是加速器质谱法测碳十四年龄。用样量只需一二毫克碳。所以我从陶片中在显微镜下挑出陶土中夹杂的草、稻秆等“筋”（它们碳化了，但未灰化）。它们的年代应代表制陶的年代。还从陶片中萃取出脂肪酸和腐殖酸测年（应分别代表陶器使用的年代与陶片埋藏地层的年代）。希望从一小块陶片中测几个不同代表性的碳十四年龄，从而把考古文化的年代测得更准些。这仅是一种尝试，得到结果后再向您汇报。

① 原信未署年。信封上北京邮戳为“1990.1.24”，信当写于1990年。

系里严文明等有信来，知情况正常很好，我明年四五月回国。祝

健康长寿

学生　陈铁梅

1.16

周庆南

周庆南（1936—　），先后工作于中国科学院考古研究所、宁波市博物馆。

周庆南—苏秉琦（1990.1.24）

苏老师：

您的学生向你致衷心的问候！日前听来宁波的李德金同学讲起，你前一时期动了心脏大手术。日夜盼望你早日恢复健康，以便为我国的文博事业继续指明方向、起指导作用，则国家幸甚，人民幸甚，我们学生幸甚。

我是高广仁、徐光冀、殷玮璋、任式楠、邵望平等的同学，59年北大考古专业毕业后，同他们一起分配到考古所工作。主要是在安阳队和长江队工作，文革时期还被派留守安阳。74年因照顾夫妻关系调回宁波改行搞了银行工作，后来才由人事局调我归队搞了文物工作，现在担任着宁波市博物馆副馆长的工作，抓业务工作。

听林士良同志说起，前些年你老去杭州开会，曾专门到宁波仔细考察了当时调查的一些新石器时代的材料，包括八字桥和慈城小东门的材料（那时我还未归队）。

宁波不是没有重要地下文物（除了河姆渡遗址之外），主要是因为过去这里机构不健全，专业人员太少，经费限制。而浙江省考古所也因工作面大，人力有限，工作重心放在杭嘉湖平原上。所以河姆渡发掘后，接着的下文就很少了。这两年，以刘军为首，才放一部分力量到了宁波地区。通过前年去年的二次大发掘，一次是慈湖遗址，一次是奉化茗山遗址，他们对宁波的兴趣愈来愈大了。因为有了一些重要的新材料。他们在慈湖发掘了三百平方米，在茗山发掘了四百平方米。证明良渚文化早过了钱塘江。而且发现了大量河姆渡文化和良渚文化的木器，其中的木屐去年安志敏先生亲自来考察过，大感兴趣，认为是研究古代中日文化交流的重要佐证。现在吴汝祚同志应聘在帮助刘军工作，他还考虑到宁波新石器时代文化有海洋性。宁波的史前考古是大有文章可做的。宁波不但因为有河姆渡文化而首先打破了这个古文化一元说，而且因为它是我国历史上少数重要的对外交通港口之一。七十年代末宁波出土的一批唐代越窑精美瓷器，曾经得到夏所长生前的关注过。

宁波城市现在头上有好些帽子：我国重要港口城市、华东重要工业城市、浙江省经济中心、计划单列城市（财政上享有省级待遇）、历史文化名城。

现在宁波市长亲自批准花了二十五万元钱，作为宁波史迹陈列厅的陈列经费，说明市领导是十分重视的。这个史迹陈列搞出后，将成为对青少年进行教育的重要阵地，也是接待外宾（特别是日本人，上次樋口隆康就专门来我馆看过三国铜镜）和内宾的重要场地，将发挥重要社会效益，在宁波市产生较大影响。

为了表示我们对苏先生的尊敬，也为了借你老的信誉，来争取市领导对我们文物专业工作的更大支持。学生特代表单位敬请你为我市博物馆主办的这一宁波史迹陈列厅题个名，并写上你老的名字。

我们这个陈列厅，展示面积 700 平方米，是一座新的大展厅。将仿上海博物馆的方式，用全封闭式（这在浙江省也是初作），你老的题词，将用铜板制作。

请苏先生用毛笔行楷写“宁波史迹陈列”六字，并题上你老的名字。

如蒙苏先生的应允，则学生代表单位对您不胜感激之至。

敬祝

身体健康，新春快乐

学生　周庆南

90. 1. 24

中村慎一

中村慎一—苏秉琦（1990.1.25）[①]

苏秉琦先生：

恭贺新禧

在这万象更新的时节，谨寄上衷心的祝福与无限的怀念。

遥祝您

一帆风顺，幸福无边

中村慎一　敬贺

1990 年

我已于八月毕业北京大学，回到日本。行前琐事缠身，所以没告知您，失礼之处请多原谅。

经过一阵忙碌，生活逐渐上了轨道，现在各方面都很好，我应该静下心来努力学习了。又要写论文，又要找工作，看样子生活要紧张起来了。以后我继续研究中国考古，请您多多指教。

中村慎一

---

① 原件未署时间。信封上北京邮戳“1990. 1. 25”，暂以此为系。

李　季

李季（1952—　），先后工作于国家文物局、中国历史博物馆、故宫博物院。

李季—苏秉琦（1990.2.16）

苏先生：

国家文物局考古领队培训班的田野发掘报告专刊《兖州西吴寺》已送文物出版社编辑，您是该班顾问，整个工作一直得到您的关注。特请您老百忙之中为我们题写书名，不胜感激。

学生　李季

一九九〇年二月十六日

冈村秀典

冈村秀典（Okamura Hidenori，1957—　），工作于京都大学、九州大学、京都大学人文科学研究所。

冈村秀典—苏秉琦（1990.2.23）

苏秉琦先生：

第一次给您写信，打扰了。我从1981年到1983年在北京大学考古系留学，那时非常荣幸地见到过您，至今不忘。托您的福，回到日本之后，从1985年开始在京都大学文学部考古研究室任助教，继续研究中国考古学。今年4月份开始将在九州大学任中国考古学副教授。最近拜读了您的《考古学文化论集》，非常敬佩在您的指导下所取得的惊人的成果。

现在，我们计划重新整理在日本所收藏的赤峰红山后、辽东上马石贝冢和四平山积石墓的发掘资料。根据解放后中国新的发掘研究成果，尽快地整理和发表这些资料，是日本年轻的新一代考古学者的责任和义务。无论对于贵国的考古学研究和日本的中国考古学研究无疑都是很好的事情。为此，以日本富山大学的秋山进午教授为代表，以“东北亚洲文明源流的考古学研究”为课题，计划和辽宁省的郭大顺、孙守道等先生们进行共同的研究。这对于您的环渤海考古学的设想，无疑是不谋而合的。现在，秋山进午教授已经申请到了日本政府文部省的科研经费，在这个申请书中，中心课题是四平山积石墓的再调查。过去在四平山所出的陶器、玉器的地点、墓号等虽然已经无误地记录了下来，但是由于当时发掘的范围过于广泛，很遗憾对于墓地的全部状况并不了解。显然，不利于报告书的编纂。为此，希望能和贵国的研究者一起进行共同的实地测量及绘图。

非常幸运，最近，上述计划已得到了日本国文部省的批准，可以得到3年的科学研究经费。另外，还得到了日本学术振兴会的经费。文部省的经费除了日本方面调查队在中国工作一个月左右之外，余额全部是贵国的研究者们来日本进行共同研究的费用。学术振兴会的共同研究经费则属于在贵国3周左右的预先调查的费用。如果有这二种经费，我想进行充分的调查是可行的。

但是，郭大顺先生来信说，四平山积石墓所处的地区禁止外国人出入，因此该项计划是否成功已很成问题。假如四平山的不行的话，就必须寻找其他的地点。好不容易从文部省申请到的经费，怎样能够有效地利用它呢？我们共同的课题既然是“东北亚洲文明源流的考古学研究”，那么这笔经费用于红山文化或者夏家店下层文化的研究怎么样呢？如果不能共同发掘，也希望能进行共同的测量，加上日本方面的测量专家，我考虑对于强化中日两国之间考古学最新技术的交流也是一件有益的事。您如果赞同上述想法的话，能否通过您的智慧和对于考古学界以及国家文物局的影响力，而成全中日两国第一次考古学方面的调查研究之美事。同时衷心地希望中日学术交流能够顺利而成功地发展，我作为北京大学的校友诚心诚意地愿尽自己的一份力量。为此特写此信求助于您，如果能惠颂先生的智见将非常荣幸。随信附上一份研究计划，您会发现，大部分日方成员在北京大学留学过。

衷心祝愿先生健康，科研顺利。

冈村秀典

1990.2.23

曲　石

曲石—苏秉琦（1990.2.28）

苏老：

您好！

首先请原谅我未经介绍便去函相扰。

最近我在山西人民出版社发排了一部题名为《中国玉器时代》的书稿，这是我多年来研究中国先秦玉器的专集。其中收有《论中国玉器时代》《中国古玉发展历程》《中国新石器时代玉器》《商殷玉器》《两周玉器》《中原东周玉器的考古发现和研究》《楚国玉器》《关于古玉材料问题》等十几篇以考古材料为主、传世文物、文献为辅系统讨论中国古玉的专论。它们有的已在杂志发表，有的即将刊出。这次承山西人民出版社厚意，集册出版，又作了较多的补充。

此书原拟以《中国古玉论丛》为名，但编辑们提出以第一篇标题作为书名（因此篇分量最重），最好请一位德高望重的老前辈题签书名。按此意非您莫属，但我一直不敢冒昧求您。后来在不少学友处常听他们赞您扶掖后学的佳话（特别是一些老先生也是如此），由此，今天才鼓起勇气，提笔给您写去此信，祈请您代题

《中国玉器时代》的书名（一横一竖两张），若能俯允，当铭心不忘大德也。

专此敬请

春安！

曲石　上

90.2.28

刘建华

刘建华（1955—　），先后工作于河北省文物局办公室、河北省文物出境鉴定中心、河北博物院。

刘建华—苏秉琦（1990.4.27）

苏先生：您好！

您三月二十八日给任亚珊的惠函，辗转至今方敬悉。因任亚珊参加省文物局组织的文物复查工作队，已于三月十日赴迁安县，结束后转承德地区，大约六月中旬前后回石家庄，恐您着急，我先复函，很冒昧，请先生谅解。

我叫刘建华，是任之妻，与贵所内蒙队的顾智界是同班同学。1980年分配到河北省张家口地区工作，1987年调省文化厅文物局，任亚珊亦于同年调省文物研究所。

今年二月间，郭大顺厅长到河北观光，曾问过我们黄帝城的情况，并说您对黄帝城很感兴趣。我在张家口工作时，曾先后三次到黄帝城和其他遗存调查过。现将我所调查和了解的一些情况，向您作以简要介绍。

一、有关黄帝、涿鹿的记载与其他

有关皇帝的传说，至少东汉代就已经形成了，文献记载不少。晚辈才疏学浅，不敢班门弄斧，摘其主要略记如下：

黄帝与蚩尤“战于涿鹿之野，遂擒杀蚩尤。”“邑于涿鹿之阿”，“合符于釜山”，“葬于桥山”。《史记》

“涿鹿城东一里有阪泉，上有黄帝祠”。《晋太康地理志》

“下洛城东南六十里有涿鹿城，城东一里有阪泉。”（下洛城即今县城涿鹿）《魏土地记》

“北魏明元帝，泰常七年九月幸灅南宫，遂如广宁，幸桥山，遣使者祠黄帝、唐尧庙。”《魏书·帝纪》

“灅水（今桑干河）又东，温泉水注之，水上承温泉屯于桥山下。”《水经注》

“涿鹿故城，《通志》州南，本黄帝所都，汉县，后魏省。旧《志》，州东南四十里，有土城垄阜垒垒，制甚宏阔。明《志》谓轩辕城即是。”《保安州志》（道光印版）

关于记载中的“涿鹿”，目前有三种说法：①山西省运城县解镇；②河北省涿县（现涿州市）；③河北省涿鹿县。

在涿鹿县城东南六十里处，有一座古城址，当地叫“黄帝城”。在其附近，相传的龙池、阪泉、蚩尤城、蚩尤泉、蚩尤坟、温泉宫、釜山、桥山等也存在。从地望上看与记载基本吻合，但实地遗迹遗物却与记载、传说相距甚远。

二、“黄帝城”及其相关遗存的调查情况

1. 黄帝城

位于涿鹿县矾山镇三堡村北 50 米，东临古城水库。

城址平面近方形，南北约 540 米，东西约 450 米，夯筑，夯土层厚 10—14cm，城残高 5—10 米，底宽约 10 米，顶宽约 2.5 米。东城墙中部被水库淹没，北、西、南三面各有一缺口。城内平坦，现为果园。地表散布陶片甚多。陶质：夹砂红陶、夹砂灰陶、泥质灰陶；纹饰以绳纹最多，还有弦纹、附加堆纹、方格纹和素面；可辨器形：鼎足、鬲足、高柄豆把、豆盘、敛口罐口沿、板瓦（外饰绳纹，内有布纹）、绳纹砖等等。

我们在调查时，曾从城墙夯土中抠出二块泥质绳纹灰陶片，与城址内采集陶片相同。

在走访各地村民中得知：

①57 年在城外栽树，曾挖出一具尸骨，距地表深 1 米，无棺，上下用两块大瓦对扣，瓦有一寸多厚，泥质灰陶。瓦二尺半宽，三尺长。

②75 年修水站，在城墙上发现过铜镞。

③76 年在北门外约 100 米处，发现一具尸骨，随葬品有青铜剑、青铜戈各 1 件。戈内中部有一穿，胡上有三穿。内上刻有“乐闲王之戈”（记不太准）。剑卖了。戈交给地区文联一位同志。至今下落不明。

④80 年 4 月，在北城墙外挖沟，发现了布币、刀币、半两、五铢等货币。

我曾问过我省孔哲生、郑绍宗等去过“黄帝城”的同志，他们也没有见过早期遗物。县里的同志说，后来在城址内捡到一件残石斧、一件陶纺轮，但我们都没有见过。从采集标本看，城址的年代应为战国至汉，汉以后废弃。根据《水经注》记载，此城为战、汉时期的涿鹿县故城。

2. 阪泉

又称“黄帝泉”“龙池”。在“黄帝城”东约一里处，有一泉，泉水清澈。相传黄帝常在此“濯浴龙体”。现人工造圆池，池直径 31 米，水深 2.5 米，地表无古代遗物遗迹。

3. 蚩尤泉

位于矾山镇南三里的龙王塘村中原龙泉寺内。在一泉眼处，用长方形石条砌筑成圆形泉池，石条之间无勾缝。池直径为 2.25 米，水深 2 米。泉池边有一松树，树围约 3 米，相传蚩尤与黄帝交战时，在此泉饮过战马，现地表无遗物。

4. 蚩尤寨

位于矾山镇龙王塘村西北 50 米处的黄土坡上，由三个南北并列的小城组成，城间距为 250 米左右。三城均为夯土筑墙，相传蚩尤带兵驻扎此地，筑寨扎营。

南城：东西 72 米、南北 100 米、城墙残高 1—3 米。

中城：东西 90 米、南北 42 米、城墙残高 0.5—6 米。

北城：东西 96 米、南北 114 米、城墙残高 1—8 米。

南城的南城墙全部毁掉，西城墙亦所剩无几。中城基本毁坏殆尽，唯北城保存较好，调查时匆匆画了草图附后。三城内遗物较少。

北城四隅向外突出，似角楼基址，城东侧中部有一建筑基址高出地表，暴露遗物为汉、辽时期的泥质灰陶片、残缺筒瓦、板瓦、绳纹砖、沟纹砖等。采集沟纹砖：残长 12、残宽 8、厚 6 厘米，沟纹间距为 2.5 厘米。绳纹砖：残长 13、残宽 6、厚 6 厘米，绳纹间距为 2.3 厘米。陶片：口沿，灰陶，泥质，口沿都有弦纹。

5. 蚩尤城

位于矾山镇东北约 5000 米处，现为怀来县李官营乡二堡村东南 750 米处。相传蚩尤战败身亡，葬于此地，身首分葬两墓。

我在调查中见到，地表确实有两座封土堆。两者间距约 20 米，在两封土堆周围，暴露有许多绳纹砖和素面灰砖。

在 M1 周围采集了素面残砖，在 M2 周围采集了绳纹砖，均残缺，绳纹砖与蚩尤寨所采集的相同。

6. 定车台

位于矾山镇东约 1500 米处的坡下，相传为黄帝、蚩尤战于涿鹿之野的古战场。我在调查中见到，这里地势平缓，是一片山前平原，由沟壑将平原分割成若干块平台，周围无河。在“定车台”上没有见到遗迹遗物，这里的地形，任意指定哪一块平台为“定车台”都未尝不可。

7. 温泉行宫城（龙王堂城）

位于温泉屯乡龙王堂村西北50米。城为方形，边长约380米，夯筑，夯层厚14—16厘米。城址破坏严重，城内为耕地（见草图）。城墙残高1—6米，上宽约2米，下宽约8米。传说在城中建温泉行宫，为历代帝王“桥山祭黄帝”时小住。调查中见到的陶片为战国、汉时期的，有泥质灰陶片、夹砂红陶片，纹饰以绳纹最多。还有弦纹、方格纹，可辨器形有盆、罐、豆等。在城墙东南部的断面上，所见到的陶片同上。城址内没有见到高出地表的建筑基址。

8. 桥山

在“涿鹿故城”以北，84年9月，我和地、县文联的三位同志往桥山，在赵庄、好家洼之间的一条山涧上山，翻过三道“鹰爪背”（山峰），见到了“桥山”。“桥山”为天工巧雕，自然形成，附近没有遗迹遗物。我没有相机，简单勾了一张草图(附后)。

三、涿鹿县早期遗存的有关情况

苏先生信中提到的“《中国历史地图集》第一册第7—8页中的涿鹿县桑干河、洋河交汇处称有红黑两圆点”的问题，红色圆点表示仰韶文化遗存，黑色圆点表示龙山文化遗存。

涿鹿县的早期遗存调查工作做得很不够，发现数量较少，在78年、85年文物普查中，西周以前的遗存仅发现三处：

1. 西湘广遗址（龙山文化遗址）

位于辉耀乡，西湘广村西250米，采集标本有夹砂绳纹灰陶片、泥质绳纹灰陶片，可辨器形有鬲、罐、盆等。

2. 倒拉嘴西周遗址

位于倒拉嘴乡倒拉嘴村东1000米。

3. 五堡西周遗址

位于五堡乡五堡村西50米。

1986年复查过，又有新发现：

1）在倒拉嘴西周遗址中，采集到了仰韶向龙山过渡阶段的陶片，数量很少。

2）在倒拉嘴村东北 500 米，发现一处龙山文化遗址，文化层厚 1 米。陶片为夹砂褐陶，陶片为夹砂褐陶，陶质疏松，火候较低，与尉县前堡绳纹“红龙山”相似。

3）在倒拉嘴乡下沙河村南 120 米处，发现一处遗址，有五个时期的文化堆积（仰韶、龙山、夏家店下层、西周、战国），文化层厚 2—2.5 米。采集标本有彩陶片、篮纹灰陶片、磨光灰陶片、粗绳纹夹砂灰陶片、泥质灰陶片。可辨器形有罐、鬲、盆、宽折沿鬲、瓮、豆把、细石器、蚌刀，还发现了白灰面房址。

4）在五堡村南 50 米处，发现一处遗址，有龙山文化的陶片，但数量很少，主要是战国时期的。

复查是任亚珊去的，采集标本留在县里。我因工作调动，没有见到实物，具体情况等任亚珊回来后，再详细向您汇报。

黄帝城出土陶片

啰啰唆唆说了许多，不知道清楚没有？也不知是否对先生有用？黄帝城的事，这几年闹得很凶。以后，有机会再当面向您汇报。

我现在主要搞《中国文物地图集·河北分册》的编辑工作，因普查基础差，数量少，这两年，我局组织人力在部分地区搞重点区域的调查工作。已经在石家庄地、市，邢台地、市，唐山、秦皇岛市做了一些工作，成绩可喜。今年上半年在唐、秦、承地区工作，下半年在保定地区和其他地、市的几个县工作，争取年底前结束田野工作，明年突击编图工作。需要学生做些什么，请先生指教。

恭祝

吉安

刘建华

顿首

匆匆于一九九〇年四月二十七日

苏　赫

苏赫（1925—1999），工作于内蒙古昭乌达盟文物工作站、昭乌达盟政协，全国政协第七届、八届常委。

苏赫—苏秉琦（1990.6.11）①

苏老师：

年许未见，遥祝康泰。

经过一段筹备，计划成立“红山文化学会”，一切审批手续已办妥，九月正式成立，届时想邀请多地学者专家来赤，共商研究课题或帮助学会拟定规划，并聆听他们的高见。学会挂靠在师专北方文化研究所。大家意见想恭请您也来赤指导，但路途较远，恐不能成行。所以恳请您给学会准备出刊的刊物上题个词。最好写个序言。今师专研究所田广林同志去您府上，专此恭候。

冬安。

苏赫　上

六月十一日

① 原信未署年。据苏赫—苏秉琦（1990.10.18）信，本信写于1990年。

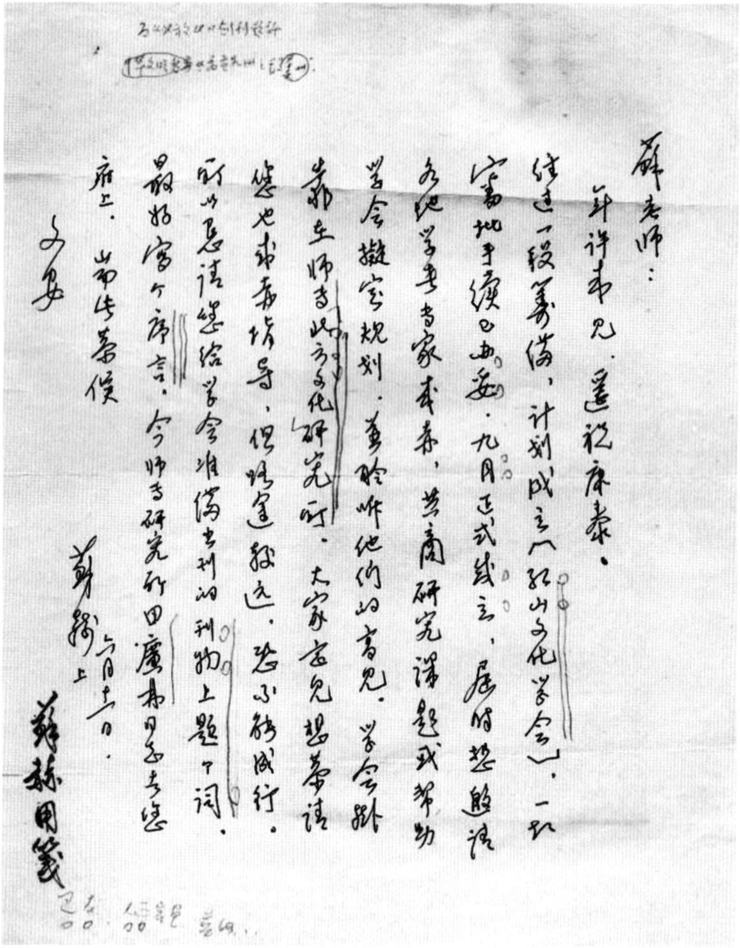
为《北方文化》创刊题辞
《禹贡》九州之首

苏老师：
年许未见，遥祝康泰。
经过一段筹备，计划成立"红山文化学会"，一批
实地方领导已安妥。九月正式成立，届时想邀请
各地学者专家来赤，共商研究课题或帮助
学会拟定规划，并聆听他们的意见。学会将
聘老师为北方文化研究所。大家意见想恭请
您也来参指导，但路途较远，恐不能成行。
所以恳请您给学会准备出刊的刊物上题个词。
最好写个序言。今特派研究所田广林同志去您
府上，当面恭候
文安
苏赫 上
六月十日。
苏赫用笺

巴右、人面岩画、黄河

［编者注］苏秉琦先生在书信页眉用铅笔写：为《北方文化》创刊题词

《禹贡》九州之首①

在页脚用铅笔写：巴右、人面岩画、黄河

---

①　据田广林先生回忆，苏秉琦先生的题字为："《禹贡》九州之首。为《北方文化》创刊题辞，苏秉琦，一九九二年六月"，见《苏秉琦先生与赤峰的古文化研究》，《苏秉琦先生纪念集》，科学出版社，2000，第73页。

苏赫—苏秉琦（1990.10.18）[①]

苏老师台鉴：

久违尊颜，殊深想念。今日来所拜访，又值老师不在，甚感遗憾。

前次言及，赤峰师专想成立“北方文化研究所”。于十月十日已正式成立。观民、忠培等同志均参加开幕式。为了及时得到您的指导，特拜恳您担任顾问，想您定能下允。研究的内容求观民向您面陈，并附上聘书，尚乞关照。专此恭请

文安

晚　苏赫

十月十八日

① 原信未署年。信中言10月10日赤峰成立“北方文化研究所”，内容与《昭乌达蒙族师专学报》（汉文哲学社会科学版）1990年第4期《我校召开北方民族文化研究所成立大会》一致。又韩永年—苏秉琦（1990.10.12）言北方文化研究所成立于1990年，信当写于是年。

吴绵吉

吴绵吉（1933— ），工作于中国科学院考古研究所、厦门大学。

吴绵吉—苏秉琦（1990.7.15）

苏先生：

您好！

吴春明同志来京参加水下考古专业人员培训班结业典礼，他很想能拜见您，今后有机会好向您请教。

好久未看到您了，不知您老人家近况怎样，身体可健康！记得86年在沈阳时，您说："闽南是个好地方，我们现在都很喜欢，难道古人不喜欢？好好工作，那里很有希望！"真不出先生所料，近几年漳州地区不仅发现了旧石器时代晚期（也可能更晚一些）的人骨化石，还发现了分布较广的旧石器和中石器。最近还进行了试掘，工作由陈存洗等人汇同尤玉柱等同志一起做。这对福建考古来说，可以说是一件大事，大家很高兴！苏先生谅已知道了。

春明是个热爱考古工作的年青人，也很好学。先生如健康和时间允许，能见见他，对他一定有很大鼓励的。对我有什么嘱咐，也可由他转告！

谨此 敬祝

安健

学生 吴绵吉 上

90. 7. 15

Ernest Kay

Ernest Kay—苏秉琦（1990.8.17）[①]

苏教授：

上次致函于您，请您接受“国际荣誉勋章”（IOM）的资格，至今没有收到您的回信。

这是一项特殊的荣誉，只限世界名人500个，希望您能接受。否则，给您留的位置就得让给别人。

“国际荣誉勋章”的资格，意味着承认您的许多突出成就，并授予勋章（精致装潢的勋章）、精致的证书和手工制革面正式功勋册（含有您的条目）。

国际传记中心认为此事十分重要，所以我将亲自写信给您的市长，告知您当选的全部情况，并建议给您一种市级荣誉和（或）代表资格。

请抽空读一下附去的小册子（详细介绍）。

希望能收到您的回信。

总编辑

---

① 据苏秉琦先生家藏译文录入。

发文号：IOM/EK　　　　　　　　　　　Ernest Kay
　　　　　　　　　　　　　　　　　　1990. 8. 17

苏秉琦—Ernest Kay（1990.8.17后）[①]

——：

收到您1990. 8. 17日信（编号：“IOM”/EK）。感谢您的盛情邀请。“IOM”是个很有意义的设想，对此我表示由衷的钦佩。但是，我不能不遗憾地向您说明，我无力接受这个荣誉，请理解。谨致

崇高的敬意

签字　年　月　日

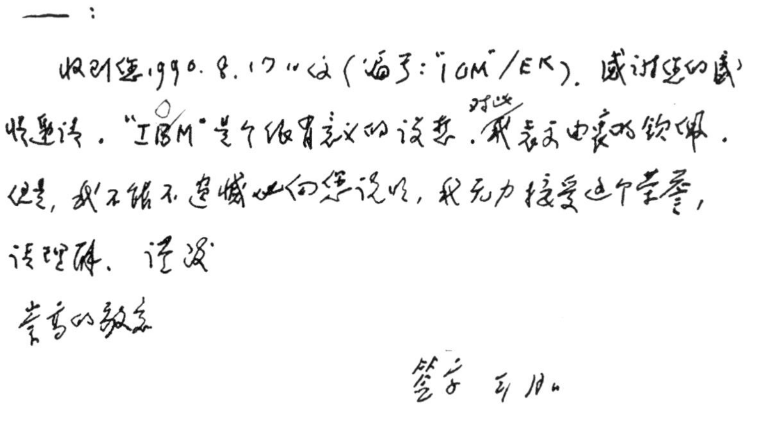
——：

收到您1990.8.17日信（编号：“IOM”/EK）。感谢您的盛情邀请。“IOM”是个很有意义的设想，对此我表示由衷的钦佩。但是，我不能不遗憾地向您说明，我无力接受这个荣誉，请理解。谨致

崇高的敬意

签字　年月日

① 原件为信稿。

童明康

童明康（1955— ），先后工作于文物出版社、文化部科技教育司、国家文物局。

童明康—苏秉琦（1990.8.29）[①]

苏先生：

您好！一晃来了二十天了，您一定想我了吧！我更想您！从哪讲起呢？还是先报流水账吧！我8月9日晨5点起床，6：40出发，7：40到机场，杨瑾、叶青谷等人去机场送我。8：30进关办手续，近10点才办完，已经开始登机了。我登机时，上面人已经很多了。10点30分起飞，12点到上海，出关完毕，到东京是下午四点多。换乘飞机，5点30分又起飞（以上是北京时间）。到旧金山是当地时间9日上午近11点，取行李，出关，托运行李，近1点完毕。2点30分乘美国国内飞机，到波士顿是晚上10：20分。张光直和他的一个学生来接我，12点到哈佛（交通堵塞严重）。洗澡后睡觉已是10日凌晨2点多了。中间有34小时未睡，这一天过得真长（这

① 苏秉琦先生在信下写："东亚中心　中国时代的到来　中国传统□□□学　中国的智慧与适应能力。"

里与北京的时差为13小时)。时差缘故,晨4点就醒了,再也睡不着。

6点天刚亮,就出去了,只有几个人跑步,安静极了,真漂亮,全是小洋楼(我住的也是小洋楼,月租510元,另交水电煤气和电话费,波士顿的房租贵得出名)。到处是树木、绿草,鸟很多,不停地叫(您一定喜欢)。松鼠到处跑,可爱极了。我找到哈燕社,就回来吃饭,花了5个多美金,吃的是意大利馅饼。9点到哈燕社去办手续(这里早9点上班),办到1点多,什么问题都解决了(包括医疗保险、注册、银行业务、支票、填各种表格等),效率还是高。中午张光直请我吃的饭,我替您送了他一些中药,他很高兴。下午回来太困,睡到晚7点多醒,下起了大雨,2点多又睡,早上还是4点醒,外面仍在下大雨,而且一直下到了晚上。这一天我没出门,幸亏昨天去超级市场买了一点食品,否则得饿一天了。

到第五天,我的时差才基本倒过来。这里一切都很方便,超级市场24小时开门,服务是第一流的,买东西要上5%的税,所以人们很硬气,他们是纳税人,供养了政府,所以政府得为他们办事!我的居住条件也好,一座小洋楼的一层,二层住的是几个美国人。我有一间卧室,一个厕所、洗澡间,厨房兼起居室。面积加在一起有50平米,比在家住的还好。就是不太会做饭,好在美国的肉菜都收拾得干净,回来就下锅煮就是了。这里的物质,真可说是极大的丰富,种类奇多,质量也好,价格按当地标准不贵,有的东西,如鸡、鸡蛋比国内还便宜,如鸡腿是0.36美元一磅,合人民币2元多钱一斤,鸡蛋合人民币0.30元左右一个,米是0.70元一磅。自己做饭的话,一个月150元是足够了。这里人的开销是这样的:房子,占月薪1/3,吃穿占1/3,汽车旅游等占1/3。我的房子虽然贵了(加在一起650元左右),但吃却很省(美国人老下馆子),又没有汽车开销,所以是很富余的。这里的旧车,300—500就能买一辆,开一二年没问题,但保养费、停车费开销极大。好在我就住在哈佛附近（10 分钟路程），用不着车。波士顿的公共汽车和地铁很多，也很方便。我已经基本适应了这里的生活，请放心。

哈佛是 9 月 17 日开学，但我们已经正式开始自己的活动了。今年来的访问学者是 8 个，社科院 4 个、我一个、山大一个、中大一个、复旦一个，北大的二个没来成。还有日本、中国台湾、新加坡、南朝鲜的访问学者 7 人。搞考古只我一人，哈佛的确是一所伟大的学校，图书馆有 100 多个，最大的图书馆藏书列全美第二，仅次于国会图书馆。全部电脑检索，并全部开架，极为便利。收集资料之全，难以想象。如文革小报，这里存有数百种；民国时期的各种报纸都能看到。哈佛所处的剑桥地区，大致相当于中关村，旁边是麻省理工学院，附近有 100 多所大学，是全美教育的中心。波士顿是美国第一座城市，南北战争时的大本营。有几处华盛顿的住地被辟为纪念馆。哈佛又是美国的第一所大学，1986 年庆祝了它的 350 周年，从它所开的课程，可见一斑。

哈佛一年开课 3000 多种（不包括医学院、法学院，仅是文理学院），我为了选择上合适的课程，花费了相当多的时间，到每个系去看课程表。昨天，拿到全年课程的目录，早知道，就不这么跑了。这里，我给你举一些例子。列在目录最前面的，是“核心课程”，要求每个哈佛学生像对待专业课一样地认真、广泛地选修。一共有 132 门，包括“外国文化”“历史研究”“文化艺术”“道德”“科学”“社会分析”六种。“外国文化”共 26 门，涉及中国的只有“文化革命”一门；“历史研究”共 31 门，涉及中国的有“中国文明的传统与改革（变化）”“复杂社会在古代中国的出现”；“文学艺术”共 51 门课，涉及中国的只有一门“古代中国的艺术与宗教”；“道德”有 11 门，涉及中国的一门“孔丘的人本主义”。“自我修养与道德社会”、“科学”与“社会分析”皆不涉及中国，前者 25 门，后者 13 门。

再如：人类学系共开 120 门课，涉及中国的有“中国考古学”、“古代中国文明”、“中国社会考古学”（类似社会学研究）、“古代中国的历史文献”、“古代东亚文明”。我选的是“考古学的理论与方法”，介绍西方最新理论、方法。这里的理论、方法课程很多，我选的是一门综合课程。

再如：艺术课程共77门，涉及中国古代艺术的有4门，间接涉及的有10门左右（如青铜艺术、陶瓷艺术等），我选了“艺术历史导论”。

再如：东亚语言与文明课程共134门，日本占47门，中国占57门；另外，满族3门，蒙古6门，藏族2门，越南5门，朝鲜14门，等等。

再如：历史课程共159门，4门涉及中国，皆为近现代史。

总之，这里课程广泛，可选性很强，很多课程是以讨论会的方式进行的。从上举课程亦可看出：讲到世界，中国就不占很大的地位，是以美国、欧洲为中心的，古代也是以欧洲为中心的。如“古典考古”课程，14门仅包括希腊、罗马地区。而讲到东亚，是以中国为中心的，近代增加了一个日本。当然，这里的课程也有一些重复和不当之处，课还没上，还不知道他们卖些什么药。

到这二十天，除以上之外，感受最深的还有：

一、这里物质极大丰富。我诅咒上帝，这太不公平了！对中国，对第三世界国家来说，实在太不公平了！这里的水果、菜等，都比中国产的还要大一号，在国内时只知道香蕉大。这里的地相当肥沃，走出城区，浓郁的泥土味扑面而来。在北京，在农村，近年来都闻不到了。海味也极腥，王文建带我去了一次海边，夜里，太腥了！这才是海！我想起我们在兴城度过的美好时光！

二、高速公路的发达。童恩正一家到这来看我，并带我去纽约。他开的车，在车里不觉极快，一看时速竟达120公里。高速公路旁都是森林，没有一点土地！山上也是树，路上汽车极多，真是汽车王国，但却闻不到汽车的味，很少污染。

三、美国人很讲礼貌，动辄就是“对不起”或“you are welcome”之类的。有人告诉我这是假的，但我看至少反映了文化素养。还有其他的感受，纸不够了，下次再谈。总之，我已初步适应了这里的生活，请您放心。

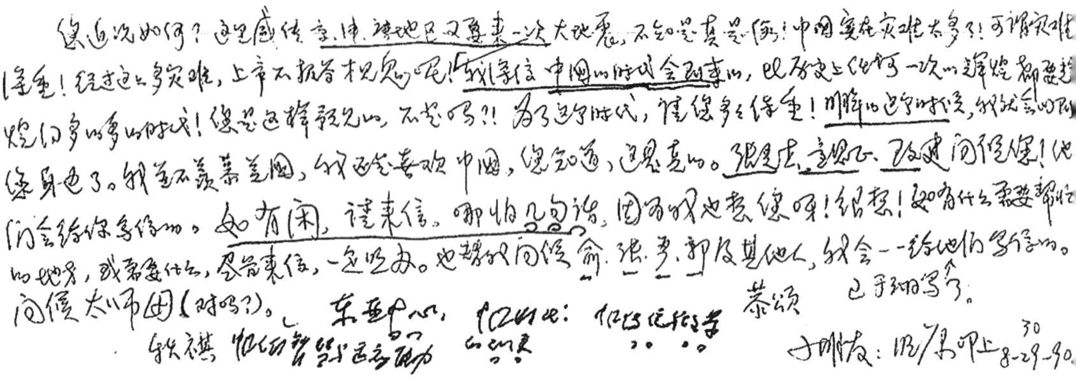

您近况如何？这里盛传京、津、唐地区又要来一次大地震，不知是真是假！中国实在灾难太多了！可谓灾难深重！经过这么多灾难，上帝不报答才见鬼呢！我深信中国的时代会到来的，比历史上任何一次的辉煌都要辉煌得多的多的时代！您是这样预见的，不是吗?！为了这个时代，望您多保重！明年的这个时候，我就会回到您身边了。我并不羡慕美国，我还是喜欢中国，您知道，这是真的。张光直、童恩正、王文建问候您！他们会给您写信的。如有闲，请来信，哪怕几句话，因为我也想您呀！很想！如有什么需要帮忙的地方，或需要什么，尽管来信，一定照办。也替我问候俞、张、严、郭及其他人，我会一一给他们写信的（已于30日写了）。问候苏师母！

恭颂

秋祺

小朋友：明康　叩上

8－29－90

童明康—苏秉琦（1990.9.21）[①]

苏先生：

祝您生日快乐！您近况如何？非常惦念！

今天是周末。天气很冷（已供暖气），外面仍很热闹，我却很孤独，特别 homesick（思乡）。到商店琳琅满目的贺卡货架（共二十多个货架）上挑了近二个小时，选了这张贺卡。虽然不是福州的榕树，也不是内蒙的草原，但我喜欢送您上面印的话，亦可借此跟您聊几句话。

已经开学了，十分紧张，我周一至周五都有课。这的大课一般一次一小时，一周三次，老师提要性地讲 40 分钟，放 20 分钟幻灯。学生一周讨论一次，二小时，两周交一次作业。课下阅读量极大。研究生的课（seminar）一周一次，由一位学生准备 20 分钟的主讲，其他学生每人也要准备书面材料，参加讨论。教授参加，并予以引导。一学期要交三份文章，要求也很严格，甚至打字的行距都规定了。课下的阅读量也很大，每周交一份读书笔记，大家传阅，并供本科生学习参考。学生如有问题，可以两周见一次教授。

小姚已经来了，离我很远，见一次面要花 300 多元的路费，我们还没见面，只通过几次电话。

我生活已基本适应了，只是每天做三顿饭，愁死我了。

北京情况如何？大家情况如何？又有什么重大发现？

您多保重！并祝您全家好！

明康　9.21 晚

上封信收到了吗？

---

① 原信未署年。据书信内容，当写于 1990 年。

苏先生：

祝您生日快乐！您近况如何？非常惦念！

今天是周末，天气很冷（已供暖气），外面仍很热闹，我却很孤独，特别homesick（思乡）。到商店琳琅满目的贺卡货架（共二十多个货架）上挑了近二个小时，选了这张贺卡。画的不是福州的榕树，也不是内蒙的草原，但我喜欢送您上面印的话，亦可藉此跟您聊几句话。

已经开学了，我的学生，从周一至周五都有课。这的大课一般一次一小时，一周三次，老师按要求先讲40分钟，留20分钟幻灯。学生一周讨论一次，二小时，两周交一份作业。课外阅读量极大。研究生的课（seminar）一周一次，由一位学生准备20分钟的主讲，其他学生每人也要把备书面材料，参加讨论，教授参加，是平等的辩论。一个学期要交三份文章，要求也很高很严格，甚至打字的行距都规定了。课下的阅读量也很大，每周交一份读书笔记，大家传阅，互供本科生学习参考。学生的负担很重，我们每周见一次教授。

小娜已经来了，离我很近，见一次面要花300多元的路费，我们还没见面，只通过几次电话。

我的生活已基本适应了，只是每天做三顿饭，累死我了。

北京情况如何？大家情况如何？又有什么事要告诉吗？

您多保重！并祝您全家好！

明康　9.21晚　上封信收到了吗？

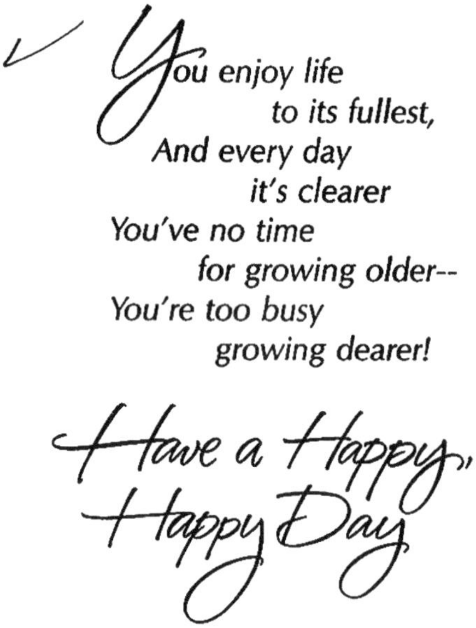

You enjoy life
to its fullest,
And every day
it's clearer
You've no time
for growing older--
You're too busy
growing dearer!
Have a Happy,
Happy Day

苏秉琦—童明康（1990.11.9）①

明康：

你好！两次来信都及时收到。以后来信即照此住址（房号是502而非501）写最稳妥。算来，你去美已满三月，1/4年度过去了。一年容易，只是苦了你。看你写的生活与工作安排，对我们多

① 据童明康先生提供信影录入。

年（习惯的生活和工作），像在“天上”过的日子，节奏太快了！我比较放心的是，你有这些年编辑生活，比起大学、研究所生活，还是紧张得多，适应能力也会强得多，愿你多保重，身体要紧。不必太拘泥原来想法、计划如何等等。过去没经验，想象的未必都符合实际。你很忙，北京的事少操心。

我准备给你谈谈我为《中国通史》（远古时代）卷写的《序论》，内分六个项目（5千至1万字）现在动笔。“正文”部分已交白老。“序论”需要我们三人分段讨论，细斟细酌。六项目是：1）中国是人类起源地区之一；2）原中国人及其文化的形成（内包旧石器时代“直立人—智人”转化、以“北京人”为转折点；旧石器时代的小石器传统—细石器传统的转化，以土谷坨人为转折点，这是中国人及其文化的基础）；3）农业起源与发展阶段性，这是文明开始的基础（万年到四千年间分几大段：刀耕，锄耕，偶耕—深耕）；4）社会大分工与社会分化（四大段）；5）组合与重组（中华民族多源一体格局最初形成几大段：类似前仰韶—仰韶前—仰韶后—后仰韶的分法，最后是“鼎鬲文化”为中心华夏与四裔，即三代（夏商周）前的民族；6）“三代”前史（连续不断的五千年文明的考古与文献对照资料举例）。这些可能对你有参考价值。祝
健康、进步！

苏秉琦　1990.11.9

又，信写好未发，《文物报》访问稿已登完，今剪下一并给你参阅。收到童恩正《论文集》草看一遍，对他有进一步了解。感谢他，对他的学术观点很赞赏，中国西南地区考古，大有可为。我想，有志气的中国考古学者，能在中国大地的“四角”钻一个角、一个方面搞出名堂，可以不朽矣！从我们目前情况讲，抓北方还应放在首位。　11.14日补记

［编者注］苏秉琦先生家藏一份《序论》提纲（1989.6.1）：

为了走向世界就要求把中国古文明在整个进步人类古文明中的地位摆正，它既不是凌驾于其他诸古文明之上，也不是孤立于其他诸古文明之外，它是这个整体的一个组成部分。尽管现在我们还不能充分地、确切地论证它们之间诸关系，不管是在旧大陆东西两半

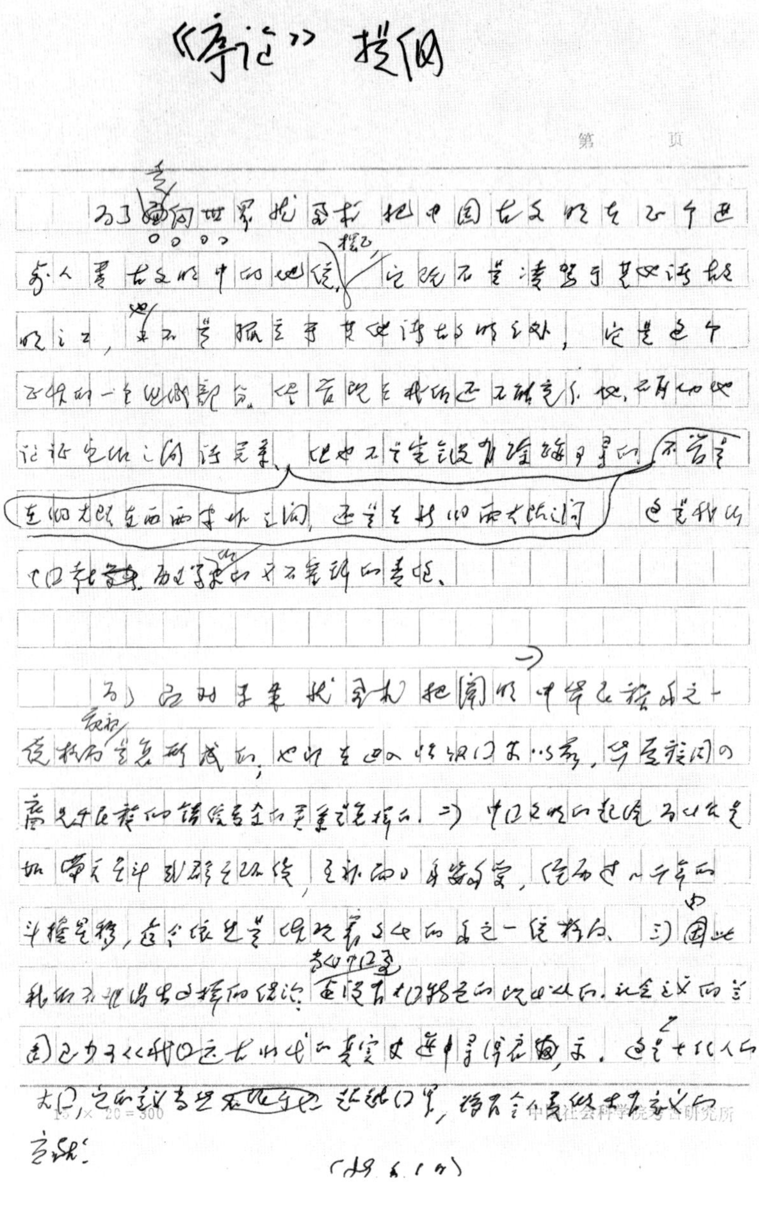
《序论》提纲

第　　页

15×20=300　　中国社会科学院考古研究所

球之间，还是在新旧两大陆之间，但也不是完全没有踪迹可寻的。这是我们中国考古、历史学家们的义不容辞的责任。

为了面对未来就要求阐明：（一）中华民族多元一统格局最初是怎形成的，也即在进入阶级国家以前，华夏族同四裔兄弟民族的错综复杂的关系是怎样的；（二）中国文明的起源为什么是满天星斗或群星环绕、互补而且多姿多彩，经历过几千年的斗转星移，迄今仍然是体现着文化的多元一统格局；（三）由此我们不难得出这样的结论，当代中国要建设有中国特色的现代化的、社会主义的蓝图，至少可从我国远古时代的真实史迹中寻得启示。这是古代人的大国，它的意义当然超越国家，将为全人类做出有意义的贡献。

1989.6.1

童明康—苏秉琦（1991.1.24）[①]

苏先生：

祝全家春节好！

没空去Chinatown买贺卡，只好就近买了美国的贺卡，别介意！昨天通过了考试，成绩一个月后可知。

这里在打仗，十分热闹。哈佛、MIT都站在反战的前列。麻省是美国的前线（运输），甚至有人拦截运输机。反战和支持的游行天天都有，为60年代以来规模最大的！银行倒闭，物价上涨，商品滞销，失业增加。

局里情况已知。不知您近况如何？望多保重。

有何事，来信，当尽力办。

明康

1－24－91

① 原件为贺卡。

北方文物杂志社

北方文物杂志社—苏秉琦（1990.9.28）

尊敬的苏秉琦先生：

您好！值此国庆、仲秋佳节即将到来之际，谨祝您节日愉快！诸事如意！

《北方文物》创刊十年来，得到您的热情关怀和支持，在此向您表示我们诚挚的谢意。

为庆祝《北方文物》创刊十周年，我们敬请您能在百忙之中为我们题词，给我们以鞭策与指导！

恭候您的惠赐！

此致

敬礼

北方文物杂志社

一九九〇年九月二十八日

苏秉琦—北方文物杂志社（1991.5.31）[1]

以燕山南北长城地带为中心的北方地区是中国文化的一个直根系，是中华民族的一个大熔炉。

——为《北方文物》创刊十周年题词，1991 年 5 月 31 日

① 录文自《苏秉琦文集》3，文物出版社，2009，第 167 页。

韩永年

韩永年，先后工作于赤峰一中、昭乌达蒙族师专、赤峰师范专科学院。

韩永年—苏秉琦（1990.10.12）

苏先生：

我校“北方民族文化研究所”已于十月十日开成立大会。此所筹建过程中，多蒙先生赐教，获益良深。今敢请先生不以本所学术浅短为意，俯允顾问之邀，以便我们随时请教。

谨请

台安

韩永年（校长兼所长）

一九九〇年十月十二日

韩永年—苏秉琦（1992.3.24）[①]

苏先生：您好。

疏于问候，甚觉不安，谨致歉意。

我校“北方民族文化研究所”建立一年多来，几经讨论，觉得我们研究北方文化，应对中国文化的发展有一个大概的理解，要有一个总体思路和构想，以便各人在自己擅长的领域进行研究时，对自己的研究在总思路中的作用心中有数。这样，经过十几年的研究，以期对中国文化的形成和发展，北方文化在其中的作用等问题获得较系统的结果。

本所都是青年人，只广林较长。我是一个外行，无专门学问，对他们只能起组织和鼓励的作用。一年多来，在他们的熏陶下，产生了一些玄想，经过讨论修改，整理好另纸，事涉重大，稍有差错，便会误入歧途，耽误了青年人。因此，呈与先生审视，恳请点拨，望先生直意批评。哪怕先生说“完全错了，根本不是那回事儿”也没关系，对我们仍是莫大的帮助。

深知先生繁忙，还来插一杠子打搅，敢望先生体谅。

过些天，广林将前往面聆指示。

敬颂

台安

赤峰师专　韩永年　上

一九九二年三月廿四日

附：《关于北方文化的思考》一份。

关于北方文化的思考

一、“旧石器时代晚期，以辽河流域为中心这一片，文化发展

① 苏秉琦先生在书信首页页眉写：“［024001］/4/4 复。”

走在前列，从而为辽河流域新石器文化的前导地位奠定了基础”（苏秉琦先生语）。“前列”“前导”的原因之一，是这一地域的人们能接触到不同类型的文化。

这一地域南与黄河流域有联系，北是西伯利亚冻土带，东与环渤海、白令海地区有联系，向西，在燕山、阴山以北，贝加尔湖、里海以南，应有旧、新石器时代的若干自然通道，直至两河流域、土耳其。这一切，便是这一地域得以接触各种远古文化的原因。

二、人类在采集、狩猎基础上，创造了种植业。是后，有一个持续数千年之久的“游耕”时代。当在某一些地点居住数年之后，由于地力、资源不济而举族迁徙，此即上述通路的成因，也是新石器时代居住址相当稠密的原因——当时的人口密度不会那样大。

三、战争在这种情况下发生了，作为防御工事的“城”应运而生。

四、红山文化晚期，已进入父系社会，有了明显的等级差别，且已形成颇为复杂的等级制度。大量的玉器正是标明活人和死人身份地位的标志。

五、由于“游耕”和后来的游牧，北方形成了相对独立的文化区。典籍中的多种族名，可能是具有同一文化的人们在不同的地方而稍有差别，中原人便给以不同的称谓。

六、新石器时代中、晚期，北方先民由燕山、阴山的缺口进入晋北、河套一带南下陕、甘地区；沿渤海之滨进入华北。这样，北方、黄河中上游[①]、黄河下游三种文化接触，经过激烈的斗争，最后形成中原文化。这正是中原文化迅速发展且达很高水平以致超过北方的原因。

七、中国传统文化的若干特点，皆滥觞于北方。

---

① 苏秉琦先生在信侧写“三北之中”。

六、新石器时代中、晚期，北方先民由燕山、阴山的缺口进入晋北、由河套一带南下陕、甘地区；沿渤海之滨进入华北。这样，北方、黄河中上游、黄河下游三种文化接触，经过激烈的斗争，最后形成中原文化，这正是中原文化迅速发展且达很高水平以致超过北方的原因。

七、西周以降，甘肃走廊、青海北部一带，始成中原对外联系的主要通道。张骞“凿空”之前，这里便存在中西之间的联系。

八、由于中原地区具有优越的自然地理条件，吸引了长江、珠江以及北方辽河等几大流域的古文化向这里聚汇，使得这一地区的古文化在春秋、战国之际，出现了异彩纷呈局面。

九、孔、墨、老、孟、荀、庄、韩等，出自各人的理解，从不同的角度对这空前丰富的文化进行综合，是谓“百家争鸣”。

十、至汉，董仲舒借政治的力量，“罢黜百家，独尊儒术”，形成了董记儒学，中国第一次有了统一的主流文化。

十一、发源于南亚次大陆的佛教文化，由于喜马拉雅山和印度洋的限制，向西流传，转经中亚进入中国西北和北方一带。由于儒学的排斥，致使佛教滞留在周边地区，及至东汉，始得进入中原。

十二、儒学与佛教互相影响，儒学发生了若干变化。经唐至宋，形成了程朱理学，佛教亦变成了“汉化佛教”，但儒学与佛教毕竟文化本质相距甚远，终未能“融二为一”，除僧、道、尼之外，中国始终是一个无教徒之国，未形成全民皆教徒的局面。

十三、与此同时，北方文化受中亚和中原的影响，也在发展着，但速度远低于中原。至匈奴，亦大致经历了由地方政权割据而相对统一的过程。这时的北方文化，主要是游牧文化与佛教，与中原文化仍有显著差别，随着匈奴、鲜卑、契丹、女真（金）进入中原加速了北方文化与中原文化的融合，至蒙元，最终形成了以中原为代表的、涵盖整个中国的统一文化。

十四、随着元代开通海路，不同于西北通道的新文化因素开始传入，于是有由陆而至的儒学。

十五、由于海路的不断扩大，新的文化因素逐渐增多，因而中国文化的重心，渐次南移。在此背景下，产生了王夫之、王国维两个类型的代表。

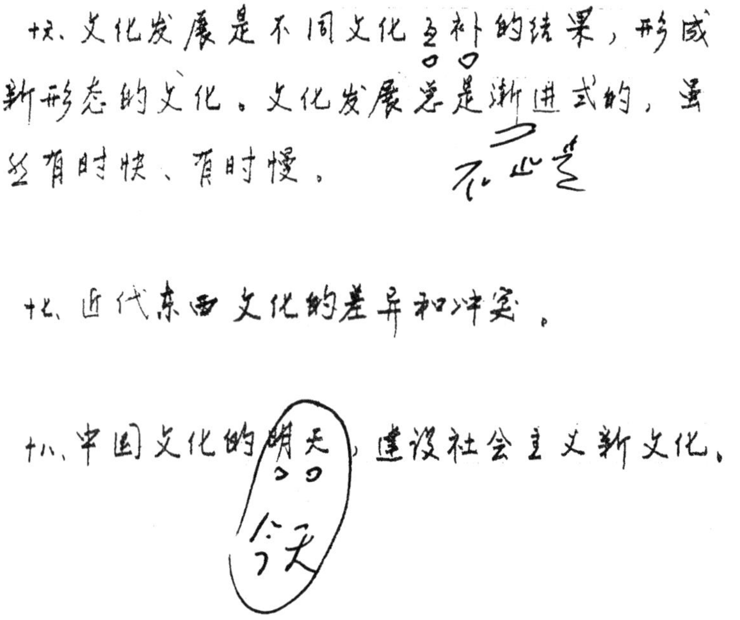
十六、文化发展是不同文化互补的结果，形成新形态的文化。文化发展总是渐进式的，虽然有时快、有时慢。
不止是
十七、近代东西文化的差异和冲突。
十八、中国文化的明天，建设社会主义新文化。
今天

十六、文化发展是不同文化互补的结果，形成新形态的文化。文化发展总是渐进式的①，虽然有时快，有时慢。

---

① 苏秉琦先生在“渐”下写“不止是”。

十七、近代东西文化的差异和冲突。

十八、中国文化的明天[①]，建设社会主义新文化。

① 苏秉琦先生在“明天”下写“今天”。

新乡县文化局

张新斌—苏秉琦（1990.11.15）

苏先生：

您好！今年八月我曾冒昧前往贵舍拜访，亲耳聆听先生教诲，受益匪浅。

辉县发掘是新中国考古界的大事，从区系文明研究、考古学史等方面讲均有重要意义。在酝酿过程中，省内外专家对此极有兴趣，期望先生能亲自来辉，祝愿先生健康长寿，为中国考古学的发展作出贡献。

与会学术界同仁盼望聆听先生对中国考古学发展的最新教导。

顺致

祺安

学界后人：张新斌

90. 11. 15

附：《纪念辉县发掘四十周年学术座谈会邀请书》一份。

纪念辉县发掘四十周年学术座谈会邀请书

苏秉琦 先生：

辉县发掘是由著名考古学家夏鼐、郭宝钧、苏秉琦先生主持的，建国后进行的第一次大规模综合发掘，在考古学史上具有重要意义。

时值辉县发掘四十周年之际，特定于11月25日报到，26—27日在河南辉县市百泉宾馆举行“纪念辉县发掘四十周年学术座谈会”，请您届时光临。

请您根据自己的研究方向，围绕着辉县发掘在学术史上的地位，新乡、辉县文物考古互作的价值，准备一个十五分钟的发言稿在大会上发言。

欢迎您的到来。

新乡市文化局

辉县市人民政府

一九九〇年十一月

徐苹芳[*]

徐苹芳（1930—2011），工作于中国社会科学院考古研究所，曾任考古研究所所长、中国考古学会理事长。

徐苹芳—苏秉琦（1990）[②]

1. 中国史前史是指有文字记载以前的历史，具体说便是殷墟以前的历史。（苏：简单界定，不全面。）

已出版的中国通史的史前部分，大都是考古材料加古史传说，不能反映历史的真貌。（苏：现实现象，现阶段水平。）

史前时期大部分处于原始社会阶段，但史前史不等于原始社会史。（苏：从猿到人，从氏族到国家是科学真理。国史更是丰富内容——十亿人的中华民族，源远流长的光辉文化，辩证发展，是人类宝库，大学问。）

---

* 1990 年，时任中国社会科学院考古研究所所长的徐苹芳先生在酝酿考古研究所十年规划和“八五”计划期间，向苏秉琦先生提出 10 个关于中国史前史研究的问题。在书写 10 个问题的纸上，苏秉琦先生针对前几个问题，在纸侧题写了简要意见，对后面几个问题用划线、圈点形式进行重点思考。访谈的完整回答，经负责采访的高炜、邵望平先生整理后，以《关于重建中国史前史的思考》为题发表在《考古》1991 年第 12 期。

② 据郭大顺先生以相关材料复印件所做录文整理。

原始社会史主要讲原始社会发展的一般规律，不可能去讲中国史前史具体史实。那么，中国史前史究竟应当包括哪些内容？

2. 史前史的史源主要来自史前考古学。但史前史又不等于史前考古，这两者有何区别？

苏：马克思主义经典作家典范依材料研究，可得出科学结论——逻辑论证——历史著作不仅要有骨骼，还要有血有肉有灵魂。回答当代人类历史使命、课题，为社会进步作贡献——民族、社会、文化大轮廓、硬件。

3. 从中国史前考古学"升华"为中国史前史是一项新的开创研究，完成这个"升华"，在考古学上要具备一定的条件，在目前，您是否认为已具备或大体具备了这些条件？

苏：理论与实践结合。长期、多方面、阶段性的、规律的发展过程。实践—理论是一个环节，提问题，开展工作——"理论—实践"现实步骤。当前重点，"有限目标，突破重点"，可以说"大体具备"。

关键是要有权威的组织领导。（苏：群众中来，到群众中去，课题论证。）

4. 由于史前史的主要来源来自史前考古学，编写中国史前史的任务便落到了考古学家的肩上。考古所在1991—2000年的十年规划中列了这个项目，在"八五"规划期间便要着手准备。今天提出编写中国史前史，您认为是否适时？

苏：是的，关键是选班子，培养人，从头作起，找前沿课题带头人，创造条件，坚持下去，三五年可有小成，十年收成果，十年不辍，贯彻到底。"文史哲要配合"，考古细到"人文科学"。

5. 要完成中国史前史的编写，考古学家在思想观念上要有某些转变，主要是指从长期以来从事史前考古学的习惯观念，改变为从事中国史前史研究的新观念。您认为思想上主要应改变那些观念？

苏：考古材料从原始工作起，步步都是要科学性。但从起步要明确目的性，“从猿到人，从氏族到国家”已有定论，但“中华民族、中国文化”还是很大空白。现有观点，一言以蔽之，大而无当，不得要领。现象—本质，真正的科学工作，真正的理论问题不是可以信手拈来的，要有长期韧性艰苦有力过程，相信没有克服不了的困难。最为重要，一切看条件。

6. 您认为编写中国史前史应作那些准备工作？应作那些课题研究？

7. 中国史前史与人类学、民族学、社会人类学、民俗学也有密切的关系，您认为应如何应用这些学科的成果？

苏：整体的人，属人的整体，辩证关系。

8. 中国史前史的一个重要内容是人与自然的斗争（苏：重建人与自然关系）。环境考古在这方面能提供很多材料。目前，环境考古学正在逐渐开展。环境考古学必须以人为中心，探求人类改造自然的过程，而不是研究自然界的进化。您以为如何？

9. 从中国史前史的角度，一定会对中国史前考古学提出许多问题，这将大大促进中国史前考古学的发展和提高。反之，中国史前考古学的发展也将会使中国史前史日臻完善。它们之间的关系是互相促进的关系。您认为应如何处理好这两者之间的关系？

10. 中国古代文化在世界古代史上占有重要地位，中国文化一脉相承，在世界上有特殊意义。从这个角度说，中国史前史在世界文化史的研究上是有重要意义的。您对此有何看法?

附：苏秉琦《关于重建中国史前史的思考》[①]

一 问题的提出

在酝酿考古研究所十年规划和“八五”计划期间，徐苹芳同志就史前史的有关问题来征询我的意见，一共提了十个问题，总起来说，是关于“如何重建中国史前史”这样一个大问题。

已出版的《中国通史》的史前部分，虽大都企求在理论指导下运用考古材料和古史传说，但限于目前的研究水平，理论与材料、考古材料与古史传说之间，难免缺乏系统的、有机的结合，尚未形成中国史前史的科学体系。

考古学的最终任务是复原古代历史的本来面目。除了传说材料，史前时代没有确切的文献记载可供依据，建立史前时代信史的任务自然就落在考古学家的肩上。40 年来，我们忙于日益繁重的田野工作，侧重于进行考古学文化的研究，取得举世瞩目的成绩；但相对来说，重建史前史的任务无暇顾及，甚至在一些考古学家头脑里，重建史前史的观念淡薄了。由于研究机构的分工，旧石器时代考古主要归中国科学院古脊椎动物与古人类研究所承担，隶属中国社会科学院的考古研究所没有专人从事这方面的深入研究。持续多年的结果，旧石器时代至新石器时代的研究被人为地割裂了，上下不能贯通，以至对中国史前史各自只能有片段的而非完整的认识。台湾方面的学者在 60 年代曾提出重建中国上古史，由于他们受到更多条件的限制无法实现。20 世纪还剩最后的 10 年。我们迎来了改革开放，祖国走向统一，学术繁荣的新时期，理应趁此大好时机把重建中国史前史的任务提上工作日程。

我们现在提出重建中国史前史，是从学科建设的角度、从学科建设的高度来谈，而不仅仅是编写一本书。书是阶段性研究成果，而学科建设是长期任务。我们将要有的《中国史前史》，正如当代

① 高炜、邵望平先生整理，发表于《考古》1991 年第 12 期。

一些科学巨著一样，可以一版一版地编下去，随着学科的发展，每一新版从内容到体例都可以而且必然有发展、变化。

今天提出这项任务是否适时？我想，经过 70 年，特别是近 40 年的考古工作，应当说基本条件成熟了。当然，任何科学成果都是创造性劳动的结晶，没有现成蓝本也不可能企望天衣无缝，把什么问题都讲得清清楚楚，科学上总有未知数，需要不断追求，不断探索，永无止境。

二　中国史前史的性质与任务

中国是以汉族为主体的统一多民族国家。讲中国历史，是讲 960 万平方公里幅员内、由 56 个民族构成的统一的国家的历史。中国史前史是中国通史的史前部分。与有文献记载的历史相对，史前史是指有文字记载以前的人类历史。具体来说，中国史前史是指商代以前的历史；同时，不限于中原，不限于黄河中、下游，凡 960 万平方公里以内的古人类遗址和原始文化遗存，都属于中国史前史的范畴。

史前时代大部分处于原始社会阶段，但史前史不等于原始社会史。原始社会史（含文化史）也要利用考古学、民族学的研究成果，其主要内容是讲生产方式、婚姻、家庭形态、社会组织结构，侧重于阐述原始社会发展的一般规律。按学科分，属于历史唯物主义教程性质。生产方式决定社会运行的机制，这是人类社会共同的发展法则，构成历史的核心内容。但除此之外，各国历史有各国的特点，各民族历史有各民族的特点。特点就是差别，主要包括民族和文化传统两方面，其中既有体质特征的差别，也有非体质性质的差别，诸如生活习惯、民族气质、思维方式、价值观念等等。于是，我们看到一些国家虽社会性质、发展阶段相同，但政体、文化、生活方式又千差万别，一国一个样，古今都如此。有些文化传统可能随社会性质、生产方式的改变而淡化、消失，或被新形式的传统所取代；唯构成民族特性的传统精神，往往可世代相传，其根源甚至可追溯到旧石器时代。当代中国是历史上中国的继承和发展，通过大量具体事实，揭示中华民族的形成及其深厚的文化传统背景，应属于史前史的内容。

史前史的史源主要来自史前考古学，但史前史不等于史前考古学。考古学所研究的对象是具体的遗址，具体的遗迹、遗物，这些古代物质遗存无疑具有珍贵的史料价值，但素材不等于历史，依考古文化序列编排出的年表也不等于历史。史前史不是田野发掘报告的堆砌，也不是田野考古资料的总合。从史前考古学到中国史前史要有个升华过程，即概括和抽象的过程，科学思维的过程。换句话说，我们的田野工作、简报、报告是“硬件”，有了这些硬件，还必需编制科学程序即“软件”。硬件代替不了软件。又好像一个人，有了骨头和皮肉，具备了人的形体，还不够，重要的是还要有灵魂。一部活生生的历史也是这样。艺术是通过形象反映客观，科学是通过逻辑反映客观，没有逻辑就杂乱无章，不成系统。这就是说，从研究史前考古学到研究史前史，考古学家在思想观念上、工作上要有个转变。

不要以为我们的工作对象是实物资料，只要加以客观报道，自然而然的就是唯物主义的，就能从中阐发历史规律。自然规律、社会历史规律是客观存在，无时无刻不在运转并制约着人们的活动。但规律又是抽象的，看不见，摸不着，认识规律不那么容易。不然，为什么自然界的进化经历了亿万年，直到达尔文才提出进化论？对历史的认识也是这样。世界各国出现过许多史学名家，留下不少史学著作，但直到马克思、恩格斯运用辩证唯物主义和历史唯物主义才第一次对人类社会发展规律做出科学概括，使社会历史规律同宇宙运转的自然法则统一起来，把历史学变为科学。史前史本身充分说明：只有依靠正确的观点、方法，才能驾驭浩如烟海、纷繁复杂的史料，对中国史前史做出科学的总结。

恩格斯曾经有过一段精辟论述：“历史上依次更替的一切社会制度都只是人类社会由低级到高级的无穷发展过程中的一些暂时阶段。每一个阶段都是必然的，因此，对它所有发生的时代和条件来说，都有它存在的理由；但是对它自己内部逐渐发展起来的新的、更高的条件来说，它就变成过时的和没有存在的理由了；它不得不让位于更高的阶段，而这个更高的阶段也同样是要走向衰落和灭亡的。”[①] 同一观点贯穿于恩格斯的历史哲学名著《家庭、私有制和国家的起源》一书的始终。在该书结尾，作者引用摩尔根的一段话，说明文明只是社会发展一个短暂阶段，文明的基础是一个阶级对另一个阶级的剥削，从这个意义上讲，“文明”并不文明，文明的发展将最终导致古代氏族的自由、平等、博爱在更高级的形态上得以复活。今天，我们钻研史前这以百万年计的历史，目的是为了阐明中国历史的发端和发展过程，以中国的材料充实辩证唯物史观，为发展马克思主义历史科学做出贡献。

三　中国史前史的内容和时、空框架

人类起源是史前史的头一个大课题。人从古猿分化出来，脱离动物界成为万物之灵，大约经过一千多万年的漫长历程。中国是古猿和古人类化石富集地区之一。云南禄丰腊玛古猿，这一千多万年前人猿超科化石的发现，为人类亚洲起源说提供了证据。

最初的人类大约出现在上新世，至今已有400万年的历史。史前人类社会由低级向高级大致经历了原始群、前氏族公社、氏族公社和早期国家等几个发展阶段。原始群、前氏族公社到氏族公社初期，相当考古学上的旧石器时代；氏族制度由发展、繁荣到衰落、解体并向早期国家过渡，相当新石器时代和铜、石并用时代。

从体质进化与文化发展角度看，初始的一大段（旧石器时代早期的最初阶段），主要是人类塑造自己的过程，靠的是劳动，靠的是群体的力量。那时能够制造工具，但迄今所知，当时世界上还缺乏稳定的打制石器的方法，缺乏个性；或可以说，那阶段文化特征因素还不显著。进入更新世以后的一二百万年，体质条件趋于成

---

① 恩格斯:《路德维希·费尔巴哈德国古典哲学的终结》，《马克思·恩格斯选集》第4卷，人民出版社，1972，第212—213页。

熟，创造的文化，一步步丰富多彩。元谋猿人和山西芮城西侯度文化，都属于早更新世，距今一百七八十万年。被认为可能是元谋人的石器，特征还不明显。西侯度以石片石器为特征，包括石片、刮削器、砍斫器等，已按照一定方法打制，其中砸击石片的方法同北京人一致，可看成北京人文化的前驱。在中国范围内，发现于几十个地点的包括直立人、早期智人、晚期智人的材料，构成一条相对完整的人类进化链，证明中国古人类体质特征发展的连续性；数百个旧石器地点代表了旧石器发展的各个阶段；以向背面加工的石片石器为主体的小石器传统贯穿始终，构成中国旧石器文化的鲜明特征，尤以华北地区的旧石器文化发展清楚，特征突出。至少更新世以来的材料证明，中国人的主体部分是东亚大陆土著居民，是北京人后裔；中国文化是有近 200 万年传统的土著文化。

人类进化与文化发展的道路都不是线性的，发展中包涵着不平衡。例如，发现于河北阳原的东谷坨文化，属早更新世之末，距今 100 万年。东谷坨人是选用优质的燧石为原料来制作石器的，其类型较固定，技术较熟练，看来已达到了北京人中期（距今 50 万年）的水平，表现出明显的进步性。如果认为北京人文化上承东谷坨文化发展而来，那么，这一现象会令人困惑。但在我看来，这是一种文化发展不平衡的历史现象。北京人文化并非直接源于东谷坨文化，北京人是用劣质的脉石英来制作小型石器的，有它自己的特点，有它自己的文化源流。只是目前对东谷坨文化的来龙去脉还不清楚罢了。时间早的文化可能会先进，这正是各地文化发展不平衡的例证。另一个例子是发现于辽宁营口的金牛山人文化，其年代经测定在 20 多万年前，不论从地质年代还是从动物群，都表明它与北京人文化晚期有相当一段时间是共存的。但金牛山人的体质特征都远较北京人为进步，吴汝康先生认为金牛山入已属于早期智人。这说明，不仅在文化发展上存在着不平衡。在人类体质进化上也存在着不平衡。再就金牛山人本身的体质形态来说，其身体的不同部分也有进化快与慢的差别。金牛山人是世界罕见的保存了头骨、肢骨和大量体骨的古化石人类，金牛山人的头骨比北京人进步，而上肢骨比北京人更为进步。手的劳动首先促进了上肢的进化，上肢的进化又促进了头脑的进化。可以说，在人类体质的进化过程中，上肢、下肢、头脑也不是齐步走的。我们还可以蓝田人的体质特点再来说明人类体质进化的不平衡性。蓝田人在地质年代上与北京人接近或稍早，但在体质特征上却远较北京人落后，蓝田人的脑量还不及 800 毫升，而北京人的却达到 1100 毫升左右。由此可见，人类体质也罢，文化也罢，发展不平衡的现象是普遍的，绝对的；而平衡只能是相对的，暂时的，暂时的平衡又会被新的不平衡所打破。

在人类社会发展史上，最后的十来万年尤为重要。中国以至整个旧大陆范围内，人口密度有了明显增长，彼此交流增多，这是人类生存能力、改造自然能力提高的结果。其关键是技术的进步。集中表现为石器刃部的细加工和从安把到镶嵌装柄一系列“复合工具”的出现与发展。早在北京人文化晚期就出现了长不过 4 个多厘米的“类似倒置箭头的”小石锥（图一：4）。它的实用部分是“铤部”，即锥尖。但其后部有一个加工的窄叶形“箭头”状的柄部，这种形制的小石锥，显然不宜以手握的方式锥物，其叶形柄部应是安把的部位。也就是说，最原始的“复合工具”未必是始于几万年前的“细石器”的出现，它的萌芽可能追溯到 20 万年前的北京人文化晚期。发展到峙峪文化时期，那种带短铤的石镞、带短柄的弧刃小石刀等，都应是安柄使用的复合工具的部件。旧石器时代中晚期的“小石器”工艺的发展，说明复合工具的日益发达。不论是细石器还是小石器多应安有木质的或骨质的柄、把、杆，否则难以单独使用。一万年前的河北阳原虎头梁的多种尖状器已具备了多种安柄方式，甚至连类似“直内”“曲内”的石器都出现了，实际上可能就是后来“勾兵”、“刺兵”、铲、锄之类复合工具的雏形。虎头梁的各种安柄尖状器进一步发展，则成为像富河文化那种类似钺的宽刃斧（图二：4）、类似戈的窄刃斧（图二：3），盘状砍斫器（图二：1、2）以及石钻（图二：5、6）等。这些石器显然是安柄使用的，但归根到底还是要上溯到北京人的从把手到安柄的技术。北京人文化，不论是下层的还是上层的，其主要的两类小型石器都是砍斫器和尖状器，正是在这两类小型石器上留下了从把手到安柄的发展踪迹（图一：3、5→1、2、4）。安了柄的利刃等

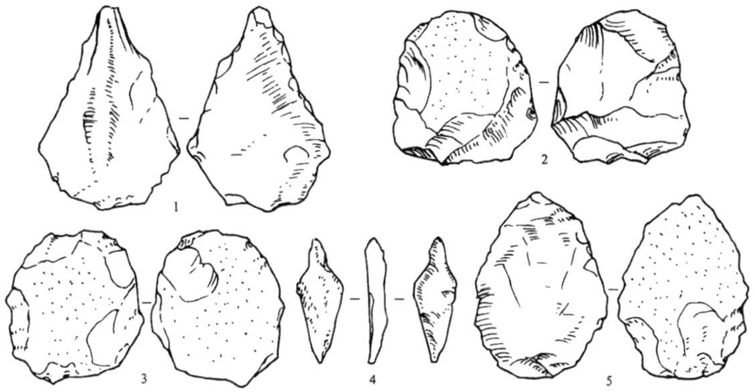

图一　周口店第一地点北京猿人石器

（采自裴文中、张森水《中国猿人石器研究》，科学出版社，1985。以下简称《研究》）

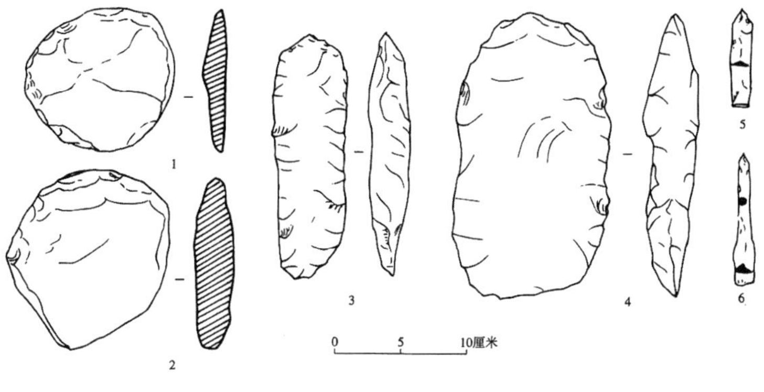

图二　富河文化打制石器

1、2. 盘状砍斫器　3. 窄刃斧（类勾兵）　4. 宽刃斧（类钺）　5、6. 石钻（锥）

（均由考古研究所内蒙队1961年调查采集于内蒙巴林左旗乌尔吉木伦河马家园子村，地点编号：61ZW3，年代：距今约5000年。参考内蒙古自治区文化局文物工作组《昭乌达盟巴林左旗细石器文化遗址》，《考古学报》1959年第2期）

于加长了手臂，于是带柄斧、梭标、弓箭相继出现，人类起飞了。旧石器时代最晚期出现的间接剥制法生产的典型细石器，只不过是对旧石器时代中晚期业已发展起来的小石器的利刃与安柄技术的继承与进一步发展。因此我认为，利刃的细加工及复合工具的出现是旧石器时代中、晚期的突出成就。正是这一成就才提高了改造自然的能力，才使大型围猎成为可能或更富成效；人类可以获取大走兽，可以获取飞禽和游鱼。与此同时，另一项重要发明是以海城小孤山发现的有孔骨针为代表的缝纫技术。骨针虽小，却意义重大。有了骨针，解决了缝制皮衣问题，人们才可能离开洞穴走向平原，走向寒冷的北方，越过白令海峡走向另一个大陆，走向世界各地。在现今中国的960万平方公里范围内，那些相对说来环境不大有利的边疆地区，才会发现了旧石器时代晚期的遗址，中国的北方和南方以及欧亚大陆东、西之间产生了交流。新、旧大陆之间在人种和文化上的相近之处，不是在更晚，而是在旧石器时代晚期形成的。可以这样说，现今世界的、中国的人类分布的大致格局是从十来万年前开始逐步形成的。以往我们对这一阶段的历史研究得不够。如果认为只是在二万年前随着典型细石器出现才出现了复合工具，才带来了社会生产力的飞跃，显然是简单化了一些，而且也无法解释早在十来万年前人口开始迅猛增长的历史原因。

旧石器时代之后的历史时期是新石器时代。对这一时期的研究我想大致可分为两部分主要内容。一根主线是技术、经济的发展，特别是社会本身的发展。广义的新石器时代的历史是一部从氏族社会向早期国家发展的历史，也就是要研究社会发展的规律在中国史前史中的具体体现的过程；另一部分内容则要具体研究中华民族的形成，中国文化的形成及其特征，中国文化传统的组合与重组的史实。中华民族文化传统是几十万年、上百万年以来文化传统组合与重组的结果。我们先来谈从氏族社会到国家出现的历史的研究。

由旧石器时代向新石器时代的过渡，包括了农业的起源、农牧业的分工以及农牧业代替渔猎而成为社会经济的主要部门，随之出现了定居的聚落，从“前陶新石器时代”发展到会制作陶器、饲养家畜，以及半地穴式和地面建筑的出现与发展。中国考古学成果已证明中国史前农业是独立起源自成一系的。黄河流域是粟的发源地，长江流域是稻作农业的发源地。七八千年前的聚落在各大文化区都已有所发现，而以半坡、姜寨的聚落为最完整、最典型。与这一社会经济发展相一致的是，氏族社会由旧石器时代晚期所处的氏族制前期发展到了氏族制的繁荣鼎盛时代。半坡、姜寨聚落可以说已达到了氏族制度发展的顶点。也正是在半坡、姜寨所处的时代发生了氏族社会的转折，即由繁荣的顶点走向衰落、解体的转折。

我们都知道，山顶洞人已有了埋葬仪式，那是有血缘关系氏族成员对死者的怀念，它反映了氏族意识的存在。哈尔滨的阎家岗发现了一处营地，考古资料表明，该营地是以比氏族范围更大的人群进行季节性的集体围猎的遗存，猎获的对象种类单纯。进行这类群体狩猎，必定有着相应的社会群体组织——氏族部落的存在。半坡、姜寨那种环壕大型居址，其中以大房子为中心，小房子在其周围所体现的氏族团结向心的精神，以及居址之外有排列较整齐的氏族墓地，墓地上同性合葬、小孩不埋入氏族墓地等情况所体现的典型氏族制度的原则，说明氏族制度发展到了顶点。而且其后不久就出现了在居址中心也可以埋人，男女老少同穴合葬的现象，就说明氏族制度的原则开始被破坏了。

半坡遗址另外一些文化现象也说明它正处于社会转变期。如小口尖底瓶未必都是汲水器。甲骨文中的酉字有的就是尖底瓶的象形。由它组成的会意字如“尊”“奠”，其中所装的不应是日常饮用的水，甚至不是日常饮用的酒，而应是礼仪、祭祀用酒。尖底瓶应是一种祭器或礼器，正所谓“无酒不成礼”。半坡那种绘有人面鱼纹之类的彩陶，反映的已不再是图腾崇拜，已超越了图腾崇拜的阶段。有些彩陶应属“神职”人员专用器皿，当时或已出现了脑力与体力劳动的分工。仰韶彩陶无疑是社会分工的产物。大汶口文化早期那种带提梁的陶鬶和各种形制的陶杯、觚，具有同样的意义，是神器，不应看作简单的日用器皿。出现于大汶口早期、崧泽文化而后流布各地的石钺、玉钺，大多不是实用工具，乃是权力和权威的象征物。其他区系文化所反映的社会进程，与仰韶相近或略有早、晚。例如阜新查海的玉器距今 8000 年左右，全是真玉（软玉），对玉料的鉴别已达到相当高的水平。玉器的社会功能已超越一般装饰品，附加上社会意识，成为统治者或上层人物“德”的象征。没有社会分工生产不出玉器，没有社会分化也不需要礼制性的玉器。因此，辽西一带的社会分化早于中原。

到距今 5000 年前后，在古文化（原始文化）得到系统发展的各地，古城、古国纷纷出现。古城是指城、乡最初分化意义上的城和镇；古国指高于氏族部落的、稳定的、独立的政治实体。古城、古国是时代的产物，社会变革的产物，作为数种文明因素交错存在、相互作用的综合体，成为进入或即将进入文明时代的标志。距今 4000 年稍前，进入青铜时代，进入中国历史上第一个王朝——夏代。

以下，我再来谈谈中华民族的形成与中国文化传统组合与重组的问题。上面已谈到了夏王朝的建立。但是夏朝文明并不是一花独放的。大家知道，夏王朝时期，“执玉帛者万国”，先商、先周也各有国家，实际上是夏、商、周并立的局面；更确切地说，是众多早期国家并立，齐、鲁、燕、晋以及若干小国，在西周分封前都各有早期国家，南方的楚、蜀亦然。秦汉统一时中国幅员内各地大都经历了从氏族到早期国家的历史进程，各地进程虽有先有后，先后相差的幅度一般不超过 500—1000 年，但都可追溯到 4000 年、5000 年、6000 年前，甚至还可追溯到更早。同时我们还必须着眼于夏王朝所处的黄河中游之外的、作为中华民族各支系祖先所赖以生存、奋斗的更广阔的空间。

从空间来看，中国大陆东部面向太平洋，西部面向欧亚大陆；又可大致以秦岭、淮河一线为界，分成南方和北方。南、北两半的面积和人口差不多。由于幅员辽阔，从很早就出现了地区性的差别和分化，至迟在旧石器时代晚期，南方和北方的东部和西部的文化面貌已露出明显的差异。同时，南、北、东、西的旧石器文化都分化出若干文化类型。至10000年以内，在原有四大部分文化差异的基础上，逐渐形成相对稳定的六大文化区系：（1）以燕山南北、长城地带为重心的北方；（2）以山东为中心的东方；（3）以关中（陕西）、晋南、豫西为中心的中原；（4）以环太湖为中心的东南部；（5）以环洞庭湖与四川盆地为中心的西南部；（6）以鄱阳湖—珠江三角洲一线为中轴的南方。

六大区系内，还可以划分出不同的地方类型。不同地区文化，都特征明确，源远流长，但彼此的渊源、特征、发展道路存在差异，发展水平不平衡，阶段性也不尽等同。相对而言，南部的三大区，民族多、方言多，文化呈波浪式发展；从文化传统、民族融合、影响社会进程的重大历史事件诸方面考察，应当说，从旧石器时代以来，发展的重心常在北部。北部的前红山—红山文化、前仰韶—仰韶文化、北辛—大汶口文化三大文化系统，都得到充分发展，并在发展中交流，互相渗透、吸收与反馈，这种区系间的文化交互作用在公元前4000年以后进入高潮，文化面貌你中有我，我中有你。

当然，以发展顺序看，中原并不都是最早，不都是从中原向四周辐射。从旧石器中晚期到新石器初期，很可能辽河流域比海河水系早，海河水系又比黄河中游早。海城小孤山遗存，据铀系法测定距今4万年，有迄今所知年代最早的梭标、带倒钩的鱼叉、用两面对钻法穿孔的骨针，表现出明显的进步性，时间比山顶洞人早，但比山顶洞骨针进步。这一发现说明：旧石器时代晚期，以辽河流域为中心这一片，文化发展走在前列，从而为辽河流域新石器时代文化的前导地位奠定了基础。8000年前阜新查海玉器以及其后红山文化“坛、庙、冢”的发现，是辽河流域前导地位最有力的证明。在中原地区与之相当的时期，还未发现具有类似规模和水平的遗迹。时间接近、规格相似、发展水平较高的一处重要遗址是甘肃秦安大地湾“类似坞壁”中心“殿堂式”大房子遗迹①（遗址面积超过1平方公里）；大房子面积超过100平方米（图三），属仰韶文化末期（约5000年前）。距今7000—5000年间，源于渭水流域或华山脚下的仰韶文化，经历了组合与重组的过程，半坡时代是人类群体和文化的一种组合，它的范围较小；到了庙底沟类型的时期，显然是又经历了重组，庙底沟类型的范围大多了。在这一重组之后的仰韶文化，通过一条呈“S”形的西南—东北向通道，沿黄

---

① 大地湾F901遗址，位于大地湾河岸阶地上类似“坞壁”聚落遗址的中部，现状地势高出河床80米。遗址反映这是一幢多空间的复合体建筑。主体为一梯形平面的大室，遗迹清晰可辨。前墙长1670厘米，后墙长1520厘米，左墙长784厘米，右墙836厘米。主室前面有三门，各宽约120厘米左右，中门有凸出的门斗，室内居中设直径260厘米的大火塘，左右近后山墙各有一大柱，形成轴对称格局。主室左右各有侧室残迹，前部有与室等宽的三列柱迹，表明前部连结敞棚。整组建筑纵轴北偏东30°，即面向西南，正是古人推崇的吴位。这一建筑遗址反映如下特点。（1）位于聚落总体的中心部位。（2）为已知全聚落中体量最大建筑；并为庄重的对称格局；大室中门设立外凸的门斗，特别强调了中轴线。（3）主室大空间南向开三门，总开启宽度约350厘米，加强了它的开放性以及和前部敞棚的连贯性。这显示出主室是“堂”的性质。（4）主室前部连结的开放的敞棚，正是所谓的前轩。“堂”前设“轩”这一格局，大有“天子临轩”的味道。（5）堂的正面并列三门沟通前轩，反映实用上的群众性和礼仪性，显然它不是一般居室性质，而是一座具有重要社会功能的建筑物。（6）堂的后部有室，左右各有侧室——“旁”“夹”，构成明确的“前堂后室”并设“旁”“夹”的格局。这与史籍所追记的“夏后氏世室”形制正相符合。（7）堂内伴出收装粮食的陶抄（与当地现今所用的木抄形制相同）及营建抄平用的平水（原始水平仪）等，都应是部族公用性器具。它们结合建筑形制，可以进一步表明这里大约是最高治理机构的所在。（8）就建筑学而言，这座建筑显出了数据概念和构成意识：堂的长宽比为2∶1；二中柱各居中轴一侧方形面积的中轴上；前后檐承重柱数目相等（但不对位）。（9）就结构学而言，以木构为骨干的土木混合结构承袭了仰韶文化“墙倒屋不塌”的构架传统，但与半坡类型（以F24、F25为代表）不同，其围护结构不在承重柱轴线上，而在外侧。综合以上几项特点，可以推测F901为当时部落社会治理的中心机构，也是部落首领的寓所。前部堂、轩用于办事、聚合或典礼；后室及旁、夹用于首领的生活起居。F901正可印证夏后氏“世室”（含义即“大房子”）的传说。“世室”这一复合体的大房子，从形式上讲是“前堂后室”，从功能上讲，是“前朝后寝”。F901——世室，奠定了中国宫殿制度的基本格局；上溯其源，它正与仰韶文化半坡遗址所见的比较简单的“前堂后室”的大房子——F1，一脉相承。（本注由中国社会科学院考古所杨鸿勋提供。）

F901（南→北）
图三 大地湾F901遗址
（甘肃省考古研究所《秦安大地湾》，文物出版社，2006，图版168·2）

河、汾河上溯，在山西、河北北部桑干河上游至内蒙古河套一带，同源于燕山以北大凌河流域的红山文化汇合。红山文化鳞纹彩陶罐、“之”字纹筒形罐同仰韶文化玫瑰花形彩陶盆共生。尖底瓶与“原型斝”交错，产生许多新文化因素。一系列新文化因素在距今5000—4000年间，又沿汾河南下，在晋南同来自四方（主要是东方、东南方）的其他文化再次组合，碰击出陶寺这支文明的火花，遂以《禹贡》冀州为重心奠定了“华夏”的根基。与此同时，在北方甚至长江中、下游文化面貌发生了规模、幅度空前的大变化，黑、灰陶盛行，袋足器、圈足器发达，朱绘、彩绘黑皮陶代替了彩陶，大型中心聚邑遗址（古城）出现，墓葬类型分化，大墓中使用双层或多层棺椁以及由玉器、漆器、彩绘陶器、蛋壳陶器组成的礼器等等。考古发现已日渐清晰地揭示出古史传说中“五帝”活动的背景，为复原传说时代的历史提供了条件。进入文明时代之后，中华民族祖先的重组的历史进程并没有终止。正如我前面所说：“夏有万邦”“执玉帛者万国”。继夏之后，王天下的商、周，都有他们自己的开国史。在夏王朝时代实际是众多国家的并立。周人所说的“普天之下莫非王土，率土之滨莫非王臣”，当时还只是一个理想中的“天下”。而秦始皇统一中国建立了多民族的统一的中央集权帝国，才是实现了一统的中国。因此，可以这样说：“中国”的形成经历了从共识的“中国”（即相当于龙山时代或传说中的“五帝”时代。广大黄河、长江流域文化的交流、各大文化区系间的彼此认同），到理想的中国（三代的政治文化上的重组），到现实的中国——秦汉帝国。

在民族的形成，民族文化的不断重组这样一个重大课题的研究中，考古学文化区系类型的研究是它的基础之一。区系类型的研究是一项通过考古实践得出认识，然后又回到实践中去接受反复检验并在高一层次的基础上指导实践，不断丰富、发展、深入研究的系统工程。其最终目的是从宏观上阐明把中华民族凝聚到一起的基础结构。这一研究和我前面所说的古文化、古城、古国的研究是密切相关、相辅相成、相得益彰的。40 年来考古工作的成果，使我们有可能从宏观上对中国史前文化的总体系做出理论概括：相对于世界其他几大历史文化系统而言，中国文化是自我一系的；中国古代文化又是多源的；它的发展不是一条线贯彻始终，而是多条线互有交错的网络系统，但又有主有次。各大文化区系既相对稳定，又不是封闭的。通过区内、外诸考古学文化的交汇、撞击、相互影响、相互作用，通过不断地组合、重组，得到不断更新，萌发出蓬勃生机，并最终殊途同归，趋于融合。中国文明之所以独具特色、丰富多彩、连绵不断，中华民族之所以能够形成一个统一的多民族国家并在数千年来始终屹立在世界的东方，都与中国文化的传统、中国文明的多源性有密切关系。同世界上其他文明古国的发展模式不同，多源、一统的格局铸就了中华民族经久不衰的生命力。

关于中国文化的传统，我不妨再重复地集中概括为两点。

一是中国人有一双灵巧的手，精于工艺，善于创造。这一特点在北京人时代已经形成。北京人文化的突出特点是用劣质石材制造出超越时代的高级工具，例如用脉石英石片修整成尖锐、锋利的小型石器等。这种勇于开拓，善于实践的精神在其后的几十万年中得到传承。良渚玉器上的微雕工艺，历史时期享誉世界的丝绸、漆器、瓷器工艺，对人类文明做出重大贡献的四大发明，直到 20 世纪五六十年代用“蚂蚁啃骨头”办法制造出万吨水压机，都是这种传统的体现。中国农业的传统是自古以来的精耕细作，延续到今天，创造出以占世界 7% 的耕地养活占世界 22% 人口的奇迹。这种传统同中国人勤劳、朴实、自强不息的美德融为一体，孕育出无穷的创造力，成为中华物质文明、精神文明喷涌不竭的源泉。

二是中华民族极富兼容性和凝聚力。史前不同文化区系的居民，通过不断组合、重组，百川汇成大江大河，逐步以华夏族为中心融合为一个几乎占人类四分之一的文化共同体——汉族。它虽然幅员辽阔，方言众多，但在文化上却呈现出明显的认同趋势。大约就是在这个基础上以形、意为主又适应各地方言的方块字被大家所接受，成为其后数千年间维系民族共同体的文化纽带，产生了极强的凝聚力，汉族从开始就不是封闭的、一成不变的。历史上许多进入内地的少数民族先后与汉族融合，给汉族不断注入新血液、新活力，得到不断壮大，并团结五十多个兄弟民族共同组成伟大的中华民族大家庭。自秦、汉建立统一多民族国家以来，虽有过短暂的分裂，但统一一直是主流。中国从未被征服过。当西方殖民者以坚船利炮横行世界的时候，无法灭亡中国。世界诸文明古国中，只有中国历史连绵不断。中国人这种伟大的民族精神、力量，其根脉盖深植于史前文化之上。

一部史前史，以时间说，上下几百万年；从空间说，要概括 960 万平方公里范围内中华祖先创造的光辉业绩，任务相当繁重。从何着手呢？鄙意可考虑：（一）区系观点是个纲，纲举目张；（二）文明开始是把金钥匙，是要大力开拓的课题；（三）文化传统的根要上溯到旧石器时代；（四）由近及远，一个课题、一个课题逐步积累。

一部史前史，既是人类社会发展史、文化史，又是人类征服自然、改造自然的历史，这种性质决定它必须是多学科的综合研究成果，不仅需要吸收人类学、民族学的研究成果，还要借助地质学、古生物学以及许多自然科学或新技术手段。环境考古学是一门新产生的交叉学科，它的任务不是单纯研究自然界的进化，而是研究人与自然的关系，人类改造自然的同时也在破坏自然。从刀耕火种起就在破坏生态平衡，随着征服自然能力的增强，对自然的破坏也越加剧。同时，自然给予人类的报复也越加沉重。直到20世纪末人们才认识到生态危机已威胁到人类的生存，需要重建人同自然界的协调关系。环境考古的目的就在于从历史角度阐述人类依附于自然，利用自然，保护自然，最终回归自然的辩证关系。

最后的一句话是对中国史前史给予科学总结，弘扬民族文化，将有助于我们认识国情，提高民族自信心；同时，也将是对世界文化史的贡献。

美中学术交流委员会

美中学术交流委员会—苏秉琦（1991.3.15）

尊敬的苏秉琦先生：

我谨代表美国全国科学院美中学术交流委员会向您致意！

在中美两国考古界的倡导和相关部门的支持下，本委员会已专门开辟中美两国考古交流与合作项目，并邀请以吉德炜教授为首的美方六人考古代表团与本月下旬来中国，于三月二十日至二十三日之间与中国考古界人士座谈，并拜会中方相关的考古研究与管理机构，共商行之有效地开展合作交流的途径，并拟组成相应的组织联络机构。于三月二十四日晚本委员会将为两国考古界人士举行宴会，特邀请您参加，借机向您通报联席会议的情况并征求您的意见。

以下是宴会的安排情况：

时间：一九九一年三月二十四日十八点整

地点：友谊宾馆贵宾楼（主楼）餐厅

本委员会在友谊宾馆四零五二二房间设有办事处，望您在接到邀请后与我们联络，告知我们您能否赴宴及有何要求。

衷心希望您能出席宴会！

（另附一张联席会议人员和特邀出席宴会人员名单）

考古学交流小组

尊敬的苏秉琦先生：

我谨代表美国全国科学院美中学术交流委员会向您致意！

在中美两国考古界的倡导和相关部门的支持下，本委员会已专门开辟中美两国考古交流与合作项目，并邀请以吉德炜教授为首的美方六人考古代表团与本月下旬来中国，于三月二十日至二十三日之间与中国考古界人士座谈，并拜会中方相关的考古研究与管理机构，共商行之有效地开展合作交流的途径，并拟组成相应的组织联络机构。于三月二十四日晚本委员会将为两国考古界人士举行宴会，特邀您参加，借机向您通报联席会议的情况并征求您的意见。

以下是宴会的安排情况：

时间：　一九九一年三月二十四日十八点整

地点：　友谊宾馆贵宾楼（主楼）餐厅

本委员会在友谊宾馆四零五二二房间设有办事处，望您在接到邀请后与我们联络，告知我们您能否赴宴及有何要求。

衷心希望您能出席宴会！

（另附一张联席会议人员和特邀出席宴会人员名单）

美国全国科学院

美中学术交流委员会

John W. Olsen

欧阳志山

一九九一年三月十五日

美国全国科学院北京办事处

美国全国科学院

美中学术交流委员会

欧阳志山

一九九一年三月十五日

PROPOSED PARTICIPANTS IN THE MARCH 1991 MEETING ON CHINESE ARCHAEOLOGY

（美方人员）

Melvin　AIKENS（University of Oregon）

Albert DIEN（Stanford University）

Robert THORP（Washington University）

Lothar von FALKENHAUSEN（University of California）

Anne UNDERHILL（Franklin & Marshall College）

David KEIGHLEY（University of California），Chair of Delegation

John OLSEN（CSCPRC Beijing Office & University of Arizona）

Robert GEYER（CSCPRC Washington，D. C. Office）

（中方被邀与会人员）

张　柏（文物局）	石兴邦（陕西考古所）
俞伟超（历史博物馆）	王炳华（新疆考古所）
徐苹芳（考古所）	郭大顺（辽宁省文化厅）
严文明（北大考古系）	何介钧（湖南考古所）
张森水（古脊椎所）	张学海（山东考古所）

（特邀出席宴会人员）

安志敏	宿　白
胡厚宣	吴汝康
贾兰坡	张德勤
李学勤	张忠培
苏秉琦	张政烺

关于1992年陶器研讨——培训班建议

（1991年6月草拟）

本文是美中学术交流委员会考古分会（美方）对将于1992年5月或6月举行的有关陶器分析的研讨——培训班一事的建议综述。

我们期望这些建议能促进中美同行们就培训班的筹划与实施进行详细的讨论。我们欢迎对下述所有议题作出反响：培训班的交通费用、计划组织费用、地点的选择及其性质、双方的参加人员、时

美中学术交流委员会

COMMITTEE ON SCHOLARLY COMMUNICATION WITH THE PEOPLE'S REPUBLIC OF CHINA

AMERICAN COUNCIL OF LEARNED SOCIETIES NATIONAL ACADEMY OF SCIENCES SOCIAL SCIENCE RESEARCH COUNCIL

MAILING ADDRESS:
NATIONAL ACADEMY OF SCIENCES
2101 CONSTITUTION AVENUE
WASHINGTON, D.C. 20418

Telex 4900007565 NRC UI
Office Location:
2001 Wisconsin Avenue, N.W.
(202) 334-2718

PROPOSED PARTICIPANTS IN THE MARCH 1991 MEETING ON CHINESE ARCHAEOLOGY

（美方人员）

Melvin AIKENS (University of Oregon)

Albert DIEN (Stanford University)

Robert THORP (Washington University)

Lothar von FALKENHAUSEN (University of California)

Anne UNDERHILL (Franklin & Marshall College)

David KEIGHTLEY (University of California), Chair of Delegation

John OLSEN (CSCPRC Beijing Office & University of Arizona)

Robert GEYER (CSCPRC Washington, D.C. Office)

（中方被邀与会人员）

张柏（文物局） 石兴邦（陕西考古所）

俞伟超（历史博物馆） 王炳华（新疆考古所）

徐苹芳（考古所） 郭大顺（辽宁省文化厅）

严文明（北大考古系） 何介钧（湖南考古所）

张森水（古脊椎所） 张学海（山东考古所）

（特邀出席宴会人员）

安志敏 宿白
胡厚宣 吴汝康
贾兰坡 张德勤
李学勤 张忠培
苏秉琦 张政烺

间、内容、对参加者的意义和其他方面。

1. 后勤与开销

1.1 旅费：在中国开办研讨—培训班对两国考古学家进行知识交流是一种经济而有效的办法。把地点选在中国以使开销适度对大多中方参加者来说是易于接受的。

考古委员会将承担美方指导教师及其助手们来华的旅费。委员会希望中国的研究单位能承担全部中方参加者的旅费。

1.2 组织安排与开销：委员会计划培训班采用讲座、示范以及实验模拟等形式。届时将安排两位美国指导教师，2—3 名翻译或助手。我们建议中方选择 25 人左右参加研讨—培训，培训班进行十天左右。

委员会将负责美方人员在培训班期间的食宿和其他生活费用。委员会希望中方研究机构负责中方人员相应的费用。

另外，委员会希望美中双方人士一道食宿，以便使课堂外的正式接触成为研讨—培训的一个有机部分。

1.3 地点的选择：用作 1992 年陶器研讨—培训班的基地应由中方选定。

考古委员会对基地所应提供的条件提出了自己的建议（见下面 1.4）。一旦选定一个地点，考古委员会希望一位成员或美中学术交流委员会北京办事处主任能对该地点做一次访问，并在委员会就此问题做最后决定之前向委员会做一汇报。

1.4 研讨—培训基地：这样的地点应具备可供三十左右的人员使用的教室和实验空间，必须具有幻灯机、黑板和其它教学设备。

委员会希望基地应靠近正在进行或近期的考古工地。中美双方参加者应能到附近一个或多个遗址或在培训基地本身（假如基地本身是一考古工作站）参观出土标本。我们希望能够在培训课程之前、之间或之后安排参观考古发掘现场。

委员会认为这种与实物和发掘工地的接触十分重要，一方面有关培训班的成功与否，另一方面亦可作为未来各种合作的先例。

1.5 美方人员：考古委员会（美方）已选定两位指导教师。他们是：William Longacre 教授（亚利桑那大学）——一位陶器民族学方面的专家；Prudence Rice 教授（伊利诺伊大学）——一位陶器分析专家。他们都是具有丰富的实践经验，并在这些领域中很受尊重的权威人士。

委员会将选择 2—3 名翻译或助手来帮助举办研讨—培训班。我们的设想是找到对培训班的议题懂行而又能在开班期间自始至终与指导教师一道工作的翻译。这些翻译或助手可以是美国研究生、中国在美的留学生或青年研究者。

1.6 中方人员：中方参加者由中方单位选定。委员会要求在开班前审议参加者名单。

委员会建议研讨—培训班对中国各系统各单位的考古学家是开放的。我们强调其向青年研究者和研究生们敞开大门的重要性，但这决不意味着排斥其他更多的高级专家学者。我们希望中方参加者对研讨的命题有很好的基础，以使中美双方人员广泛地交换意见和信息。

1.7 时间：假如可能的话，委员会希望把时间定在 1992 年 5 月或 6 月。我们需要知道中国同行们的倾向和建议，以便与 Longacre 教授、Rice 教授进行协调。

2. 研讨—培训班的内容

2.1 对中方人员的价值：培训班将着重于方法论方面的议题：a. 对收集和取得考古材料提供新的机会；b. 既触及计划与实践，亦涉猎理论的构筑和解释；c. 不要求高级昂贵的实验室条件；d. 与中国考古学的实践相结合。

考古委员会将在 Rice 教授和 Longacre 教授制定出详细的教学计划后，将这些议题向中国同行们通报。我们强调在详细教学计划出笼前应将地点选择就绪。我们承认对研讨—培训的范围与内容提供更多更好的信息，将有助于中方对参加人员的选择。

2.2 对美方人员的价值：研讨—培训班将为美方人员提供：a. 与中国同行、遗址与实物接触，以利于将来的合作和研究；b. 为美国研究生和其他人作为助手提供机会；c（从长计议）激励美国学者和学生以及中国考古学的专业研究或重视中国考古学。这些益处必定成为将来推动这些计划前行的动力。

2.3 其它准备事项：在开班前几个月，Longacre 和 Rice 教授将就培训班的内容制定出详细计划；准备好授课材料和其它辅助工具；将一些讲义做好翻译以便开班时散发。本委员会将就上述内容和其它方面与中国同行们协调和联络。

这些建议表达了美中学术交流委员会考古分会的集体思考，反映了许多成员的意见。委员会欢迎中国的同行们提出建设性的不同意见。我们希望研讨—培训班的筹备与设施能真正成为合作的产物。

谢辰生

谢辰生（1922— ），先后工作于文化部文物事业局、国家文物局。

谢辰生—苏秉琦（1991.4.19）[①]

苏先生：

这是为大百科前言写的提纲，特送请您审阅。盼能给予指导，因时间紧迫，希望您早点将意见告我。谢谢。

谢辰生 19/4

1991

［编者注］谢辰生先生信件写于油印的《文物（提纲）》页眉。在油印提纲上，苏秉琦先生做了多处批注：

1. 原稿："文物是当代中国对人类社会"。

苏秉琦先生将"当代中国对"圈出，在页侧写"'当代中国对'五字可省"。

2. 原稿："文物价值是客观的、永恒的"。

---

① 据苏秉琦先生家藏复印件录文。

苏秉琦先生将“永恒的”圈出，在页侧写“历史的”。

3. 原稿“这种变化通常不是改变后者降低其固有的价值”。

苏秉琦先生将“或者降低”“价值”圈出，在页侧写“性质、内容”。

4. 原稿“文物的作用”。

苏秉琦先生在“文物的作用”下划线，在页侧写“文物与‘教科文’有密切关系。但他是怎样体现的？……”

5. 原稿“运用到分门别类的具体文物进行微观研究的成果”

苏秉琦先生在“研究的成果”下划线，在页侧写“当前最大问题。40年经验值得总结一下。靠的是科学研究，是扎实具体的工作，不是用点石成金的魔棒（所谓‘弘扬’文物）”。

苏秉琦—谢辰生（1991.7.29）[①]

辰生同志：

你好！

《文物》条通读一遍，很好。“文物与考古”的框架结构体系基本具备了，几年的时间没白过，值得庆贺。问

日安

弟　苏秉琦

1991.7.29

① 录文自李经国编撰《谢辰生先生往来书札》，国家图书馆出版社，2010，第448页。

人们对文物价值的认识不是一次完成的，而是随着社会不断发展，人们科学水平的不断提高而不断深化的。

历史的

文物价值是客观的、永恒的，是文物本身固有的。除了由於人们认识的深化而不断发现其固有的价值以外，有时同样的文物在不同的时间、地点、条件下，其价值也会发生变化。这种变化通常不是改变或者降低其固有的价值，而是增添了新的价值。这种情况，只能在一定的时间、地点，条件下才会发生。

性质 内容

文物的作用　文物的作用是文物价值的具体体现，是文物对社会所能起到的积极作用。文物作用的大小，取决於文物价值的高低。不同的文物有不同的作用。归纳起来，文物的作用主要有教育作用，借鉴作用和作为科学研究资料的作用（分别举例、依次阐述）。

文物与"教科文"有密切关系。但它是怎样体现的？……

这是个大问题。似宜说得透彻一下。

着眼的是科学研究，是扎实具体的工作，不是用古董金石的鉴赏。（所谓"古物"文物）

文物是人类社会活动的产物，它凝结着人类劳动和智慧的结晶。运用对分门别类的具体文物进行微观研究的成果，综合起来，在宏观上，研究各个历史时期人类社会活动的各个方面，及其相互联系、相互制约的社会关系，可以从一个侧面，探索和揭示人类社会发展的客观规律；同时，通

2

金正耀

金正耀（1956— ），先后工作于中国社会科学院世界宗教研究所、中国科学技术大学。

金正耀—苏秉琦（1991.8.13）

苏先生：

我自7月1日来东京，现已一月有余了。总之来说，一切顺利。东京国立文化财研究所的铅同位素质谱仪比较先进，可以说是世界一流的（是英国著名的VG产品）。来了这一段时间，对日方人员的情况更加摸底了。如果我们有仪器和钱，是可以做出同样甚至更好的工作来的。

感谢您和考古所领导对我们的合作计划的支持。“商代中原青铜业的矿料来源”是一个相当重大的研究课题。早几年我开始用铅同位素质谱方法进行研究（是在钱临照先生指导下）时，有一些有趣的发现。因为这一课题之重要性，我希望能在尽量多的数据分析的基础上进行比较研究。届时也希望能得到您的指点。

此次来日，除了殷墟样品外，也带了一部分其他样品。因此，时间觉得不够用。这里的实验室，即使一切为我让路，一年也只能做一百多个样品的测试。离我期望的数目有较大差距。我只能尽最大努力。无论如何，这次美国Smitheonian研究所出钱，日本人的技术和仪器，我们的人力和课题，是名副其实的合作。机会难得，应该珍惜。

杨锡璋同志那里我再另写信。

请代问徐苹芳、徐光冀几位所长好！

金正耀

8/13/91

河北省文物研究所

河北省文物研究所—苏秉琦（1991.9.20）

第三届环渤海考古国际学术讨论会通知（第1号）

尊敬的苏秉琦教授：

第三届环渤海考古国际学术讨论会已订于1992年9月22日至26日在中国河北省石家庄市举行，恳切希望您能参加，和各国学者一起，共同促进环渤海地区考古工作和学术研究的发展。①

会议期间，将进行广泛的学术交流，请您提供有关论文②，如您能出席会议，请在1991年12月31日前将所附表格填好寄给我们。

现将有关会议的主要事项通告如下：

一、会议名称——第三届环渤海考古国际学术讨论会。

二、时间——1992年9月22日至26日。

三、地点——中华人民共和国河北省石家庄市。

---

① 苏秉琦先生在页侧写："环渤海考古不是泛泛的区系考古概念。有它特定目标、方法、步调（"专案会谈"）（"学科尖兵"）。前三次：1. 以北庄石器破口；2. 提出青州考古；3. 明确辽东史前特殊地位。4? 待研讨。"

② 苏秉琦先生"论文"下写："要的是头脑，不是论文。"

四、会议内容——1. 学术讨论；2. 参观考察。

1. 学术讨论——（1）交流近两年来环渤海地区考古的发现和研究成果；（2）进一步探索和研究环渤海地区古代文化的分布、面貌和性质，各文化间的相互关系和影响①；（3）研讨环渤海地区考古工作存在的问题，今后的工作方向和重点等。

2. 参观河北省的实物标本和有关遗址。

五、会议费用——往返旅费、住宿费、伙食费由与会者自己支付。

六、注册费——外国及香港、澳门、台湾学者每人收注册费300美元，国内学者另定。（这笔费用主要用于出版会议论文选集。）

七、主办单位——中国考古学会、中国社会科学院考古研究所、河北省文物考古学会、河北省文物研究所。

八、承办单位——本届会议由河北省文物研究所具体承办，有关事项请直接和河北省文物研究所联系。

九、其他专家欲参加会议，并愿意提供论文的，欢迎介绍推荐，亦可按所附表格复印填写后寄来。

十、通讯地址——中华人民共和国河北省石家庄市石岗大街河北省文物研究所郑绍宗收。

邮政编码：050061　电话：745107

总之，这是一次内容丰富的国际学术盛会，热忱欢迎您和您的同行前来参加，我们将热情地接待您们。

此致

良好的祝愿

第三届环渤海考古国际学术讨论会组委会负责人

郑绍宗研究员

1991年9月20日于河北石家庄

---

① 苏秉琦先生在页侧批写："是河北（冀京津），不是环渤海。"

河北省文物研究所—苏秉琦（1992.3.29）

“环渤海考古国际学术讨论会”

组委会部分在京委员座谈会纪要

1992年2月20日下午，“环渤海考古国际学术讨论会”组委会秘书处邀请部分在京委员在北京中国社会科学院报告厅外宾接待室召开座谈会议。出席座谈会的有组委会学术顾问中国考古学会理事长苏秉琦教授、组委会学术顾问中国科学院古脊椎动物与古人类研究所贾兰坡研究员、北京大学考古系宿白教授、故宫博物院张忠培教授、中国社科院考古研究所徐光冀副所长、北京大学考古系主任严文明教授、中国社科院考古研究所刘观民研究员。

座谈会由组委会委员兼会议秘书长、河北省文化厅副厅长赵德润主持。组委会委员副秘书长郑绍宗向各位委员汇报了“环渤海考古国际学术讨论会”的筹备情况。

在京委员们听完汇报后展开了热烈的讨论，发表了许多宝贵意见，主要有：

1. 关于会议的名称一致认为宜用“一九九二年石家庄环渤海考古国际学术讨论会”。会议的日期同意定在1992年8月22日—26日，地点在河北省省会石家庄市召开。

2. 同意本届国际学术讨论会由中国考古学会、中国社会科学院考古研究所、河北省文物考古学会、河北省文物研究所四家名义共同主办①，河北省文物研究所具体承办，赞同河北省主管文化工作的顾二熊副省长任组委会主任、河北省文化厅张培林厅长任组委会副主任、河北省文化厅副厅长赵德润任组委会秘书长。②

① 苏秉琦先生在纸侧写：“二会二所。”

② 苏秉琦先生在纸侧写：“顾、张、赵，副省长、厅长、副厅长。”

3. 同意本届国际学术讨论会的工作语言为汉语、英语、日语，翻译工作要提前做好准备。

4. 一致认为本届国际学术讨论会一定要紧紧围绕学术讨论这个中心来把会开好。会议期间可将提供的内容相互接近的论文划归为一组，总的分旧石器考古、新石器考古、商周考古、秦汉以后段考古等四个组展开学术讨论和交流①。

5. 在京组委们对于秘书处在前一段的筹备工作中所做的工作，如确定会议期间国内外学者实地考察的项目、会议前准备出版河北考古为主要内容的报告和论文集、准备为配合会议的召开，举办河北省十年考古成就展览等表示满意，希望进一步把这几项工作落实、做好。

到会的各位委员还一致认为，本届国际学术讨论会在学术方面应该注意突出河北，河北要唱主角。苏秉琦教授指出：要画龙点睛，河北有许多特色，学术上要突出河北，河北可以提出一些学术上的前沿问题，如旧石器时代向新石器时代过渡问题；河北新石器时代的特点和文化分区问题；商周时期河北古代方国问题等。贾兰坡研究员指出：在旧石器考古方面，近几年在泥河湾的发掘是较为重要的材料，要抓对研究中国古代人类的起源及发展和旧石器到新石器的衔接等问题，因为这些问题河北对中亚、西亚和东北亚都有影响。各位委员发言热烈，为开好本届国际学术讨论会献计献策，对河北提出了许多希望。他们说，河北承办本届国际学术讨论会，是河北在考古和文化方面一次对外交流，希望河北的专业人员在这次学术会上能唱主角，在学术上发表一些有理论性的研究报告。同时在我国目前进一步深化改革、扩大开放的新形势下，希望河北和国外专家广交朋友，通过对河北的古遗址、古城址的实地考察，扩大河北的影响。

最后，赵德润秘书长表示：作为环渤海考古国际学术讨论会的

① 苏秉琦先生在信侧写“四组”。

东道主，通过这个座谈会，我们受益匪浅。对各位专家学者光临座谈会表示衷心的感谢。同时对社科院考古所徐光冀副所长为这次座谈会的召开给予的支持和帮助也表示感谢。

参加会议的其他工作人员还有：刘世枢、谢飞、陈应琪和朱岩石等同志。

河北省文物研究所

一九九二年三月二十九日

宝鸡文博编辑部

宝鸡文博编辑部—苏秉琦（1991.10.25）[①]

苏秉琦老师：

您好！谨致敬意与问候！

今有一事，恳请支持！

宝鸡市文化广播电视局主办《宝鸡文博》，以刊布宝鸡市考古文物及博物馆事业成就，培养当地人才。今日之盛况，实是在您四五十年前在斗鸡台等地开拓考古事业、辛勤劳动的基础上发展壮大的；您是宝鸡地区考古事业的奠基人和导师。因此，敬祈您为《宝鸡文博》刊名题签。字的排列，横、直各书一条。因发排在即，殷切盼望早日寄下。容后致谢！

顺颂

秋祺！

宝鸡文博编辑部

十月廿五日

编辑部地址：宝鸡市博物馆

---

① 原信未署年。信中提到的《宝鸡文博》出版于1991年12月，信当写于1991年或之前。

内蒙古社会科学杂志社

内蒙古社会科学杂志社—苏秉琦（1991.12.21）[①]

苏秉琦先生：

我们最近见到您提交中国考古学会第八届年会的《关于重建中国史前史的思考》一文，很感兴趣，很希望在《内蒙古社会科学》文史哲版上发表，现特致函征求您的意见。如果您同意，我们将此文进行一点删改直接给予发表，或您将写好的论文再寄给我们刊也可。如果此文已被其它刊物约走，我们也十分希望您再给我刊寄上一份有关这方面的文章或其它论文也可。望将您的意见尽快告诉我刊。

专此

敬礼

内蒙古社会科学杂志社

总编辑　旭江

1991. 12. 21

---

① 苏秉琦先生在书信页眉上写：“14/4 复。”

冯玉祥泰山纪念馆

苏秉琦—冯玉祥泰山纪念馆（1991）①

同志们：你们好！

接到九一．八．二十五日来函及聘书、纪念馆开馆典礼邀请函等件，感谢您们的盛情。考虑到年岁和单位，及医生意见——尽量少参加大型社会活动。此次盛会，虽是意义重大，心向往之。最后考虑，还是谢辞吧！乞与谅解！

我去泰山是1933年7—9月间，约整两个月。中介是老友四川高新亚（士华）先生推荐，约我去给冯先生伴读一段时间的“西洋史”。我当时选用陈衡哲编写的中学课本《西洋史》和日人编写的《唯物史观世界史》。两书通俗易懂，文笔流畅，毫不枯燥，带有文学味。想来，冯先生会喜欢的。在此期间会见过的有冯先生老友部下，有诚冠一教授（是我大学教师）和软翰西等，和我一起的有六七个人。检出当时去普照寺后不远山坡上合影一幅。其中右第二人是我，右第一人是招呼我们的裴（？）君，据传在台湾因党的地下组织被破坏牺牲。右起第三人名陈定民，因曾在北京大学和我

① 据苏恺之先生提供信影录文，仅存首页。收入苏恺之《我的父亲苏秉琦：一个考古学家和他的时代》，三联书店，2015，第21页。

共事，有过几次会面。其他几位后来几乎从未谋面，情况不明。

回忆当时生活情况，每周有二次约定时间和冯先生及夫人一起合读课文（在寺背后不远的几间住所）。谈话内容除

（下缺）

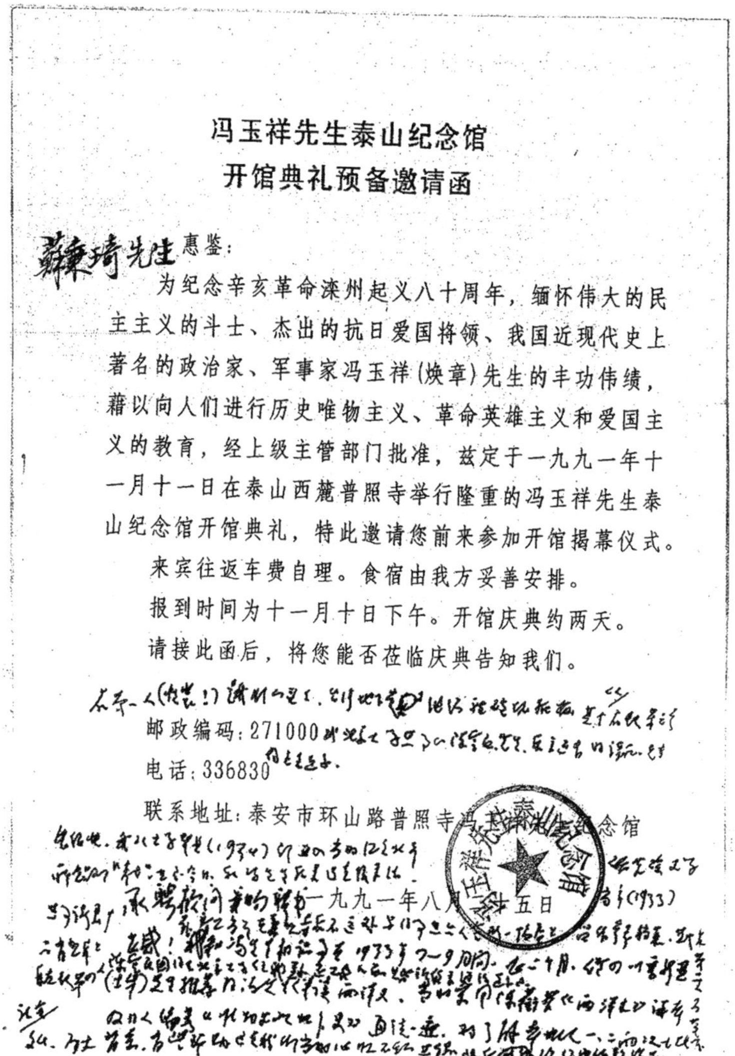

冯玉祥先生泰山纪念馆
开馆典礼预备邀请函

蔣秉琦先生惠鉴：

为纪念辛亥革命滦州起义八十周年，缅怀伟大的民主主义的斗士、杰出的抗日爱国将领、我国近现代史上著名的政治家、军事家冯玉祥（焕章）先生的丰功伟绩，藉以向人们进行历史唯物主义、革命英雄主义和爱国主义的教育，经上级主管部门批准，兹定于一九九一年十一月十一日在泰山西麓普照寺举行隆重的冯玉祥先生泰山纪念馆开馆典礼，特此邀请您前来参加开馆揭幕仪式。

来宾往返车费自理。食宿由我方妥善安排。

报到时间为十一月十日下午。开馆庆典约两天。

请接此函后，将您能否莅临庆典告知我们。

邮政编码：271000

电话：336830

联系地址：泰安市环山路普照寺冯玉祥泰山纪念馆

一九九一年八月十五日

［编者注］苏秉琦先生家藏《冯玉祥先生泰山纪念馆开馆典礼预备邀请函》复印件一份。苏秉琦先生在其上草拟了信稿（文字夹杂错行不易辨识）：

承聘顾问、惠赐聘书，甚感！

□□□我从大学毕业（1934）即进入当时国立北平研究院史学研究所“考古”直至今日。和冯先生是后来□□□□□。当年（1933）我和冯先生相识是在1933年7—9月间，正二个月。□四川高新亚（士华）先生推荐的，为冯先生伴读“西洋史”。当时采用陈衡哲《西洋史》课本及日人编写《唯物史观世界史》。通读一遍。对了解□□□□□□□古代社会文化、历史背景有些帮助。这是我们当时……

兹寄上当年在普照寺后不远处□□□□六人合影一张，□□留作参考档案。其中右第二人为□□，右第一人（□裴?）是我们的头头，台湾地下党组织被破坏牺牲。其中从右起□□北京大学共事的陈定民先生，□□还有时谋面。□□□□□□□□

□□诸君□□有些年□自作起第四人陈定民因同在北京大学任职关系，还□□几面。其他□□后来□□□□□。

量博满

量博满（1935—　），工作于日本上智大学。

苏秉琦—量博满（1991）[①]

量博满教授台鉴：

年前张静女士带来先生惠赐玻璃器一套，拜领，多谢！今年邵望平访日又承先生惠予接待，对近年我国考古学科进展极为关注，谨表赞佩！

为了沟通中日双方同行朋友交流信息，鄙意拟另写短文，现在只简单谈些我个人年来一些学术活动，向老友通气，请赐教。

一、我和张忠培、严文明两位合编多卷本《中国通史》的《远古时代》卷于今年四月间交稿（由上海人民出版社年内可以出书），序言部分已在《史学史研究》3 期发表，题为《重建中国古史的远古时代》[②]。

---

① 据苏恺之先生提供信稿照片录入。原信未署年，信中提到的城子崖发现发掘六十周年纪念会召开于 1991 年，信当写于是年。

② 《史学史研究》1991 年第 3 期刊发了苏秉琦先生《重建中国古史的远古时代——〈中国通史〉第二卷序言》。

今年五月间，另写一篇题为“关于……思”，在中国考古学会年会上宣读，并收入《中国考古学论丛》，在今年的《考古》12期发表①。此文已寄袁靖君，两文是姐妹篇，均谈的历史与考古衔接问题。

二、10月间，山东召开纪念城子崖发现发掘六十周年会。我发贺信，谈的是中国考古与世界考古的问题。

三、对以上两课题观点，拟另写短文请日本同行朋友们请教。

顺候　教祺

量博满—苏秉琦（1993.1.12）

苏秉琦教授：

春节即将来临，祝您佳节愉快！万事如意！

10月24日我有幸再度聆听先生的教诲，真是感到欣喜万分和无尚的光荣。苏先生是我自年轻时代就一直崇敬的先生，这次有幸长时间听取先生的指教，并与先生亲切交谈，作为学习中国考古学的外国人，我向您表示衷心的感谢。

从先生的教诲里我再次感受到了先生深厚的学问功底及世界观，一同当时的论文一样。回到日本之后，我仍在反复回味，思考先生一席教诲的含义。

离开北京之后，我到杭州同严文明教授见了面，一起商讨了有关将来中日共同研究的事宜。另外，我还参观了反山、莫角山及河姆渡遗址，并看到了许多出土文物。

我期待着不久的将来能够再度拜访先生。

---

① 《考古》1991年第12期刊发了苏秉琦先生《关于重建中国史前史的思考》，应即信中提到是文。

敬请先生多多保重！

1993 年 1 月 12 日

量 博满

附：量博满〖石中葬について——その一 積石墓〗《上智史学》第三十七号（1992 年 11 月）发表的抽印本一份。

量博满—苏秉琦（1994.9.21）

苏秉琦先生：

欣悉苏先生八十五岁生日在即，衷心祝愿先生生日快乐，健康长寿！

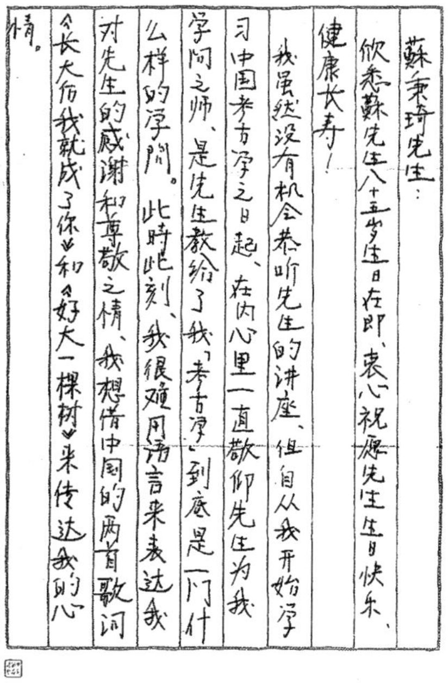

蘇秉琦先生：
欣悉蘇先生八十五岁生日在即、衷心祝愿先生生日快乐、
健康长寿！
我虽然没有机会恭听先生的讲座、但自从我开始学
习中国考古学之日起、在内心里一直敬仰先生为我
学问之师、是先生教给了我「考古学」到底是一门什
么样的学問。此時此刻、我很难用语言来表达我
对先生的感谢和尊敬之情、我想借中国的两首歌词
《长大后我就成了你》和《好大一棵树》来传达我的心
情。

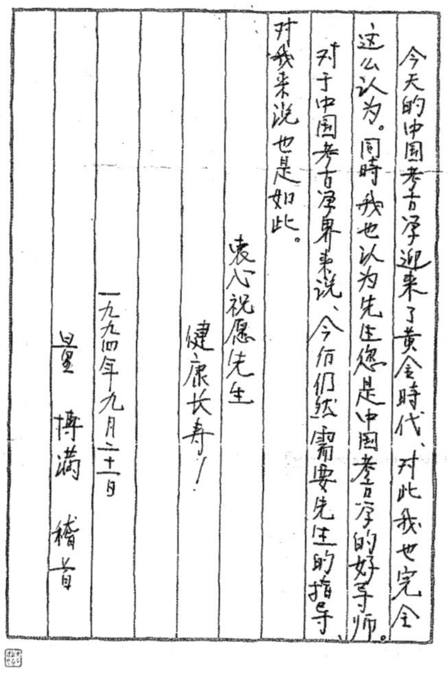

今天的中国考古学迎来了黄金時代、对此我也完全
这么认为。同時我也认为先生您是中国考古学的好导师。
对于中国考古学界来说、今后仍然需要先生的指导、
对我来说也是如此。
衷心祝愿先生
健康长寿！
一九九四年九月二十一日
量 博满 稽首

我虽然没有机会恭听先生的讲座，但自从我开始学习中国考古学之日起，在内心里一直敬仰先生为我学问之师，是先生教给了我

"考古学"到底是一门什么样的学问。此时此刻，我很难用语言来表达我对先生的感谢和尊敬之情，我想借用中国的两首歌词《长大后我就成了你》和《好大一棵树》来传达的我的心情。

今天的中国考古学迎来了黄金时代，对此我也完全这么认为。同时我也认为先生您是中国考古学的好导师。

对于中国考古学界来说，今后仍然需要先生的指导，对我来说也是如此。

衷心祝愿先生

健康长寿！

一九九四年九月二十一日

量　博满　稽首

许玉林

许玉林（1935—1995），工作于辽宁省文物考古研究所。

许玉林—苏秉琦（1992.2.3）

苏先生：

您好！向您拜个晚年，祝您健康长寿。

去年8月份在石家庄召开的环渤海会上，您在会上谈到“世界的中国，中国是世界一部分”，使我深受教育。去年11月份我和郭大顺同志一起赴韩国参加园光大学主持召开的“东北亚古文化源流与发展”国际学术会议，从会议上论文和实地参观考察可以看出，从很早的古代起，东北亚地区就有着密切的经济文化联系，推动这一地区历史向前发展。研究东北地区古史也必须把它看成东北亚历史当中一部分，否则是研究不好的。

蒙您的指导，我所写的《辽东半岛石棚》一书，即将在辽宁科技出版社出版，现书稿在郭大顺手中审查，预计4月份左右可以出版。现去信还望苏先生为该书题写书名。

此致

祝好！

学生　许玉林

93年2月3日

卫　奇

卫奇（1941—　），工作于中国科学院古脊椎与古人类研究所。

卫奇—苏秉琦（1992.2.24）①

苏先生：

您好！有幸喜读您的《关于重建中国史前史的思考》一文。大作卓识深邃，高屋建瓴，给人以很大的启迪。

中国的史前考古材料相当丰富，重建史前史是很有条件的。旧石器时代至新石器时代的研究被人为割裂的局面似乎不应该再继续下去了。中国的旧石器研究思想陈旧，方法简单，水平落后。目前中国的旧石器时代考古处于变革阶段，半个多世纪的一贯式研究，正在受着开放带来的冲击。

敬祝

研安

卫奇　呈上

2月24日

---

① 原信未署年。信封北京邮戳 1992. 2. 25，信当写于 1992 年。苏秉琦先生在信下写："25/2 收到。1/3 读到。"

谢　飞

谢飞（1953—　），先后工作于河北省文物研究所、河北省文物局。

苏秉琦—谢飞（1992.4.13）①

谢飞同志：

你好！今年2月20日是我们第一次见面的日子。非常高兴！遗憾的是，未得深谈，交换意见！新出《中国考古学年鉴》（1990）黄慰文同志文介绍“近年旧石器考古中”提及，“近年，河北省文物所在这里（指泥河湾）做了许多工作，不仅发现了数十处旧石器地点，而且不少方面的观察和研究又有了新的进展。其中，关于桑干河第二阶地含有四个文化层的发现，对研究中国北方细石器文化的发展和从旧石器向新石器的过渡具有重大意义。”这是近年考古学上一大突破，值得大书一笔！

使我更为高兴的是：你在1989年“纪念北京人第一个头盖骨发现60周年会”上，已发表了《泥河湾盆地旧石器文化研究新进

① 信以《关于泥河湾考古的通信》为名载《文物春秋》2003年第3期。据谢飞先生提供信影录文核校，并据《苏秉琦文集》3，文物出版社，2009，第188页参校。

展》，介绍这一重大成果。因此，我迫切希望你能惠赐一份这篇论文印件，更希望你能补上一些文中涉及几个论点［特别是它的顶层（第四期）新石器时代的典型石、陶器］的实物草图或照片。如能尽快回信，太感谢了！祝

研祺！

苏秉琦

1992. 4. 13

谢飞—苏秉琦（1995.6.28）

苏先生：

您好！身体健康，万事如意！

去冬今春，我所动员全体业务人员，将近年来的考古发掘资料进行了整理，现已全部完稿，想汇成一集，曰《河北省文物研究所考古研究论文、报告集》第一辑，并计划以后连续出版下去，以阶段性地反映河北考古发掘与研究的新材料或新见解。

为此，我想请您为本辑作一序言，为河北考古研究所指明方向。同时我还请到贾兰坡先生，如二老能帮助，不仅会使拙著生辉，也会表现出您对河北文物考古事业的关心和爱护。

至于序言的内容和体例，恳请您来定夺，是否考虑以下几个方面的意思：已知河北考古的基本框架；面前亟待解决的学术课题和主攻方向；河北考古研究的未来；对今后考古工作和青年考古工作者的期望等。这些仅供参考。

此致

敬礼

晚生　谢飞　上

95. 6. 28

田广林

田广林（1955—　），先后工作于内蒙古赤峰师范专科学校、辽宁师范大学。

苏秉琦—田广林（1992.4.14）[①]

广林同志：

你们好！3月24日信件及附件，经我仔细阅读，深受教益。我相信，有你们这些深思熟虑、颇有独立见地的朋友们的合作努力，内蒙古的考古事业，大有希望！

谈的几个观点，我大体上都赞同，总的一句话是：东三盟与辽、吉、黑三省，邻境划一个弧线，北从贝加尔湖起，南至渤海湾，是东亚考古一大课题。

赤峰一地至关重要，值得我们群策群力，花上几十年、几代人接力跑下去，会做出大成绩的。

欢迎你方便时来京一叙。祝

研祺！

---

① 录文自田广林《苏秉琦先生与赤峰的古文化研究》，《苏秉琦先生纪念文集》，科学出版社，2000，第73页。以田广林先生提供信影核校。

苏秉琦

1992.4.14

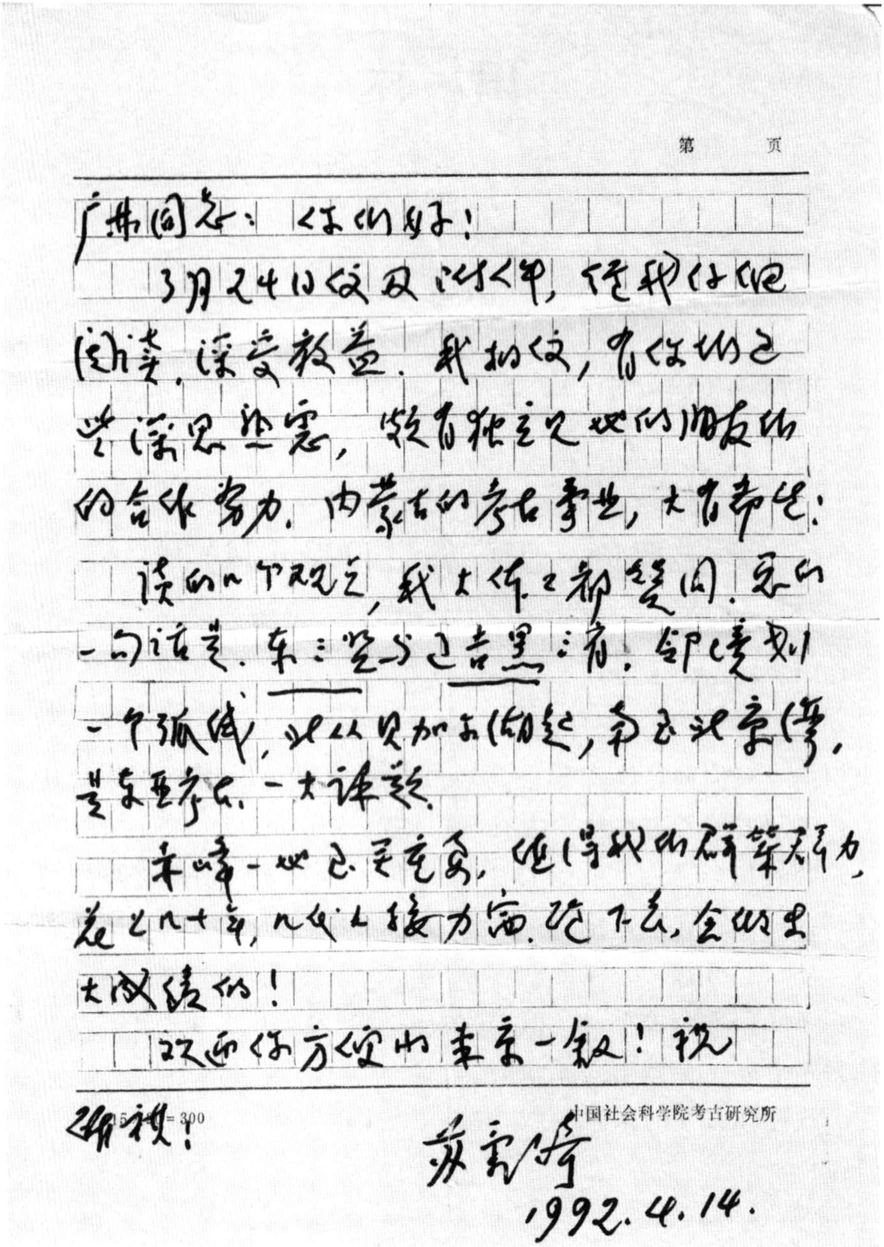

第　页

广林同志：你们好！

3月24日信及附件，使我得以阅读，深受教益。我相信，有你们这些深思熟虑，较有独立见地的朋友们的合作努力，内蒙古的考古事业，大有希望。

你的几个观点，我大体上都赞同。要的一句话是：东三盟与辽吉黑三省，却像划一个弧线，从贝加尔湖附近，南至北京湾，是东亚考古一大课题。

赤峰一地已是重点，值得我们集中精力，花上几十年，几代人接力赛跑下去，会做出大成绩的！

欢迎你方便时来京一叙！祝

好祺！

苏秉琦

1992.4.14.

15×20=300　中国社会科学院考古研究所

罗长春

罗长春，中国社会科学院考古研究所行政办公人员。

苏秉琦—罗长春（1992.6.30）[①]

罗长春同志：

1. 人事局发的登记表填好。

2. 附半身像一张。

3. 烦先交复印室印一份给我留底用。

4. 然后请今天下午务必交到人事处（张国宝同志）审阅。如无不妥之处，请加盖图章，并注明“内容属实”签字为要。

拜托

苏秉琦

1992. 6. 30

［编者注］便条所言复印后留底的人事局登记表未见。家中另藏一份《1982—1992 年老专家、学者老有所为成果统计表》复印件（1992. 7. 19），附录于下：

---

① 据苏秉琦先生家藏便条录入。

1982—1992 年老专家、学者老有所为成果统计表

<table>
<tr><td>单位</td><td>姓名</td><td>性别</td><td>出生年月</td><td>身体状况</td><td>离退休日期</td><td>联系电话</td></tr>
<tr><td>考古所</td><td>苏秉琦</td><td>男</td><td>1909.10</td><td>冠心病，每月定期检查</td><td></td><td>841－4441－5</td></tr>
<tr><td>职称</td><td colspan="2">职务</td><td>职称评定时间</td><td colspan="2">家庭地址</td><td>邮编</td></tr>
<tr><td>研究员</td><td colspan="2"></td><td>1956.7</td><td colspan="2">北京昌运宫一号二门五〇二</td><td>100045</td></tr>
<tr><td colspan="2">返聘情况</td><td colspan="3">参加院所课题情况</td><td colspan="2">会何种外语及掌握情况</td></tr>
<tr><td colspan="2">周一、四上午到所上班</td><td colspan="3">我所史前考古专题研究</td><td colspan="2">粗通英语</td></tr>
<tr><td>科研成果</td><td colspan="6">注：请填 1982—1992 年的成果，并注明发表日期、名称。
《苏秉琦论述选集》，1984.6，文物出版社
中国史前史论文三篇：1.1991.3 期《史学史研究》；2.1991.1《考古》；3.《百科知识》1992.5。
《向建立中国学派目标攀登》，《院内通讯》特刊 1987.5
《环渤海考古与青州考古》，《考古》1989.1
《论晋文化考古》，《文物与考古论集》文物出版社 1987
《远古时代》（多卷本《中国通史》第二卷），1992 年内出版，上海人民出版社，合著
《论仰韶文化》，《中原文物》特刊，1986
《辽西古文化古城古国》，《辽海文物学刊》1986，文物出版社
《考古学文化论集》之一、之二，文物出版社 1987.12 月、1989 年 9 月</td></tr>
<tr><td>参加社会团体任何职务、参加过何种教学、讲课及其他社会工作</td><td colspan="6">注：请填 1982—1992 年参加各项活动日期、情况。
第一项：国家文物委员会委员，1983.2 到现在
第二项：中国考古学会，1983 年 5 月第四次会议连任副理事长，1986 年 6 次会选为理事长，1989 年 5 月七次会连选理事长。
第三项：任博士生导师（1983 年通过）。
第四项：80 年代后期参加白寿彝主编多卷本《中国通史》第二卷《远古时代》主编（1992 年内出书）。
第五项：主编《考古学文化论集》（一）1987.12 月出版、（二）1989.9 出版、（三）已付印。
第六项：从 80 年代初（82 年第一次）由本人创议、主持的，从区系观点出发，以探索中国文明起源为中心内容的一系列考古专题现场座谈会，已超过七次。现已发展为国际性学术讨论会，安排到 1993 年。</td></tr>
<tr><td>出国考察、讲学、探亲</td><td colspan="6">注：请写明出国时间、地点、期限。</td></tr>
<tr><td>意见、建议</td><td colspan="6">希望得到院领导一些支持：例如由我主编《考古学文化论集》已出二本，销路不错。因系围绕一个专题，即中国考古学文化的区系理论与实践成果，并非一般学术论文集，标志着中国考古学科发展史上一大转折（从积累资料与基础理论建设转到“重建中国古史”为中心课题）。第三册从 89 年交文物出版社，迄今出版无期（该卷由北大教授严文明负责集稿，内容以北大研究生近年关于西北地区考古涉及该地区“文明起步”具体课题）。苏秉琦，1992.7.19</td></tr>
</table>

北京大学考古系

苏秉琦—北京大学考古系（1992.7）[①]

立足点和新起点——祝贺北京大学考古专业创建四十周年

北京大学考古专业（系）——中国考古（学）事业一个重要组成部分，已进入不惑之年。这个大不平凡的四十年值得我们深刻反思，得出对我们有益的启事，找到我们的坐标、立足点、起跑线。为了迎接时代的挑战，明确当前的任务，是一件何其有意义的事情。

北京大学考古系准备于今年十月间召开的“迎接二十一世纪的中国考古学”为主题的国际学术研讨会一个议题是“古代中国与世界”，我个人认为这个议题还应作为我们这个实体（北大考古系）今后一个时期的重点科研任务。

苏秉琦

一九九二年七月

书赠《青年考古学家》

---

① 据《青年考古学家·纪念北京大学考古专业成立四十周年特刊》（1992 年 10 月出版）图版录文。

郝本性

郝本性（1936— ），先后工作于河南省博物馆、河南省文物工作队、河南省文物考古研究所。

郝本性—苏秉琦（1992.8.12）[①]

苏师钧鉴：

学生向您问候，上次5月2日，我和张文军去登门拜望，未能见面，听说您将赴石家庄参加环渤海考古会议，我也去参加，再当面聆听教诲。

承蒙您专为所庆题词，不胜铭感。待三期《华夏考古》刊出后，立即奉上。您的翰墨，刊在刊首，其余诸官退位于后页。

现为扩大《华夏考古》发行量与影响，想请您题写刊名。原为张政烺先生所题，已有数年之久。现改为邮局发行，为另一阶段，封面也需重加设计。

请您题写《华夏考古》，宜用简体字，华字不必写繁体，可写一横幅、一竖幅，后者做刊背用。字体大约如寸楷大即可。

---

① 苏秉琦先生在书信首页页眉写："迟到，92.9.24""已复信"。

您在 21 日赴石家庄时带去，我、安金槐、杨育彬均去赴会，便可带回。

多年来，我所考古与《华夏考古》在您支持、指导下，取得一些成绩，我作为您的学生，请您今后继续加以支持与指导。

其他工作与发现，待到石门后，面禀。

祝您

暑安

学生　郝本性　敬书

1992 年 8 月 12 日

内藤真作

内藤真作，工作于日本富山电视台。

内藤真作—苏秉琦（1992.10.18）

家藏内藤真作先生寄来书信信封 1 件，内无书信，信封上北京邮戳 1992. 10. 18。

内藤真作—苏秉琦（1993.1.4）

尊敬的苏秉琦教授：

您好！

此时正值瑞雪纷飞、冬梅盛开之际，我谨向先生及各位朋友致以最亲切的问候，并衷心地祝愿，在新的一年里身体健康、生活幸福，事业不断取得丰硕成果。

上月 24 日，为参加在美国纽约联合国总部由联合国环境委员会组织举办的电视纪录片《辽河》的首映式，我们一行四人，代表富山电视台和辽宁电视台赴美做了为期一周的访问。在美期间，我们受到了联合国总部及环境计划委员会（UNEP）等组织和团体的热烈欢迎和热情接待。同时拜访当今世界最大的科学教育机构“NATIONAL GEOGRAPHIC SOCIETY”（地理、生物、自然环境等的世界权威性组织），还拜访了日本和中国常驻联合国的代表部以及各有关机关和团体。

尤其是1月28日晚19：00（当地时间）在联合国总部举行的电视纪录片《辽河》的首映式上，牙买加常驻联合国代表部全权大使H. E. JOHNSON KEITH先生代表联合国总部致了贺词，并向我们颁发了联合国和平纪念奖章。同时，丸山俊二特命全权大使代表日本、陈健特命全权大使代表中国致了贺词。他们一致高度地评价了《辽河》片以及日中双方卓有成效的文化交流和合作，并将此誉为国际文化交流的典范。

各有关国家的大使、外交官、新闻记者、教授、电影电视映像的编导、制作者、旅美日侨、华侨及留学生等约200多人出席了首映式。各位出席者在观看了《辽河》片后，齐口赞赏该片的精彩及所富有深远的现实意义。他们都期待我们两台更好地交流和合作，摄制出更多更好的片子来。

这次赴美，从时间上讲虽然很短暂（仅一周），且播放的《辽河》片（综合片）也仅仅只有一小时，但中国的辽宁、辽宁的悠久历史、灿烂的古代文明、少数民族的风俗习惯以及辽宁的自然环境、产业经济和现代化建设的情况均随着这“辽宁母亲之河——辽河”而闻名于世界，我们所倡导的水文化和环境的保护也将广为天下所知，世界上将会出现更多的关心和保护自然环境、重视水文化的人。同时，我们双方的友好交流和合作也因此而闻名于世界各国，而成为美谈。我想在不久的将来，世界上会有更多的国家、地区和机关团体来关心并从事这样的文化交流，为增进世界各国的相互间的理解和友谊、实现世界和平而做出贡献。

《辽河》片的成功，充分地体现了我们双方友谊的坚实、深厚，也充分地说明了我们之间的合作是卓有成效的。这部片中倾注有各位先生和朋友们的心血，凝聚了我们之间的深厚的友谊。为此，我感到无比的激动和高兴，尤其是对今后的交往和合作更充满了信心。同时，借此机会，谨向各位先生和朋友们表示衷心的谢意！

我们的力量虽然是微薄的，但我们借助人类的“公器”——电视放送这一宣传工具，向世界做宣传、做倡导，这力量是巨大的，尤其是随着当今世界的现代化、信息化，这一效果就更为明显。我们将不辜负众人的厚望，继续不断地加深和发展我们之间的友谊，扎扎实实地进行交流和合作，制作出更多更好的片子来。为文化交流和促进世界和平作出更大的贡献！今后还望各位先生、朋友给予多多关照！

遥祝

春祺！

日本富山电视放送株式会社

社长　内藤真作

一九九三年一月四日

［编者注一］1. 苏秉琦先生与内藤真作就辽河文明的谈话已整理发表。

关于辽河文明①

采访人： 内藤真作　日本富山电视放送株式会社社长

青柳良明　日本富山电视放送株式会社报道部副部长、新闻解说员

同席者： 徐苹芳　中国社会科学院考古研究所所长

郭大顺　辽宁省考古博物馆学会理事长

内藤社长： 我们富山电视台在辽宁电视台和郭大顺先生的协助和支持下，今天得以访问中国考古学界的最高权威苏秉琦教授，我

---

① 录文自《华人·龙的传人·中国人——考古寻根记》，辽宁大学出版社，1994，第143—147页。

们为此感到无比的光荣和高兴。这几年来，我们对红山文化抱有很大的兴趣，不禁为古代文明而振奋。尤其是我们在读了刊登于《辽宁日报》海外版上的有关苏秉琦教授对查海遗址的研究文章以后，我们还拜读了苏教授所写的诸多论文（1987 年以后的）。

9 月 3—5 日我们到阜新查海遗址去了，并看到了查海博物馆内陈列的许多珍贵文物！尤其是亲身感受到了万年前的灵气，为倾耳聆听上万年前的声音，我们一直在查海遗址直到深夜 12 点。我真感到十分地神圣。今天我们想就查海遗址出土的“之”字纹、玦状玉器、龙纹陶片等请教一下苏先生。请多多关照！

苏教授：那么，下面就据我个人所知所想的谈一谈。自从发现红山文化以后，整个北方的考古学取得了很多的新成果。之后，其突出的问题就是有关它本身的来源问题，即红山文化、红山人的来源等等。那么到阜新查海遗址的发现，算是初步敢于对它的前身有了个概略性的认识。其认识可分三点来说明。

头一个就是查海文化，第二个是敖汗旗兴隆洼文化（旗 = 县）。这两个都是牤牛河流域的文化。牤牛河比黄河更形象，黄河之水天上来，而牤牛河之水来自地下，水从地下涌出像牤牛一样横冲直闯。所以，我们说那是第一黄河。牤牛河流入大凌河，它有两个支流，一个支流流入查海，一个支流流入兴隆洼。它们两个犹如兄弟。查海文化和兴隆洼文化，也就是我们所称的“小两河流域文化”。它是黄河的先辈，时期早于黄河。尤其是，它不是在黄土地带，是在沙（漠）土地带，沙（漠）土比黄土地带更容易出水。其特点是整个内蒙古沙漠地带的表土易流失，而从地底下涌出的水呈白色，所以流向天津的河又称为潮白河。

《禹贡》九州的首位是冀州，“冀”是河北的简称。冀州一带的土壤呈白色，故被称之为“白壤”，这是冀州的一大特点。“白壤”即是沙壤，在阳光的照耀下，土壤呈白色。所以这一地区的水，即虻牛河比起黄河来更具有魅力。黄河的水呈黄色，而从沙中渗出的水所汇成的虻牛河的价值比黄河的更大。虽然都是水，但虻牛河的水和黄河的水不一样，土壤也不一样。从燕山以北到内蒙的南侧一带都是沙壤，也称为“白土”，再北边就是黑土。虻牛河的两个支流地域的文化——查海、兴隆洼，两者一直是兄弟关系，相互取长补短，相互促进。

红山文化的特征有两个，一个就是“之”字纹，还有一个是“篦”线纹。两个合在一起就是“篦线之字”。往上追溯，以上两个兄弟文化都可以推到8千年左右。往下呢，红山一前一后，我们称之为红山前、红山后，在红山前的时候，这两者（“之”字和“篦”线）合在一块儿。

就彩陶的种类而言，红陶、黑边儿，从兴隆洼出土的是6—7千年前的。陕西的宝鸡有，甘肃的天水也有，时期大约都是7千年前。三个放在一起很难区分。红山文化的前期从开始就具有两重性，一个是本土的，即虻牛河，还有一个是仰韶文化。一个在北边儿，北纬44度，一个在南边儿，北纬38度，两者的纬度差6度。它们各有各的根，后来就相遇并结合。那么它们究竟是在何处，又是在怎样的情况下结合在一块儿的呢？我这里有一张文物的照片，此文物出土于西拉木伦河的北边儿，地名叫阿鲁科尔沁旗。这是一个陶器，如何给它定时代呢？那就是红山后期，即5000—6000年前。这一发现太好了。在整个红山文化遗址中目前就发现这一件。下方是红山文化的龙鳞纹，这当中的花纹呈“∽”状、两个“∽”相拼即成，连在一起就成为花。学植物学的就能知道花是千变万化的，但最重要的因素是两个“∽”扣在一起，即成为花的形状。形状有点像房顶上的瓦，两个扣在一起。学生物的人（懂花的人）一看就懂。这是最基本的，也是最简单的花的形状。

再看这陶器最上面的花纹，这些是西亚文化的特征。而且，这些花纹仅是这一面有，另一方面没有，即半个陶器有，半个陶器没有。还有，这些花纹是经过反复涂饰的，有立体感。这也就是红山文化的特征之一。整个西拉木伦河以北到北京之间，都属于红山文化的范围。从纬度的跨度来讲是40—44度，但目前就出土了这一个。三种纹饰分开的有许多，但三者（龙鳞纹、玫瑰花、西亚文化的特征）结合在一起的仅此一个。能和它相比的那就是牛河梁遗址。牛河梁遗址也仅是一处，再往下的我们把它叫做“后红山文化”即4—5千年之间。完整的系列是：

“前红山”7千—8千年前

“红山前”6千—5千年前

“红山后”5千—6千年前

“后红山”4千—5千年前

这样红山文化的概念也就完整了。

内蒙古阿鲁科尔沁旗出土的彩陶罐

内藤社长：这个陶器有多高？

苏教授：40 厘米，这是红山后（5000—6000 年）时期，与牛河梁文化是同一时期的。"红山后"是红山文化中很典型的、最发达的阶段。所以，我们可以大胆地说中国是具有 5000 年文明史的古国。司马迁的《史记》里有"五帝"之说，但无根据，所以抓不住它。因此，这始终是一个疑问。但现在有确凿的证据，而且比 5000 年还早。这红山文化分布在燕山南北，北边到赤峰，南边到北京，都早于 5000 年。这是确确实实的，而司马迁所写的仅仅是传说而已。

内藤社长：不过，前不久我们在向郭大顺先生请教时，郭先生曾提及"先红山文化"是距今 7000—8000 年的文化，甚至还可以上溯到 1 万年前。有关这一点怎样理解为好呢？

苏教授：它的根在 1 万年前。因为 8000 年前我们就有玉器了，玉器的加工工具，如用现代语言讲，那就是"陀子"。实际上是一种沙轮。这说明当时就已有了先进的加工玉器的工具了。所以，在现今的北京以北，即河北地区有一万年前左右的文化。旧石器晚期是一万年左右、新石器早期也是一万年左右。但旧石器晚期是无陶期、新石器早期是有陶期。一万年到八千年是一个大的阶段，这期间的陶器到处都有发现，但像红山文化这样很有特点的陶器仅我们这一处有。目前需要的是具体的逻辑论证。

内藤社长：下面我想问一下，从查海遗址出土的文物是否可以说，当时已是农牧文化和狩猎文化并存？包括两者间的关系，还有这是否属于文明的范畴？

苏教授：农业不是一天可以出现的，牧业也不是一天可以出现的。也就是说，野生的变成人工的要一个很长的过程和时间。野生的动物变成家畜也不是一天内变成的。要论证农牧业的起源，不仅要有实证，还需要进行推论。所以就结论而言，其起源可以说是一万年前左右。说当时已有大米、小米这也不成问题。其根据之一就是因为当时已有定居，还有陶器。我们既要尊重事实，又要进行推论，但不要钻牛角尖。在我们考古学界一般只把考古学分为旧石器时代考古和新石器时代考古，这就行了。为什么这么说呢？因为新石器早期虽有农业和驯养家畜，但它是属于旧石器晚期中技术革命成果的一部分。而旧石器的中、晚期是花了10万年左右的一大段时间，这10万年漫长的时间都属于技术革命的时期。为方便而言，把一万年以前的叫做旧石器考古，一万年以内的叫做新石器考古。

我这里有一份资料，这是我们从1987年起开始写的。是有关中国远古时代的，题为《重建中国古史的远古时代》。这是我们从1984年起开始考虑的问题。这篇论文已编入了多卷本《中国通史》。这份材料赠送给社长先生，谨供参考。

内藤社长：谢谢。我们在查海村（查海遗址）看到了加工农产物的工具。这是否可以理解为当时的人们已经掌握了加工粮食的技术呢。

苏教授：但是，当时所加工的东西可能是食物，也可能不是食物。如说一定是粮食，那太简单化了。所以，最好不要说绝对了。

内藤社长：在那儿我们还看到了许多细石器，那也是实证之一吧。

苏教授：对细石器也不应该看得太死，因为中国自从有旧石器起，就有了细石器。中国北京人的时候，打出的石器就像细石器，但不是用打制细石器的方法，是直接用石头打石头，打出的石片像细石器。

内藤社长：从位于日本北陆地区的富山县等地也出土了细石器和玉玦（耳饰）等，与此相关联，听说日本海沿岸包括福井县、石川县、新潟县等等，从古时候起就和中国东北地区有密切的关系。有关这些情况，上次访华时请教了郭先生。今天想再进一步地请教一下苏教授。

郭教授：以前像这种玦状耳环都认为是南方（如浙江省一带）传到日本的。现在从查海出土了这种耳环，所以可以考虑有从北方传到日本去的可能。

苏教授：但按原来那种说法也有可能。由于现在北方也发现了，而且时代更早些，所以，可能性也就更大些。又因为到5000—6000年前的时候，红山文化的水平就已经很高了。我们现在不是要搞环渤海考古么。它包括两个半岛，即朝鲜半岛和胶东半岛，是一个范围很大的考古领域。在古时候，这一带的交通很方便，和外国的交流也很频繁。但尽管可以那么说，但我们还是别过分拘泥于是南方先于北方，还北方先于南方。只需笼而统之地说是由中国传到日本的就行。

这在当时来讲，玉器的加工可以称得上是高尖端技术。大凡科学技术都不是偶然的、一下子出现的，当然也不可能同时出现。至于谁先出现，谁晚一些出现，这都无关紧要，不必在这上面花更多的时间。

青　柳：先生，我想请教一个问题，即由于发现了查海遗址，它早于美索不达米亚的文明。那么是否可以认为世界文明史（的起端）可因此而改写。还有，这是否能得到世界上的公认。

苏教授：这样说也不妥。因为查海遗址与美索不达米亚文明之间有一点是相似的，即6千年这个界限。为什么旧大陆的西边和东边如此相似？在我们中国的考古学上，成为最初的突破口的是仰韶文化的发现。我们所说的6000年左右是一个大概，6000年前是一个阶段，6000年后也是一个阶段。美索不达米亚也同样是6000年，可以推测大家都走过几乎是同样的历程。谁先谁后？我们不争这个。第二点呢，就是彩陶，两者之间也很近似。西亚、中国出土的彩陶都是7000年左右，谁先谁后，这也没有必要去争论。

（内藤社长将自己创作的《红山文化、查海遗址的颂歌——“辽河巡礼”》日本和歌赠送给苏秉琦教授）

1992年9月28日于北京

［编者注二］苏秉琦先生在日本《富山新闻》1993年12月31日发表《日本富山电视台建台二十五周年贺词》[①]：

正在经历着跨世纪重大转折的中国考古学，以提出“世界的中国”为标志，认识到，在世界三大古文明中心即西亚北非、以中国为代表的东亚和南美之中，中国古史从人类文明起步，氏族到国家，国家发展三部曲（古国—方国—帝国），中华民族多元一体格局的形成，既走过类似的道路，又更具有典型性。它说明，区系的中国作为世界文化结构中大陆文化与海洋文化的“两半”，是在世界历史文化开放、交流的总趋势下发展的。让我们以实现中国文化与世界文化的接轨为目标，携手合作，迎接21世纪的到来。

内藤真作—苏秉琦（1994.6.3）

尊敬的苏秉琦教授先生：

您好。

在春光明媚、草木翠绿、百花争艳的季节里，我们富山电视放送株式会社友好访问团一行先后对贵国的西安、北京、辽宁等地进行了为期10天的访问。所到之处，无不感到各位新、老朋友对我们的一片深情，使我们一直沉浸在万分喜悦的气氛之中，并圆满、顺利地完成了本次访问所期的目的，取得了可喜的成果。对此，我谨代表富山电视放送株式会社，表示由衷的谢意。

十年前（1984年5月）我们富山电视株式会社，趁富山县和辽宁省建立友好关系之际，为了通过以电波促进友好关系，与辽宁电视台签订了业务交流协定，建立了友好关系。这以来，我们以平等互惠的精神为基础，进行了代表团的互访、研修生的培训、合作拍摄节目以及节目的交换等各种交流，为促进友好关系的发展作出

① 录文自《苏秉琦文集》3，文物出版社，2009，第232页。

了努力。

我社与辽宁电视台合作拍摄的节目，至今已有四部。第一部是《辽宁纪行》，第二部是《富山印象》，第三部是《辽河》，第四部是《92年富山，日本博览会——中国人的日本经济所感》。

其中的第一部和第三部，是我们富山电视台赴辽宁省和辽宁电视台的摄像队一起合作拍摄成功的。尤其是第三部《辽河》片，受到了享有世界最高权威之称的设在美国华盛顿的自然科学教育机构“National Geography Society”的好评，并被映像资料馆正式收藏。而且，本片还被联合国环境计划委员会指定，在联合国总部进行了播放。

当时，贵国驻联合国的全权大使还从百忙的公务中，特意出席了首映式，并讲了话。这对于我们来说，真是无比的荣幸。据说，电视纪录片在联合国总部播放，还是首次。因此，到现在还激动不已。

1992年的秋天，日本天皇、皇后两陛下的访中，这在日中历史上还是首次。也正是这个时候，本片通过贵中央电视台，不仅在全国，还通过卫星向东南亚的国家和地区进行了播出。这样看来，本片也可以说是在地球人口42%的区域内进行了播出。这对于履行“人类共有财富——电波”这一神圣使命的电视工作者来说，没有再比这更感到兴奋的了。

现在，我们又在继续合作摄制第五部电视纪录片。该片的主题是描写从古代亚洲文明的潮流中诞生的过去、现在，以及向未来的发展，是一部具有相当规模的片子。采拍工作从今年开始，估计一直要到明年为止。但是，我们考虑将其中的一部分先完成，在秋季进行播出。无论是第三部《辽河》片也好，还是这第五部合作片也好，都是以富山电视放送株式会社设立的“富山水文化财团”的“水的思想”，即“水是万物生命之源”的思想为基础的。

我由衷地期望电视台的工作应该以“生命这一唯一的尺度”作为衡量标准，不仅要为现在的，也要为尚未诞生的未来的生命，以普遍性的放送宣传活动，来作出最大的努力。B. B. T 富山电视台就是为此而改名诞生的。随后很快就收到了苏秉琦教授先生发来的贺词。我们把它和世界各国的朋友们的文章一起在报刊上做了发表，尤其是和那些天真可爱的儿童们的清澈的歌声一起在 1994 年的元旦的节目里进行了播放，借此机会，表示由衷的感谢。

在贵国有关的多方支持和协助下，我们富山电视放送株式会社和陕西电视台，本着为增进日中两国人民的相互了解与友谊，加强两台间的交流与合作的目的，并经反复磋商，于1994 年 5 月 1 日在西安正式签订了友好业务交流协议，建立了友好关系，我们双方决心以缔结友好台关系为起点，遵照和平共处的四项原则，采取各种形式，促进双方电视方面的交流与合作，以推动两台的繁荣和发展。同时为促进日中两国间的文化交流，尤其是为弘扬中国文化，特别是中原地区的灿烂的古代文明和文化作出努力。

最令我欣慰的是，这次在北京又能和先生重逢，并得以拜听先生的学术高见。在贵社会科学院考古研究所逗留的时间尽管非常短暂，但是，我们不仅一起探讨了有关古代环日本海地区的文化、经济等的交流，尤其是渤海湾、渤海国等的事宜；还谈到了有关辽东半岛绥中县境内的渤海湾海底沉船的水下考古以及牛河梁的红山文化，还有新乐遗址等等。先生每每谈到这些时，总是会强调“世界的中国考古学”。对先生的这一学说，我从心底表示赞同，并表示崇高的敬意。我想这也应是我们做宣传报道工作时的最根本的出发点，我相信先生的高论对我们第五次合作片的摄制以及今后的节目摄制、新闻报道等工作都是极其重要的指导性意义。在此，再一次向先生表示衷心的谢意。

我想我们从现在起只有面向未来，并认识到任重而道远，才能发展日中两国的友好交流，并为实现亚洲和世界和平做出贡献。

十年前，我们胸怀大志，抱着远大理想和期望，树立了文化交流的里程碑。这象征着在通往建立全球性传播媒介网络的征途上，跨出了新的一步。我虽然迎来了古稀之年，但仍然感觉任重而道远。在此，衷心地祝愿我们之间的友谊永世长存。

衷心地祝愿先生的身体健康、事业发展、万事如意。

日本国富山电视放送株式会社
代表取缔役社长　内藤真作
一九九四年六月三日

［编者注］信中所言“拜听先生的学术高见”的内容经任建宏整理发表。

关于环渤海—环日本海的考古学[①]

——与日本富山电视台内藤真作社长谈话（二）

采　　访：苏秉琦教授　　中国考古学会理事长

日期地点：1994 年 5 月 6 日　于北京中国社会科学院考古研究所

采 访 者：内藤真作社长　　日本富山电视放送株式会社

青柳良明部长　　日本富山电视放送株式会社（新闻解说员）

在 座 者：徐苹芳研究员　　中国社会科学院考古研究所　中国考古学会副理事长

任式楠所长　　中国社会科学院考古研究所

郭大顺教授　　辽宁省考古博物馆学会理事长

平冈昇副社长　　日本富山电视放送株式会社

内藤社长：苏先生今年八十有六，真是福如东海，寿比南山。我是先生的弟子的弟子……也许是第六代弟子吧。相隔了两年，今天又得以和先生在此相会，真是无比高兴。这两年里，每当我想起中国的一些事情时，眼前总会浮现出苏先生的笑容。对一万年内的考古新发现（查海村），就更不用说了。作为电视工作者对相隔日本海的中国大陆的亚洲古代文明这一极其重要的文化历史背景，及

① 原载《华人·龙的传人·中国人——考古寻根记》，辽宁大学出版社，1994。录文据《苏秉琦文集》3，文物出版社，2009，第 243—247 页。

由其而掀起的研究潮流，感到浓厚的兴趣。

前不久，郭大顺先生将苏先生最近发表的论文邮给了我，我随即拜读了。文章重点谈到了中华国家的起源问题。中国的敦煌学已作为一门学问在世界上确立。两年前，第一次见到苏先生时，先生曾提到环渤海考古这一重要课题。如果把敦煌学看作是位居欧亚大陆正中，属内陆考古的话，那么，环渤海考古就包括了水下考古。虽然是海洋，但只要有人来往，那它也就和陆地同样。不过，现实中渤海湾的水位很深，浪也很大。尽管如此，古时，历代王朝的船只还是照样往来于此的。

现在，对其进行调查和考古研究，这就意味着我们将要对至今尚未接触过的领域进行挑战。即要揭开各个时代，中国大陆通过海域与外国进行文化交流，以及它的历史和文化背景这一个谜。

现在，我们富山电视放送株式会社和辽宁电视台正在合作拍摄第五部电视纪录片。拍这部片子，也就是因为看准了渤海，从中国的渤海地区到朝鲜半岛、俄罗斯的沿海洲等等环渤海环日本海地区和国家。在古代，那里曾有过辉煌的文化和历史，尤其是与各国间的文化交流。因此，我们要确确实实地搞清楚其古代的实情，以便正确地对待现实和展望未来。我所说的仅仅是一般论，或者说是常识论吧。

可是，我们对形成渤海国的民族史等等均无从知晓，我们在和辽宁电视台的合作拍摄中，从北侧，进而从东侧进行了探索。今天，以苏先生为首的中国考古学界的专家和权威们都在此接待我们，真是机会难得，谨向各位先生请教，并表示衷心的谢意。

苏教授：刚才，内藤先生的一席话讲得很好。夏商周时代，中国的青铜文明，这已广为世界所知。但这里有个根的问题，即中国文明之根的问题。两年前，和内藤先生一起谈到了红山文化、辽河文明等等，这都是从中国文明的起源说起的。如果从辽河，也就是从水的角度来理解的话，就把课题本身提到了更高的层次。人类和水的问题也就是人类与自然的关系问题，中国文明还只是中国的问题，但是，水跟人的问题就是人类共同的问题了。所以，联合国对我们的这个课题也给予了高度的评价。整个世界也都来关心这个问题了，对文明研究的课题因此也上了更高的层次，这方面以内藤社长为首的富山电视放送株式会社的日本朋友们有预见，是先走了一步的。

现在又提出新问题，也就是内藤先生刚才所提到的环渤海考古问题。内藤先生讲得好，要从考古学、民族学、历史学的角度去研究渤海湾的问题，这是一件很富有意义的事情。从 1987 年起我们就开始提渤海湾的问题。现在呢，中国面向整个世界，两个半球，范围又扩大了。也就是说从环渤海到面向整个世界，我们的研究内容、规模等都扩大了，意义更深远。

什么问题呢？两个海——渤海就是中国海，东邻就是日本海；三个半岛——辽东半岛、胶东半岛和朝鲜半岛；四方——中国、朝鲜、俄罗斯、日本。题目是一个题目，大家一起面向世界、走向未来。

现成的题目是，《禹贡》九州之首是冀州，冀州的地理位置是“河之东（山西、陕西之间黄河的东边）和河之北（经过河南的黄河之北）”，包括现在的华北和中原的部分。商朝和周朝人说“肃慎、燕亳吾北土地”，这说得清清楚楚，北方有肃慎，有燕和亳。燕亳指河北辽西一带，那肃慎指哪儿呢？就是指北边与渤海、日本海有关地带。商朝人、周朝人泛称那里为北土，并没有界限，“肃慎”是殷朝人开始称呼的，清朝的满族人称“白山黑水”，即当中有座长白山，北边有条黑龙江。“白山黑水”的范围就包含有环渤海到环日本海。从这点来看，古人所指的“北土”，大致相当我们所讲的两个海、三个半岛邻近地方。清楚的界限是从清朝乾隆时代所制作的地图，在这之前是没划过界限的。

1993 年，沈阳要办一个刊物，叫做《沈阳文物》。主办人请我为此刊物写几句话。[①] 起初，我认为辽宁已经有了一本《辽海文物学刊》，沈阳在辽宁的范围内，难搞出自己的特色来。因此，我回答说不好写。后来，想到了沈阳所具备的特色。用两句话来概括的话，一是：沈阳有七千年前的“新乐遗址”（“新乐博物馆”），七千年前的新乐文化所具有的鲜明特色，辽宁是概括不了它的。辽东、辽西和沈阳这三者是不同的。二是三百年前的故宫和清陵所代表的满族人的清，一往无前的开拓精神。清是个很有特色的朝代，它的开国是在沈阳。他们在沈阳已做好了充分的准备，他们到了北京后，不只是把“大明门”改成“大清门”，更重要的是他们具有的那种一往无前的开拓精神。他们在关外（东北）已做好准备，入关后的顺治、康熙、雍正、乾隆都实现了。就这个朝代的开国史而言，在中国的历史上也是少见的。三个“八旗”是在沈阳搞的，乾隆时代，又搞了个“汉、满、蒙、维、藏”。承德避暑山庄有个“丽正门”，用五种文字写成。到北京之后，没有把明朝的朝仪改掉。北京的城门都用满文和汉文写成，作为“满汉政权”的象征。

清自称是继承金，但当年金朝曾在大兴安岭的东侧搞了个堑壕，以防从蒙古来的骑马民族的威胁。明朝是用长城来防北方。可是，清朝从开国初，就抛开了这个概念，用不着堑壕，也用不着长城。因为，它在政治上早有准备了。所以，我在给《沈阳文物》题词中使用了“一往无前的开拓精神”来概括清初文物实质。总的说来，沈阳的特征既不同于辽东，也不同于辽西。却从七千年前的新乐文化中可以找到某些渊源关系。

从客观条件和我们的主观条件来讲，现在和我们当初考虑拍《辽河》电视片时的条件差不多，思想和认识方面的条件可以说更

---

① 为《沈阳文物》创刊号题词全文为：沈阳市有“两宝”：一个是七千年前的新乐遗址所代表的文化遗存，一个是三百年前清故宫及清陵所代表的早期清政权文化遗存。它们凝聚着这一方人的精神文明和物质文明的结晶。深入一层讲，一是鲜明的个性，二是一往无前的开拓精神。它们对这个城市的发展和对这个刊物的启示都是至可宝贵的。

好些。我们既看到历史跟现实的结合，又可以用考古资料和文献去对照。

总括刚才所讲的，环渤海考古既包括了“白山黑水”、两个海、三个半岛、四方——中国、朝鲜、俄罗斯、日本，所有这些可以说条件是具备了。而且，特色突出就是“开拓精神”。再加上中国国家起源的三部曲：古国—方国—帝国，和发展模式的三类型：北方模式、中原模式、北方草原模式。如果再把环渤海和环日本海连起来一起考虑的话，那内容就更丰富了。这跟三年前合作拍摄电视纪录片《辽河》相比，更具体了，条件也充分得多。衷心地祝愿合作拍摄成功。

内藤社长：下面请允许我谈几点，也许是很外行的话。随着黄种人分布范围的扩大，其文化对世界文化的影响是很大的，尤其是中国的古代文明。黄种人遍及了世界各地，东南亚一带不用说，还有北美、南美等等。从人口上来讲，黄种人有几十亿；从古代文明、文物等方面来说，其他种族人是无法相比的。尤其是中国大陆，不难想象在古代这是一片很适宜人类生存的土地。地球环境总是在变动的，我想通过对遗址和文物进行古代研究，就可以了解一些古代的地球环境等情况。另外，我认为电视是一种极为有效的宣传工具，对考古研究工作的深化可以起到一定的作用。方法也可以是多种多样的，既可以用写实的办法，又可以用电脑图形显示复原的办法。我们虽然是地方电视台，力量也单薄。但是，我们想竭尽全力地来帮助考古研究。我们可以利用文字、影像，还可以利用电脑图形显示复原的办法，来帮助考古研究开辟出一个新的领域。我的看法怎么样？

苏教授：随着现代化的发展，电视的作用越来越大，电视的天气预报就是一个很好的例子。以前我们只能从电视屏幕上看到一些数据，但是，我们现在可以看到云层的移动情况，特别是降雨带（包括风）的移动情况。我想不管到什么时代，任何宣传工具都难以代替电视的作用。

徐研究员： 内藤社长讲的电脑图形显示复原的办法，是一种很尖端的先进的办法，也就是说可以把一些考古挖掘的数据输入电脑，让电脑用图形显示的办法来复原出远古（当时）的形象。这样就可以更有效地来代替考古中的复原工作。

任所长： 刚才，内藤社长讲的利用电视以及结合用电脑图形显示复原的方法，来帮助考古工作，这是很有前途和很有意义的事情，对此我们很感兴趣。第一点，就是用电视来宣传和报道现有的考古发现和考古成果，这是现在正在做的、大家都比较熟悉的。用电脑图形显示的方法，来进行考古复原研究，这是相当先进的。这对推动和促进我们的考古工作将会起到积极的作用。在考古研究工作中，我们也已经开始使用电脑，就是把一些考古发掘的资料、数据和图片输入电脑。日本在电脑技术的运用方面是相当先进的，在我们考古研究中，有哪些技术是可以运用的，包括如何运用等等，还望富山电视台为我们多多提供信息和技术资料等，请多多关照。

内藤社长： 我刚才讲的仅仅是一种可能性，也可能是一些外行话。但是，我们两年前去辽宁阜新查海遗址的时候，看到了许多珍贵的文物和数据资料以及查海遗址的实际环境。当时，我就联想到要是能够使用电脑图形显示的方法，来对该遗址进行考古复原，哪怕就是接近的也好，然后使它映象化在电视银屏上反映出来。我相信这一定能对查海遗址的考古研究，起到很重要的作用。

还有一点就是现在正在进行中的辽宁省绥中县渤海湾的（对海底沉船的）水下考古。当时我曾考虑如果由我们富山电视放送株式会社和辽宁电视台一起合作，把它记录下来，也是可能的。但是，如果能够得到研究机构以及诸如享有世界最高权威的设在美国华盛顿的自然科学教育机构“National Geographic Society”等财团的支持，并和他们一起合作的话，尤其是能够得到贵考古研究所的指导和支持的话，那就一定会取得所期望的重大成果的。我们可以通过电视这一非常有效的传播媒介来对考古发掘进行宣传，使人们都来关心和了解考古研究工作，珍惜和爱护人类的古代文明和文化。当然，最重要的是应该考虑如何来保护那些文物，使它得以留存给后世，让我们的子孙后代都能够看到它。

徐研究员：苏先生是渤海湾海底沉船的水下考古中日合作研究的中方主席，日方是江上波夫先生。

苏教授：这是一个新课题。从航海来讲，当时使用的是怎么样的船只？又是怎么样的航海条件？有怎么样的航海技术？都不太明白。唐朝鉴真和尚饱经了千险万难，才到达了日本。当时航海条件是否都一样？或者说当时的渤海湾从条件上讲比较优越？但不管怎么说和现在航海条件相比究竟有哪些不同？此外，还有潮流、季节风和风向等利用的问题。

青柳部长：刚才谈到了渤海湾的水下考古。另外，从另一个角度来看的话，现在我们已迎来国际化的时代，那么就会有人和物的交流。远在千百年前，这个区域（两个海、三个半岛、四方）的人们就远隔重洋，进行了频繁的交流。所以可以把它称之为国际化的时代和智慧的时代。因此，我们应该想尽办法用电视这一先进的宣传媒介把它记录下来。作为电视工作者，不仅要大力弘扬古代的文明和文化，而且要为亚洲和世界和平作出贡献。请各位先生多多指教和支持。

平冈副社长：请允许我来补充讲几句有关电脑图形显示的先进技术运用的问题。在日本，能够使用大型计算机来进行实际操作的也仅仅是几家著名的公司。首先是汽车制造，例如丰田汽车公司；然后是那些大型建筑公司，例如大成建筑公司；就电视台来讲有NHK和富士电视台。富士电视台是电视网，我们富山电视台就属于这个网的。电视网会给我们提供有关电脑图形显示的先进技术的信息等。除了这些大型公司以外，还有一些专门的映象制作公司。

就我们富山电视台而言，一方面我们可以委托那些公司制作，另一方面我们还可以设法自己来开发。具体地讲，那就是在从四月份起的本年度预算中，已经准备了两千万日元的资金，并预定于今年六七月份进第一批设备。

目前，我们和辽宁电视台正在合作拍摄第五部电视纪录片。其主题之一就是反映渤海国的文化和经济情况，尤其是古代文明以及和日本等国家和地区的交流情况。比如说，刚才各位先生所提到的“当时是利用怎么样的船只”等等。一方面可以利用实物和考古研究的资料和数据，另一方面可以想象，把这两方面综合起来，使用电脑图形显示的先进技术来进行模拟和复原，并制作出电视图像。当然，重要的是我们不能凭空想象，一定在考古研究机构的专家们的指导下进行制作才行。即给我们指出哪些是属于考古和历史范畴内的，是正确的，可行的，哪些是不可行的，请各位先生给予多多地指教。

内藤社长：当时，我们也曾考虑将从牛河梁遗址发掘出的女神像（头）用电脑图形显示的先进技术来进行模拟和复原，并制作出电视图像。但后来一打听，其费用约需三千万日元。费用实在太高，难以实现。不过，我们到现在为止，都没有放弃这个念头。在继续做努力，争取早日实现。

苏教授：你们这种不懈努力的精神和认真的态度，真是非常感人，考古学界应该好好地感谢你们。

（任建宏　整理）

福建省博物馆

苏秉琦—福建省博物馆（1992.11.2）[①]

20 至 21 世纪之交是我们从“中国的中国”走向“世界中的中国”转轨的时代，四个新话题。福建省位置在我中华大地面向海洋一侧的前沿中心，闽北、闽南和海峡对岸的台湾省三者古文化既密切相连，又各具鲜明特征，它们是中华古文化的一翼，又是环太平洋文化圈的一环。因此，它们在我们探索上述新课题占有重要地位。

1992 年 11 月 2 日

① 录文自《苏秉琦文集》3，文物出版社，2009，第 198 页。

管东贵

管东贵—苏秉琦（1993.1.22）①

秉琦先生道鉴：

本所将于1993年12月27日至1994年1月1日举行“中国考古学与历史学整合国际研讨会”，预计邀请台湾、大陆和其它地区学者三十余人参加会议，宣读论文。素仰先生对中国考古和古史的研究，贡献卓越，望重士林，特恭请担任本研讨会的荣誉主席（台湾、大陆和欧美地区各一位）。

敬乞

俯允为祷。随函奉上本研讨会有关说明，敬请

鉴察。

专此。敬颂

道绥

“中央研究院”历史语言研究所所长

中国考古学与历史学整合国际研讨会

筹备委员会召集人

① 苏秉琦先生在书信上用铅笔写“1993.3.15复”。

管东贵谨启

1993 年 1 月 22 日

管东贵—苏秉琦（1993.7.2）

秉琦先生赐鉴：

承先生俯允担任本所即将举办之“中国考古学与历史学整合研讨会”荣誉主席，将为大会增光，非常感谢。为办理来台各项手续所需，谨寄上各种申报表，请填妥后赐寄晚或筹备会秘书臧振华先生均可。如填表有不明处，请询问徐苹芳先生，徐先生曾办过，并即将来本所访问。专此，敬颂

暑安

晚学　管东贵　敬上

1993. 7. 2

秉琦先生賜鑒：

承　先生俯允擔任本所即將舉辦之「中國考古學與歷史學整合研討會」榮譽主席，將爲大會增光，非常感謝。爲辦理來台各項手續所需，謹寄上各種申請表，請填妥後賜寄晚或籌備會秘書臧振華先生均可。如填表有不明處，請詢問徐苹芳先生，徐先生曾辦過，並即將來本所訪問。耑此，敬頌

暑安

晚學　管東貴

1993.7.2

苏秉琦—管东贵（1994.1.14）[①]

（02）7868834

东贵教授您好！

承邀请我担任《海峡两岸考古学与历史学学术交流研讨会》名誉主席和出席这次盛会。在此，特致谢忱。

我因年老体弱，难以出席这次会议。现请张忠培代我宣读致研讨会祝辞，预祝与会朋友们身体健康，会议圆满成功。专此，颂研安！

苏秉琦

1994. 1. 14

管东贵—苏秉琦（1994.7.30）

秉琦先生赐鉴：

年初本所举办“中国考古学与历史学整合研讨会”，承先生允为荣誉主席，为大会增色非常感谢。承先生推荐参加“丁村文化与晋文化国际学术讨论会”，并接杨富斗所长邀请函，谢谢。惟因羁于行政杂务，无法为大会撰稿，殊感不安。谨愿以观察员身份与会，以答谢先生盛意，并得以观摩学习。晚将于八月九日赴北京中国社会科学院历史研究所访问。赴太原交通诸事，已委请该所代为办理。

专此　敬颂

著安

晚　管东贵　敬上

一九九四・七・卅

① 据苏秉琦先生家藏书信复印件录文。

(02) 7868834　　　第　页

秉贵教授　您好：

承邀请我担任《海峡两岸考古学与历史学学术交流研讨会》名誉主席和出席这次盛会，在此，特致谢忱。

我因年老体弱，难以出席这次会议，现请张忠培代我宣读研讨会祝辞，预祝与会朋友们身体健康，会议圆满成功。专此，顺颂

研安！

苏秉琦

1994.1.14日。

15 × 20 = 300　　　中国社会科学院考古研究所

戴统三

戴统三，先后工作于陇海铁路局、西北干线工程局、铁道部第一工程局。

戴统三—苏秉琦（1993.6.30）[①]

苏秉琦同志：

我叫戴统三，是原河北第六中学37班学生，你的名字和我当初一个同班三个字完全相同，不知是否是那位同学？如果是，我们都是中学同班同学。

我曾回忆，当时你同屋有耿嵩山、柴保诚等。我的同屋有张锡纯、李朝樞、刘梦瑛、史凯元等。自1928年旧制中学毕业后，六十多年来，却在《人物》93.3期上看到你的照片，也是老人了。看不出当年相貌。我的同屋，除史凯元后在北大毕业，前几年在吉林省一个军事院校工作外，其余几位和我都是天津北洋工学院毕

① 苏秉琦先生在信下写“7.29复”。

业，他们几位已去世了。我一直在西北搞铁路新线建设。如果我们确系中学同班，望来个信，讲明住址及工作情况，我们再进一步联系。几十年来，要讲的话多着哩！此致

敬礼

戴统三

93－6－30

戴统三—苏秉琦（1993.8.5）①

秉琦同学：

看到你7月29日来信，真是高兴极了。没想到60多年后，竟然找到一位当年的中学同班同学并是考古界名人。实在讲，我在《人物》三期上看到你的名字和相片后，本着试试看的想法，给《人物》杂志社寄了转给你的信。而该社也确乎负责，居然使我们联系上了。我想先把几件事告知你一下。

一、我一直在工程上工作，先于解放前在陇海铁路局工程部门，修建咸同、富天线等。解放时在天兰线上，直到52年底，离天兰线又到兰新线、兰银线，随后又到阳（平关）安（康）、西（安）延（安）线。82年到85年在华北的京秦、大秦线外，其余时间在局内（天水→兰州→乌鲁木齐→西安）。身在西北、华北，而因工作关系，也到过云贵及湘粤、沪杭等地，总算跑了不少地方。在职务上，由工程实习生起，经历了各个阶段，后来当工程处长、局副总工程师。退休后的工作，便是技术顾问了。

二、我虽在工程部门一直工作着，却对中国古文化很有兴趣，也确实有所接触。如在兰新乌鞘岭地区，便在挖基中挖到古代枪

① 信封内附戴统三先生彩色照片一张。

矛；在兰艮线石□寺（现皋兰县）挖出一堆古瓷。根据国家通知，交到甘肃考古部门，来人也给我们讲了它的情况，因而很有兴趣。因工作关系，到过所谓五大佛寺艺术宝库（敦煌、龙门、云冈、麦积山、永靖寺）和青海塔尔寺等，还到过西安半坡、成昆线的元谋。今年在《今日中国》（英文版）三期上，报道浙江余姚市河姆渡文化点情况，对河姆渡（hemudu）英文译音，一直怀疑是哪几个字，欲问无门，幸在《光明日报》5.9“文物与考古”栏中看到。当时如果知道你在考古界，不就一问即知了吗？此后，这个方面的知识，可以随时请教了。真是一大幸事。

三、旧日相识，来信所谈几人，除段耀林没看到外，其余我都有个印象。高去寻当年在北京图书馆碰到过。李开泰当过我们训导主任，李庆深在我们入校以前也在六中当过教员，后到北京温泉中学，他弟弟李荫深和我相当熟悉（后去日本）。前五六年碰到一位兰空部长王钊，也是高阳人，他还讲认识我们历史教员郝步蟾，并讲此人气节不错，在日人统治下没给敌伪工作。我在50年路过清苑张登镇（我在那里上的高小），听说我们的教务主任英文教员王国镇在地方上当小学教员哩！有个贾占豪（晰光），原六中同班，后转育德，也是师大历史系，识认否？此人情况有所知否？转眼云烟，已是多少年前的事了。

四、我的家庭。与你许多相仿之处，现在也是和老伴二人单独居住。在兰有一子一女，没住在一起，但每星期天，他们都来家，或遇事，他们就来办，尚为方便。几次找个佣人，干不长就又走了。前两个月走了一个22岁女孩（回去结婚）后，家中仍只二人。但在外另有一子三女，男孩子在老家农村（河北博野县）；三女，一在安徽当涂县，一在甘肃靖远县煤矿上，一在甘肃庆阳县长庆油田职工中学当教员。现在放了暑假，她和其子（高中生）来兰，所以家事方便多了。

五、我还是常到北京的，那里有我几位堂妹，和一些北洋同学，部内也有熟人。今年冬或明年春，可能再去，一定到你住处（或单位）相访。

暂写到这里吧！附上近照一片，我想你也不认识了（我每天上午到办公室看看，铁路电话24695，地方电话26168）。

问全家好

同班学弟　戴统三

93-8-5

徐　敏

徐敏，工作于中国社会科学院研究生院。

徐敏—苏秉琦（1993.9.7）[①]

苏先生：

您好！多时未见您到公园散步，可能是工作较多的缘故罢。

今年夏天，我曾与您约过，待天气凉快时，我去拜访您。现在秋风乍起，暑气已消，我想去看您，不知是否可以？若同意，具体时间以电话约定。

前几天，我收到湖北省潜江市博物馆罗馆长一封信，信中谈到与您有关的事情，现将信及两个附件一并送上，请您看看，究竟如何答复他才好。

专此，即颂

秋安

尊夫人均此问好

徐敏

九月七日夜

---

① 原信未署年。据罗仲全—徐敏（1993.8.30）信件内容，信当写于1993年。

罗仲全—徐敏（1993.8.30）

徐院长：

接读手示，极为快慰，因琐事缠身，未能及时奉复，敬祈宽谅。

关于章华台遗址，自1987年发掘以来，其出土宫墙宫门、贝壳路均用沙和谷草回填覆盖，加以保护，至今未动。最近农民挖鱼池，又发现了鱼钩200余件。今后我想：①拟在今冬明春选一适当时机，赴北京一趟，将原发掘现场录像磁片，带来向您汇报放映；②请您老帮忙转请苏老先生，向国家文物局张柏局长商量，能再次批准我们在原发掘800m² 面积的基础上，再扩掘

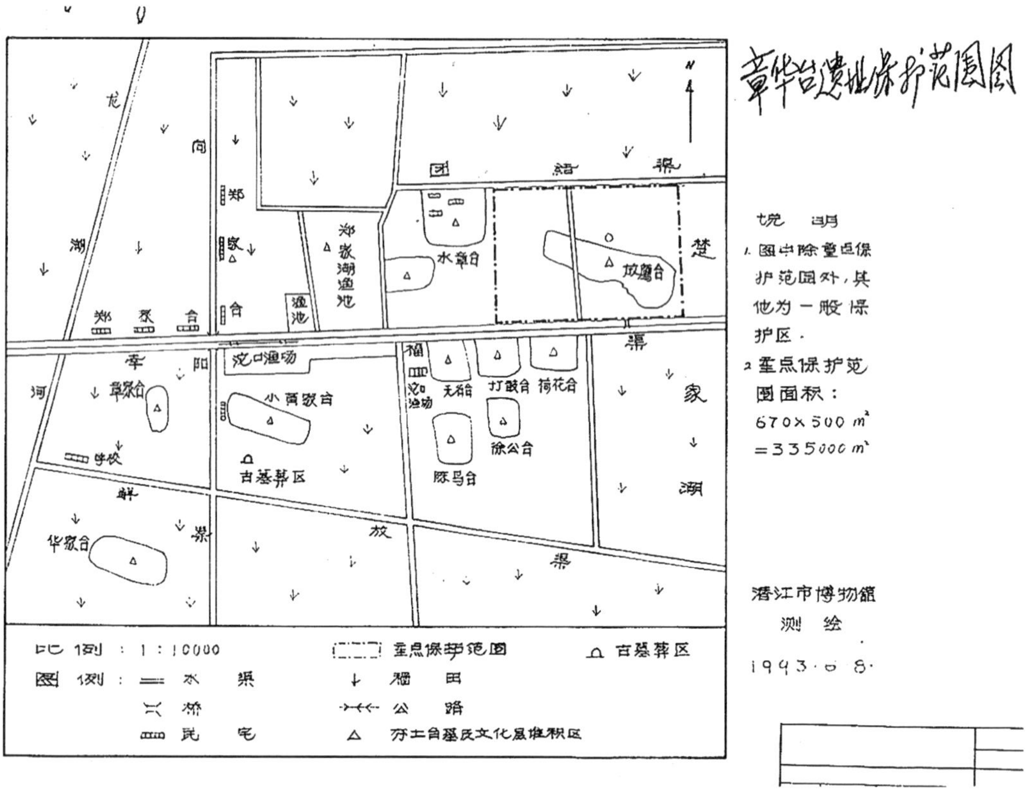

$1000m^2$。把章华宫的一个单体建筑原貌显露出来，让世人进行科研和为改革开放服务，对弘扬我中华民族之楚文化增添光彩，有不可估量的好处；③也可以请您老的单位——中国社会科学院研究生院和中央考古研究所合作组成一支发掘队来潜江进行科研发掘，我可请市委马荣华书记支持我们安排专班为发掘服务，搞好后勤工作；④我们在章华台遗址邻近的张金黄罗岗地发现规模宏大的约有400万平方米的东周遗址，疑为楚城遗址，待进一步调查后，拟请省考古学会出面邀请国内外考古专家，召开一次国际学术研讨会，将研讨会论文再印一本《论文集》，以上所想，均敬望能得到您老的支持和关怀，加以实现。能否如愿敬盼您老回示指教。

特此　敬颂

钧安

罗仲全 1993. 8. 30

随信寄来有关潜江文博事业报刊资料共7份，敬望收后过目。

有事可直拨到我家电话。

附一：《潜江市人民政府关于划定放鹰台遗址保护范围的通知》一份。

附二：《章华台遗址保护范围图》一份。

徐敏—苏秉琦（2.14）

苏先生：

大作已拜读，正好。文中表达的科学观点，很重要。我已以电话告诉学报一位副主编，请他日内到我处一次，请他拜读一下，听听他的意见，然后决定。书和其他的材料，暂留我处，用后奉还。

赠您新近出版的学报一期，内登拙作一篇，请指教，文中引用一些考古材料，不知妥否？专此

即颂

刻好

徐敏

二、十四日夜

杨宝成

杨宝成（1939—2014），先后工作于中国科学院考古研究所、武汉大学。

杨宝成—苏秉琦（1993.9.7）

尊敬的苏先生：

您好，今年五月在母校见到先生身体十分健康，心中十分高兴。多年来先生十分关怀武大考古专业，武大考古专业这些年来，能取得一些成绩，是和先生的支持分不开的。我们希望能在先生方便的时候，到武大看看，武大考古专业师生十分盼望先生来指导工作。

今有一事请先生帮助，我最近组织武大考古教研室的老师集体编写了《湖北考古发现与研究》一书，恳请先生给我们题个书名，此书系大32开，请先生横写一条书名，竖写一条书名，以便武大出版社选择。格式附后。

特请先生赐字。敬颂

大安

学生　杨宝成　拜

1993.9.7

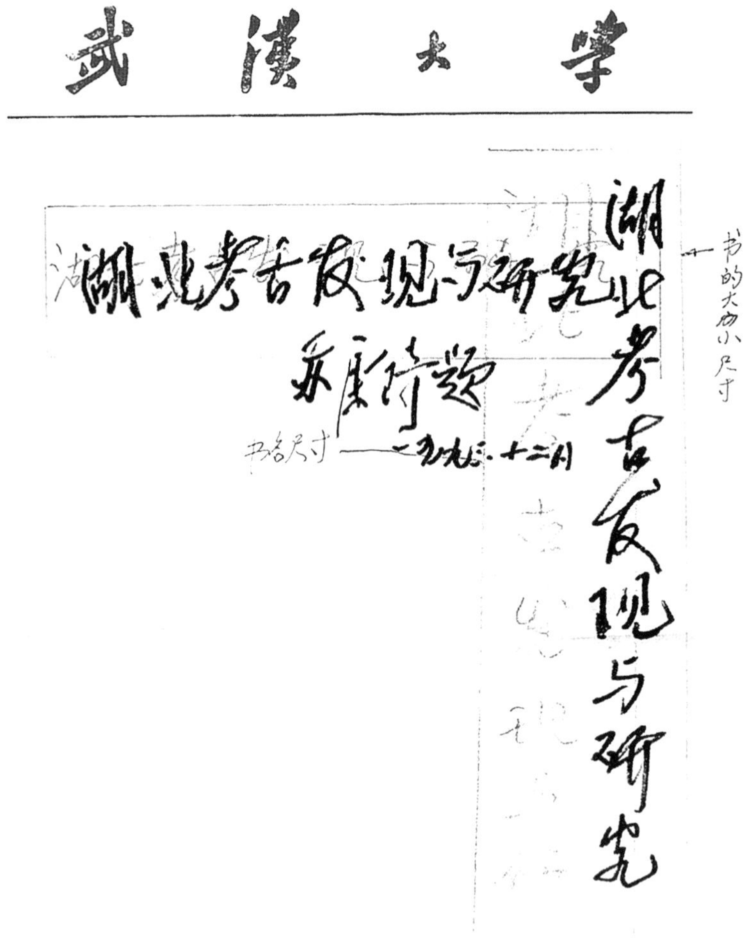

苏秉琦—杨宝成（1993.12）

［编者注］存一页，写于在武汉大学信笺之上。苏秉琦先生题写横幅、竖幅“湖北考古发现与研究”各1。

据杨宝成—苏秉琦（1993.9.7）信末“格式附后”，及本页上的横格、竖格及其上文字看，该页原应为杨宝成先生信中寄来的

“格式”，而后苏秉琦先生直接在其上进行了书写。

从武汉大学出版社 1995 年出版《湖北考古发现与研究》的书名题字者为李国平先生来看，苏秉琦先生题写的书名并未寄出。

张维慎

张维慎（1964—　），工作于陕西历史博物馆。

张维慎—苏秉琦（1993.9.18）[①]

苏秉琦先生：

您好！您的大作《瓦鬲的研究》一文收入我馆所编《周文化论集》一书中，并寄去样书一册，不知收到否？如果收到样书，请来信告诉您的详细地址及邮政编码，以便我们及时给您汇去稿费。

陕西历史博物馆科研室

张维慎

1993.9.18

① 苏秉琦先生在信后写“9/30 复”。

香港中文大学

陈方正—苏秉琦（1993.11.12）

邀请函

秉琦教授惠鉴　兹拟邀请

先生趁赴台出席“中国考古学与历史学整合国际研讨会”，经港返京之便，于明年一月十日至十五日间来所访问三天，并作一次有关考古学之演讲，在港住宿及生活津贴俱由本所提供。如蒙俞允，无任感荷，并祈尽早办理来港手续是感。

专此　即候

研安

所长　陈方正　谨启

一九九三年十一月十二日

副本：新华通讯社香港分社社长

敬启者，本所拟邀请著名考古学会理事长苏秉琦教授趁赴台出席“中国考古学与历史学整合国际研讨会”，经港返京之便，于明年一月十日至十五日间来所访问三天，并作一次有关考古学之演讲，在港住宿及生活费用俱由本所负责。现专函恳请贵社协助办理

苏秉琦教授来港签证手续，并随函附上致苏秉琦教授邀请函副本，敬请

发照为荷。此致

新华通讯社香港分社社长

所长　陈方正　谨启

一九九三年十一月十二日

副本：苏秉琦教授

苏秉琦—陈方正（1994.1.14）①

香港（852）6035149

陈方正所长：

承蒙邀请赴贵所作学术讲演。我因年迈体弱，难以如约赴港。失去和香港学术界一次交流机会，以及因未能履约给您增添不少麻烦，内心歉疚可知。同时，在此再次对您的盛情，表示由衷的感谢。专此

颂致

研安，贵所昌盛。

苏秉琦

1994.1.14

来京时，得便一晤，为幸。又及

① 据苏秉琦先生家藏书信复印件录文。

林　沄

林沄（1939—　），工作于吉林大学。

林沄—苏秉琦（1993.12.12）

敬爱的苏秉琦先生：

这次山东开会，我因课程繁忙没有去，失去一次见您的机会，但在赛克勒博物馆您的音容笑貌仍宛在眼前。我一定遵照您的教导，不仅自己，还要带动吉林大学的考古师生，站高一些，看远一些，用积极踏实的工作去迎接二十一世纪的中国考古学，而不是等着二十一世纪来到。

这本寄上的书，是受您“重建中国史前史”目标的鼓舞，由一位青年女教师杨建华，经过十几年努力写成的。在国内写这本完全从国外考古原始资料抽译成的综合研究著作，实在不易。在国外也还没有这样系统恢复两河史前史的同类论著。她现在去剑桥大学进修两河考古，嘱我写信给您，希望得到您的批评指正。我则感到，不论此书有多少不成熟之处，是中国考古界走向世界的实在的一步，恳望您能向考古界推荐此书，使它发挥一些作用。敬颂

冬祺

新年快乐！

学生　林沄　敬上

1993.12.12

李水城

李水城（1953—　），工作于北京大学。

李水城—苏秉琦（1993.12.22）

苏公：

您好！

现将五月与您合拍照片带去，请查收！

另外，五月份您在北大开会期间的照片，已让他们印出，共拣出 17 张，一并给您送去。有些照片拍得很好，挺珍贵，希望您能喜欢。

我才从三峡回来，北大承包了忠县，任务很重，我们去那边看了看，安排明年春节后动工的地点和人员安排的事。将来完工后再去您那汇报。

新年快到了，祝您老健康，愉快！顺利地去台湾宝岛看看！

再见！

水城

93. 12. 22

帝京大学山梨文化财研究所

吞口一夫—苏秉琦（1994.4.5）[①]

苏秉琦先生：

您好！

前些日子我们前往访问之际，您在百忙之中接见我们，谨此表示深深的感谢！承蒙先生赐教，甚感荣幸。

关于苏先生大作的出版问题，目前仍在进行之中。近日敝所的铃木稔先生将向您汇报，敬请今后继续多多给予指示、鞭策。

请向邵望平先生、任式楠所长先生转达我们诚挚的问候！

谨此修书致谢！

吞口一夫

94.4.5

---

① 苏秉琦先生家藏日文原信和中文译信各一，据中文译信录入。

1994.4.5

蘇秉琦先生

前略

過日はご多忙のところを私共の訪問に際し面会賜わり厚く御礼を申し上げます、数々のご教示を賜わり光栄に存じております。

蘇先生の著書の出版の件に関しても現在進行中であります。私共の研究所の鈴木稔君より、近々報告があろうかと存じます。今後共よろしく御指導、御鞭撻下されたくお願い申し上げます。

邵望平先生、任式楠所長先生にくれぐれもよろしくお伝え下さい。

まずは御礼のご挨拶とさせて頂きました。

帝京大学山梨文化財研究所々長

中国科学技術大学客座研究員

谷口一夫 拝

帝京大学山梨文化财研究所

铃木稔—苏秉琦（1994.12.17）

尊敬的苏秉琦先生：

您好！

您寄来的信及《华人·龙的传人·中国人》一书已收到，谢谢！我一定抽时间好好拜读，学习。

关于先生之书日本版的出版问题，在王尚文女史的努力下，初步性的翻译已完成，现在我正在修改，但因为比较忙，进展很慢，实在对不起。请求先生原谅。

前段时间，日本的上智大学教授量博满先生对我说，他将全力支持和帮助我，使我受到了很大的鼓舞。我希望您著作的日本版一九九五年能出版，我衷心为此祈祷。

今天还有一事想拜托先生，如果可能的话，能否请先生将简历（按年代填写的简历）和《自序——为日本的读者们》及先生的著作目录（即是某年某月出版了某书的记录）寄来，我们想编入书中。

祝您新年愉快，身体健康，万事如意！

一九九四年十二月十七日

帝京大学山梨文化财研究所

保存科学研究室长

铃木稔　翻译：王尚文

中国考古学会等

中国考古学会等—苏秉琦（1994.7.28）

丁村文化与晋文化国际学术讨论会

通知

尊敬的苏秉琦先生：

丁村文化与晋文化国际学术讨论会定于1994年8月28日至9月3日在山西省召开，请您8月28日在侯马工作站报到。野外考察结束之后，8月31日至9月3日将在太原市晋祠宾馆举行开幕式和讨论会。

收到通知后，请您即刻来函告知能否前来参加会议，以便会务组安排食宿及交通，同时，迅速寄来您的论文提要。务必及时电告您抵达侯马的准确日期和车次，工作人员将在车站迎接您。

感谢您对本次会议的大力支持，热忱欢迎您的光临。

中国考古学会

山西省考古学会

山西省考古研究所

1994年7月28日

联系地址：侯马市西街

考古研究所侯马工作站

联系人：王金萍

电话：（03651）222321

太原地址：太原市文庙巷 22 号

山西省考古研究所

联系人：甄素华

电话：（0351）4049127

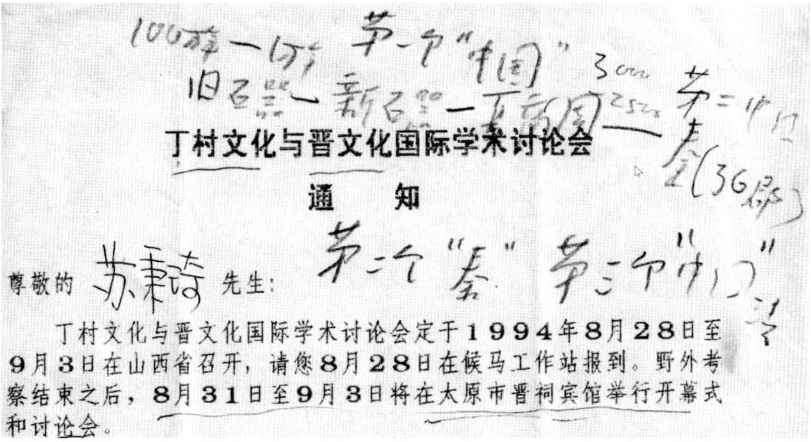

丁村文化与晋文化国际学术讨论会

通　知

尊敬的苏秉琦先生：

丁村文化与晋文化国际学术讨论会定于1994年8月28日至9月3日在山西省召开，请您8月28日在侯马工作站报到。野外考察结束之后，8月31日至9月3日将在太原市晋祠宾馆举行开幕式和讨论会。

［编者注］苏秉琦先生在会议通知的页眉上写：

100 万年—1 万年　第一个“中国”　3000—2500　第二个中国

旧石器　—　新石器　—　夏商周　—　秦（36 郡）

第二个“秦”　第三个“中国”清

学术论丛编辑部

高增德—苏秉琦（1994.9.6）

苏秉老：

近好。

我从事中国现代学术史研究，近20年来拜访了许多著名学者，但对于考古学者却怀着一种神秘感而接触不多，成为一大憾事。此次“丁村文化与晋文化考古学术研讨会”，我能有机会跻入，经过与之接近和参加，尤其能当面向您等长辈领教，尽管尚未入门，但却增加了对考古学的兴趣。

在我主编《中国现代社会科学家大辞典》时，由于涉及学科太多，本身知识面不广，所以词典中的疏漏和错误，肯定是不少的，正如您所指出的您的条目中的毛病那样。今后在您翻检过程中，尤其是关于考古学的辞条，乞望发现问题经常指出，以便再版时订正。在此向您深表谢意。这是此封信的第一个目的。

其二，此次当面向您约自传，您欣然允诺，更令我鼓舞。现附传约及凡例2式，供您参考。《传略》已出版前十辑（1988年前），后十辑已有80%稿件搜组齐备，因出版环境制约，于1988年中断。近由高校联合出版社愿20辑一次推出，故又始组后十辑尚缺的

20%的稿件。20辑出齐，共收600人，600万字，都是各学科中有代表性的学者。自传，或年长者口述亦可，务必突出学术性及其见解，字数可2万字左右。

其三，现尚兼《学术论丛》杂志社特约编审，编辑部决定明年1期发一组4.5万字的晋文化论文，请您将在这次会议上讲话，经过充实整理后寄给我，时间可在十月底。

打扰过多，乞您谅解，静候您函复告以上意见，以便计划安排。谢谢。

即颂

康泰

高增德

9/6 1994

高增德—苏秉琦（1994.9.25）

苏秉老：

近好。

前函及约传函谅达，甚谢您的支持。您在晋祠会上讲话，望加整理，《学术论丛》要刊的。

希望您能对我编的大辞典继续指正和赐教。

今奉上我们在晋祠的合影，另一人是李允庄同志。

即颂

康泰

高增德

9/25 1994

湖南省文物考古研究所

湖南省文物考古研究所—苏秉琦（1994.9.18）

湖南省文物考古研究所

邀请书

尊敬的苏秉琦先生：

由湖南文物考古研究所和中国科学院地理研究所发起，由湖南省文物考古研究所主办，长江中游史前文化暨第二届亚洲文明学术讨论会定于一九九五年八月十五日至八月十八日在湖南省长沙市召开。我们在此敬请您莅临指导。

近十多年来，尤其是自一九八九年第九次考古学年会以来，史前考古在长江中游地区取得了一系列重大的、突破性的进展。除了已报道的城头山遗址所出目前世界上最早的水稻遗存之外，这些进展包括大批旧石器地点和古人类化石的发现，旧石器时代向新石器时代过渡时期遗址和早期新石器时代遗址的发掘，目前中国最早的一批古城址（包括已三次发掘的湖南澧县城头山屈家岭时期古城址）的勘探和发掘，以及汉水以东、三峡地区以及湘资沅澧四水史前文化谱系的进一步建立等等。如您所知，这些新的发现不仅对中国，也对亚洲和全球古代文明的研究，都具有重要意义。为此，我们召开这次学术讨论会，以期今后的田野和研究工作取得更大的突破。会议间，我们将安排参观近年来湖南省内各史前遗址出土的标本；会议后，我们还将安排去澧县城头山遗址参观考察。

我们此次拟邀请约八十名中外学者从不同角度和不同视野讨论下列课题：（一）华南地区的旧石器时代文化；（二）旧石器时代向新石器时代过渡的诸问题；（三）水稻栽培的起源和发展；（四）陶器的起源，陶器制作工艺的发展和陶器生产组织的变化；（五）长江中游史前文化的区系类型；（六）新石器时期“城”的性质及其对文明起源的意义；（七）长江中游自然环境变化与史前文化发展的关系；（八）长江中游史前文化与邻近地区同时期文化的关系；（九）长江文明与亚洲文明；（十）现代科学技术在史前考古中应用。

我们衷心希望能在会议期间得到您的指教。会议正值盛夏，长沙天气比较热，但我们将尽力安排凉爽舒适的讨论和生活场所。如您能参加会议，请您在明年六月三十日以前任何时间通知我们。

邀请人：湖南省文物考古研究所

研究员、所长

何介钧　1994 年 9 月 18 日

董学增

董学增（1934— ），先后工作于吉林省博物馆、吉林市博物馆。

董学增—苏秉琦（1994.11.7）

苏先生台鉴：

您好。

我是55级考古训练班的学生，当时在吉林省博物馆工作，后转到老家吉林市馆。几十年来学生遵照老师的教导，致力于地方考古，特别是侧重搞“西团山文化”，揭示这一文化的“运动规律”，以期对东北乃至全国的史前考古学做出微薄的贡献。拙著《西团山文化研究》算是一个青果，现寄上，请老师指正。

先生是我最崇拜的学科带头人。近知继《选集》之后，又出了一部《华人·龙的传人·中国人——考古寻根记》，不知先生手头有存书否？如有，学生祈望得到一本；如无，期望先生嘱专人代购一本，是幸。因为吉林书店不进这类书。

希望先生到国家历史文化名城之一的吉林市来旅游、讲学。届时学生定竭尽全力为老师服务。

恭祝

冬安

学生 董学增 启上

94.11.7

吉林市有我国四大自然奇观之一的雾凇，每年都要举办雾凇冰雪节。又及

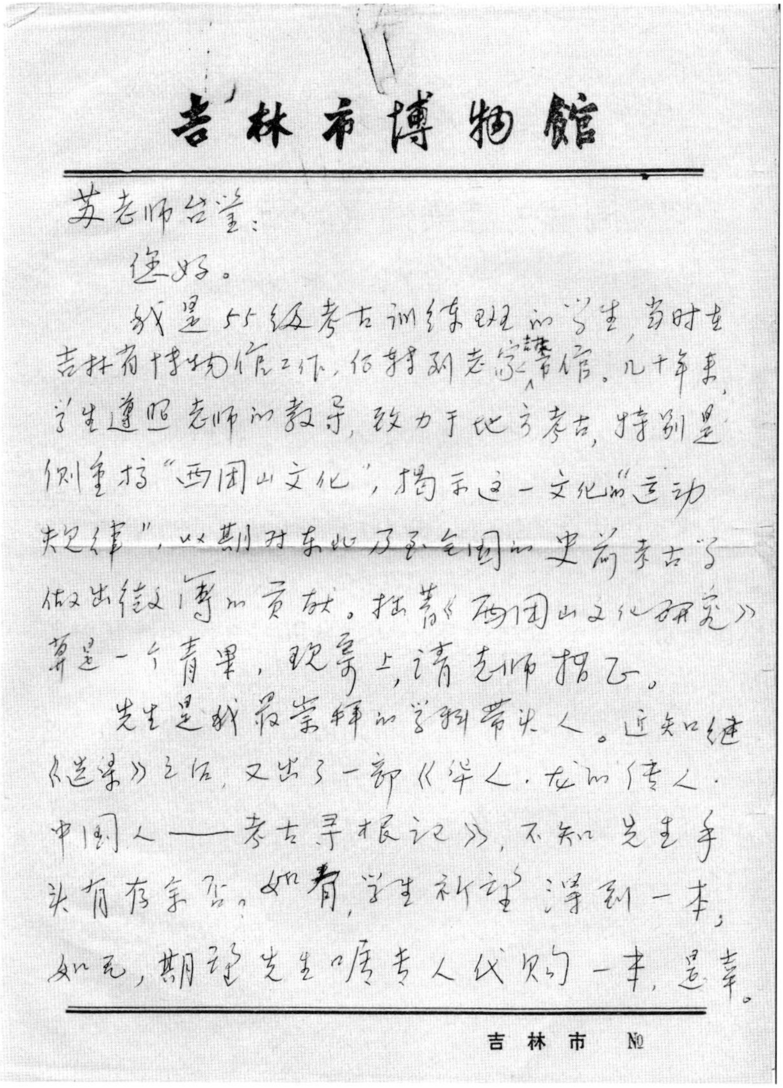

吉林市博物館

苏老师台鉴：

您好。

我是55级考古训练班的学生，当时在吉林省博物馆工作，后转到老家博馆。几十年来，学生遵照老师的教导，致力于地方考古，特别是侧重于"西团山文化"，揭示这一文化的"运动规律"，以期对东北乃至全国的史前考古学做出微薄的贡献。拙著《西团山文化研究》算是一个青果，现寄上，请老师指正。

先生是我最崇拜的学科带头人。近知继《述学》之后，又出了一部《华人·龙的传人·中国人——考古寻根记》，不知先生手头有存余否？如有，学生祈望得到一本；如无，期望先生嘱专人代购一本，是幸。

吉林市 №

寻根杂志社

周雁—苏秉琦（1995.1.24）

苏先生：

您好！

我是寻根杂志社的编辑周雁，不久前，我们杂志的编委何宝民先生曾给您写过信，今我又来专程拜访。1月22日晚曾到昌运宫先生的府上，后又按8414441的号码给您打电话，真是天不怜我，竟一直没能给先生联系上。我已买好今天的车票，就要走了，只好给先生留下此条。未见之遗憾，只能靠以后真诚修缘来弥补了。

95年的《寻根》，想搞一个关于“文明起源”的小专辑。在这个领域，先生是大家，因此，特别渴望能得到先生的支持。万望拨冗执笔，我们将虚位以待先生的大作。

奉上刊物，请先生多提意见和建议。

谨此

致礼

周雁

95.1.24

黄勇—苏秉琦（1996.1.4）

苏老：

新年好。

节前曾致电问候，您开会不在家。今再投书讨扰，一是请您联系要一下用作您大作封面的那张照片的底片；二则请您再题辞，用作“寄语”。

麻烦您了。

顺颂

大安

晚辈 黄勇 上

1996. 1. 4

臧振华

臧振华，工作于台湾“中央研究院”历史语言研究所，“中央研究院”第30届院士。

臧振华—苏秉琦（1995.2.17）

秉琦先生道鉴：

近日接获高广仁和邵望平先生寄下您所赠《华人·龙的传人·中国人》大著，真是喜出望外，尤其是能蒙尊敬的中国考古学界长辈亲自题字赠书更是倍感荣幸。您的大著不只是表达了对于考古学区系类型和中国文明起源等问题的卓见，更展现了对于中国考古学的殷切期许，令晚辈感动不已。

去岁，在此地举办的“中国考古学与历史学整合研讨会”，您虽因健康缘故未克前来，但望平先生代您宣读的大会发言，为此会议增色不少，至为感谢。目前此会议论文集正在编辑之中，预计暑假即可出版，届时当专函奉上。专此复谢，敬请

福体康泰。

晚　臧振华　拜上

1995. 2. 17

王学理

王学理（1934— ），先后工作于陕西省考古研究所、陕西省博物馆、陕西省文物管理委员会、陕西省考古研究院。

王学理—苏秉琦（1995.2.24）

苏老：

近来安康否？久未进京，更无讨教，深以为惜。但每读先生宏文至论，倍感亲近。回想往昔，像我这60年代初期走出学校，登上考古征途的人，虽因“运动”失去了大好年华，但不敢忘却责任而终算做了一些工作，也取得了一点成就。而这些都是同考古老前辈的指引有着直接关系，岂敢有忘。

我离开秦俑之后，90年以来一直主持汉阳陵的考古工作，去年至今，出版了三部考古学著作，即：①《秦俑专题研究》；②《秦始皇陵研究》；③《秦物质文化史》（合）。今以①和③参加“夏鼐考古学研究成果”评奖活动，已将样书寄达，望给予批评。

谨祝

康乐

王学理

1995.2.24 西安

赵立平

赵立平—苏秉琦（1995.4.12）

苏先生：您好！

近来身体好吧？春天气候多变，请多加保重身体。

今把您“考古六十年茶话会”考古系拍的照片寄给您一份留念。

另：把您的大作《华人·龙的传人·中国人》的赠予签名寄给您一份。我这还有五本书，方便时给您带过去吧。

祝您

全家健康长寿

万事如意

赵立平

95.4.12

山西人民出版社

敏泽—苏秉琦（1995.5.17）[①]

秉琦先生文席：

山西人民出版社在当前商品大潮的冲击下，计划拨出一部分专款用于支持学术事业，计划首先出一批耄耋之寿的老学者的回忆录、传记一类的著作，暂定名为《学海钩沉》。内容包括传记（家教、师友关系等）、重要学术活动的回忆、看法等等。五四以后的已故的重要学者有此类著作尚未出版的，也尽量搜求（现已搜到顾颉刚、梁漱溟先生的遗稿），为学术事业的研究、发展提供一些第一手的原始资料。首先确定出人文科学方面有重大贡献和影响的学者的此类著作，首先选定文史哲方面的二十名学者作为组稿对象。出版社要求我忝任此书主编。我认为对于学术研究来说，这是一项十分有意义的工作，特别是目前人文科学受到空前冷遇的情况下，更是如此，因此答应了他们的要求。现特致函给您，恳切希望能够得到您的鼎力支持，为此书撰写一部书稿。字数最少 10 万，多可以到 35 万。考虑到您年寿已高，且杂事云集，如能自己动手

---

① 原信未署年。信封北京邮戳 1995. 6. 22，据此信当写于 1995 年。

撰写更好，如不能亲自动手，也可以考虑用口述、录音的办法，然后整理出来由您过目。为了作为重要史料保存、传播，书将印得尽可能精美。书稿到后，并将尽快发稿、出版。

恳切希望您能俯允所请，并望很快能得到您的复信。不胜翘企之情。

我的联系电话为7785031—2005，地址为100021，北京劲松9区901楼201号。

恭颂

近祺

敏泽　谨上

5. 17

敏泽—苏秉琦（12.10）

秉琦先生文席：

前日电话中给您谈的《学海钩沉》丛书——即您的学术回忆录一事，请尽早动手。这两天联系结果：明年四五月前可交书稿的有：张岱年（已交）、季羡林、饶宗颐、任继愈、张政烺、侯仁之、王利器、钟敬文、任继愈等共十位学者，明年国庆节出书，五月发稿。你作为考古学界代表，务望能在明年五月份以前交稿，以便赶上第一批发稿。内容由你自己订，可以包括家教、幼年生活、师友传录、重要学术活动及见解、学术著作目录及学术年表等等。字数最少能在10万字以上（请附照片一张），有价值的书信往还，也可选一部分影印。书将印得很考究。请全力支持，并将交稿时间示知为盼！

来信请寄100021本市劲松9区901楼201号家中

匆颂

文祺

敏泽　上10/12

新亚书院

新亚书院—苏秉琦（1995.6.5）

敬启者：

敝院为促进学术活动，特设立“明裕学人访问计划”，每年邀请国内外学者若干位到校研讨交流。兹专函邀请先生于九五年九月十五日至二十九日到敝院作学术交流访问，为期两周。

先生访问期间将由大学及本院负责招待住宿，另由本院致送膳食津贴港币贰仟捌佰元正。如蒙俞允，尚祈赐示莅港行期，以便迎迓。

此致

中国考古学家

苏秉琦先生

院长　梁秉中　敬启

一九九五年六月五日

副本：历史系许倬云教授

香港中文大學
新亞書院

敬啓者：敝院爲促進學術活動，特設立「明裕學人訪問計劃」，每年邀請

國內外學者若干位到校研討交流。茲耑函邀請

先生於九五年九月十五日至二十九日到敝院作學術交流訪問，爲期兩周。

先生訪問期間將由大學及本院負責招待住宿，另由本院致送膳食津貼港幣貳仟

捌佰元正　如蒙　俞允，尚祈賜示蒞港行期，以便迎迓。

此致

中國考古學家

蘇秉琦先生

院長　梁秉中

敬啓

一九九五年六月五日

副本：歷史系許倬雲教授

香港新界沙田　電話：2609 7609　電報掛號：NASCOL

電訊掛號：50301 CUHK HX　圖文傳眞：(852) 2603 5418

赵　一

赵一—苏秉琦（1995.7.31）

尊敬的苏先生：

您好！

您在百忙中，于91年为我旗《文物志》题写了书名，我们感到万分荣幸和骄傲，在此谨代表克什克腾旗人民政府和全旗24万各族人民表示真诚的感谢！

《克什克腾旗文物志》已于今年4月份由内蒙古人民出版社出版发行。本应由我亲自赴京登门拜访，酬谢先生，近因工作等原因终不能成行，故将此志邮寄给先生，还望先生多多见谅。

这本书虽经内蒙古文物考古研究所郭素新老师辛勤、认真的编审，但因我水平有限，疏漏与不妥在所难免，还望先生不吝赐教，晚生将不胜荣幸！

苏先生，这次暂给您邮寄6册，如还需用请先生来电、信，定及时给您邮去。

另，先生的稿费，容晚辈稍后邮寄给您。

热诚欢迎先生，到我们这里来疗养，洗浴温泉。

大安

赵一　谨呈

1995 年 7 月 31 日

送先生照片一帧以示纪念。

甘肃省博物馆

甘肃省博物馆—苏秉琦（1995.9.25）

苏秉琦先生：

至 1996 年 2 月 14 日，甘肃省博物馆成立届满四十周年。为了纪念馆庆，和进一步加强业务建设与学术研究交流，我馆正在加紧筹办甘肃省第一份文博考古的定期学术刊物《陇右文物考古》。并将于明年春天问世。

过去，甘肃省博物馆为祖国的文博考古做了一点工作，但这是与您、贵单位和各方面的热情无私的关怀、支持分不开的。在此，我谨代表全体同志真诚地向您及贵单位表达衷心的谢意！现在，更希望先生和贵单位能继续惠予支持、指导，如能在百忙中赐稿或题词、写信给予鼓励、鞭策，我们将感到无限荣幸，并将在创刊号的显著位置刊载。

因时间临近，希望先生的大作、题词等，能在十月末以前惠寄甘肃省博物馆资料信息中心（文章佳作，也可预告题目、字数，以便预留版面）。

谨致谢忱！

甘肃省博物馆

馆长　初世宾

一九九五年九月二十五日

联系地址：甘肃省兰州市西津西路 3 号

电话：（0931）2325051

邮编：730050

联系人：陈炳应

苏秉琦先生：

至1996年2月14日，甘肃省博物馆成立届满四十周年。为了纪念馆庆，和进一步加强业务建设与学术研究交流，我馆正在加紧筹办甘肃省第一份文博考古的定期学术刊物《陇右文物考古》。并将于明年春天问世。

过去，甘肃省博物馆为祖国的文博考古做了一点工作，但这是与您贵单位和各方面的热情无私的关怀、支持分不开的。在此，我谨代表全体同志真诚地向您及贵单位表达衷心的谢意！现在，更希望先生和贵单位能继续惠予支持、指导，如能在百忙中赐稿或题词、写信给予鼓励、鞭策，我们将感到无限荣幸，并将在创刊号的显著位置刊载。

因时间临近，希望先生的大作、题词等，能在十月末以前惠寄甘肃省博物馆资料信息中心（文章佳作，也可予告题目、字数，以便予留版面）。

谨致谢忱！

甘肃省博物馆

馆长　初世宾

一九九五年九月二十五日

联系地址：甘肃省兰州市西津西路3号

电　　话：(0931) 2325051

邮　　编：730050

联 系 人：陈炳应

徐良高、古方

徐良高（1966— ），工作于中国社会科学院考古研究所。

徐良高、古方—苏秉琦（1995.10.10）

苏先生：

您好！

今天上午我们前来拜访，适逢您不在家，殊为遗憾。我们想让您为我们班（北大考古系八六届）毕业十周年纪念文集题写书名并题词，因您是北大考古专业的奠基者。

书名定为《一剑集》（取自“十年磨一剑”之意），题词内容请您自定。题名、题词的纸和笔给留在文件夹中，我们将打电话与您联系。此事给您添麻烦了。

祝您身体健康！

考古所

徐良高　古方

1995. 10. 10

［编者注］苏秉琦先生的题字见古方、徐良高、唐际根编《一剑集》，中国妇女出版社，1996。

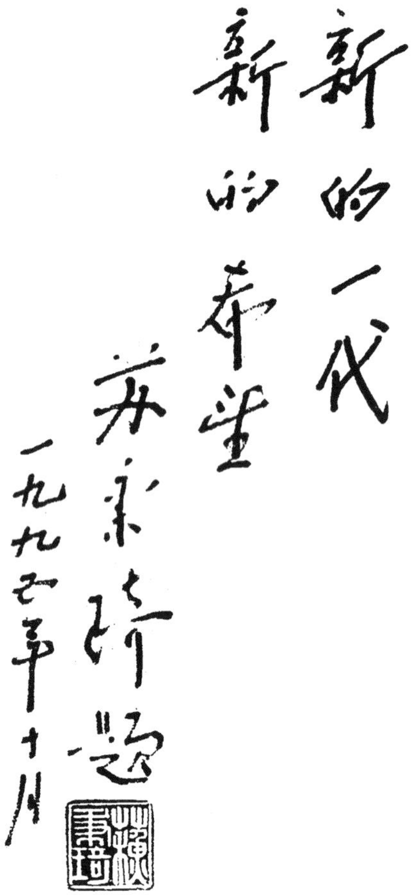

徐光冀

徐光冀（1935—　），工作于中国科学院考古研究所（1977 年后改属中国社会科学院）。

徐光冀—苏秉琦（1996.3.5）

苏先生：

您好！

前接郑绍宗来函，请您题寄书名（附后）。当时你正在深圳，已复信春节后才能办。

请您得便给予题签。

问候师母安好！

祝

安康

学生

光冀　敬上

96. 3. 5

地址：石家庄市石岗大街

河北省文物研究所

邮编：050061

或交我代寄

何炳棣

何炳棣（1917—2012），先后工作于西南联合大学、美国哥伦比亚大学、芝加哥大学，1966 年当选“中央研究院”院士。

何炳棣—苏秉琦教授夫人及阖府（1997.7.10）[①]

中国社会科学院考古研究所转致

苏秉琦教授夫人及阖府：

清晨接获电传，知苏秉琦教授遽归道山，不胜惋惜。念苏先生一生不断作出开拓性之贡献，久为海内外所景仰。先生因立言已臻不朽，夫人有念及此，悲悼之余亦可有以自慰矣。千乞节哀珍重，并请代向阖府长幼致哀。

何炳棣再拜

1997 年 7 月 10 日晚

自美国加州加州大学

① 据家藏书信复印件录入。家藏复印时将本信与汪宁生先生唁电复印于一纸。

高广仁

高广仁（1932—），工作于中国社会科学院考古研究所。

高广仁—苏秉琦（5.27）

苏先生：

您好！

我们发掘工作正顺利进行，已接近收工阶段，在今年所挖的12个探方中已普遍出现了大汶口文化层，地层堆积情况是：第①层耕土，第②层战国时期扰乱层，出了十多个战国墓，第③、第④层为龙山文化层，共厚1.3m左右，第⑤、⑥、⑦层为大汶口文化层，共厚1.5m左右，已到水面，水面以下尚有20—50cm。

在龙山层中出有10座房子，都是圆形或椭圆形，保存最好的墙高20cm，墙厚30cm左右。有的墙是挖地槽并加黄土夯成，有的是用料礓石末加草拌泥修筑，居住面是用成片礓石或礓石粉加草拌泥铺成，柱础是先挖深30—40的坑加土夯实形成深20—30、直径20cm的坑后，在底部先铺一层10cm厚的碎陶片夯实后，再铺一层厚10㎝的红烧土或礓石夯实后，再加一层夯实。在最上一层多是铺碎陶片，夯实后面上有凹窝。除了这10座房子外，零星的居住面和单个的柱础几乎在每个探方都有发现，出土遗物中生产工具，都是一般所常见的，没有特殊，陶器可复原的粗略统计已120件左右，因为没有时间粘对复原，这次只能给苏先生寄去几件较完整的草图。陶鬶共有4件可复原的，都是实足底部近平，与去年带回所去的那一件基本相同。鼎可复原的在10以上，罐形鼎多是扁凿形足，盘形鼎多是三环足，鼎足还有10多种鬼脸足，没有能复原的，多数可复原的器物是盆碗等。

在龙山层下的大汶口层，根据土色不同分了三层，完整的房子没有发现，单个的柱础发现十多个，构造简单，挖槽较小主要是加土夯实，在最上面铺一层厚10cm的碎陶片或礓石末夯实。在第⑤层中有大片的红烧土块，还有烧流的陶器残片，似是窑址但遭破坏看不出窑的形状，第⑥、⑦层已接近水面，地湿土黏，发掘建筑遗址已很困难，出土陶片也很少，大汶口层中可复原器物不多，地层中2件（见附图），灰坑中3件，尚未复原。彩陶片不少，但多碎片，看不出完整的图案。另外在一个探方中⑤B层层面下发现两座墓，相距不到1m，M6距地表1.7，M7距地表1.8m，M6头向西偏北35°，M7头向西偏北11°，随葬陶器见附图。均为长方形竖穴墓，人架仰身直肢，头骨均有变形，未找到门牙，我们推测这可能是墓葬区的边缘部分。由墓葬头向和随葬器物看与山东西夏侯等地不同，这是很有意思的现象。另外在第④层露口的半个灰坑和第⑤、第⑥层均采集了木炭，灰坑中出土陶片较少共295片，只有一件可复原的器物（附图），此灰坑的陶片将全部运京。祝

好

广仁

5.27

社会科学战线杂志社

田禾—苏秉琦（7.15）

苏秉琦先生：

您好！我是《社会科学战线》杂志社“东北历史与文化”专栏的责任编辑。久闻先生大名，未谋一面，今冒昧约稿，请能见谅。

本刊鉴于解放以来，特别是改革开放以来，东北文物考古屡有重大发现，各个时期和各个民族的文化体系逐渐显露出来，觉得有必要对之加以理论概括，以彰显其在整个中华文化中的地位、作用与影响，为此拟出《中国东北古代文化论》专题增刊。年底前出第一册，集中反映前面提到的主题思想。以后还将陆续出版这样的增刊，每册将从不同侧面，反映东北古代文化的实际内容。以往人们以为“东北荒凉，本无文化可言”，我们这样做，或许能够解决一些人们的错误认识，亦可对文化建设尽点绵薄之力。

辽西牛河梁的考古发现曾经轰动全国。听说先生对这一发现，倍感兴趣，亦颇有研究。我们编辑部经过慎重商量，认为请先生写一篇《红山文化（牛河梁）与仰韶文化之比较研究》（意向题目）的文章，最为适合。不知先生忙否，身体如何？但愿先生能够忙里抽暇，鼎力相助。文章篇幅最好限定在二万字以内，如果感到困难亦可不限，请先生尽管放手写来，相信一定会给这第一册增刊大增光彩。

特此专约，余不一一。望先生方便相告。

即颂

大安！

田禾　敬祈

7 月 15 日

附录一　发言与贺信

文化部文物局（1984.10.4）

文化部文物局副局长沈竹同志发言

苏先生从事考古工作五十年了，作为一个学生，我是晚辈，在学生中间也是晚辈。苏先生今年七十五寿辰，我能向苏先生表示祝贺，非常高兴。对文物考古工作来说，我是一个新兵，搞了十年工作。在这十年工作中，我深深感到，这门学问需要理论，也需要方法，苏先生在这方面的建树，对我们的工作帮助是太大了。同时，从事这项工作，实在需要一批不为名、不为利、不为个人得失考虑的献身者。因为，这是一个献身者的工作。我们的文物考古工作者在全国人口中占的比例是很小很小的，但在这个很小的队伍中，献身者的人数是很多很多的。这些人中，很多是苏先生培养出来的。

我们从来都非常强烈地感觉到，要搞好这个学科，需要一批学有专长的中、青年学者。没有这些人，这个工作不堪设想。现在，我们全国各地都有这样一批人。除了理论、方法上的建树，还能够培养出这么一大批人才，苏先生对中国考古事业的贡献，实在是很大很大的。

今天，在这里祝贺苏先生七十五寿辰暨从事考古工作五十周年，除了理论、方法上的建树，还应该特别提到苏先生在培养人才方面对中国考古事业的贡献。我代表老谢，向苏先生表示敬意。祝苏先生以后继续对我们的工作给以指导、关怀，并祝苏先生今后取得更大的成就。

祝苏先生长寿！

北京大学考古系（1984.10.4）

北京大学考古系主任宿白教授发言

刚才大家提到了在培养学生方面，苏先生付出了很大的精力，也作出了很大的成绩。我初步统计了一下，苏先生主持北大考古教研室以来，大概有24届毕业生，每届按平均毕业25人算，有600人之多，还不包括留学生、进修生和旁听的。这么多人，除了待解放的台湾，分到了全国各省、市、自治区。这些在全国各地的同学，与新中国考古学的成长和发展是联系在一起的。这些同学在各地能够做出一些成绩，有一些贡献，饮水思源，都应与苏先生的培养联系在一起。

我和苏先生共事三十多年了。根据我三十多年的体会，苏先生无论在理论、方法上都有很多的建树，但他有一个关键的东西，就是踏实的工作作风，踏实的学术作风，非常谨严。“文化大革命”以前，北大每次实习，苏先生都要下去检查，检查时要追究单位、地层，弄清这些之后，才谈一些具体问题。同学们在苏先生指导下做整理工作，都是有条不紊的，都是考虑得很周到的，很踏实的。这一点，北大这些年差一些了。目前，北大正在教育改革，考古系也需要改革、加强。这个改革的基础，是苏先生给我们打下的。

考古学属历史科学，总得和历史文献结合起来，怎样处理历史文献与考古的关系？苏先生在这个问题上可以给我们做榜样。他在处理考古与历史的关系上是很谨慎的。我们有很多历史文献，考古发现往往有文字记录的很少，很容易就要接触、联系到历史文献，搞得不好，就容易产生比附，给考古界制造很大的麻烦。这种情况，今天我们考古界就有。苏先生正是由于有踏实的学风，才能够把考古学的方法、理论提到这样一个高度，对我们整个考古学界有很大的影响，或者说给了考古学界一个方法。苏先生对中国考古学这方面的贡献，我想，中国考古学界是永远不会忘记的。

我也像刚才小童那样考虑了，苏先生虽然年过古稀，但他在治学方面和精神面貌上都很年青。这对我们逐渐岁数大的人，也提供了一个榜样。岁数大的人，往往容易保守、因循，苏先生这个例子非常值得我们这些岁数稍稍大一点的人学习。我们北大的考古教学，全国的考古工作，都希望苏先生不断地指导和关心。我们祝愿苏先生“期颐”之寿，这还不止。古人说“期颐之寿”是一百年，我想，一百年还不止。苏先生刚才说了，还有四分之一世纪，我看还不止。我的话到这。

中国历史博物馆（1984.10.4）

中国历史博物馆副馆长孔祥星同志发言

在苏先生七十五寿辰和从事考古工作五十周年的时候，作为学生，我个人向苏先生表示衷心的祝贺，也代表中国历史博物馆向苏先生表示衷心的祝贺。苏先生是我们中国历史博物馆学术职称评定委员会的委员，在苏先生和其他老师的教育下，中国历史博物馆有许多北大考古专业的学生在各自的岗位上积极发挥作用。借此机会，我代表其他几位馆长向苏先生及在座的北大老师表示衷心的感谢。祝愿苏先生健康长寿。

文物出版社（1984.10.4）

文物出版社副总编辑杨瑾同志发言

刚才许多同志谈到苏先生对考古事业的贡献和高尚的品德，我也深有感受。苏先生虽已年过古稀，但在考古事业上却还是一个生气勃勃的开拓者。他重视理论，深入实践，站得高，看得远，敢于提出问题，也善于探索问题。他以诲人不倦的精神对年青的一代和后进者循循善诱，热忱启迪。对新中国考古事业的发展和队伍的成长，苏先生是建立了功勋的。

这里我想结合本身的业务，谈谈苏先生对文物出版事业的支持和帮助。我虽然从事编辑工作时间长一些，但在文物考古专业方面却是个新兵；我们出版社中专学考古的同志也不多。我们这些“外行”在学习和熟悉这门专业的前进道路上，遇到过挫折，受到过讥笑和歧视，但也得到许多同志的帮助（包括在座的诸位），特别是苏先生所伸出的温暖的手和给予的关怀爱护之情，使我们永志心头。在苏先生的面前，我们敢于袒露思想，提出疑难，即使是肤浅幼稚的也无所顾忌。他总是亲切地耐心地为我们解答，启发问我们的思考，帮助我们提高，鼓励我们前进。至于为出版社提供选题、组织稿件、撰写文章、审阅书稿，他更是以满腔的热情给予帮助和支持。

粉碎“四人帮”之前，学术界很沉闷，文物出版社酝酿举行一次学术讨论会，苏先生知道后，马上给以大力支持。在当时的政治气候下，这是十分可贵的。经过一段时间的准备，终于在 1977 年由南京博物院和我社联合发起了长江下游新石器时代文化学术讨论会，苏先生亲临大会作了启发性的发言。会议开得生动活泼，贯彻了“百家争鸣”的方针，活跃了当时的学术空气。这次会议是

“文革”后文物考古界学术活动一个很好的开端，至今为许多同志所称道，这一成就是与苏先生分不开的。

苏先生数十年来为中国的考古事业洒下了多少辛勤的汗水，做出了卓越的贡献，今天我们出版社能出版苏先生的研究成果《苏秉琦考古学论述选集》，这是我们的光荣，也是苏先生对我们出版社又一次的支持，谨对苏先生表示衷心的感谢（苏秉琦：谢谢你们）。希望苏先生今后对我们的工作继续给以支持和帮助。最后，我代表文物出版社，敬祝苏先生长命百岁！

俞伟超（1984.10.15）

庆贺苏秉琦先生七十五寿辰和从事考古工作五十周年聚会的贺词

今天，我们欢聚一堂，庆贺秉琦先生的七十五寿辰和从事考古工作五十周年，每个人都分外高兴。我们想，在我国文物考古事业的整个进程中，将来也是会记住今天的。

每个人都有自己的生日，几乎也都有亲友祝贺；但今天的聚会，对一批把推进我国文物考古事业作为奋斗目标的志同道合者来说，确有特殊感情。这不仅是因为秉琦先生是我们之中有些人的忘年交和许多人的诚挚的老师，主要在于半个多世纪以来秉琦先生为发展我国的考古学方法论，建立考古学文化的谱系和培养年轻学者作出了卓越贡献，还在于秉琦先生坚持不懈地追求真理、尊重科学和爱护他人的高尚品德，曾教育了一大批考古工作者。

在半个多世纪以来的我国考古学发展史上，有许多人显出过光亮。秉琦先生的光亮是愈来愈强的。这是因为秉琦先生的成就是随着这个学科在家国的产生而开始，又始终随着这个学科的前进而发展，并不断概括出关键问题而指引他人继续向前探索。秉琦先生在

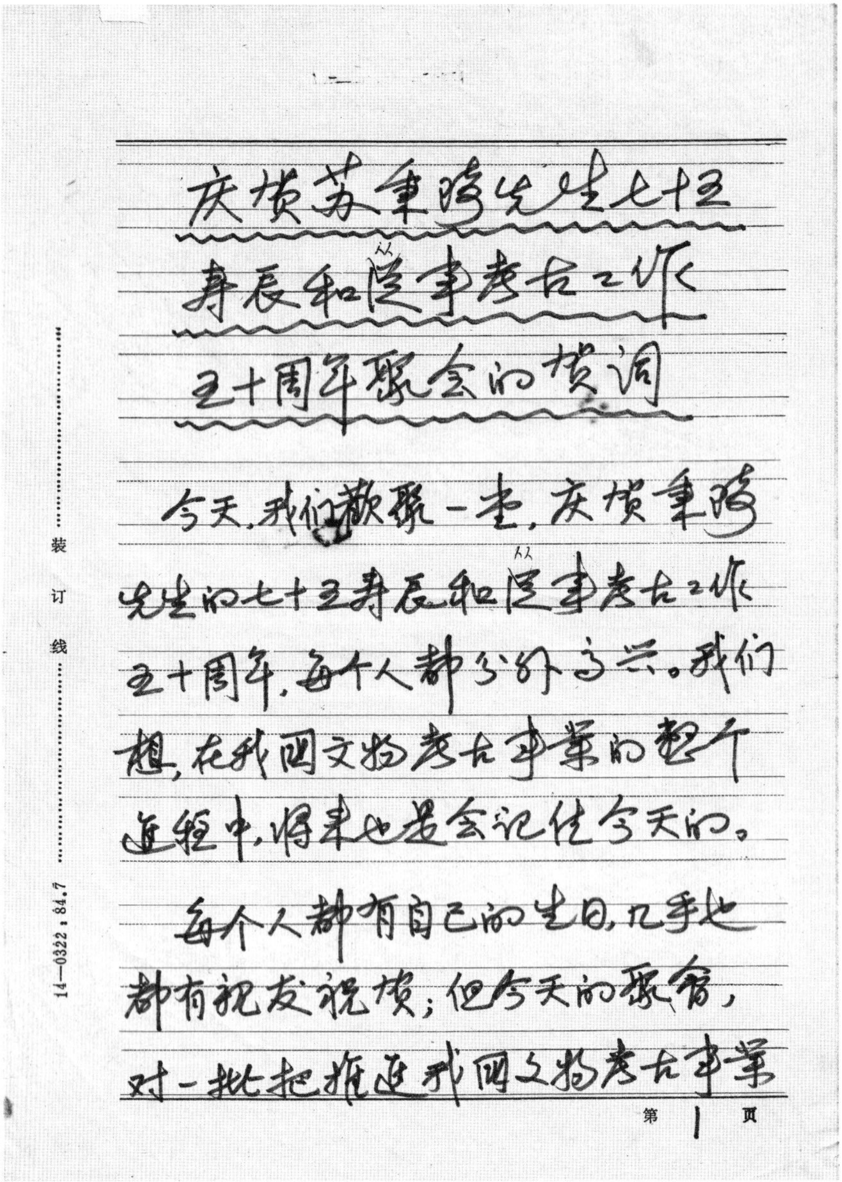

庆贺苏秉琦先生七十五
寿辰和从事考古工作
五十周年聚会的贺词

今天，我们欢聚一堂，庆贺秉琦先生的七十五寿辰和从事考古工作五十周年，每个人都分外高兴。我们想，在我国文物考古事业的整个进程中，将来也是会记住今天的。

每个人都有自己的生日，几乎也都有亲友祝贺；但今天的聚会，对一批把推进我国文物考古事业

装订线

14—0322，84，7

第 1 页

自己的整个考古生涯中，尤其是新中国建立以后的三十多年中，一直是这支探索队伍的先锋。而这支探索队伍的成果，正表现了世界文化之林中中国考古学的独特活力。

这个学科在我国，好比是半个多世纪以前才被发现的一片新大

陆。秉琦先生辛勤耕耘五十年，不仅自己在培育奇花异葩，并且培养出大批园丁。可以说，在九百六十万平方公里土地上，现在都有这批园丁在耕耘栽培。我们从自己的切身经历中，深深感到秉琦先生以高瞻远瞩的眼力、发人深省的研究成果和诲人不倦的师长风度，教育了不止一代的考古工作者，为我国的考古研究得到一个愈来愈广阔深远而又众星灿烂的场面，作出了重大贡献。

现在，中国的考古学正值黄金时代。当这片原野繁花盛开，硕果累累之时，我们怎么能不心绪万端，感谢秉琦先生的一系列开拓之功和教育、指导之情呢？

我们从文物考古事业的不同部门，从政府管理机关、研究所、大学、博物馆、出版社这些单位前来向秉琦先生祝寿，正表达了整个考古事业的感谢之情。

在历史前进到二十世纪八十年代之际，祖国也进入到一个新时期。新时期向所有学科都提出了新要求。为了这个新要求，为了文物事业和考古学科的新进步，我们祝愿秉琦先生健康长寿！

干杯！

一九八四年十月十五日
在北京，四川饭店
（俞伟超执笔）

童明康（1984.10）

《苏秉琦考古学论述选集》责任编辑童明康发言

今天，我参加庆贺苏先生七十五周年寿辰和从事考古工作五十周年的聚会，心情非常激动。我和苏先生相识好几年了，这是第一次为苏先生祝寿。

刚才，俞老师在贺词中讲到苏先生有高尚的品德和崇高的心灵。这使我想到大文豪罗曼·罗兰在著名的《贝多芬传》中讲过的一段话。在这部传记中，他讲到了他的伟人观，他说：他称之为英雄的人，不是因思想和强力称雄的人，而是有伟大品格的人和伟大心灵的人，没有伟大品格的人，就没有伟大的人。

苏先生是有高尚品德的人，也是有崇高心灵的人。不仅如此，苏先生还是一个以思想和强力称雄的人。前不久，我把苏先生考古学论述选集的第一本样书送给苏先生，他对我讲了下面的话："《文集》记录了一个时代，也结束了一个时代，新的时代开始了。这个新的时代就是当代考古学。"

这里，苏先生提出了关于当代考古学的思想。接着，他反复讲道："不仅类型学、地层学这些考古学的老的理论、方法要有新的突破，而且新的考古学的科学技术方法、手段也要有新的突破。要向前看，要向前看，要向前看。"关于"当代考古学"这一思想的提出，在座的各位师长比我理解得深，学生才疏学浅，但还是知道它的深刻意义的。我们要求苏先生的，不是让他为我们做好某一项具体的工作，而是苏先生闪光的思想。这些思想的闪光，为我们指点了大路。

我要着重谈的是苏先生强调了三遍的"要向前看"。是的，苏先生是向前看的，而且看得很远。在个人成绩面前尤其如此。面对《文集》这部巨著的出版，他讲了上述的话，尤其说明了这一点。苏先生的进取心是很强的，从不因循守旧，一直都在奋战光明，这在七十五岁的人是极为可贵的。

"要向前看"，还表现在苏先生对年轻人的关怀上。苏先生对青年人的关怀是无微不至的。他多次对我讲，他把眼光盯在三十岁左右的年轻人身上，他寄希望于年轻人。在我与苏先生交往的几年中，他非常关心我的工作、学习甚至生活，关心我的成长。我们的谈话绝少清谈，除了工作问题外，苏先生总是向我介绍各地的新发现及学术动态，开阔我的眼界。我从苏先生那学到了很多很多的东西。他对很多年轻人都是这样。在今年三月的成都会议上，一个年轻人给苏先生介绍了广汉三星堆遗址，介绍得很好。苏先生很高兴，逢人就讲，在最后的总结会上，苏先生还提到了这个年轻人的名字。

最近，由苏先生挂帅，文物局在山东办的考古领队培训班，也体现了苏先生对年轻人的一片希望。在我跟苏先生的交往中，我从来不觉得苏先生老，我觉得苏先生很年青，跟我们不存在“代沟”，他是属于年轻人的，他本身就是一个年轻人。他既是年轻人的导师，又是年轻人亲密的朋友。我在跟苏先生的交往中，常常想到鲁迅先生。鲁迅先生对年轻人的栽培是众所周知的。

“孔夫子活了七十三岁，我比孔夫子大一岁。”这是苏先生去年对我说的。现在，苏先生比孔夫子大了两岁。时代不同了，根据现代科学，人是可以长命百岁的。而且，苏先生还年青，对于他提出的当代考古学来说，苏先生和我们一样年青。我们希望苏先生好好保重身体，我们衷心祝愿苏先生健康长寿！

邵望平（1984.10.4）[①]

自己未年始，每逢金秋先生寿辰，我总是怀着游子之情，低吟那首淳朴深沉的古诗：

慈母手中线，游子身上衣。
临行密密缝，意恐迟迟归。
谁言寸草心，报得三春晖。

中国有一句吉祥话：“耄耋富贵。”吾师真大富大贵。其一：耄耋之年仍健步如飞，才思如涌；其二，吾师一生脚踏中华之沃土，披荆斩棘，开拓考古事业的新路、真路，迄今仍一往无前，兢业躬耕。创业者的幸福，实为真正的富贵。其三，先生的创业，后继有

① 原件为贺卡，未署年。信中“甲子年”，为 1984 年。

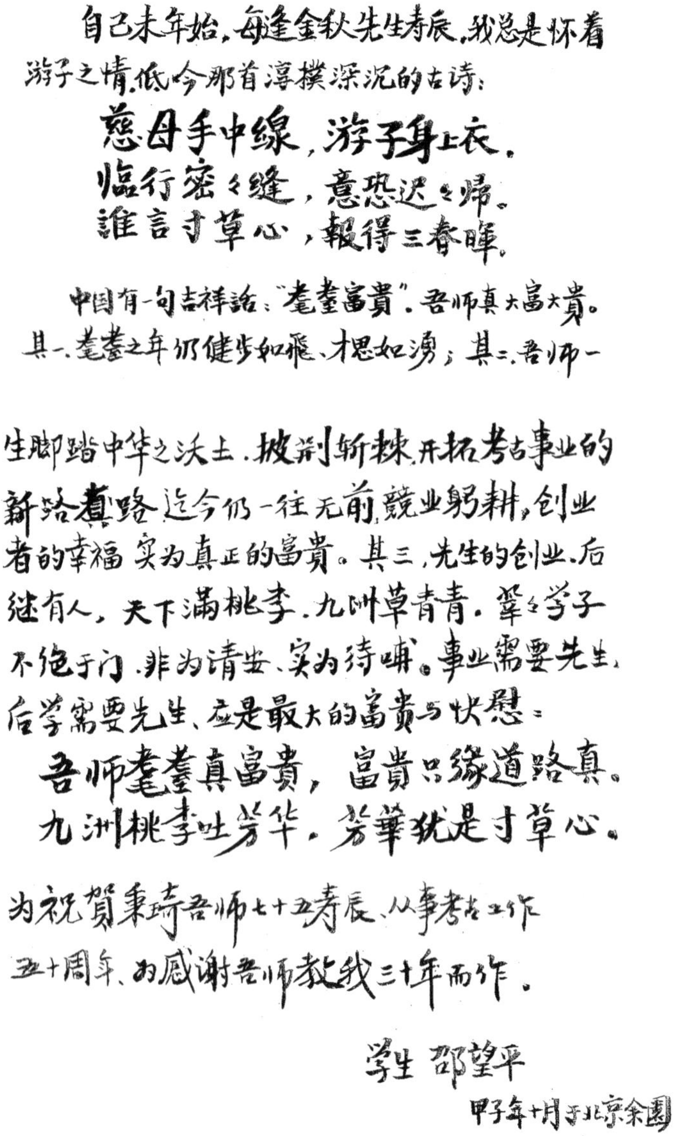
自己未年始，每逢金秋先生寿辰，我总是怀着游子之情，低吟那首淳朴深沉的古诗：

慈母手中線，游子身上衣。
臨行密々縫，意恐迟々归。
誰言寸草心，報得三春暉。

中国有一句吉祥話："耄耋富貴"。吾师真大富大貴。其一、耄耋之年仍健步如飛、才思如湧；其二、吾师一生脚踏中华之沃土，披荆斩棘，开拓考古事业的新路篳路，迄今仍一往无前，兢业躬耕，创业者的幸福，实为真正的富贵。其三，先生的创业，后继有人，天下满桃李，九洲草青青。莘々学子不绝于门，非为请安，实为待哺。事业需要先生，后学需要先生，应是最大的富贵与快慰：

吾师耄耋真富貴，富貴只缘道路真。
九洲桃李吐芳华，芳華犹是寸草心。

为祝贺秉琦吾师七十五寿辰、从事考古工作五十周年，为感谢吾师教我三十年而作。

学生　邵望平
甲子年十月于北京余園

人。天下满桃李，九州草青青。莘莘学子不绝于门，非为请安，实为待哺。事业需要先生，后学需要先生，应是最大的富贵和快慰。

吾师耄耋真富贵，富贵只缘道路真。
九洲（州）桃李吐芳华，芳华犹是寸草心。

为祝贺秉琦吾师七十五寿辰、从事考古工作五十周年，为感谢吾师教我三十年而作。

学生　邵望平

甲子年十月于北京余园

杨子范（1984年秋）*

山东博物馆馆长杨子范同志的贺诗

究古探今五十春，
花有清香叶有音。
如今芳林花似锦，
四海俱有看花人。

甲子秋为老师苏翁七十五寿辰
而摘凑古诗句以贺
莱夷杨子范

杨子范（1984.10.4）**

文物出版社转苏秉琦：

值苏秉琦先生七十五寿辰特摘凑诗句以祝贺：

---

* 诗抄写于信纸，未署年。据“甲子秋”及“七十五寿辰”，当写于1984年。

** 此件为电报，未署名。据前信，电报当为杨子范先生所发。

究古探今五十春，花有清香夜有音。
如今芳林花似锦，出门俱有看花人。

吉林大学考古教研室（1984.10.10）

吉林大学考古教研室的贺信

苏秉琦先生：

在您七十五寿辰暨从事考古工作五十周年的喜庆日子，我们向您致以最热烈的祝贺！

吉林大学考古专业的建立和成长，始终是与您在思想上的指导和多方面的帮助关怀分不开的。借此机会，向您表示深深的谢意。

您在五十年的考古生涯中，足迹遍于祖国的山山水水，为中国考古事业倾注全力始终不懈，对基本理论问题深思熟虑不断探索，在研究中有广阔的视野和战略的眼光，强调开展田野考古作实事求是的精致分析，不仅在建立中国考古学的科学体系上作出重大的建树，而且言传身教，孜孜不倦地造就了一大批新中国的考古人才。无论在治学和育人上您都是我们衷心敬佩的表率。我们在遥远的北国，恭祝您长寿康泰，永葆学术之青春。

我们深信，您最感到欣慰的是，有更多的年轻一代能沿着前辈艰辛开辟的正确道路，全心全意、脚踏实地地，进行新的探索，而且，培养出更加奋发有为的新生力量，一代一代不断攀登新的高峰。我们决心努力这样去做，作为对敬爱的师长经久的献礼。

敬颂

南山之寿

吉林大学考古教研室全体同志

一九八四年十月十日

文化部文物局文物处李季、王军
（1984.10.10）

苏先生：

首先向您七十五寿辰和从事考古工作五十周年致以崇高的敬意和衷心的祝贺！

在漫长的半个世纪时间里，您为了开拓出一条具有中国特色的考古学研究道路，为了使我们祖国的文物考古事业不断获得新的生长点，枝繁叶茂，您付出了巨大的热情、心血和劳动。您把考古事业衣钵相传、香火永盛的希望寄托在我们青年人身上，勉励我们要怀有时代的使命感，去创建考古事业的新铁军。

我们可以高兴地向您报告，您一直非常关注的第一期田野考古培训班开学一个多月来，工作进行得比较顺利，在工地领队的各位老师主持下，坚持严格训练、严格要求，联系田野工作实际，力求提高理论水平。大家都反映毕业多年来第一次受到这样正规的制式教练，收获很大。当然工作还有很多困难、缺点，我们因水平所限，也往往力不从心。但我们相信这是一件好事，也是一件大事。我们有信心逐步搞得更好，待回北京再向您详细汇报。

祝

健康长寿

李季　王军

一九八四年十月十日夜

于兖州考古工地

张忠培（1984.10.11）

吉林大学研究生院副院长张忠培教授的贺信

秉琦师：

在您七十五寿辰和为我国考古事业奋战五十周年之际，向您致以热烈的祝贺。

为一事业辛勤劳动五十年，无论对个人，还是对我们这个民族来说，都令人感到幸福，为人民所向往！更值得庆贺和敬仰的是，您走过的五十年，已在中国考古学的道路上，深深地留下了足印，树立了丰碑，为后学提供了打开新的研究领域大门的钥匙，指导了前进的方向！

经过好几代人的努力，中国考古学已跃入世界这一学科的先进行列。我们看到，您是中国考古学这个队列的，具有自己特色的排头兵之一。在庆祝您半个世纪对我国考古研究及教学做出的巨大贡献的同时，也深深地感到是对这期间我国考古事业所取得的成就的祝贺！完全相信，您定将继续为推进中国考古学再立新功！

作为您的学生，和您所追求的事业的追随者，因不能亲自和同志们一起庆贺您七十五寿辰暨为考古事业奋战五十年而深深遗憾！为了使自己得到一点点安慰，特请许伟同志前去代表我向您表示祝贺和感谢，谢谢您为我国考古事业和培养人才作出了巨大的努力！

遥祝

先生

大安

学生　忠培　敬上

1984 年 10 月 11 日

吉林大学研究生院副院长张忠培教授的贺信

秉琦师：

在您七十五寿辰和为我国考古事业奋战五十周年之际，向您致以热烈的祝贺。

为一事业辛勤劳动五十年，无论对个人，还是对我们这个民族来说，都令人感到幸福，为人民所向往！更值得庆贺和敬仰的是，您走过的五十年，已在中国考古学的道路上，深深地留下了足印，树立了丰碑，为后学提供了打开新的研究领域大门的鑰匙，指引了前进的方向！

经过好几代人的努力，中国考古学已跻入世界这一学科的先进行列。我们看到，您是中国考古学这个队列的、具有自己特色的排头兵之一。在庆祝您半个世纪对我国考古研究及教学作出的巨大贡献的同时，也深深地感到是对这期间我国考古事业所取得的成就的祝贺！完全相信，您定将继续为推进中国考古学再立新功！

10

文化部文物局田野考古工作领队培训班（1984.10.11）

文化部文物局田野考古工作领队培训班的贺电

北京五四大街29号文物出版社童明康转苏秉琦先生：

欣逢先生75寿辰暨从事考古工作50周年，感谢您对我国考古事业的卓越贡献和对青年一代的殷切关怀。特致敬意，并祝健康长寿。

文化部文物局田野考古工作领队培训班

1984.10.11于兖州

靳枫毅、郭仁、徐基、赵福生（1986.10.2）*

文化局转中国考古学会理事长苏秉琦先生：

值苏老七十七寿辰之际，请接受学生对您最美好的祝愿！您在田野考古学和考古研究方法论诸方面，不仅为马克思主义的中国考古学体系的建立与发展奠定了坚实而博大的基石，而且为整个世界考古学事业的发展在实践与理论上也作出了卓越的贡献。

中国考古学者为有您这样的巨匠感到自豪，我们为有您这样永远值得尊敬的导师感到无上光荣。

祝先生在领导中国考古学事业中取得更大成就，我们将永远踏

---

* 原件为电报，电报戳为“1986.10.2”。

着您老的足迹不断前进。愿先生健康长寿！

学生　靳枫毅、郭仁、徐基、赵福生

北京市文物研究所（1986.10.4）*

辽宁兴城县文化局转考古所苏秉琦教授：

敬爱的苏先生，今天是您七十七岁生日，我们和您一样感到由衷的高兴！您是新中国考古事业的奠基者之一，您是我们敬爱的师长，在半个世纪的开拓奋进中，您为我国考古事业建立了卓越功勋！在您欢度生日之际，我们全所同志衷心地祝您健康长寿！

北京市文物研究所

一九八六年十月四日

苏秉琦（1986.10.4）**

生日答词

七十古来稀，不稀奇。七十七旧俗是大喜，日人称喜寿。人活一年长一岁，没什么可说的。

难能可贵的是，在兴城这个美好的地方，和许多平日难得碰到一起的朋友们相聚，人生百年，能有几回！感到由衷的高兴！

一个人生命是短暂的，一个人能力是渺小的，但我们的事业是将与中华民族永远共存的。

使我感到庆幸、欣慰的是，进入本世纪 80 年代以来，短短的

---

* 原件为电报。

** 录文自《苏秉琦文集》3，文物出版社，2009，第 73 页。

六七年时间，亲历目睹了我们的学科、事业向前跨进的步伐。举眼前例子说，今年考古学会年会前后这一段时间，由于辽宁省发布的一系列有关红山文化“坛庙冢”的消息材料，简单说“中华五千年文明曙光”，这个提法引起海内外人士的注意，超过我们的预料。这消息虽不像亚运会比赛结束那样引起千家万户的议论纷纷，确实也牵动了亿万中华儿女的心。国际同行朋友们对此消息的重视，我们也是理解的。因为，中华文明也是属于世界人类的，而不仅仅是我们自己的。

回想五年前，为纪念党的六十周年诞辰，北京历史学会在中国历史博物馆礼堂举行学术报告。会上，我讲话末尾有一句话，大意是：一个具有自己特色的、马克思主义的、现代化的中国考古学派已正出现在东方。这里指的是我们这个学科。当时说这话的意思，绝不是为了宣传我们这个学科的成就，而是颂扬我们党的光辉！也是出于一个中华儿女的赤子之心！

时隔五年，通过我们同行朋友的辛勤劳动，业已用实践证明了我们中国考古学的新时期已在眼前了。

“中国五千年文明曙光”是个学术问题，可以讨论，中国考古学的新时期已经是我们生活的现实，还有什么可疑的吗？

我提议，为我们这一代人能为振兴中华作出自己的贡献，为全体在座朋友们的健康干杯！

1986 年 10 月 4 日于兴城八一疗养院

杨育彬、郝本性（1989.10.4）

秉琦师：

今天十月四日，欣逢老师八秩华诞，又是先生从事考古研究五十五年。我们在远方的学生，谨以几张素笺，遥祝长寿，遥致祝贺！

回想在校学习期间，先生言传身教，使学生受益匪浅，终生难忘。

先生为祖国的考古事业呕心沥血，桃李满天下，赢得普遍的尊敬和爱戴。对河南考古工作尤为关怀备至，先后指导过郑州商代遗址的考古发掘、登封王城岗和禹县瓦店遗址出土文物的鉴定和整理。即使在“十年动乱”之中，先生还在信阳“五·七”干校进行考古调查，对淮河流域古代文化提出非常精辟的见解，给我们以极大的鞭策和启迪！

先生学问博大精深，向来平易近人。每次相见，先生侃侃而谈，无拘无束，谆谆教诲，指点学津。一九八五年十一月，在侯马召开晋文化座谈会时，先生赋诗：“华山玫瑰燕山龙，大青山下斝与瓮，汾河湾旁磬和鼓，夏商周及晋文公。”可谓千古绝唱！

敬祝老师健康长寿！

杨育彬、郝本性

一九八九年十月四日郑州

赵其昌（1989）*

赵其昌（1926—2010），工作于北京市文物调查研究组、北京市文物工作队、首都博物馆。

昌运宫里见精神
着为民族苦寻根
斗鸡台旁粗瓦鬲
二里头前细泥盆
长城内外胸中竹

* 贺诗未署年。从内容看，为贺苏秉琦先生80寿辰，当写于1989年或1988年，暂系于1989年。

大江南北笔下痕
或问桃李知多少
笑指未名湖水深
己巳谨贺
苏师八十寿诞

学生　赵其昌

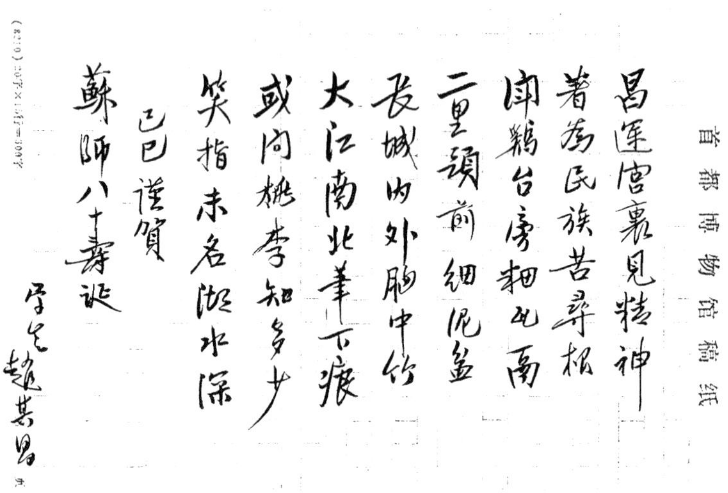
首都博物馆稿纸
昌運宮裏見精神
著為民族苦尋根
鬭鷄台旁翻瓦鬲
二里頭前細泥盆
長城内外胸中竹
大江南北筆下痕
或問桃李知多少
笑指未名湖水深
己巳謹賀
蘇師八十壽誕
學生　趙其昌

内藤真作（1994）

中国考古学寄思
——蕴藏于大地・大海中的文物宝藏①

我们富山电视放送株式会社和辽宁电视台于1984年9月28日建立了友好关系，从而开始了友好业务交流。我们双方都本着“电波是人类的公共财富，广播电视工作者必须是电波的忠实公

① 录文自《华人・龙的传人・中国人——考古寻根记》，辽宁大学出版社，1994，第153—155页。

仆”这一共同的信念，并相互立下了通过电视为世界及中日两国的和平友好和发展做出贡献的誓言。

当我在辽宁省境内的本溪水洞看到了数具山洞人体的时候，我的心情尤为激动，那是因为在周口店也曾发现过山顶洞人。同年12月19日营口又出土了“猿人”化石。我们当即请辽宁电视台寄来了有关这一消息的新闻素材，并成功地向全日本做了宣传报道。从此我所寄予中国的理想——将中国古代史通过影像介绍给世界的愿望——终于能够见着了曙光。

1986年7月25日新华社（中国通信）报道了红山文化的新发现——牛河梁遗址，这一足以能够刷新中国古代史的重大新闻。而且近年来辽宁省阜新地区境内的查海遗址的发掘工作在不断地深入，其历史奥妙不断地得到解明。从而“8000年前的辽河流域，曾经存在过能称之为文明的农牧社会”，这一推论在逐渐变成考古学界的学说。

“生死轮回，万物变迁”所启示的“之字·玉·龙”，我被此珍闻深深地吸引，而开始了辽河巡礼。我想这巡礼的目的地应是“查海”（辽宁省阜新地区境内被誉为“中华第一村”）。为此我曾吟诗一首，以表自己的心情：

辽河，辽宁母亲河，心驰神往已多久；
辽河，文明之奥所，吾以身心来探究。

1992年9月3日，我带着极其憧憬的心情，鞭策着自己的病躯来到了查海村。深夜，通往原始社会灵场的道路，其两侧无数株杨树耸立，形成为一条漆黑的“奥所细道”（出典：松尾芭蕉著《奥の细道》俳谐纪行，源于李白《宴桃李园序》“天地者万物之逆旅，光阴者百代之过客……”），一瞬之间，我犹如已置身于10000年前的时间和空间。

从无际限的宇宙和生命诞生以来的历史来看，自己仿佛是连肉眼都无法辨别的微尘，在呼吸了远古的空气后，当我仰望自远古至今从未有变迁的天空时，不禁萌生了伏身于遗址之土的念头，我觉得把自己的耳朵贴大地更近些，就能更清晰地听到大地之灵的轰鸣。我的心灵深处的“泉水”，由于远古气息的波及，泛起层层细浪。这细浪静幽幽、静幽幽地漂荡，从我的躯体深处激起了无限的喜悦。我感到这是作为电视工作者，不！首先应是作为人的至高无上的喜悦。

当天，虽然未能见着月亮的影迹，但天空北斗星宿依然闪烁，其下赤峰耸立。“赤峰顶上北斗灿然，遥遥河床任凭照贯”（此处北斗又为中国考古学界泰斗苏秉琦先生之誉。苏氏发现了珍贵遗址、遗物，他就像闪烁的北斗，连深土中之物亦能收于眼底）。

“文明发祥称嚆矢，萌于查海源红山。”（昔时，人类文明发祥以美索不达米亚、埃及为嚆矢。当今，以辽宁领域出土的大量文物为据，以中国辽宁省阜新查海村一带为中心的广阔的辽河流域，可称是真正的人类文明发祥之地。）

不过，中国考古学会理事长苏秉琦先生却尖锐地指出：“我们虽然发现了查海遗址，但，今后又将会从其他地区发现和查海相类似的遗址，如果那也是8000年前的遗址，就可能产生谁先谁后的争论。我认为这是大可不必的。做学问和奥林匹克的冠亚军争夺赛不一样，尤其是考古学更没有这一必要。”现在，中国的考古学，宣告了新的世界考古学的诞生。

考古学把来自远古时代的信息以实证性的手段传播给当今的人类社会。人文、社会科学等情报，分析处理，传播媒介等均是以文字为主的。但是，我认为把重点置于文字以外的实物上，而进行实证性的学问研究，这便是考古学的特征。但是，考古学运用各种各样的科学技术，在综合性的科学实证中，成功地把远古时代的信息做了传播。我们电视工作者，需依靠映象媒介将那些史迹和史实，如实地记录下来，并通过电脑图像显示这一最先进的科学方法，将其一一复原和组合。现在，这已是有可能办到的事情了。在从作为映象媒介向电视宣传报道事业发展的过程中，考古学和电视放送将会产生互相取长补短的合力。对此，我持有坚定的信念。

人类自 400 万年前起，以非洲为发祥之地，从猿人进化为原人、旧人，而后进化为新人。黄种人的扩散和发展则是经过欧亚大陆以及日本列岛、东南亚地区、西伯利亚、南美、北美大陆，他们在地球的东南西北处处都留下了足迹。这是难以想象的何等壮观的人类大旅行啊。因此，这就付诸我们去对人类之起源，人类文明这一浩瀚的研究领域进行智慧性的探究。在这领域中，考古学就如一把“金钥匙”，有了它，诸多疑问，都能得到明而解之。而且，考古学不仅在陆地深入展开，而且还在向海洋深入展开，诸如对叙利亚（西亚北部国家之一）塔尔图斯海区的沉船调查和对中国南海进行的水中考古调查。

而且，当今世界各国的学会，在世界银行的协助下，不断地注目于考古的新发展，那就是以渤海湾沉船为端绪的环渤海水中考古学。这对有史以前及大陆全盛期的大航海的考古学和对中国大地的人类史、地球史、环境史等的传统考古学来说是相辅相成的。而且，这不仅对于我们电视工作者，就是对于全世界来讲，也将是规模巨大的未知的领域。为此，我将发誓以我全部的生涯和精力去实现这一水中考古学的影像化。

1993 年 9 月 15 日我们富山电视台和辽宁电视台的共同摄制组，又为第五次合作片的拍摄，来到了辽宁省绥中县二河口。从秦始皇、徐福的时代，即公元前直到渤海湾沉船的宋朝、元朝、明朝，大地、大海中蕴藏着众多的至宝，正是这些宝藏又把我们召唤到这里。为此，从环渤海到环日本海的旅程又开始了。要是，朝鲜半岛、吉林省、黑龙江省、俄罗斯沿海州地区内的采访拍摄工作进展得顺利的话，那末靺鞨族等北方少数民族的系谱就能显而易见。对此，我寄予极大的期望，并感到无比的振奋。

但是，比任何事情更重要的是了解大海两岸人们的现状，他们目前正在思考些什么？我想和平、富饶、发展、自然、人类爱等将会是共同的答案。我由衷地期望所有这些都将成为影像，并广为人们所知。

1992年9月28日，在中国社会科学院考古研究所见到了中国考古学会理事长苏秉琦先生，并得以聆听了苏先生有关中国考古学的详细介绍，这是我一生中感到最为荣幸和幸福的事情。其日，晚餐席上，苏秉琦先生和徐苹芳所长（中国社会科学院考古研究所）、郭大顺名誉所长（辽宁省文物考古研究所）间的师弟情谊及谈论风趣，此情此景，将我带入了超俗的陶醉仙境。

今年，辽宁省文物考古研究所名誉所长孙守道先生和所长辛占山先生来日访问之际，我又回忆起去年在北京时的那些难忘的经历，从而百倍地油生出对苏先生敬慕之情。1994年10月4日，苏先生将迎来85岁的高寿。我忠心地祝愿苏先生“福如东海，寿比南山”。

白发慈眼大佛手，严师辈出众高徒。
红山中华坚如壁，苏圣盛名功不朽。
考古先师导先河，风锋响彻传五洲。

附录二　信封

［编者按］在苏秉琦先生家藏书信中，尚存有一些其内已无书信的空信封。为保持信息，今按信封上署名进行登记（无署名者，暂以信封上印刷的单位名登记），以待今后相关书信的再“发现”。

登记顺序以信封邮戳所示时间早晚排序，时间不清或不详者置于最后。

高至喜—苏秉琦（1981.6.22）

湖南省博物馆信封，署“高至喜”，长沙邮戳 1981. 6. 22。内置黑白照片 5 张、彩色照片 4 张。

常州市博物馆—苏秉琦（1985.10.26）

常州市博物馆信封，常州邮戳 1985. 10. 26。

杭州东风丝绸印染厂—苏秉琦（1986.1.21）

杭州东风丝绸印染厂信封，杭州邮戳 1986. 1. 21，北京邮戳 1986. 1. 24。

信封上原写“北京大学历史系”，在将地址贴纸后于其上书写“本市王府井大街 27 号考古研究所”，并盖“北京大学考古学”公章。

中国科学院古脊椎与古人类研究所—苏秉琦（1986.2.25）

中国科学院古脊椎与古人类研究所信封，北京邮戳 1986. 2. 25。

山东省文物考古研究所—苏秉琦（1986.7.11）

山东省文物考古研究所信封，济南邮戳 1986. 7. 11。

于中航—苏秉琦（1986.12.4）

署“济南市博物馆于中航寄”，邮戳 1986. 12. 4。

沈阳市文物管理办公室考古队—苏秉琦（1986.12.12）

沈阳故宫博物馆信封，署“沈阳市文物管理办公室考古队（中街长安寺）”，邮戳1986.12.12。

福建省文物管理委员会—苏秉琦（1986.12.19）

福建省文物管理委员会信封，福州邮戳1986.12.19。

河北省文物研究所—苏秉琦（1986.12.22）

河北省文物研究所信封，邮戳似为1986.12.22。

包头市文物管理处—苏秉琦（1986）

包头市文物管理处信封，包头邮戳可辨仅1986，月、日模糊难辨。

中国社会科学院—苏秉琦（1987.1.21）

中国社会科学院信封，北京邮戳1987.1.21。

中国对外文物展览公司—苏秉琦（1987.2.7）

署“中国对外文物展览公司”，北京邮戳 1987. 2. 7

浙江省文物考古所—苏秉琦（1987.5.6）

浙江省文物考古所信封，杭州邮戳 1987. 5. 6。

陈—苏秉琦（1987.5.11）

署“石家庄高极　河北文物研究所陈寄”，石家庄邮戳 1987. 5. 11。

谭—苏秉琦（1987.□.23）

署“谭绒”，邮戳时间可辨 1987. □. 23，月份模糊。

吉林大学—苏秉琦（1987.□.25）

吉林大学信封，邮戳时间可辨 87. □. 25，月份模糊。

李—苏秉琦（1988.11.12）

江西省文物工作队信封，署“李寄”，邮戳可辨 88. 11. 12。

湖南省博物馆—苏秉琦（1990.1.11）

湖南省博物馆信封，长沙邮戳 1990. 1. 11，北京邮戳为 1990. 1. 14。

中央民族大学民族学系—苏秉琦（1990.6.13）

中央民族大学信封，北京邮戳为 1990. 6. 13。

敖天照—苏秉琦（1992.8.14）

四川广汉文物管理所敖天照发信，广汉邮戳 1992. 8. 14，北京邮戳 1992. 8. 19。

北京大学考古系—苏秉琦（1992.11.4）

北京大学信封，署“考古系”，邮戳“1992. 11. 4”。

中国民族博物馆（筹）—苏秉琦（1.20）

署“中国民族博物馆（筹）”，邮戳可辨 1.20，邮寄年不详。

钟华南—苏秉琦（2.18）

山东省博物馆信封，济南邮戳可辨 2.18，邮寄年不详。

吉林大学研究生院—苏秉琦（4.22）

吉林大学信封，署“研究生院”，长春邮戳可辨 19□□.4.22，邮寄年不详。

李仰松—苏秉琦

用自制信封，无邮戳，署“李仰松敬托”。内置铜器照片 2 张，照片后标 M2。

初（世宾）—苏秉琦

甘肃省文物工组队信封，署“初”，推测为初世宾先生，邮戳模糊难辨。

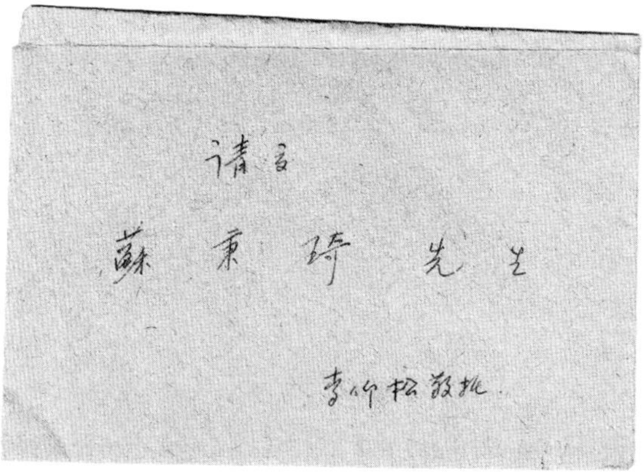

史树青—苏秉琦

中国历史博物馆信封，署“史树青”，无邮戳，应为史树青先生托人持送苏秉琦先生。

杨（子范）—苏秉琦

署“山东省博物馆杨寄”，推测为杨子范先生，邮戳模糊难辨。

国务院学位委员会办公室—苏秉琦

国务院学位委员会办公室信封，邮戳模糊难辨。

河南省博物馆—苏秉琦（2封）

共两封，河南省博物馆信封，邮戳均模糊难辨。在其中1封上，苏秉琦先生写“复”。

河南省文物研究所—苏秉琦

署“河南省文物研究所”，无邮戳。

烟台市博物馆—苏秉琦

烟台市博物馆信封，邮戳模糊难辨。

桂林甑皮岩洞穴遗址博物馆—苏秉琦

桂林甑皮岩洞穴遗址博物馆信封，邮戳模糊难辨。

山西省考古研究所侯马工作站—苏秉琦

山西省考古研究所侯马工作站信封，信封上邮票剪去，邮戳大部分不存。

湖北省博物馆—苏秉琦

湖北省博物馆信封，邮戳模糊难辨。

郑州大学历史学—苏秉琦

郑州大学信封，署“历史系”，邮戳模糊难辨。

北京师范大学史学研究所—苏秉琦

北京师范大学史学研究所信封，邮戳模糊难辨。

广西壮族自治区横县文物管理所—苏秉琦

广西壮族自治区横县文物管理所信封，邮戳模糊难辨。

附录三　苏秉琦先生年谱简编*

1909 年

10 月 4 日（宣统元年农历八月廿一日）出生于河北省高阳县北沙窝村。父苏绍泉，母阎氏，兄秉衡、秉杰、秉璋，姐秉菊、秉淑。

1928 年

夏，保定河北省立第六中学毕业。

12 月，考入北平师范大学文科预科。

---

* 据审读专家意见，结合书信集内容，经郭大顺、苏恺之先生修改审定，在吴汝祚、汪遵国、郭大顺《苏秉琦大事年谱》（《东南文化》1995 年第 4 期），郭大顺、高炜《苏秉琦年谱》（《苏秉琦先生纪念文集》，科学出版社，2000）基础上编写。

第　　页

1）父亲教师。祖父商人。

2）1909年10月生于河北省高阳县（位于北京南约150KM。

3）A. 1934—1935年参加发掘陕西西部宝鸡市斗鸡台（西安西200KM）探索先周、先秦文化问题。取得资料及发表报告[illegible]研究方法问题至要参考。

B. 1941年完成《瓦鬲研究》（1948年发表摘要稿）陶鬲（三空足炊器）是中国文化中一种最具特征器物。它的通行时间约为3000—500BC。它的原型（类似纺锭）要早到5000BC。它的象形字一直延续到今天。初步认识了它的谱系，就如学会了破译中国文化遗传密码的手段。

C. 1965年发表关于仰韶文化的论文。通过分析一种考古学文化发展的全过程，找出

15 × 20 = 300　　中国社会科学院考古研究所

1930 年

9 月，升入师范大学本科历史系。

1931～1932 年

徐炳昶先生任校长。选新开设的社会学系为副系，参加中国共产党北平学联组织的“暑期社会科学讲习班”“读书会”。

1933 年

夏，经高新亚介绍，为隐居泰山的著名爱国将军冯玉祥夫妇讲授世界史。

冬，同解慧珍女士结婚。

1934 年

夏，北平师范大学历史系毕业，9 月进入北平研究院，分配至史学研究会（1937 年改为所），任助理员。

秋，随史学研究会会长徐旭生先生到陕西开展考古调查发掘。于 11 月 23 日至翌年 5 月 7 日，在宝鸡斗鸡台参加沟东区墓葬发掘，其间在宝鸡一带开展考古调查。1935 年下半年开始，在北平展开发掘资料整理。

1937 年

“卢沟桥事变”爆发后，与白万玉等同仁将北平研究院史学研究所有关资料转移保存。

经大学德文老师杨丙辰教授介绍，结识北平中德学会秘书傅吾康（Wolfgang Franke）博士，向其学习德文，并参加中德学会学术活动。

1938 年

4 月，与北平研究院化学所刘为涛、物理所钱临照取出部分密藏资料托运后方。

12 月，离开北平南下。1939 年 1 月抵昆明，在黑龙潭整理斗鸡台出土资料。

1941 年

6 月，完成《陕西省宝鸡县斗鸡台发掘所得瓦鬲的研究》修订版，在寄送香港商务印书馆制版后，因太平洋战争爆发，书稿遗失。

是年，由助理员升任助理研究员，1944 年升任副研究员。

1942 年至 1945 年，继续开展斗鸡台发掘报告整理。

1948 年

9 月，《斗鸡台沟东区墓葬》作为北平研究院史学研究所陕西考古发掘报告第一种第一号由北京大学出版部印行，内附《瓦鬲的研究》。

1950 年

2 月 16 日，应记者肖离之约完成《如何使考古工作成为人民的事业》，发表于天津《进步日报》（原《大公报》）。

10 月，参加辉县考古发掘。

1951 年

春，率队开展陕西西安考古调查。将关中仰韶文化称“文化一”，首次辨认出晚于仰韶文化的客省庄二期文化称“文化二”，将客省庄三期文化为代表的关中西周文化称“文化三”。调查资料在 1955 年《考古通讯》2 期与吴汝祚共同发表《西安附近古文化遗存的类型和分布》，2018 年经北京大学刘绪整理由上海古籍出版社出版《另一个三叠层——1951 年西安考古调查报告》。

1952 年

8 月，与梁思永、向达、裴文中等筹办的第一届考古工作人员训练班开班，培训班后在 1953 年、1954 年、1955 年连续开办，共四届。

9 月，与郑振铎、郑天挺、向达等筹建北京大学考古专业。

12 月，受中国科学院考古研究所委派，到北大担任考古教研室主任。

1953 年

1 月，《目前考古工作中存在的问题》发表于《科学通报》第 1 期，提出“改变工作方式，建立田野工作站，发展专门研究室”。

12 月，任《考古学报》编辑委员会委员。

1954 年

3 月，《斗鸡台沟东区墓葬图说》由中国科学院出版。

9 月至次年 1 月，主持河南洛阳中州路考古发掘。

1955 年

1 月，《考古通讯》创刊，任编辑委员会委员。

1956 年

7 月，晋升为研究员。

秋，在北京大学历史系考古专业开始讲授《秦汉考古学》。

1957 年

2 月，招收俞伟超为秦汉考古副博士研究生，与林耀华共同招收杨建芳、张忠培为原始社会史与少数民族考古副博士研究生。

6 月至 7 月，指导 54 级北京大学本科生洛阳教学实习，整理 1950 年至 1957 年考古研究所洛阳涧河东、西两岸发掘资料。

1958 年

春，邀考古研究所尹达副所长向北大考古专业师生作报告，提出“建立马克思主义中国考古学体系”口号。

6 月至 7 月，北大考古专业师生开展“批判资产阶级考古学、为建立马克思主义考古学而斗争”运动。8 月至 9 月，北大考古教研室教员与 53 级、54 级学生共同编写包括《秦汉考古学》在内的《中国考古学》教材。

9 月至次年 1 月，54 级考古专业学生由杨建芳、张忠培等带领发掘泉护村和元君庙，12 月 5 日苏秉琦先生作《发掘收获和今后工作》报告，分析陕西仰韶—龙山—周文化特点。坚持田野基本规程和类型学研究，思考学科的理论与实践结合和见物又见人问题。

1959 年

1 月，科学出版社出版《洛阳中州路（西工段）》，执笔结语部分。

1962 年

春，到济南市博物馆考察大汶口墓地资料并指导整理工作。

招收郭大顺为北京大学考古专业新石器时代专门化研究生。

1963 年

春，赴广州观摩广州汉墓发掘资料，指导越南留学生实习。

冬，在京指导济南市博物馆于中航、陈晶编写大汶口墓地发掘报告。

1965 年

《关于仰韶文化的若干问题》发表于《考古学报》第 1 期。

1970 年

春，随考古所干部“下放”河南信阳息县东岳公社“唐陂”中国科学院哲学社会科学学部“五七干校”。其间（持续至 1971 年春），与夏鼐、安志敏、刘凤翥等到范庄、米泰寺、姜黄庄等遗址开展业余考古勘察。

1972 年

7 月，随考古所下放人员由干校返京，在考古所内蒙古工作队和山东工作队办公室上班。

1973 年

7 月，与裴文中、刘启益考察藁城台西商代遗址。

9 月，针对山西队拟恢复晋西南“夏墟”探索，提出应注意“国、野之分”，要注意有夯土、出铜器和文字的地点，在早期的遗址里要把特殊陶器也作为器对待，要把寻找大遗址作为田野工作重点。

1975 年

冬至次年初，到广东韶关石峡考察，指导出土墓葬遗物整理。

9 月为北京大学历史系考古专业作有关考古学文化区系类型理论的讲座。

1976 年

8 月，在考古所为吉林大学考古专业毕业生作有关考古学文化区系类型理论的学术报告。

1977 年

3 月 19 日和 25 日，以正在形成的考古学文化区系类型理论为主要内容，在北京大学考古专业作《关于中国古代文化的起源问题》讲座。

后应林耀华邀请，作《中国统一多民族国家的形成》报告；应柯俊邀请，作《中国文化发展道路》报告。

10 月 8 日至 17 日，出席南京召开的长江下游新石器时代文化学术讨论会，开幕式发言中提出要“建立马克思主义的中国特色的考古学”，后在全体会议上以“东南沿海地区”为题阐述考古学文化区系类型理论。下旬，考察浙江河姆渡、良渚遗址，指出河姆渡是认识南方新石器文化突破口，良渚是古杭州的所在。

1978 年

夏秋，山东考察。

7 月，《石峡文化初论》发表于《文物》第 7 期，指出秦在岭南设郡的性质与秦并六国相同，实现政治上统一。

秋，完成《关于“几何形印纹陶”》文，刊《文物集刊》第 3 辑（1983 年 3 月版）。

建议吉林大学与河北省合作，在燕山南北长城地带与中原地区交汇的“三岔口”张家口地区选点实习。

8 月，任考古研究所第三研究室（现称汉唐考古研究室）主任，至 1985 年。

1979 年

4 月，参加在西安举行的全国考古学规划会议（2 日至 5 日）和中国考古学会成立大会（6 日至 12 日），当选中国考古学会副理事长。在全体大会作关于考古学文化区系类型和原始社会解体到阶级国家产生以及统一多民族国家形成发展的讲话。

与严文明共同招收佟伟华、杨群为新石器时代考古研究生。

1980 年

春，赴赤峰参加内蒙古自治区考古学会成立大会，指导对大南沟后红山文化墓地材料整理。

11 月 17 日至 22 日参加在武汉举行的中国考古学会第二次年会，闭幕式上作《从楚文化探索中提出的问题》讲话。

1981 年

3 月，任《中国大百科全书·考古学》分编委员会委员，撰写泉护村、王湾遗址条目。

在给张忠培书信中提议大学开办“考古专修班”。

4 月，《姜寨遗址发掘的意义》发表于《考古与文物》第 2 期。

5 月，《关于考古学文化的区系类型问题》发表于《文物》第 5 期；以《考古类型学的新课题》为题，给北京大学考古专业 77 级、78 级同学讲课。

6 月 26 日，在北京市史学会、中国历史博物馆举办的纪念中国共产党成立六十周年报告会上发表《建国以来中国考古学的发展》讲话，指出“在国际范围的考古学研究中，一个具有自己特色的中国学派开始出现了”，后刊于《史学史研究》第4期。

8月，在《中原文物》第4期发表《七十年代初信阳地区考古勘察回忆录》。

12月8日至13日，在杭州参加中国考古学会第三次年会，闭幕式讲话着重论述东南沿海地区新石器文化问题。

任国务院学位委员会第一届学科评议组成员，至1985年。

1982年

4月，《地层学与器物形态学》发表于《文物》第4期。

8月，首倡的考古专题现场会在河北蔚县三关考古工地召开。

在与文物出版社商谈出版个人论文集时，提出筹办连续性的《考古学文化论集》，论集于1987年、1989年、1993年、1997年共出四辑。

1983年

2月，任国家文物委员会委员。

5月13日至17日，在郑州参加中国考古学会第四次年会，闭幕式讲话中重点阐述夏商文化研究方法，强调学科基础理论建设的重要性。

7月，考察辽宁喀左县东山嘴红山文化遗址，在辽宁朝阳召开的燕山南北、长城地带考古座谈会上作《燕山南北地区考古》讲话，发表于《文物》第12期。

与严文明共同招收赵辉为北大考古系新石器时代硕士研究生。

11月，给山东省文物局写信，倡议创设“齐鲁考古实验站”。

1984 年

1 月，《文物》第 1 期发表俞伟超、张忠培为《苏秉琦考古学论述选集》所写编后记《探索与追求》。

3 月 5 日至 14 日，在成都参加全国考古发掘与文物普查工作会议，作《提高学术水平，提高工作质量》讲话，建议各地建立收藏标本和档案的考古基地。考察指出十二桥、三星堆遗址的重要性。

6 月，俞伟超、张忠培主编，童明康担任责任编辑的《苏秉琦考古学论述选集》由文物出版社出版。

8 月，在呼和浩特市“内蒙古西部地区原始文化座谈会”上作《燕山南北、长城地带考古工作的新进展》报告，刊《内蒙古文物考古》第 4 期。考察老虎山遗址，提出末期尖底瓶与尖腹底斝的交错共存现象是鬲起源实证的观点。

10 月 4 日，在京部分文物工作者在四川饭店聚会祝贺苏秉琦先生 75 岁生日和从事考古工作 50 年，答谢辞强调考古工作是人民大众的事业，是集体劳动，要加强考古队伍的团结。

11 月，在浙江嘉兴参加太湖流域古动物古人类古文化学术座谈会，参观太湖流域六市博物馆联合举办展览，作《太湖流域考古问题》讲话。

12 月 14 日，出席“北京大学文物爱好者协会”成立大会并讲话，被聘请为名誉会长。

1985 年

1 月，在福州全国配合基本建设考古工作座谈会上作《关于配合基本建设的考古工作问题》讲话，从当代考古学理论方法的高度论述课题带动配合基建考古问题。

3 月，参加在北京大学举行的中国考古学会第五次年会，闭幕式发言中提醒与会者注意各地四五千年前有关中国文明起源的新发现。

受《中国通史》总主编白寿彝教授邀请，担任第二卷《远古时代》主编，先后召集吕遵谔、俞伟超、张忠培、严文明、郭大顺讨论，形成提纲，由张忠培、严文明等分工撰写。

9 月 30 日至 10 月 15 日，在辽宁兴城疗养，13 日在座谈会上作《辽西古文化古城古国》讲话，刊《辽海文物学刊》1986 年创刊号和《文物》第 8 期。

10 月，考察绥中秦汉行宫遗址，认为可名“碣石宫”遗址。

11 月 1 日至 7 日，参加山西侯马举行的晋文化研究座谈会，作《谈“晋文化”考古》讲话，刊文物出版社 1987 年《文物与考古论集》。

与北京科学电影制片厂鲁明就拍摄考古科教片谈开展考古科学的普及。

1986 年

3 月 30 日至 4 月 5 日，在昆明召开的全国考古发掘与文物普查工作会议上，作《谈课题》讲话。

6 月 30 日，为《中原文物》所出《论仰韶文化特辑》写《纪念仰韶村遗址发现六十五周年》一文作为序言。

7 月 22 日至 23 日，由俞伟超、王世民、郑绍宗、徐光冀、李晓东陪同，考察河北省北戴河金山嘴秦宫遗址，指出从金山嘴到辽宁绥中止锚湾的秦代建筑群是秦始皇“以为秦东门”的“国门”所在。

7 月 24 日，辽宁红山文化考古新发现由新华社发通稿前后，苏秉琦先生接受专访。27 日接受《人民日报》（海外版）专访，访问记以《中华文明史的新曙光——就辽西考古新发现访考古学家苏秉琦》刊于《人民日报》（海外版）8 月 4 日。

8 月 1 日至 4 日，在兰州举行的大地湾考古座谈会上，提出“大北方”的概念和中原与北方以陇山为界的观点。

9 月 17 日至 21 日，在沈阳举行的中国考古学会第六次年会上，被推选为中国考古学会理事长。其间与张学海等谈关于开展“环渤海考古”的设想。

10 月 5 日，在辽宁兴城座谈会上作《文化与文明》讲话，从中国文化起源谈到中国文明起源，刊《辽海文物学刊》1987 年第1 期。

12 月 22 日，为主编的《考古学文化论集》写“编者的话”《变革的时代，变革的学科》。

1987 年

1 月，《辽宁画报》第 1 期发表《象征中华的辽宁重大文化史迹》，论述红山文化坛庙冢与中华文明关系、长城地带在中华民族关系中作用、秦汉碣石宫即秦始皇的国门所在地等三大发现。

2 月 27 日，就筹建考古试验站和课题问题给山东省文物局负责人刘谷写信。

4 月，在《文物天地》第 4 期发表《给青年人的话》一文。

4 月 29 日至 5 月 3 日，在成都参加十二桥古遗址现场座谈会。

5 月 3 日，在四川广汉三星堆遗址考古座谈会上作题为《西南地区考古》的讲话。

5 月 12 日，为纪念中国社会科学院建院十周年，撰写《向建立中国学派的目标攀登》一文，指出在考古学文化区系理论和文明起源研究基础上实现考古学哲学化和普及化，是建立具有中国特色的考古学派的三大步和主要目标。

5 月 20 日，在山东长岛举行的第一次环渤海考古座谈会上作《现阶段烟台考古》讲话。

8 月 17 日，著《中国考古学从初创到开拓——一个考古老兵的自我回顾》，阐述理论与实践结合的学科发展过程，刊《考古学文化论集》第 2 集，《瞭望》周刊海外版 12 月 14 日转载。

9 月，《中国建设》9 期发表《华人·龙的传人·中国人——考古寻根记》，《新华文摘》第 11 期转载，次年 7 月被选为全国高考语文阅读试题。

10 月 29 日，在与《人民中国》的访谈中，指出区系类型理论是“中国考古工作者几十年实践的升华”，“中国文明的起源，并非一支蜡烛照亮了四面八方，而是四面八方的‘火花’汇聚成了文明的火炬”，刊《人民中国》1988 年第 2 期。

1988 年

5 月 16 日，在山东淄博举行的第二次环渤海考古座谈会上，作《环渤海考古的理论与实践》讲话，刊 1989 年《考古》第 1 期。

秋，在北京协和医院安装心脏起搏器。

1989 年

4 月 3 日，为河北省《文物春秋》创刊题词。

5 月 12 日，北京科学教育电影制片厂拍摄的《中国文明曙光》组片一套四部正式放映，在《中国文物报》刊文祝贺。

5 月 15 日至 20 日，在长沙中国考古学会第七次年会上致开幕词和闭幕词，继续当选为理事长。

6 月，为海峡两岸出版界合作出版《往来成古今——中国重大考古发现》题写前言，强调考古学的普及化。

10 月，为祝贺 80 寿辰和从事考古工作 55 年的寿宴答谢词中，提出把考古学从“描述的科学”变为“动态考古学”的学科建设方向，文物出版社出版《庆祝苏秉琦考古五十五年论文集》。

1990 年

秋，由严文明陪同考察北京平谷上宅遗址，讨论多卷本《中国通史》第二卷《远古时代》及前言的撰写。

10 月，被聘为内蒙古赤峰市师专“北方古代文化研究所”首席顾问。

1991 年

1 月 6 日，在《中国文物报》发表《走向世界，面对未来》新年述怀，提出在重建人类与自然关系方面发挥考古学的作用。

4 月，为《中国通史》第二卷题写前言《重建中国古史的远古时代》，刊《史学史研究》第 3 期，《新华文摘》第 11 期转载。

4 月 10 日，在中国科技考古学会成立大会上致辞，被推选为名誉理事长。

4 月至 5 月，回答考古所徐苹芳所长提出的关于中国史前史的 10 个问题，经高炜、邵望平整理，以《关于重建中国史前史的思考》为题刊《考古》第 12 期。

9 月 14 日至 18 日，在呼和浩特举行的中国考古学会第八次年会上做闭幕式讲话，谈学会与学科关系。

10 月 10 日，为“纪念城子崖遗址发掘六十周年国际学术讨论会”写贺词。

11 月 27 日，在考古研究所组织的中国文明起源研讨会上讲话，刊《考古》1992 年第 6 期。

1992 年

5 月 25 日，为祝贺河南省文物考古研究所建所 40 周年题辞，刊《华夏考古》第 3 期。

5 月，在《百科知识》第 5 期上发表《重建中的“中国史前史”》，强调“考古原应回归它的创造者——人民，这是它的从业者的天职”。

为中国历史博物馆 80 周年题辞：“超百万年的‘根系’，上万年的文明起步，五千年古国，两千年中华一统实体”。

7 月，为赤峰师专《北方文化》创刊题辞“《禹贡》九州之首”。

8 月 22 日，在石家庄第四次环渤海考古座谈会上讲话，提出“把区系观点扩大为世界的观点，从世界的角度认识中国”。

9 月 28 日，接受日本富山电视台内藤真作杜长采访，谈辽河文明和环渤海—环日本海考古，内藤真作社长作《中国考古学寄思》一文。

12 月 27 日，在《中国文物报》发表《中国考古学的黄金时代即将到来》，纪念北京大学创设考古专业四十年。

1993 年

5 月 28 日至 30 日，在北京大学考古专业建立四十周年和北京大学赛克勒考古与艺术博物馆开馆召开的“迎接二十一世纪的中国考古学”国际学术讨论会开幕式上讲话，系统提出中国古代国家形成三部曲（古国—方国—帝国），并与世界诸古文明比较。

11月25日至29日，在济南中国考古学会第九次年会闭幕式上讲话，提出中国国家形成的“三模式”：北方地区为原生型，中原地区为次生型，北方草原地区为续生型。

1994年

1月30日，《苏秉琦考古学论述选集》获首届国家图书奖。

1月，为文物出版社和台湾光复书局出版《中国考古文物之美》丛书写序，论述中国文明起源和国家形成的三部曲、三模式，提出如何把我国考古学推向世界考古知识界问题。

被推选为台北举行的“海峡两岸考古学与历史学学术交流研讨会”名誉主席，提交论文《国家起源与民族文化传统》。

5月6日，应日本富山电视台内藤真作社长之邀，作“环渤海—环日本海考古”专访。

6月，主编的《中国通史》第二卷《远古时代》由上海人民出版社出版。

9月，论文集《华人·龙的传人·中国人——考古寻根记》由辽宁大学出版社出版，在自序《六十年圆一梦》中对个人及考古学科的发展进程加以回顾，指出学科的科学化和大众化已从梦想变为现实。

10月4日，在北京大学赛克勒考古与艺术博物馆举行“庆祝苏秉琦先生从事考古工作60年茶话会”暨《华人·龙的传人·中国人——考古寻根记》首发式。

1995 年

6 月，《建立有中国特色的考古学派》发表于《考古》第 6 期。

6 月 5 日，收到香港中文大学新亚书院梁秉中院长赴港讲学邀请，因健康原因未能成行。

12 月，《圆梦之路》和《苏秉琦大事年谱》在《东南文化》第 4 期发表。

1996 年

1 月 9 日至 2 月 20 日，应商务印书馆（香港）有限公司邀请，由郭大顺陪同在深圳做工作疗养，口述《中国文明起源新探》。其间，参观深圳博物馆、广东博物馆、广州西汉南越王墓博物馆和陈家祠，提出“南方考古开题”的新课题，以此题目为杨式挺《岭南文物考古论集》写序。

9 月 26 日，傅吾康到北京昌运宫寓拜访，为二位老人的最后一次会面。

11 月，为纪念良渚遗址发现 60 年，发表《良渚文化的历史地位》，刊《中国文明的曙光》，再次提出良渚文化已进入方国阶段和中国历史发展过程中东南古文化是“半边天”等论点。

为《四川考古论文集》题签作序，进一步阐述“三星堆是方国”，指出“四川有自己的治水传统、治水时代，即古国时代”。

1997 年

6 月，《中国文明起源新探》由商务印书馆（香港）有限公司在香港出版。

6 月 30 日，因术后并发肺炎，抢救无效，在北京逝世。

7 月 18 日，在八宝山公墓举行遗体告别仪式，来自北京和全国各地的友好、学生 800 多人为先生送行。

9 月 27 日，遵先生遗愿，骨灰撒放大海。在河北省秦皇岛至辽宁绥中海域举行“苏秉琦回归大自然仪式”，家属与百余名学生、友好参加。

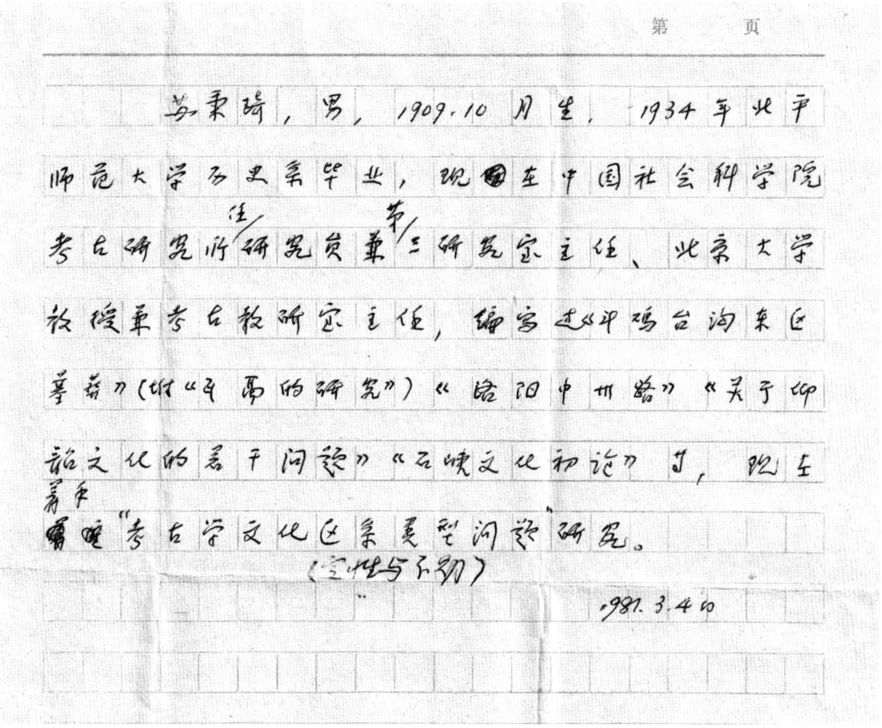
第　　页

苏秉琦，男，1909.10月生，1934年北平师范大学历史系毕业，现在中国社会科学院考古研究所任研究员兼第三研究室主任、北京大学教授兼考古教研室主任，编写过《斗鸡台沟东区墓葬》（附《瓦鬲的研究》）《洛阳中州路》《关于仰韶文化的若干问题》《石峡文化初论》等，现在着手“考古学文化区系类型问题”研究。

（[illegible]）

1981.3.4日

写信就是交心

苏恺之

我的父亲和信件、和写信的关系，我是自幼年也就是上初中的时期即开始慢慢地知道和体味到的，例如1950年他在《大公报》发表了《新中国的考古事业》，满心欢喜地回到家里，就立刻让我骑车跑几个邮局，买十几份报纸，要妈妈明天一早去邮局，把他的十几份报纸和信件发给十几个人。这让我记忆深刻，在以后的漫长岁月里，这种记忆有所加深。

例如，1954年4月，梁思永副所长不幸去世，父亲很是伤心，带着阴沉的脸下班回家，立刻拉着我这个17岁的孩子，坐在一旁看着他写悼词，也让我提提些意见。例如我说，你在开头处已经写了“沉痛悼念梁思成……”，不要在最后重复“沉痛悼念”的句子了。

就在这个时候，我突然看到他两眼泪下，倾吐了一大串话：“我写这个悼词其实是想给他一封文字的‘信’，把我的心思核心赤诚地交给他。其实后面还有一大串话——阅读了他的大作（手指着这本摆放在书柜正中央的《城子崖》，此书现已赠送北京大学图书馆作为贵重馆藏）。我看了之后就一直浮现着几股子的真心话、贴心话……这些心里话，也许比发表论文，更有它的特别之处啊，也就是情谊和学术思想的融合物吧，现在的你还不懂。”我没有想到我是这句话深深触动了他。他说：“我的悼念发言核心，就是这里了！”

我能清楚地感受到，父亲对于梁思永先生充满爱戴和敬意，说他是一位很敬业、没有任何私心，也很容易交友的人，“其实徐老、梁所长和我，三个人之间有很大合作空间，值得交流探明的地方很多，现在都丢掉了，再也没有（机会）了，所以我们的沉痛是很沉重的。”“只可惜那时候，总想到（梁所长）事情总是特多，总有人来找他，他身体也不好，没有机会靠前，也就把这些设想耽搁下来了，可惜呀……”

四年后的 1957 年 9 月，在南开大学上三年级的我突然接到了我父亲的来信，很是意外。

恺之：

你好！前几天，你妈妈突然想起，马上就是你的生日了。我和你的妈妈从不把生日当回事，可今天，面对你的二十岁，确是非同一般，妈妈很有感慨，让我写给你此信。

你在去年的来信里说过，你学到了，物理学是研究掌握客观世界物质里，最基本的物质的运动形式和规律。我想，你既然决心做物理学工作者，那么你的此生就要牢记这个使命，并以成人的姿态向着真正的物理工作者前行。

我还认识到，物理工作者和唯物主义者最有条件成为朋友。因此你就是要学会、坚守一条准则：实事求是，尊重客观实际，做一个老实本分的人，做老实事，说老实话——万不可说空话，做可恨又无聊的墙头草。

父　九月　号

到了国庆节，我回到家里说起了运动的情况，我更注意到这封信里的许多话对我的成长具有的现实意义。

到了 1960 年，我们在家里再次说起了这两封信。父亲半开玩笑地说："信件，有些情况下有其特有的意义，不可取代。例如'谈恋爱'有'谈'字，证明了恋爱需要谈，谈很关键，可是偏偏在某些情况下，文字的书信、诗词，可以做出更深层次的表达、交流、共鸣，可以更有力的触碰，敲响心灵的深层。孔子说'观之有形，即之也温，读后更厉！'我在阅读梁思永的大作时，就受到了震撼，阅读梁所长的文字，就是厉害！并联想到寻觅知音的典故，也就有了给他一点文字的念想，虽然他就在这个院子里办公。所以有些情况下写信就是交心！"

现在，当我翻阅他的历年信件时，才注意到，他是在用心和友人交心。

苏恺之

2021 年 3 月

向我们的老主任致敬

一

2010年完成自己在复旦大学的博士研究生学习后，我先在考古所的统一安排下到澳门参加了一季考古发掘，后在华南二队白云翔队长的安排下，到海南开展了一系列的考古调查，希望在之前华南二队已开展南越国宫署的考古工作之外，寻找一个新的工作地点。虽然调查甚为顺利，但计划赶不上变化，当我年底回所参加每年一度田野汇报的时候，所领导找我谈话，鉴于西安不断加速的大规模城市建设与汉长安城外秦汉上林苑等大量建筑遗存的保护压力，决定暂停华南二队的田野工作，让我回到西安，在2002年与西安市文物保护考古研究院合组阿房宫考古队的基础上，在李毓芳先生开展阿房宫考古中进行过的上林苑考古工作基础上，组建上林苑考古队，负责长安城之外的秦汉上林苑考古工作。

2011年春节后不久，西安市文物局郑育林局长带队到所，与所领导商谈好包括组建上林苑考古队在内的一系列工作。4月中旬，考古队组建协议签署，考虑到秦阿房宫当然的重要性，结合西安市文物局的意见，考古队定名为“阿房宫与上林苑考古队”，至今已 10 年。

考古队成立后，为顺利开展田野工作，在所科技中心刘建国老师的支持下，我开始构建阿房宫与上林苑考古地理信息系统。为此开始针对性地收集整理与上林苑相关文献、考古及研究资料。过去少为人知的民国时期在陕开展考古工作的北平研究院、中央古迹保管委员会、西京筹备委员会等的资料，逐一进入我的视野，我也陆续做出一些简略的研究。如 2012 年 10 月 26 日在《中国文物报》发表《何处阿房宫——苏秉琦先生的阿房宫探索》，2013 年 10 月到乌鲁木齐参加新疆师范大学召开的“黄文弼与中瑞西北科学考查团”国际学术研讨会，并发表了相关研究成果，引起了关心考古学史研究的朋友们的关注。

2014 年 4 月 23 日，知道我近来在做学术资料收集整理的陕西省考古研究院曹龙师弟与我联系，邀我到宝鸡参加陕西省院组织的纪念斗鸡台考古发掘 80 年的学术会议。接这个消息时我正在从西安赶回北京的火车之上，由于回京要办事情的时间不好确定，因此虽非常开心，但一时难以确定能否参加。巧的是，我 24 日晨向王巍所长汇报负责工作过程中，王所考起我，陕西考古是如何计算 80 年的？我很快就据自己之前收集和掌握资料报告：如从调查开始算，80 年是到刚刚过去的 2013 年；以发掘计，80 年正好是今年的 2014 年。王所于是告诉说，陕西近期准备召开宝鸡斗鸡台发掘的纪念会，他因有事过不去，计划让徐良高老师过去代读贺词，我顺口汇报收到参会邀请事，王所很高兴地同意我去参加会议。于是在处理完回京所办之事后，25 日我就从北京直接乘火车赶到宝鸡，参加了 26 日举行的纪念会议。

幸运的是，纪念会上我被安排做了一个简短的报告，和大家分享了之前收集的斗鸡台发掘的资料与自己的认识，得到了与会的徐旭生先生之子徐桂伦先生、苏秉琦先生之子苏恺之先生和苏秉琦先生的学生著名考古学家张忠培先生的赞赏。在会间的茶歇和午餐时，徐桂伦先生、苏恺之先生、张忠培先生都给我留了联系方式，让我回京时到家里坐坐。

会后最早联系的是徐桂伦先生。这是因纪念会期间，在聊天的过程中，徐先生告诉我，徐旭生先生去世后，用过的图书主要都捐给了考古所，家里留下来的只是日记和一些发表或未发的文稿材料，但一直没有经过系统整理。之前虽有出版社曾有出版徐旭生先生文集的计划，但因各种原因未能完成。

因为很早就学习过徐旭生先生出版的考察日记，并一直有感于20世纪30年代陕西考古的文献资料非常难寻，而我当时恰因随刘庆柱、李毓芳先生进行汉长安城未央宫骨签整理，得便与中华书局俞国林先生有了较密切的联系，而中华书局一直以来都有整理出版学人文集的学术传统，因此就在会后联系俞国林先生，询问中华书局是否有可能整理出版徐旭生先生文集。幸运的是，中华书局非常痛快而迅速地接受了这个建议。

因此，5月16日再次回京办事的间暇，我就陪俞国林先生到徐桂伦先生家中拜访，由他代表中华书局与徐桂伦先生展开整理与出版徐旭生先生文集的洽谈。目前，文集的整理工作已经完成，即将出版。这算是参加斗鸡台会议的一个意外收获了。

2015年2月19日（大年初一）上午，我意外收到苏恺之先生发来的短信，在向我要了电子邮箱后，发来了他扫描的苏秉琦先生《考古类型学的新课题（讲授提纲）》油印件，告诉我，“很高兴和你联系上了。我会慢慢地把一些旧资料发送给你，或许有用。这些资料大多送到了北大，由刘绪整理……我最近又发现一个小资料，上面没日期，但从铅字印刷情况来看，该是80年代的，请见附录”。

充满感激地回信后不久，苏恺之先生给我发来他写好正准备出版的《我的父亲苏秉琦》书稿。我注意到书稿提到“放入了一些父亲未发表的成段的文字和通信”，回信询问“不知道这样的成段的文字和通信的数量有多少，如果有一定数量的话，其实可以整理出版专门的如《苏秉琦学术札记》《苏秉琦友朋书札》等的专题文献”，得到苏恺之先生让我有空到家细谈的邀请：“有机会和你见面时再和你细谈”。正好春节后的3月6号到9号，我要到北京大学参加一个学术会议，苏恺之先生就很快告诉了我他家的地址。

3月6日，我回京后接苏恺之先生电话后赶到先生家中。苏恺之先生告诉我，苏秉琦先生去世后，家中所藏的苏先生常用图书捐赠给了北京大学考古系，留下的笔记资料近年也开始由刘绪先生等北大老师开展整理，计划陆续出版。当苏恺之先生提到家中保存的几百封书信——其中大多是大家写给苏先生的信，也有一些是苏先生写出信的底稿和复印件——都还尚未整理时，我冒冒失失地脱口提出，如没有合适人选加以整理的话，自己可帮着做一下这个工作。让我没有想到的是，苏恺之先生很快就同意了我的“要求”，告诉我需要等几天将家里放着的书信整理一下，然后就和我联系。出门时，还送给我一本用苏秉琦先生常用印钤印过的苏先生文章单行本留作纪念。

4月初，苏恺之先生告诉我他已将书信整好，叫我有空就到家中取走。于是4月15日，在我回京办事期间，到苏恺之先生家中，将他整理好的满满两小手提箱书信和一些零散材料带回西安，开始了我持续至今的书信整理工作。

二

回西安后，我对箱内所盛进行了初步了解——主要的书信之外，还有一些苏先生的零散文稿与资料。我首先按“考古发掘”的办法，将箱内所有的物品，按开箱时它们的上下叠压，“由上及下”地进行了顺序的登记与编号，同时给他们进行必要的分类。把箱中摞成一叠的书信，据内容分成一封封单独的书信，记录好相互之间地关系，一一装入资料册中，顺序保管。

5月8日登记工作基本完成，然后按编号开始逐封扫描。为保证信件安全，随后开展的书信录文和核对，均据扫描文件展开。只有在万不得已时，才调出原件进行必要的核查。

从登记情况看，在这次整理之前，书信应已经过多次整理。其中一些书信应早在苏秉琦先生生前，就已经过苏先生的亲自整理。比方说，苏先生将某位先生或某几位先生的多封书信，在去掉信封后集中放在用厚白纸对折成的“夹子”或大信封中，再在“夹子”或信封上写上信主人名或时间，以便经常翻检（对这种情况都做了仔细记录），一些则可能是苏先生去世后家里人在规整的过程中，将信封拆去与书信分离。

从整理情况看，经整理的多数书信已不存信封。此外还保存着一些抽出书信后留下的实寄封，其中有的信封邮戳随邮票一起被剪去，这自然造成一些写信时未署年书信“断代”的困难。对此，整理过程中，我就只好根据书信内容及其他书信中的只言片语，开展时间“判断”与“研究”，书信集中的很多注释因此而来。好在给苏秉琦先生来信的各位先生，往往都会在写信的过程中，将事情写得比较清楚，给今天“断代”留下了较多的证据，大多数书信经考证也就有了一个较准确的时间。当然，其中也可能会存在一些定时的错误，希望能得到大家的指正和批评。

书信本就成于众手，每人在不同时期都有自己不同的用字用词习惯，加之书信时间跨度较长，不同时期的用词用字也有差异，再加上“信主”或多或少的误字、异写，就使得书信内容的辨识、录文和校对工作持续了较长时间。张朋祥、刘贤鹏、吕兵兵、钟凯、王镇、祝军辉、程芳、杜京泰、张成欣、郭达、马乐欣、彭浩等考古队同事，在书信的登记、扫描、录文与核对中帮我做了大量的工作。

为保证书信录文的准确，完成初步录文后，我自己，同时也让参加整理的各位同事进行了多次校核，尽可能地减少录文错误。与此同时，我还尽可能多方联系，取得同苏秉琦先生书信往来的各位先生的地址及联系方式，将录文与书信复印件一起寄上，由本人再做核查修改，尽可能减少因对个人用词用字习惯不识而出现的录文错误。

不过由于各种各样地原因，虽为尽可能保证书信整理成果准确，录文内容校改一直占据了整理书信的很大部分精力，但如古人常说的那样，“校书如扫落叶，旋扫旋生”，想来细心的读者肯定会在书信集中找到一些误写、误读的错字。希望发现了错误的读者，能及时通过各种方式告诉于我，以便将来有机会再版时一一修改。

整理之初我曾设想，按汪遵国先生给苏秉琦先生致陈晶先生书信做注的模式，给整理的书信加上必要注释，以便阅读。但一来书信的录文及核改占用了大量精力，二来为收集更多苏秉琦先生寄出书信，并取得与苏先生通信先生们对整理出版自己寄出信件的同意，联系“信主”就理所当然地成为整理工作的重要内容——特别是在大多数与苏秉琦先生开展通信先生早已退休或已去世多年情况下，访求与沟通占用了不少时间。

“人力有穷时”，由于自己所在考古队，多年来一直承担着大量重要的田野考古项目的勘探、发掘与资料整理，而苏恺之先生和我都希望能较早地将书信集出版，因此在保证完成自己本职田野工作和科研工作的情况下，给书信尽可能多做注的想法就只能无奈“搁置”。虽然十分遗憾，但也只能“侥幸”地期盼得到各位先生和读者的谅解，想来也应该可以在冥冥中得到我们汉唐研究室老主任苏秉琦先生的原谅和“赞同”。

三

2016 年 4 月我们基本完成了家藏书信的录文，注意到家藏书信中最大量的是各位先生寄给苏秉琦先生的书信，而苏秉琦先生寄出书信的数量则明显偏少，因此就与苏恺之先生商定，我们分头同各位与苏先生有书信往来的先生联系。这样做，一方面是征求大家对开展苏秉琦先生书信整理工作的支持，为后续出版做好准备，另一方面是通过与各位先生联系，尽可能地在多年之后找到更多苏秉琦先生寄出的书信。我们商定张忠培、严文明、李伯谦、郭大顺、徐光冀、杨式挺、陈晶、张学海、杨子范等之前与苏恺之先生有较多联系的前辈或家属，由苏恺之先生负责沟通，其他苏恺之先生不熟悉的学界前辈则由我想办法辗转寻找。在此后的时间里，想办法与信主或家属联系，成为自己发掘工作之外的一项重要工作。

苏秉琦先生于1997年去世，到2015年开始书信整理、2016年开始联系时早已过去了十八九年，大多数曾与苏秉琦先生有书信往来的先生已经退休，甚至一些先生已去世多年，因此与各位先生或家属取得联系的过程自不会顺利。但就像考古发掘总是让人充满无限期待一样，几年以来与先生们取得联系的过程和收获，让我充满了感激和感动。

和苏恺之先生商定后不久，5月17日恺之先生就很快给我发来了陈晶先生给他的自己与苏秉琦先生的往来书信，让我与陈晶先生取得了联系。陈先生在随后陆续发给我新找到书信的同时，还认真审读了我发去的她与苏先生书信的整理稿。让人感动的是，陈先生在很快完成审读后，还主动告诉我汪遵国等先生的联系方式，让我得以与汪先生取得联系。这样，在不断的相互介绍中，我与越来越多的先生取得了联系，获得越来越多的支持和帮助。

很多时候，在与某位先生取得联系后，在了解我正开展书信整理的工作后，先生们往往会主动给与我大力的支持。不仅如郭大顺、陈晶、林春、贾洲杰、王劲、单先进等先生，将自己珍藏的苏先生书信找出来提供整理，而且还会帮我回忆身边曾经的同事、同学，看看他们有没有可能保存苏先生的来信，帮我查找出即使是退休前单位都不一定能找到的老先生们的联系方式。

非常幸运，在辗转于各位先生或家属取得联系后，几乎都能得到整理出版自己所写书信的同意，更不断从各位年迈的先生或家属手中，收集到苏秉琦先生寄出书信——这一直是不断鼓励我完成整理工作的重要动力，并最终“集腋成裘”，一点一点地集了起来，取得让我非常自豪的“成绩”——征集到苏秉琦先生寄出书信189封，是家藏苏先生寄出40封信稿和复印件的4.7倍，使苏先生寄出书信的数量达到229封，占全部1047封书信的21.9%，于是书信中苏秉琦先生的形象更加“丰满”。正是从这一封封苏秉琦先生谆谆教导的书信中，一直为人怀念的宽博厚爱的苏先生，日益生动地走到了我们眼前——感谢多年来经我叨扰仍慨然提供书信并允许整理出版的各位先生或先生们的家属后代。

2017年1月16日，我到张忠培先生位于小石桥的家中拜见先生，汇报了书信整理的进展。先生非常高兴地和我回忆起他在北京大学随苏秉琦先生学习时的点点滴滴，回忆了在工作后苏先生对他继续的关爱和严格要求。张先生告诉我，80年代早期苏先生曾给他去信，说收到出版个人论文集的建议，但先生不愿意，认为这是在树碑立传，希望利用这个机会出同仁文集以推动学科发展。张先生收信后马上和苏先生联系，告诉他这绝不是树碑立传，而是重要的学术传承，之后他不断推动，才有了大家后来见到的《苏秉琦考古学论述选集》一书，才让“人们认识到身边居然有这样一位学术的巨人”，书信保存史料的重要性可见一斑。先生告诉我，很长时间里书信都是师生间重要的交流方式，先生书信的学术价值重大，确应尽早好好整理，给我以巨大鼓励。先生同时指出，整理书信时要尽可能想办法与信的主人或后人取得联系，取得大家的同意和支持，毕竟书信中可能偶尔会有几句向老师汇报的私人事，与学术无关，要进行必要的处理。

巧的是，就在当天，苏恺之先生电话于我，说之前他将整理出的苏先生与郭大顺先生往来书信的整理稿发给尚在英国的郭先生后，不仅得到郭先生的同意，且郭先生还高兴地提出他还珍藏有一些与苏先生往来的书信，梳理后即可发来。苏恺之先生让我回头与郭先生直接联系。从这开始，几年来郭先生不仅陆续将自己与苏先生的往来书信、将张忠培先生交给他的苏先生与张先生的往来书信一一录文交给我统一整理，还提醒我书信整理的注意事项，多次认真审读、校改了书信集全文。

几年来，在与张忠培先生、郭大顺先生、严文明先生、李伯谦先生、陈晶先生、吴振禄先生、吴梦麟先生、汪遵国先生、杨式挺先生、张学海先生、李晓东先生、贾洲杰先生……的一通通电话或当面请益中，先生们对书信整理工作的支持和鼓励，让我一直难以忘怀。无论是与钟华南先生联系时先生激动的话语，还是辗转打通林春先生电话讲明来意后先生高兴的抽泣，在大家看到的一封封书信的背后，是一位位考古前辈的大力支持，正是一位位先生的电话和邮件，让我不断深深地感受到各位先生对苏先生日久弥坚的敬爱之情，鼓励、激励我完成书信集的整理。

我经常会看到一位位早已“功成名就”的老考古学家，像“小学生”一样认真校对着我们之前录文时存在不少错字误字的“粗陋”信稿，看到老人家们用颤抖的手一笔一划认真签下自己的名字。先生们不断告诉我，这是自己在为苏先生做点事。

我想，各位先生正是通过自己对书信的校改，重温着苏先生给予自己的爱，并以此来怀念、纪念伟大的苏秉琦先生。

这个过程中，我听到最多的是——“这是苏先生的事，当然要支持”。正是有了与苏先生通信的各位先生不辞辛苦地查找书信、校对信稿，以及从王巍所长到陈星灿所长、从社科院、历史院科研局、所科研处到出版社，一直给与的全方位支持，才有了书信集的顺利出版。

我想，这正是苏先生伟大人格魅力的重现吧。

四

在进行书信整理录入和核校的过程中，我和苏恺之先生已开始筹划书信集出版。

2015 年 11 月 10 日，刚刚在三联书店出版《我的父亲苏秉琦：一个考古学家和他的时代》的苏恺之先生，给我短信征求由三联书店出版书信集的意见。因很早就学习过三联书店出版的非常漂亮的张光直先生书信集，且深知三联书店是一家享有盛誉的出版机构，我自然非常乐意。不过遗憾的是，这个设想因各种原因没有实现。

11 月 16 日，在苏恺之先生的安排和建议下，我收到故宫发来的以座谈《我的父亲苏秉琦：一个考古学家和他的时代》为主题的“苏秉琦学术思想座谈会”邀请。24 日从西安赶回北京，计划利用回所办理考古队事务的机会参加会议。在向王巍所长请示可否参会并得到慨允的同时，汇报了已开展的苏先生书信整理工作，得到王巍所长的大力赞同，让我取得阶段性进展后给他专门汇报。而就在故宫举办的座谈会上，苏恺之先生和我专门向张忠培先生汇报了书信整理的进展，得到张先生支持。

高兴的张先生不仅让我在晚饭时与他同桌——要知道很多专门赶来参会的所长和领导只能另席，而且在我呈请先生签名的书上写下了“高举苏秉琦的旗，走中国考古学的路”的鼓励话语。后来，2016 年 6 月 25 日，苏恺之先生给我打电话，说张忠培先生专门向他了解了整理进度，提出正在整理的书信一定“要实事求是，因为这是历史资料”。

在基本完成书信录文后，2016 年 4 月 11 日，我向王巍所长汇报了整理进展。王所高兴地让我尽快与所科研处巩文老师联系，了解出版流程。巩文老师说：“苏先生是考古所的人，是咱社科院的人，当然应该由院内出版社出版来纪念苏先生，而且这样争取院里的出版经费也会更加顺利。”这与之前和苏恺之先生沟通的意见高度一致。

2018 年 4 月，在书信集的收集与整理工作到一定阶段后，经苏恺之先生同意，在巩文老师的推荐下，我与社会科学文献出版社首席编辑周丽编审取得了联系，到出版社向她汇报了整理后的书信集基本情况和目录。她告诉我如何从院里申请出版资助，给我发来选题申请表。之后在进一步检校整理书信集书稿后，2019 年向陈星灿所长、朱岩石副所长做了专门汇报，在考古所科研处刘国祥处长与李宏飞兄的努力下，顺利向中国历史研究院提交了出版申请，在 2020 年底获得出版资助，2021 年春接到通知正式进入出版流程。

经周丽老师安排，之前编辑过《安志敏日记》《夏鼐日记·考古编》，正从事《夏鼐书信集》编辑的李淼老师，顺理成章地承担起苏秉琦先生书信集的编辑工作。正是得益于他认真的工作态度、娴熟的编辑技巧和精致有序的安排，书信集的编辑快速开展，并不断查找核校出一些未发现的文字错误，大大减少了我的“心理负担”。

苏秉琦先生书信集的整理与出版，到现在已近六七年的时间。多年来我们不仅得到各位与苏秉琦先生有书信往来学界前辈及家属的支持和鼓励，也得到了考古所单位领导和同仁的持续关怀，特别是陈星灿所长不仅积极支持、多次亲自过问书信集的出版进度，而且还认真帮我审读书稿，及时微信告知发现的错误，提醒看到的书稿中“错字还有一些，有些编辑未必能够检出，请好好校对，以免出现太多硬伤，让这部书信集失色”！对此，自然万分感激！

感谢多年来被我打扰、为我提供与苏秉琦先生通信先生联系方式的徐光冀先生、陈晶先生、郝本性先生、信立祥先生、赵化成先生、方向明先生、全洪先生、李岩先生、陈彦堂先生、徐良高先生、赵海洲先生、王飞峰先生、李维宇先生、郭长波先生、杨爱国先生、梅华全先生、佟佩华先生、徐长青先生、郭伟民先生、单先进先生、刘建安先生、张晓铮先生、王晓毅先生、何振华先生、齐航福先生、张小虎先生、陈文豪先生、臧知非先生、杨勇先生、李健先生、吴海燕先生、王汉卫先生、高成林先生、何慕先生、段天璟先生、李晓东先生、王涛先生、郑同修先生、戴向明先生、霍宏伟先生、金晓东先生、高蒙河先生、王戈先生、陈洪波先生、宋国栋先生、魏坚先生、方辉先生、王芬先生、张庆捷先生、李裕群先生、吴小红先生、陈晓捷先生、曲云华先生、黄晓芬先生、张建林先生、董新林先生、王学理先生、王煜先生、张建峰先生、王樾先生、刘国祥先生、吴春明先生、侯甬坚先生、张俊民先生、白岩先生、章宏伟先生、白志德先生、田建文先生、陈静先生、邵晶先生、秦晓丽先生、闫晓君先生、陈可猛先生、陈朝云先生、李淼先生……正是由于有各位先生们积极提供的联系方式，才使一封封被先生们珍藏的苏秉琦先生书信闪亮“回归”到我们眼前。

几年来，与苏秉琦先生书信往来的先生们，每每在听到我正开展苏秉琦先生书信整理的时候，共同而几乎一致的反应，都是说这是一项非常值得做的重要工作，并鼓励我一定要把它做好。希望我能通过这个工作，把苏先生在给大家书信中体现出的学术思想，好好地整理出来、完整地传承下去。就像我辗转与林春先生取得联系后，林先生在一下子给我提供17封苏先生书信时告诉我的，“这批书信中，苏先生对考古资料的整理和编写、系统的表述，在其他地方难得见到，我有责任将其奉献出来，私藏对不起先生”。“有责任”三个字，正是各位先生们“化私为公”拿出苏先生书信时的共同心声。林春先生告诉我：“80年代上半叶后，先生思路转向，更多从宏观角度阐述问题；90年代，先生更是恨不得把所有看法都倾倒出来。”我想，大家在苏先生往来的一封封书信中，应不难对此有深刻的体会。

感谢苏恺之先生的信任，让我能有这么珍贵的机会，通过整理近70年积累的千余封苏秉琦先生往来书信，反复与苏秉琦先生、与各位前辈展开心灵的沟通！

感谢张忠培先生、郭大顺先生和书信集中各位考古学前辈的大力支持，让我能利用这个机会认真而反复地向苏先生——我们汉唐研究室的老主任学习，其中的收获，难以言表。

1987年5月12日，苏秉琦先生为庆祝中国社会科学院建院十周年时发表《向建立中国学派的目标攀登》，提出考古学是“从宏观角度，应用区系观点，围绕中国文化起源，对中国文化体系问题进行的田野工作与理论探索”，中国考古学的“最终目标是为阐明把十亿中国人民凝聚到一起的基础结构，为认识中华，加强全国各族人民的团结作出贡献”，“考古不再是少数人的专业，它将越来越大众化，真正成为人民的事业”。当年11月7日，苏先生在给赵晓华先生信中，告诉他写这篇文字，是要“说明我们面对的现实，我们都有缘和文物考古事业沾上了边，我们就应该时刻不忘为人民负有不可推卸的责任，要面对现实社会的需要，要面向廿一世纪的中国”。

2020年9月28日，中共中央政治局就我国考古最新发现及其意义举行第二十三次集体学习，习近平总书记指出：“要高度重视考古工作，努力建设中国特色、中国风格、中国气派的考古学，更好认识源远流长、博大精深的中华文明，为弘扬中华优秀传统文化、增强文化自信提供坚强支撑。”

苏秉琦先生和各位前辈长期努力奋斗的目标，得到了党和国家的最高承认！

2014年，苏恺之先生代表家属将苏秉琦先生的一部分资料，捐赠给了苏秉琦先生考古生涯开始之地陕西拟建中的陕西考古博物馆。在开始书信整理的时候，苏恺之先生就已经与我、与负责陕西考古博物馆筹建及之前同他联系捐赠事宜的曹龙表态，待书信集出版后，家藏书信会移交于陕西考古博物馆珍藏、展示。

我想，这批饱含了苏秉琦先生一生努力的往来书信，不久就会陈列在美丽秦岭之下的陕西考古博物馆中，等待着大家……

刘　瑞

2021年12月冬至

图书在版编目(CIP)数据

苏秉琦往来书信集：全三册 / 刘瑞编著. -- 北京：社会科学文献出版社，2021.12
中国历史研究院学术出版资助项目
ISBN 978-7-5201-9333-7

Ⅰ. ①苏… Ⅱ. ①刘… Ⅲ. ①苏秉琦（1909-1997）-书信集 Ⅳ. ①K825.81

中国版本图书馆 CIP 数据核字（2021）第 219706 号

中国历史研究院学术出版资助项目
苏秉琦往来书信集（全三册）

编　　著 / 刘　瑞

出 版 人 / 王利民
组稿编辑 / 周　丽
责任编辑 / 李　淼
责任印制 / 王京美

出　　版 / 社会科学文献出版社·城市和绿色发展分社（010）59367143
地址：北京市北三环中路甲 29 号院华龙大厦　邮编：100029
网址：www.ssap.com.cn
发　　行 / 市场营销中心（010）59367081　59367083
印　　装 / 北京盛通印刷股份有限公司

规　　格 / 开 本：787mm×1092mm　1/16
印 张：117.25　字 数：1626 千字
版　　次 / 2021 年 12 月第 1 版　2021 年 12 月第 1 次印刷
书　　号 / ISBN 978-7-5201-9333-7
定　　价 / 980.00 元（全三册）